权威·前沿·原创

皮书系列为

“十二五”“十三五”“十四五”时期国家重点出版物出版专项规划项目

BLUE BOOK

智库成果出版与传播平台

养老金融蓝皮书
BLUE BOOK OF AGEING FINANCE

中国养老金融发展报告（2021）

ANNUAL REPORT ON THE DEVELOPMENT OF CHINA'S AGEING FINANCE (2021)

研　　创 / 中国养老金融50人论坛
主　　编 / 董克用　姚余栋
执行主编 / 孙　博

社会科学文献出版社
SOCIAL SCIENCES ACADEMIC PRESS (CHINA)

图书在版编目（CIP）数据

中国养老金融发展报告．2021 / 董克用，姚余栋主编．--北京：社会科学文献出版社，2021.10（2022.8 重印）
（养老金融蓝皮书）
ISBN 978-7-5201-9079-4

Ⅰ.①中… Ⅱ.①董… ②姚… Ⅲ.①养老-金融业-研究报告-中国-2021 Ⅳ.①F832

中国版本图书馆 CIP 数据核字（2021）第 193869 号

养老金融蓝皮书
中国养老金融发展报告（2021）

主　　编 / 董克用　姚余栋
执行主编 / 孙　博

出 版 人 / 王利民
责任编辑 / 张　超
责任印制 / 王京美

出　　版 / 社会科学文献出版社·皮书出版分社（010）59367127
地址：北京市北三环中路甲 29 号院华龙大厦　邮编：100029
网址：www.ssap.com.cn
发　　行 / 社会科学文献出版社（010）59367028
印　　装 / 北京虎彩文化传播有限公司

规　　格 / 开 本：787mm×1092mm　1/16
印 张：29　字 数：437 千字
版　　次 / 2021 年 10 月第 1 版　2022 年 8 月第 2 次印刷
书　　号 / ISBN 978-7-5201-9079-4
定　　价 / 148.00 元

读者服务电话：4008918866

《中国养老金融发展报告（2021）》编委会与课题组

李　文　李　珍　林　峰　林　羿　吕天贵
米　红　苏　罡　孙晓霞　唐　宁　唐霁松
汪　泓　王金晖　王晓军　王永利　武建力
吴玉韶　熊　军　徐敬惠　杨燕绥　姚余栋
张霄岭　郑秉文　郑　杨　钟蓉萨　周　红
周健男

课　题　组　（按姓氏拼音排序）

曹　伟　曹卓君　陈　昊　陈　亮　丁诗聪
董克用　胡　兵　胡俊英　李　斐　李　洁
李　文　李　岩　李宏纲　李志淦　刘天天
Munirah Khairuddin　浦鹏举　秦　婧
苏　罡　孙　博　王　璐　夏　雨　叶向峰
袁绪超　张　栋　朱海扬

编　辑　组　张　栋　王振振　孙　瑜　王　旭　于东浩
褚松泽

参与单位　（按机构名称拼音排序）

长江养老保险股份有限公司
和君集团有限公司
恒安标准养老保险有限责任公司
华安基金管理有限公司
华夏基金管理有限公司
汇添富基金管理股份有限公司
建信养老金管理有限责任公司
美国信安金融集团（Principal Financial Group）
普益标准（成都盛世普益科技有限公司）

清华大学社会科学学院
泰达宏利基金管理有限公司
腾讯金融研究院
天弘基金管理有限公司
兴业银行股份有限公司
中国农业大学人文与发展学院
中欧基金管理有限公司
中信银行股份有限公司

中国养老金融50人论坛简介

中国养老金融50人论坛（CAFF50）由董克用教授联合华夏新供给经济学研究院和多家机构共同发起，于2015年12月9日正式成立。论坛成员由政界、学界和业界具有深厚学术功底和重要社会影响力的人士组成，致力于成为养老金融领域的高端专业智库，旨在为政策制定提供智力支持，为行业发展搭建交流平台，向媒体大众传播专业知识。论坛的使命为：推动我国养老金融事业发展，促进我国长期资本市场完善，推进普惠养老金融建设，践行改善民生福祉的社会责任。

为进一步加强对养老金融的全方位研究，更好助力应对我国人口老龄化挑战，国康养老金融研究院于2021年1月29日在北京成立，研究院将依托中国养老金融50人论坛的品牌和行业影响力，深入关注养老金金融、养老服务金融和养老产业金融的融合与发展，致力于成为一流、综合、专业的养老金融智库。

中国养老金融50人论坛官方网址：www. caff50. net

中国养老金融50人论坛联系方式：info@ caff50. net

中国养老金融50人论坛微信公众号：CAFF50

中国养老金融50人论坛官方微博：http：//weibo. com/caff 50

主要编撰者简介

董克用　清华大学社会学系特聘教授，经济学博士，博士生导师。1984年底至2019年9月在中国人民大学任教，曾任中国人民大学公共管理学院院长、劳动人事学院院长。长期关注研究劳动经济、人力资源管理和社会保障领域问题，目前聚焦养老金融。社会兼职包括：中国养老金融50人论坛秘书长、人力资源和社会保障部特聘专家、中欧社会保障改革项目中方专家、美国密歇根大学福特公共政策学院客座教授、国家行政学院等国内多所大学兼职教授。承担了国家发展和改革委员会、财政部、人力资源和社会保障部等国家部委数十项养老金融、社会保障等相关项目研究。在《管理世界》《公共管理学报》《人口与经济》等学术期刊上发表文章百余篇。此外，作为中国养老金国际研讨会创始人与世界养老金峰会创始人 Harry Smorenberg 先生合作组织了多届养老金国际研讨会。

姚余栋　经济学博士、研究员、博士生导师，中国养老金融50人论坛首席经济学家，主要研究领域为宏观经济与金融发展。现任大成基金副总经理、首席经济学家，中国中小银行发展论坛秘书长。兼任中国金融会计协会副会长、中国财政学会常务理事、清华大学财税研究中心特邀研究员。曾任中国人民银行金融研究所所长、国际货币基金组织经济学家、中国人民银行货币政策二司副巡视员、中国人民银行货币政策司副司长。在《经济研究》《金融研究》等期刊上发表论文百余篇。

孙　博　中国人民大学管理学博士，清华大学金融学博士后，中国养老金融50人论坛特邀成员，主要研究领域为养老金融。曾供职于中国证监会研究中心，现任华夏基金养老金管理部总监。在《清华金融评论》《金融监管研究》《公共管理学报》《中国社会保障》等期刊发表文章多篇。

摘 要

应对人口老龄化离不开金融的媒介融通作用，由此诞生了养老金融这一领域。养老金融指的是为了应对老龄化挑战，围绕社会成员的各种养老需求所进行的金融活动的总和，包括养老金金融、养老服务金融、养老产业金融三部分内容。随着我国人口老龄化程度不断加深，养老金融发展日益受到社会各界的广泛关注。然而，目前我国养老金融发展无论是在理论上还是实践上都处于初级阶段，与国民层次多元化的养老需求还有较大的差距。在此背景下，本报告旨在推动社会各界共同关注、积极参与并深入探索适应我国养老金融事业的发展道路。

全书由总报告、分报告、产品篇、专题篇和借鉴篇、附录六部分内容构成。总报告从整体视角分析了2020～2021年我国养老金融行业的发展现状与问题，研判了未来发展趋势并提出助力养老金融发展的对策建议。在总报告的基础上，分报告更加翔实、深入地分析了养老金金融、养老服务金融以及养老产业金融的发展现状，有针对性地提出了养老金融各领域的完善路径。产品篇重点围绕养老金产品、银行养老理财产品、养老目标基金产品以及养老保障管理产品等的发展状况进行分析，并提出完善养老金融产品的对策。专题篇就未来养老金管理机构数字化转型的策略、上市公司企业年金发展的总体思路、个人养老储备的投资管理原则、发挥权益基金作用的基本路径，以及智能投顾在我国养老金领域的应用与前景等方面进行探讨。借鉴篇重点围绕海外私人养老金精细管理、英国私人养老金长寿风险管理以及马来西亚养老金体系与投资管理等方面，归纳和提炼典型经验与做法，并从制度建设、投资运营等多方面提出对策建议来推动我国养老金市场的发展与完善。

当前我国已经全面建成小康社会，人民生活水平有了显著提升，养老需求和期待也呈现多元化的发展趋势。伴随着人口老龄化的快速发展、传统家庭养老功能的弱化以及制度化养老金待遇的有限性，通过多元化的渠道储备养老财富将成为新时代国民的重要选择，这意味着，未来我国养老金融市场发展广阔。特别是在国家一系列支持政策的推动下，养老金金融、养老服务金融、养老产业金融都得到了一定程度的发展。然而，受制于一系列主客观因素，加之起步较晚，我国养老金融事业在发展过程中存在诸多问题与不足，且远远滞后于发达国家。未来，必须综合政府、市场和个人等多方力量，从养老金融市场的供给侧和需求侧共同发力，加快推动我国养老金融事业发展壮大，以更好应对我国人口老龄化的挑战。

关键词： 养老金金融　养老服务金融　养老产业金融

Abstract

The role of financial intermediaries is vital to cope with the challenge of ageing population, leading to the emergence of the ageing finance. Ageing finance, referring to the sum of financial activities around various elderly needs of the members in society in order to handle the challenges of aging, is composed of pension finance, elderly service finance and elderly industry finance. As the aging population in China is developing into a serious problem, ageing finance has increasingly received extensive attentions from society. However, the development of China's ageing finance is still in its infancy, both in theory and practice. There is a big gap between the status quo of ageing finance and the diversified needs of the elderly nationwide. In this context, this book aims to promote the common concern and the active participation in the ageing finance industry, and to deeply explore its development path with Chinese characteristics.

The book contains 6 chapters, the general report, sub reports, product reports, special topic reports, experience reports and appendices. In the general report, by generally analyzing the developing status and existing problems of China's ageing finance industry from 2020 to 2021, we expect developing trends and make suggestions of ageing finance. Sub reports provide more detailed and in – depth views of the present situation of pension finance, elderly service finance and elderly industry finance, and propose targeted and comprehensive solutions to each field of ageing finance. In product reports, the product section focuses on the development of pension products, pension financial products, pension target fund products and pension security management products, and puts forward countermeasures to improve pension financial products. In the special topic reports, we mainly discuss the future digital transformation strategy of pension management institutions, the general developing plan of enterprise annuities of listed companies, the investment management principles of personal pension reserves, the basic path to give full play to the role of equity funds, and the application of robo - advisors in China's pension industry. In experience reports, we summarize typical experiences focusing on the fine management of overseas private pensions, the longevity risk management of private pensions in the UK, and the investment management of the pension system in Malaysia, and then propose countermeasures to improve China's pension market from various aspects such as system constructions and investment operations.

With the accomplishment of building a moderately prosperous society in all respects, the living standards have been significantly improved in China. The needs and expectations for the elderly have also shown a diversified development trend. Due to the problem of ageing population, the function of traditional home care is reducing and the limitation of public pension benefits is emerging. People will choose to increase retirement wealth via diversified channels, which sees the elderly financial market in China will develop broadly in the future. In addition, with the supports of related national policies, it has been developed to some extent in the field of pension finance, elderly service finance and elderly industry finance. Nevertheless, restricted by many subjective and objective factors and a late start, the ageing finance industry in China has deficiencies and lags far behind developed countries. In the future, it is necessary to integrate the government, market, and individuals to work together from both the supply side and the demand side in the ageing financial market to accelerate the growth of China's ageing finance industry and to better prepare for the challenges of aging population.

Keywords: Pension Finance; Pension Service Finance; Pension Industry Finance

目 录

Ⅰ 总报告

Ⅱ 分报告

Ⅲ 产品篇

Ⅳ 专题篇

Ⅴ 借鉴篇

Ⅵ 附录

CONTENTS

I General Report

Ⅱ Sub Reports

Ⅲ Product Reports

Ⅳ Special Topic Reports

V Experience Reports

Ⅵ Appendices

总报告

General Report

B.1

中国养老金融发展现状、挑战与趋势研判

董克用　孙 博　张 栋*

摘　要：　养老金融是包括养老金金融、养老服务金融和养老产业金融的一个系统性的概念体系。目前在政府和市场通力合作的背景下，养老金基金规模稳步增加，投资收益稳中向好；养老服务金融稳步发展，各行业广泛探索；银行业助力养老产业发展，资本热度逆势而上。但是，现阶段依然面临一系列挑战：在养老金金融方面，制度设计有待完善，资产管理能力仍需提升；在养老服务金融方面，供需双方面临多重制约，养老服务金融市场活力不足；在养老产业金融方面，多重矛

* 董克用，清华大学特聘教授、博士生导师，中国养老金融 50 人论坛秘书长，享受国务院政府特殊津贴，曾任中国人民大学劳动人事学院院长、公共管理学院院长，全国 MPA 教指委秘书长，研究领域为养老政策与养老金融；孙博，管理学博士，金融学博士后，供职于华夏基金养老金管理部，中国养老金融 50 人论坛特邀成员，研究领域为养老金融；张栋，管理学博士，社会学博士后，中国农业大学人文与发展学院讲师，中国养老金融 50 人论坛特邀研究员，研究领域为养老金融。中国人民大学博士生王振振对本文亦有贡献。

盾凸显，轻资产运营项目缺乏后劲。尽管这些挑战制约了我国养老金融的发展速度，但在我国人口老龄化将长期存在的大背景下，我国养老金融发展前景依然广阔。未来应进一步完善养老金结构，提高养老金资产管理效率，推动养老金金融的完善；要加大支持力度，从供需双方增强养老服务金融发展的动力，培育和扩大养老服务金融市场；加大养老产业金融支持力度，鼓励机构理性看待投资预期，促进养老产业金融快速发展。

关键词： 养老金金融 养老服务金融 养老产业金融

养老金融（Ageing Finance），是指为了应对老龄化挑战，围绕社会成员的各种养老需求所进行的金融活动的总和，包括养老金金融、养老服务金融和养老产业金融三部分。其中，养老金金融指的是为储备制度化的养老金进行的一系列金融活动，包括养老金制度安排和养老金资产管理两个核心环节，目标是通过制度安排积累养老资产，实现保值增值；养老服务金融指的是除制度化的养老金以外，社会成员为了满足自身养老需求所采取的财富积累、消费及其他衍生的一系列金融活动，包括工作期的养老财富积累和退休期的养老财富消费两个阶段，其本质是通过金融活动参与来满足人们多元化的养老需求；养老产业金融则指的是为与养老相关产业提供投融资支持的金融活动，其对象是养老产业，目标是满足养老产业发展所需要的各种投融资需求。在2020年这极其特殊的一年里，人口老龄化、新冠肺炎疫情、社会保险费阶段性减免以及全球不稳定等多方因素在一定程度上会对我国当前养老金融的发展产生影响。基于此，本文重点分析了中国养老金融的发展现状、面临的挑战，在此基础上，对中国养老金融未来发展趋势进行研判并提出相应的对策建议。

一 中国养老金融发展现状

（一）养老金金融：基金规模稳步增加，投资收益稳中向好

1. 多支柱养老金体系持续完善，养老金规模快速积累

多支柱养老金体系快速发展，各类养老基金积累已超10万亿元规模。截至2020年底，全国社保基金资产规模总额已达2.92万亿元，同比增长11.2%，其中，中央企业和中央金融机构划转国有资本总额1.68万亿元。基本养老险方面，城镇职工基本养老保险基金累计结余4.83万亿元，与2019年相比其累计结余下降了11.5%，城乡居民基本养老保险结余规模由2019年末的8249亿元，增加到2020年末的9759亿元，增长18.3%。年金基金方面，整体发展势头良好，规模突破3万亿元，其中，企业年金累计存量规模达到2.25万亿元，职业年金基金规模1.29万亿元。个人养老金方面，共有23家保险公司参与试点个人税收递延型商业养老保险，19家保险公司出单，累计实现保费收入4.26亿元。此外，全市场已运作养老金产品总规模1.52万亿元，同比增长67.3%。养老目标基金规模为590亿元，其中养老目标日期基金规模为145亿元，占比为25%；养老目标风险基金规模为445亿元，占比为75%。可以看出，养老目标基金等潜在的个人养老金产品类型也取得了较好发展。

2. 投资收益稳中向好，年金投资策略进一步优化

在经济从高速发展迈向高质量发展，市场利率逐步下降以及新冠肺炎疫情的大背景下，2020年我国各类投资运营的养老金取得了较好回报。其中，全国社保基金投资收益额超过3786亿元，投资收益率约15.84%，创下2010年来年度收益的历史新高；社保基金理事会受托管理的基本养老保险基金投资收益率为10.95%，创投资运营4年以来新高；企业年金市场平均收益率达10.30%，为2008年以来的最高水平；集合计划的固收组合收益率为5.33%，含权组合收益率为11.42%，均高于单一计划。同时，2020年12月30日，人社部下发《人力资源社会保障部关于调整年金基金投资范围的通知》（人社部

发〔2020〕95号），统一调整了企业年金和职业年金基金的投资规定和相关管理要求：调整了年金基金投资范围，新增了香港市场，新增同业存单、永续债、非公开定向债务融资工具、资产支持证券、资产支持票据、国债期货，以及政策性、开发性银行债券和不动产债权投资计划等金融产品，并将权益类资产投资上限由原来的30%提高到40%，明确投资港股通标的股票的比例不得高于20%，更好地促进了新形势下年金基金投资运营发展。此外，新政还对年金投资行为进行了规范，明确年金投资要遵守嵌套穿透原则，并且禁止通道行为，这也将更加有利于年金基金的健康有序发展。

（二）养老服务金融：行业广泛探索，养老服务金融稳步发展

1. 养老财富储备需求逐步显现，多元化产品体系初步形成

在政策支持和巨大的市场潜在需求的推动下，各金融行业纷纷布局，关注养老与金融行业的结合，银行、基金、保险、信托等不少金融机构也开始积极探索养老服务金融的发展路径，开发了一系列养老主题的金融产品。其中，银行业开发了多元化的养老储蓄产品和养老理财产品，成为相当一部分群体退休生活的重要来源之一，如中国建设银行“月月享”养老储蓄产品、兴业银行“安愉储蓄”等。在基金业方面，养老目标基金是一类特殊的公募基金，为服务国民养老储备而生，致力于帮助投资者解决养老投资难题。截至2020年末，共有104只养老目标基金成立，其中，养老目标日期基金49只，养老目标风险基金55只，认购户数达1277409户，较2018年、2019年持有人数量实现大幅增长。在保险业方面，在《关于加快发展现代商业养老保险的若干意见》《关于加快发展商业养老保险的若干意见》《关于开展个人税收递延型商业养老保险试点的通知》《关于开展专属商业养老保险试点的通知》等一系列政策指导下，商业养老保险得到长足发展，为国民市场化的养老财富储备提供了更多的选择。

2. 养老财富消费产品受到重视，助力老年需求的满足

养老财富消费是处于退休期的老人将工作期积累的财富转化为养老需求的满足并保障整个养老期需求的实现。为此，金融机构不断创新养老金融产

品形式，开创了将不动产转化为养老资金的住房反向抵押模式，也探索了将养老资金和养老服务融合的服务模式，形成了一系列养老财富消费的金融产品体系，这些产品在一定程度上为老年人的养老经济保障和服务保障需求的满足提供了更为丰富的渠道。其中，银行业探索了住房反向抵押贷款和综合性养老金融服务模式，住房反向抵押贷款是盘活固定资产将其转化为养老财富的重要手段，综合性养老金融服务则可以将理财、信贷、便利结算、增值服务等内容结合到一起，提供产品定制、健康管理、法律顾问、财产保障等综合金融服务，以更好地方便老年人消费，这已经成为大多数关注养老金融业务的银行的主打思路。同时，保险业住房反向抵押养老保险产品与住房反向抵押贷款类似，其区别在于将固定的房产转化为养老服务和经济支持的双重保障；信托业探索的养老消费信托产品的重点在于养老消费权益及资金安全的保障。

3. 养老财富储备意识初步形成，养老金融产品需求日益多元

目前，我国国民已经具备了良好的养老财富储备意识，根据《中国养老金融调查2021》的结果，除了参加国家主导的基本养老保险外，超过九成的调查对象还参与了多元化的养老金融活动，为自己的养老储备了相应的财富；与此同时，大多数国民认为应该从较早的年龄就开始进行养老财富储备，而不是等到退休之前，近六成（58.58%）的调查对象认为应该在40岁之前就开始进行养老财富储备，仅有15.04%的调查对象认为50岁以后才需要进行养老财富储备。此外，在我国金融市场逐步发展和完善的背景下，养老金融产品也在不断创新，呈现多元化的趋势。例如，购买银行存款或银行理财、年金或商业养老保险、基金、股票、国债、信托产品，以及进行房地产投资等，均是不少国民养老财富储备的重要渠道。

（三）养老产业金融：养老产业资本热度逆势而上，银行业助力发展

1. 养老产业资本热度逆势而上，资产并购不断

在整体投资环境遇冷的背景下，作为大健康产业的重要组成部分，养老产业资本热度仍在不断升高。据和君康养的不完全统计数据，2020年养老产

业内大型并购投资案件近 10 起，涉及金额达数亿元，成为继 2016 年并购潮后，一级市场重新开始活跃的年份。2020 年是保险企业持续布局的一年，在政策和市场的双重驱动下，保险企业不断并购和投资市场优质标的，以实现养老项目与旗下保险产品的联动，特别是头部和排名靠中部的保险企业，通过一级市场并购实现养老产业的布局。同时，随着养老服务业走向聚集发展阶段，其规模化优势逐渐显现，受到私募和创投基金的关注。私募和创投基金开始参与到养老产业的进程中，如同仁堂养老产业基金、启明创投在估值合理前提下积极出手，以其专业化管理经验和投后资源对接，帮助成长期养老服务企业走向成熟期和规模化发展，扩展产业布局，共享企业发展的红利。此外，受益于养老资产的稳定性和抗风险性，2020 年不论是国内资本并购国际养老资产还是收购在国内布局的外资项目，均没有受到全球并购交易环境的太大影响。

2. 银行业积极解决融资难题，多举措支持养老产业发展

在一级市场升温、二级市场趋于理性的同时，银行业开始关注健康养老企业融资难问题，通过延长贷款年限、增加担保等方式，扩展养老产业债权融资市场。现阶段开展针对养老服务企业贷款融资的银行仅有国家开发银行和中国银行两家。具体来说，第一，以国家开发银行为代表的政策性银行稳健进入，重点支持重资产养老项目。国家开发银行养老产业专项贷款对项目的要求，更关注项目整体长期现金流回报，而非短期资金的快速回报。从项目区域来看，国家开发银行没有太多限制性条件；从经营模式上看，以重资产项目为主，重点支持项目的新建和改建；从组织管理上看，国家开发银行已为养老业务组建专门处室，并出台养老行业专项评审制度，是第一家设立养老专项贷款的金融机构；在已发放贷款金额方面，“十四五”期间国家开发银行计划发放的养老专项贷款是过往的 2 倍以上。第二，以中国银行为代表的商业银行创新模式，多举措支持养老企业。具体包括：推出针对养老服务业的专属金融服务、推出“中银颐享贷”、针对中小型养老企业推出“中银惠老通宝”贷款产品。基于各区域分行的创新实践，中国银行推出《中国银行支持银发经济发展行动计划》，在加大信贷支持、拓宽融资渠道、完善金融产品、提升服务体验、加强组织保障等方面，全方位支持银发经济发

展。中国银行支持养老企业贷款政策的落地，将会带动其他商业银行的创新举措，进一步解决中小养老服务企业融资难题。

二　中国养老金融发展面临的挑战

（一）养老金金融：制度设计有待完善，资产管理能力仍需提升

1. 基本养老金委托投资规模继续增长空间不大，不利于长期增值

基本养老金开始委托投资运营至今已有5年，2020年末运作规模1.40万亿元，占城镇职工基本养老保险结余总规模4.83万亿元的29.0%。部分省份在委托资金时，要求当地必须留存12个月的待遇备付金。如果各省都按照这个标准，2020年全国职工基本养老保险支出5.13万亿元，现有结余仅能用于约11个月的养老金支付，未来不但没有新增资金用于委托，还面临已委托资金的回流，意味着基本养老金委托投资运营规模继续增长空间不大。部分省份对养老金基金大额留存，尽管极大保障了待遇支付的安全性，却是以基金管理的低效率和长期隐形贬值为代价的。对比来看，基本养老金委托投资运营以来平均收益率为6.89%；委托规模占基金结余的比例仅为24%，未委托部分按照2.75%的三年定存利率计算，整体基本养老金回报率仅为3.75%，与全国社保基金和企业年金相差甚远，与始终有流动性要求的保险资金同期收益率5%也相差甚远。

2. 年金基金在投资运营中存在模式错配，导致“长钱短投”

职业养老金分为两种模式：一种是缴费确定型（DC模式），其资金账户的所有权和投资决策权都归属于个人，雇员可以自由选择不同的养老金融产品；另一种是待遇确定型（DB模式），其养老金计划的资产所有权和投资决策权都属于企业。无论是DC模式还是DB模式，其账户所有权和投资决策权都是一致的，都能实现长期投资。但是，在我国年金运作模式中，年金在资产所有权上是DC模式，而在投资运作上是DB模式，两种模式的错配在一定程度上导致“长钱短投”，这容易将临近退休人群的风险承受能

力，作为整个年金计划的风险预算约束，导致权益资产配置比例过低，容易使投资管理人产生短期化投资策略，甚至会出现为了保证年度正收益被动杀跌的情形，从长期来看，不利于基金保值增值。

3. 第三支柱迟迟未能全面推开，顶层设计仍有待明确

2018 年 5 月，我国开始了个人税收递延型商业养老保险试点工作。但从试点情况来看，仍存在一系列的不足，如税收优惠力度有限、参与产品范围不足、产品制的设计给各方带来诸多不便等。当时明确提出，个人税收递延型商业养老保险试点期为 1 年，旨在为第三支柱个人养老金进行前期探索，但至今已经超过 3 年时间，而试点转常规政策尚未出台，不利于尽快健全我国三支柱养老金体系，也与社会预期有一定落差。此外，若第三支柱推进缓慢，顶层设计不明确，将加大既有试点工作的整合难度。

4. 养老金投资理念相对保守，权益类资产配置不足

养老金基金投资运作的目标是要实现长期保值增值，应该与养老金长期要面对的支付需求挂钩。从企业年金和职业年金实践情况来看，其投资收益率目标一般是按照银行定期存款利率或者 CPI 加点来确定。在我国经济和工资增长率长期相对较高的情况下，养老金投资理应要求更高的回报率。而要实现较高的回报，就必须提升投资组合的风险容忍度，配置相当比例的权益类资产。但是从我国实践来看，除了全国社保基金，无论是基本养老金还是企业年金，其投资都相对保守，风险承受能力不能适应资金的养老属性，权益类资产配置明显不足。

（二）养老服务金融：供需双方面临多重制约，养老服务金融市场活力不足

1. 养老金融产品供给不足，同质化现象严重

在人口老龄化的大背景下，老年人口存在巨大的金融需求，但目前金融机构能够提供的相应产品严重不足。从银行业来看，2020 年市场上共发行了 64228 款银行理财产品，养老型理财产品仅有 149 款，占比不

足1%①；从保险行业来看，受限于保险产品创新停滞不前，现有保险产品以资金保障为主，与养老和护理服务难以实现直接兑付。同时，现阶段养老金融产品呈现高度相似性，以混合型、固收型产品为主。在实践中，投管人没有外部配置动力，更倾向于完善自身养老金产品布局，导致各家投管人之间产品的同质化，难以满足未来多样化、个性化的客户需求，应该引起养老金产品发行人的密切关注和重视。

2. 养老金融知识水平有待提升，养老投资知识需求尚未得到满足

在素质教育普及和网络科技快速发展的共同推动下，公众的文化素质已经有了很大的提升，部分公众已经较好地掌握了基础的金融概念和金融知识，具有一定的金融知识素养，在金融活动中的上当受骗情况也在减少。但是，调查结果显示，仍有部分公众不能准确地分辨利率、复利等基础知识，尤其是对通货膨胀尚未形成准确的认识，公众整体的养老金融知识素养尚有较大的提升空间。公众的养老金融知识水平仅在及格线附近，还存在一定的高估情况，公众的养老金融知识水平亟待提升。此外，随着养老金融需求的逐步提升，公众对于养老金融知识表现出较为强烈的诉求，而现有的养老金融教育渠道难以满足多元化的养老投资知识需求。

3. 养老金融投资风险偏好保守，养老金融资产存在贬值风险

由于公众的养老金融知识相对有限，加之对养老资产安全性的关注度较高，从养老金融市场的现实参与情况看，大多数公众参与养老金融市场时愿意承担的风险相对有限，养老投资主要配置于银行存款或理财、商业养老保险产品等低风险、收益相对稳定的产品上，对于其他风险相对较高却可能获得更高收益的产品，如股票、基金、信托等养老金融产品配置有限。数据显示，35.38%的调查对象认为在养老理财或投资中任何时候都不能出现亏损，调查对象的风险偏好依然趋于保守，对风险的承受程度处于较低的水平，这反映出民众投资风格偏重保守型，对成长

① 《2020年新发行养老理财产品分析：占比不足1%，同质化严重》，http：//money.hexun.com/2020-08-17/201884764.html。

型资产的配置缺乏信心，在一定程度上会导致养老金融资产存在贬值的风险。

（三）养老产业金融：多重矛盾凸显，轻资产运营项目缺乏后劲

1. 资本端的短期回报压力与养老产业长盈利周期存在矛盾

养老产业盈利周期长，前期投入较大，属于前期亏损、后期微利的产业，这与资本市场短期内的业绩压力之间存在诸多矛盾点。具体表现为，第一，现阶段布局企业往往处于市场拓展期和寻找合适物业资产的投入前期，养老企业在机构开业前3～5年难以收回前期投资，导致整体财务报表以亏损为主。在此情况下，资本市场尤其是主板市场的三年连续亏损即要求企业退市的监管规则，与养老项目中短期仍处于亏损状态存在矛盾点。第二，私募及风险资本以财务投资为主，现阶段私募基金以3+2年限为主，政府的私募基金以5+2年限为主，而养老产业通常以5～10年为项目盈亏平衡期，这在一定程度上与私募和风险资本的年限存在时限上的矛盾。多重矛盾的存在使得养老产业的主体产业养老服务业难以得到大量私募资金的支持。

2. 轻资产运营项目债权融资通道尚待进一步探索和普及

现阶段或者在今后长期一段时间，中国养老产业仍将处于市场竞争的初级阶段，产业优化升级、产融结合及轻资产化发展模式的探索将成为主题。但是，银行对资金安全性、贷款主体信用度的要求，使其所提供的贷款项目更加偏向于投资建设期的重资产项目，并要求贷款主体提供对应的抵押物。但是，目前养老服务业轻重资产分离已经是发展趋势，轻资产运营企业通过租赁物业的方式，以成熟运营模式盘活资产，为本地老年人提供养老服务，这意味着轻资产运营企业难以提供相应的重资产抵押物，将会导致项目运营前期的资金缺口难以通过债权融资方式解决，仅能依靠股权融资解决资金难题。因此，未来轻资产运营项目债权融资通道仍尚待进一步探索和普及。

三　中国养老金融发展未来趋势研判

（一）养老金金融：基金规模持续增长，投资运营成为焦点

1. 多支柱养老金体系持续完善，养老基金将突破10万亿元大关

随着我国人口老龄化不断加深，国家养老保障制度建设不断完善，养老金储备量及市场规模也将逐步扩大。预计到2025年，我国养老金行业市场化运营规模将突破10万亿元。作为储备支柱的全国社保基金，预计规模将超过3万亿元。第一支柱的城镇基本养老金由于日常支付需要压力提升，委托运营规模增长较为缓慢，可能在1.5万亿元左右；第一支柱的城乡居民基本养老保险，根据《人力资源和社会保障事业发展“十四五”规划》，2025年委托投资运营规模将超过4000亿元。第二支柱的企业年金，在2020年存量2.2万亿元的基础上，预计每年增加2000亿元以上，2025年或将超过3万亿元；第二支柱的职业年金2020年规模为1.29万亿元，预计每年增加3000亿元以上，2025年规模将达到3万亿元。第三支柱规模依赖于政策推进的力度和时效，预计规模在千亿元量级。当我国市场化运营的养老金超过10万亿元量级时，将发展成为与公募基金、保险资金并驾齐驱的三大长期资金之一，将对我国资本市场和资产管理行业长期稳定发展发挥更为重要的作用。

2. 社保基金保值增值需求强劲，基金投资政策有望进一步优化

作为养老金的储备支柱，全国社保基金在短期内支付压力很小，可以承受较高风险，追求较高回报，以应对人口老龄化高峰时期的社保支出需要。随着近年来金融市场的快速发展和社保基金长期保值增值需要，预计其投资政策还将进一步调整和完善。一是进一步拓宽投资范围，提高多元化资产配置效果。多元化、多市场、多策略的资产配置有利于改善组合的投资绩效，将基金分散投资于国内国外市场、一级二级市场、流动性和非流动性产品、标准资产和非标准资产等，能够提高组合的风险收益比。二是进一步发挥长期资金优势，提升权益资产配置比例。全国社保基金的权益类资产上限为

40%，中枢长期保持在30%左右，与海外养老金长期高权益类资产投资的趋势相差较大。可以从政策层面进一步提升权益资产投资比例上限，并在实操层面加大权益资产配置，使基金资产更好地获取高风险资产的投资溢价。

3. 第三支柱政策有望试点转常规，养老金参与机构将大幅增加

从我国实践来看，第一支柱基本养老保险一支独大，第二支柱的企（职）年金发展缓慢，第三支柱个人养老金正在试点尚未正式落地，国家养老资产储备严重不足，养老金制度发展不均衡，远期面临巨大可持续压力。因此，加快建立我国第三支柱个人养老金制度试点转常规已迫在眉睫，对健全我国三支柱养老金体系意义重大。在监管部门的充分论证和各界力量的积极推动下，建立“以账户制为基础、个人自愿参加、国家财政从税收上给予支持，资金形成市场化投资运营的个人养老金制度”已经形成社会共识，相关的建议已基本成型并且报送国务院审批，这进一步说明，第三支柱个人养老金进入快车道，有望在年内试点转常规。同时，考虑到第三支柱个人养老金可以选择保险、基金、储蓄、理财等多类不同特征的养老金融产品，其运作模式更加市场化，这意味着包括基金、保险、银行等在内的金融机构都可以通过发行符合监管要求的养老金融产品，实际参与到第三支柱当中，大大扩充了参与机构的容量。

（二）养老服务金融：养老需求多元，养老服务金融市场空间广阔

1. 人口老龄化快速发展，养老服务金融市场前景广阔

相关学者指出，未来老年人口数量在2060年前后达到最高峰，叠加计划生育影响，依靠传统的养儿防老已越来越不现实。与此同时，随着社会进步和国民生活水平提高，老年人将面临多元化的养老需求，这些需求既表现为满足日常生活消费的经济需求，也表现为满足医疗、护理等方面的服务需求，而对于个体来说，这些需求的满足都需要一定的养老财富储备作为基础。但是，现阶段由于中国的养老保障体系还不完善，养老金待遇水平不高，尚不足以满足多样化的养老需求，这势必需要依靠自身的储备才能获得一个较高质量的老年生活，为满足多元化的养老需求打好经济基础。为实现

更高质量的养老生活，国民将会认识到养老财富储备的重要意义，可以预见，未来数十年间养老服务金融需求前景将十分广阔，市场将呈现爆发式增长的趋势。

2. 养老金融产品不断创新，满足多元养老金融需求

我国民众对于养老金融储备的意愿相对较为强烈，且不少居民已经开始进行养老金融投资，但由于经济水平差异以及对风险认知的不同等因素，不同群体对于养老金融产品的需求和偏好呈现不同的特征。只有市场上开发出满足不同群体需求的养老金融产品，才能更好地满足不同群体的养老金融需求。因此，未来广大金融机构可能会通过不同渠道随时跟踪了解广大居民的养老金融投资偏好，并在此基础上创新养老金融产品，满足不同群体的多元化、多样性需求。

（三）养老产业金融：发展方向日渐明晰，大健康养老产业或将成为趋势

1. 大健康产业中的涉老产业将成为投资热点

受新冠肺炎疫情影响，2020 年整体投资环境遇冷，但是，“健康”概念投资热度逐渐上升。根据《2020 年度中国大健康投融资数据报告》统计，2020 年我国健康领域共发生 36 起融资，总金额超 131.2 亿元，远高于 2017 ~2019 年平均水平。其中，养老产业内大型并购投资案件近 10 起，涉及金额达数亿元，成为继 2016 年并购潮后，一级市场重新开始活跃的年份。与此同时，不管是国内资本并购国际养老资产还是收购在国内布局的外资项目，均没有受到全球并购交易环境的太大影响。这意味着，受益于养老资产的稳定性和抗风险性，作为大健康产业的重要组成部分，养老产业在短期内将是未来投资方向。

2. “强者恒强”将是未来的产业发展趋势

未来，真正具备盈利能力和发展潜力的养老企业，将更容易在资本市场实现融资和资源嫁接，大浪淘沙，强者恒强将是未来产业趋势。一方面，由于私募和创投基金对资金回报率的要求较高，对企业商业模式和盈利模式的

成熟度要求更高，头部企业更容易获得资本的青睐；另一方面，我国养老金融市场的主角是政府，民间资本参与程度并不高，整个市场金融产品种类单一，中小企业以及轻资产运营企业融资渠道匮乏。这些企业难以提供相应重资产抵押物，导致项目运营前期的资金缺口难以通过债权融资方式解决，一定程度上限制了企业发展，这将进一步推动行业的集聚化，进一步助力“强者恒强”产业发展趋势。

四　中国养老金融发展的建议与思考

（一）养老金金融：完善养老金结构，提高养老金资产管理效率

1. 建立基本养老金精算体系，为养老金制度改革提供参考

基本养老金远期收支平衡的精算工作，是持续动态监测基本养老金运行和缺口的基础工作，也是诸多政策制定的出发点，比如延迟退休的具体参数设计、储备基金的合意规模等。并且，第一支柱作为我国养老金体系的基础和根本，其未来的收支平衡情况决定了我国养老金体系改革的方向和力度。因此，建议汇集人社、财政、统计等相关部门的专业力量，尽快建立针对我国基本养老金的精算体系，定期对我国基本养老金的短中长期收支状况进行测算，并在适当范围内予以发布，作为各项养老金制度改革的参考。

2. 树立积极的养老金投资理念，加大权益类资产占比

要实现较高投资回报就必须提升投资组合的风险容忍度，因为风险容忍度偏低直接影响就是会限制投资机构主动投资能力的发挥和获取长期高收益的可能性，因此，有必要加大长期权益资产投资比例，分享经济增长和资本市场发展的成果。具体来说，对于委托投资运营的基本养老金而言，可以考虑改变当前地方进行流动性管理、社保基金进行余额投资的模式，借鉴保险资金“负债驱动投资”的思路，进一步减少地方留存资金规模，提升资金管理运作效率，进一步提升基本养老金整体增值能力；对于年金基金而言，首先，明确使用工资增长率作为养老金投资收益的目标，其次，从短中长期

的角度，分别加以应对由于模式错配导致的“长钱短投”问题，即从短期来看，可以给临近退休的职工群体建立一个专门的稳健组合，该组合超低配甚至不配权益资产，以获取年度正收益为目标。长期来看，可以借鉴中国香港强积金、美国401（k）计划，放开员工投资选择权，由个人根据自身情况选择养老金融产品。

3. 完善个人养老金制度设计，增强制度吸引力

建议参考国外经验，建立面向养老金体系的税式支出制度。具体来讲，未来如果要调整个人所得税，那么不应采取目前简单上调个税起征点的方式，而是保持当前标准不变，将拟上调部分额度，定向分配给第三支柱个人养老金。同时，综合考虑现阶段税延商业养老保险的试点状况，建议未来将税收优惠从产品层改为账户层，分别在税延商业养老保险缴费阶段和领取阶段进行完善。例如，在缴费阶段，将税收优惠的比例制改为额度制、将该税收优惠纳入个人所得税的专门扣除项，对于没有建立年金的单位员工，允许其在第三支柱共享年金的个人税收优惠额度；或者建议在领取阶段，仅对缴费部分征税，对投资收益增值部分暂不征税，对领取阶段的税率进行调整。这样一来，随着工资水平不断提升，纳税人群不断扩大，参加个人养老金的群体也会随之增加。

（二）养老服务金融：加大支持力度，增强养老服务金融供需双方动力

1. 精准定位，不断创新养老服务金融产品

养老服务金融产品的创新，核心在于提供真正符合居民养老需求的金融服务。首先，广大金融机构应通过不同渠道随时跟踪了解广大居民的养老金融投资偏好与需求，并在此基础上创新养老服务金融产品，从而刺激其进行有效的养老金融投资，满足不同群体的多元化、多样性需求。例如，一方面，要及时利用互联网等渠道进行广泛调研，了解不同群体对养老服务金融的不同需求，对市场、客户进行细分，针对不同的需求提供不同的产品，并对日益更替的需求进行及时的创新和改进；另一方面，可以探索与其他行业

进行合作，丰富养老服务金融产品的功能，充分挖掘不同群体的养老服务金融潜在需求，从而开拓更大的养老服务金融市场。其次，金融机构要根据客户群体特征研发设计个性化、多元化、多层次的养老服务金融产品，满足不同群体的养老需求；或者与金融机构跨界合作，由单一产品向综合化产品转变，有效推动养老服务金融产品的进一步创新。

2. 加强教育，提高国民养老金融素养

作为老年人资产管理的重要手段，我国养老服务金融发展尚处于起步阶段，在很大程度上是由于我国金融市场发展还不完善，国民金融投资的基础知识不足。受此影响，国民对养老金融服务和产品缺乏深入的了解，养老金融活动参与度较低，在抗风险能力较低的情况下，传统的储蓄是国民的首选，而其他养老金融产品发展受到严重制约，也不利于养老财富的保值增值。随着我国金融市场发展的逐步完善，为更好地满足老年人多元化养老需求，应发挥多主体作用，提高国民养老金融素养和水平。当前，一是要发挥监管部门的主导作用。监管部门应制定养老金融教育的具体规范，组织开展全国性的养老金融教育活动，传播理性投资知识，收集投资者金融教育需求。二是要发挥学校的基础教育作用。推动学校开展基础金融教育，从小培养正确的消费、储蓄和投资理财的观念。三是要发挥行业协会的教育和牵引作用。出台相关的金融消费者教育工作指引，明确金融机构在金融消费者教育方面的责任，同时可以利用自身的专业优势开展养老金融教育培训。四是要发挥金融机构的基石作用。金融机构应利用其与客户沟通的机会，提高客户对养老金融产品的认知，提高其金融素养，同时还可以利用营业网点开展日常的金融知识宣传教育。只有充分发挥不同主体的作用，才能全方位提高国民的养老金融素养，从而提高国民的养老金融投资能力。

（三）养老产业金融：加大金融支持力度，机构理性看待投资预期

1. 探索轻资产运营公司融资方式，降低债权融资门槛

轻资产运营公司对养老产业发展起到不可或缺的作用，但是，轻资产运营公司难以通过自身资源和能力形成一定规模和体量，只能依托资源方或资

本方进行业务扩展，这降低了产业内的话语权，因此，有必要打通轻资产运营公司融资渠道。首先，要积极落实国务院办公厅发布的《关于促进中小企业健康发展指导意见》中的相关政策措施，进一步降低养老产业中小企业融资实际利率，统筹运用多种金融工具，支持中小企业发展，降低企业融资成本。其次，各类商业银行可探索以未来项目经营收益作为担保，降低轻资产运营公司贷款门槛，给轻资产运营公司提供一条自我发展的道路，以帮助轻资产运营公司获得资金提升现有机构服务水平，购置康复设备，进行装修改造，提升已入住老年群体服务的满意度。最后，也可探索 ABS 在养老产业中的应用，借助资产证券化，可使企业实现轻重资产分离，重资产公司通过 ABS 实现前期投资回收，在没有现金流压力的情况下，轻资产运营公司可更好地提升服务品质，以进一步提升养老服务质量。

2. 金融机构做好长期投资准备，理性看待投资预期

与地产、医药和医疗器械等迅速盈利的行业不同，养老产业投资回报周期长、盈利能力稳定，这是养老产业的金融属性。从未来人口结构变迁和人口基数来看，养老产业是朝阳产业。鉴于我国老年人的生命阶段和消费理念的独特性，消费需求还未爆发，养老产业链还不完善，企业盈利能力较弱，养老产业的产业化阶段尚未完成。在此产业发展阶段，机构投资者如果要介入养老产业，就应该理性看待，秉持价值投资和产业生态布局的理念，用时间换盈利空间，不能急于要求养老项目快速盈利。同时，从产业金融发展周期来看，短期看情绪、中期看政策、长期看增长，养老产业发展在中长期，绝非短期产生暴利的行业，因此，投资者还要抱有理性的态度看待养老产业金融发展，以长期投资迎接未来产业爆发。政府要在养老产业认知和投资者教育方面担起应有职责，为养老产业金融市场提供良好的市场环境。

参考文献

董克用、姚余栋主编《中国养老金融发展报告（2020）》，社会科学文献出版

社，2020。

董克用、张栋：《中国养老金融：现实困境、国际经验与应对策略》，《行政管理改革》2017 年第 8 期。

中国证券投资基金业协会：《个人养老金：理论基础、国际经验与中国探索》，中国金融出版社，2018。

孙博：《老龄化时代需要大养老金融思维》，《中国社会保障》2016 年第 5 期。

分 报 告

Sub Reports

B.2

养老金金融：一、二支柱持续发展，第三支柱亟待出台

胡兵　孙博*

摘　要：2020年，受阶段性减免社会保险费的政策影响，我国基本养老保险基金自1998年以来第二次出现当年收不抵支和基金结余大幅下降现象，因此也在历史上首次动用全国社保基金。从投资运营来看，受益于2020年资本市场持续向好，各类型养老金均实现了较好的年度投资回报，特别是企业年金收益率创2008年以来新高。预计到2025年，养老金市场规模将突破10万亿元，参与机构也将明显增加，市场竞争将更加激烈。2020年年金投资政策调整，提升权益投资比例上限，增加港

* 胡兵，华夏基金养老金业务总监，董事总经理，研究领域为养老金资产管理；孙博，管理学博士，金融学博士后，供职于华夏基金养老金管理部，中国养老金融50人论坛特邀成员，研究领域为养老金融。感谢华夏基金副总经理刘义先生、机构业务运营部总监郑坚博士的中肯建议。本文仅代表个人观点，与供职单位无关。

股等投资标的，将深刻影响行业发展，整体来看基金行业可能更为受益。第三支柱受限于纳税人群规模较小，发展初期市场规模相对有限，且呈现明显的区域间二八效应。但第二和第三支柱的接续联通机制，将为第三支柱注入新的规模增量。未来建议尽快出台针对基本养老保险的定期精算制度；着眼长期增值，合理设定职业养老金的投资目标；建立针对个人养老金的税式支出制度，完善税收优惠政策设计，增强制度吸引力。

关键词： 社保基金 基本养老金 企业年金 职业年金 个人养老金

一 年度行业情况

（一）全国社保基金：管理规模持续扩大，首次动用储备基金

第一，全国社保基金资产规模接近 3 万亿元。截至 2020 年底，全国社保基金资产规模总额已达 2.92 万亿元，同比增长 11.2%。自 2000 年成立以来，全国社保基金在发展中逐步拓宽筹资渠道，资金来源更加多元化。其中，国家按照 10% 的比例划转 93 家中央直属企业和中央金融机构的国有资本基本完成，划转总额 1.68 万亿元，[①] 进一步充实壮大了全国社保基金，为更好应对人口老龄化高峰时期的养老保险等社会保障支出、增强养老金制度的可持续性提供了重要财力保障。

第二，全国社会保障基金被首次动用。为对冲疫情影响，纾解企业

① 2017 年 11 月，国务院印发《划转部分国有资本充实社保基金实施方案》，明确划转比例统一为企业国有股权的 10%，以弥补企业职工基本养老保险制度转轨时期因企业职工享受视同缴费年限政策形成的企业职工基本养老保险基金缺口。

经营困难，2020 年国家出台实施了规模性企业纾困政策，包括阶段性减免社会保险费。根据提请十三届全国人大四次会议审查审议的《关于 2020 年中央和地方预算执行情况与 2021 年中央和地方预算草案的报告》,[①] 全国社会保险基金当年出现缺口 6219.17 亿元。因此，国家首次动用全国社会保障基金 500 亿元，作为弥补部分地方企业职工养老保险基金缺口的专项资金。

（二）基本养老金：当年收支出现缺口，委托运营规模突破万亿元

第一，基本养老保险覆盖面继续扩大，但基金结余减少。截至 2020 年底，全国基本养老保险参保人数达 9.99 亿人，比 2019 年底增加 3111 万人。其中，城镇职工基本养老保险参保人数为 4.56 亿人，比上年末增加 2133 万人；城乡居民基本养老保险参保人数为 5.42 亿人，比上年末增加 978 万人。从基金结余情况来看，由于阶段性减免社会保险费等因素影响，2020 年城镇职工基本养老保险基金收入大幅度减少，基金累计结余规模由 2019 年的 5.46 万亿元，下降到 2020 年末的 4.83 万亿元，下降 11.5%。城乡居民基本养老保险结余规模则继续增加，由 2019 年末的 8249 亿元，增加到 2020 年末的 9759 亿元，增长 18.3%。

第二，基本养老保险制度改革持续深化，投资运营工作稳步推进。所有省份均启动实施了城镇职工基本养老保险基金省级统收统支，全国统筹相关准备工作稳步推进。在均衡各地区养老负担、增强养老基金抗风险能力方面逐步夯实，促进养老保险制度更加公平和可持续发展。同时，所有省份均启动实施基本养老保险基金委托投资工作，合同规模达 1.24 万亿元，到账金额达 1.05 万亿元。[②] 城乡居民养老保险方面，2020 年，已有江西、海南、安徽等超过 20 个省份启动城乡居民养老保险基金委托投资。

第三，城镇职工基本养老保险当年收支近 20 年来首次出现缺口。受阶

---

① http://www.mof.gov.cn/zhengwuxinxi/caizhengxinwen/202103/t20210306_3666607.htm.

② http://www.mohrss.gov.cn/xxgk2020/fdzdgknr/zcjd/xwfbh/lxxwfbh/202101/t20210128_408637.html.

段性减免社会保险费等因素影响，2020 年城镇职工基本养老保险收入 4.44 万亿元，较 2019 年减少 16%；支出 5.13 万亿元，较 2019 年增长 4%。2020 年当年收支缺口达到 6925 亿元，这是城镇职工基本养老保险基金自 1998 年出现 52.6 亿元的缺口后，当年收支第二次出现缺口，也是近 20 年来首次出现当年收支缺口（见图 1）。

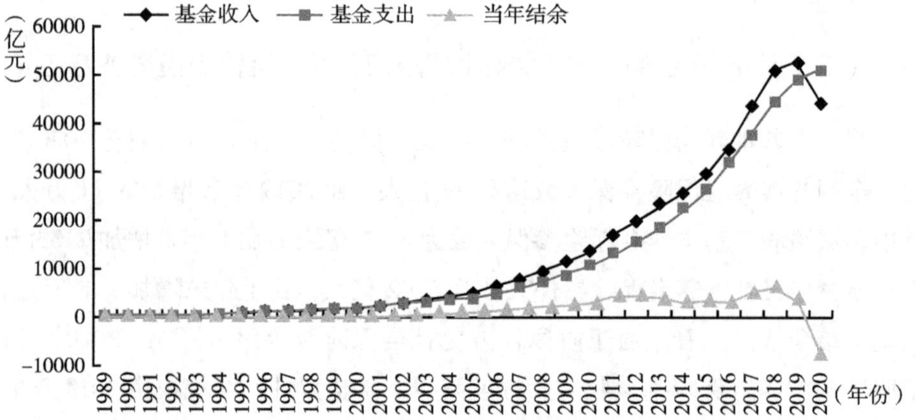

图 1　城镇职工基本养老保险基金收支及当年结余情况

资料来源：Wind 及公开数据整理。

第四，城镇职工基本养老保险基金中央调剂比例继续提高。2020 年企业职工基本养老保险基金中央调剂比例提高到 4%，基金调剂规模达 7400 亿元，继 2018 年建立企业职工基本养老保险基金中央调剂制度以来，连续三年上涨。[①] 其中，广东、北京、福建、江苏、浙江、上海、山东 7 个省市为净调出地区，合计规模 1766.96 亿元；特别是广东和北京，合计调出规模 1108.3 亿元，占比达到 62.7%。辽宁、黑龙江等 22 个地区为净调入地区，其中东北三省合计调入规模 1186.33 亿元，占比达到 67.1%（见表 1）。

① 2018 年调剂比例为 3%，规模 2422 亿元；2019 年调剂比例为 3.5%，规模 6303 亿元。

表 1　2020 年全国各地区养老金中央调剂情况

单位：亿元

地区	养老金收入	上缴	下拨	净贡献
广东省	3500.68	1085.45	439.74	645.71
北京市	3062.8	631.17	168.58	462.59
福建省	548.31	253.95	85.45	168.5
江苏省	2436.17	738.94	586.51	152.43
浙江省	2249.81	593.28	456.79	136.49
上海市	2143.59	504.43	373.9	130.53
山东省	1667.99	510.12	439.41	70.71
贵州省	412.65	110.65	110.65	0
云南省	508.24	114.22	114.22	0
西藏自治区	39.78	14.18	14.18	0
海南省	218.27	39.12	40.48	-1.36
安徽省	915.68	184.79	189.06	-4.27
宁夏回族自治区	172.83	32.43	37.11	-4.68
新疆维吾尔自治区	483.9	57.37	65.47	-8.1
青海省	137.16	18.54	26.71	-8.17
天津市	680.64	125.14	133.96	-8.82
陕西省	855.84	125.78	135.89	-10.11
河南省	1197.67	250.33	260.83	-10.5
新疆生产建设兵团	250.78	18.68	29.67	-10.99
广西壮族自治区	618.66	112.81	124.31	-11.5
重庆市	959.9	198.84	217.23	-18.39
甘肃省	343.73	62.44	85.24	-22.8
湖南省	934.49	161.48	187.11	-25.63
河北省	1118.07	167.95	197.44	-29.49
江西省	740.31	152.61	192.33	-39.72
山西省	706.42	106.34	150.71	-44.37
四川省	2025.06	342.92	393.49	-50.57
内蒙古自治区	576.3	81.93	167.71	-85.78
吉林省	740.03	86.57	231.76	-145.19
湖北省	1333.76	230.88	417.75	-186.87
黑龙江省	1107.19	95.36	580.92	-485.56
辽宁省	1706.73	189.53	745.11	-555.58

资料来源：财政部。

（三）年金基金：积累规模突破3万亿元，投资范围进一步扩大

第一，年金基金发展势头良好，整体规模突破 3 万亿元。企业年金方面，市场扩面持续推进，规模增速显著回升。截至 2020 年末，全国建立企业年金的企业数 10.52 万个，较 2019 年末增加 9200 个，同比增长 9.6%，历经 2015 ~2018 年的低速增长后，连续两年超过 9%（见图 2）；参与职工总数 2718 万人，较 2019 年末增加 170 万人，同比增长 6.67%，历经2016 ~2018 年的低速增长后，连续两年超过 6%。基金累计存量规模 2.25 万亿元，实际运作规模 2.21 万亿元，较上年增加 4460 亿元，同比增长 25%，增速创 2015 年以来最高水平（见图 3）。职业年金方面，市场化投资运营全面展开，管理规模快速积累。2020 年是职业年金基金运作以来第一个完整年度，截至 2020 年底，全国 30 个省区市、新疆生产建设兵团和中央单位共成立 311 个职业年金计划，由 12 家具备年金基金受托资格的机构管理，基金投资运营规模达 1.29 万亿元，平均每家受托人管理计划数为 36 个，平均管理规模超过千亿元；共设 1430 个委托组合，资产管理规模合计 1.25 万亿元，22 家投管人平均每家管理组合数达 65 个，平均管理规模超过 500 亿元；全年投资运营情况良好，投资收益额为 1010 亿元。

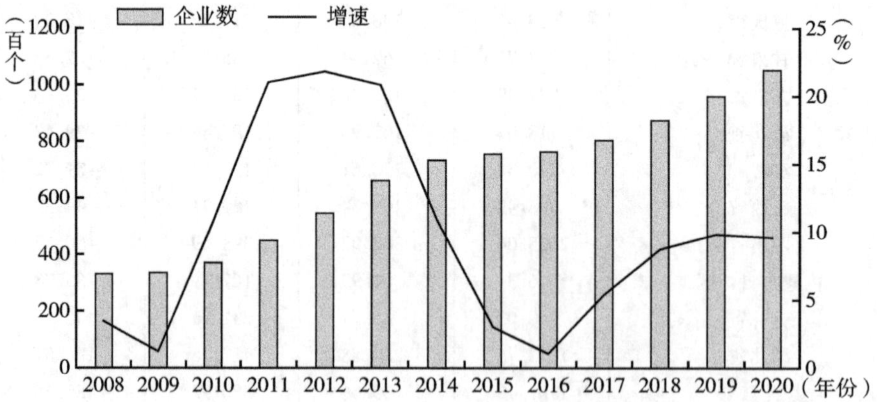

图 2　2008 ~2020 年建立企业年金的企业数量及增长情况

资料来源：人社部。

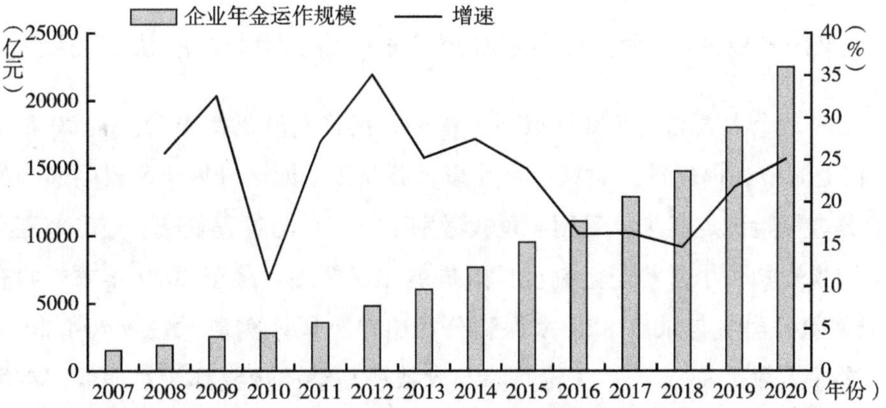

图 3　2007～2020 年企业年金运作规模及增长情况

资料来源：人社部。

第二，年金基金投资范围调整，促进新形势下投资运营发展。2020 年 12 月 30 日，人社部下发《人力资源社会保障部关于调整年金基金投资范围的通知》（人社部发〔2020〕95 号），从 2021 年 1 月 1 日起实施；同时，配套出台《人力资源社会保障部办公厅关于印发调整年金基金投资范围有关问题政策释义的通知》（人社厅发〔2020〕112 号），这是自 2013 年 23 号文以来年金基金投资范围的再一次重大调整。新政统一调整了企业年金和职业年金基金的投资规定和相关管理要求。一是调整投资范围。新增了香港市场，限于通过股票型养老金产品和公募基金投资港股通标的股票，新增同业存单、永续债、非公开定向债务融资工具、资产支持证券、资产支持票据、国债期货以及政策性、开发性银行债券和不动产债权投资计划等金融产品，进一步丰富了年金基金的收益来源。二是调整投资比例。将权益类资产投资上限由原来的 30% 提高到了 40%，明确投资港股通标的股票的比例不得高于 20%。三是明确和调整部分投资品种的投资要求。除了对新增投资品种的投资要求进行明确外，对现有投资品种调整最大的是，放宽了信托产品发行主体的限制条件。新政还对年金投资行为进行了进一步规范，明确年金投资要遵守嵌套穿透原则，并且禁止通道行为，这将更加有利于年金基金的健康有序发展。

（四）个人养老金：转常规政策仍未出台，相关产品快速发展

第一，个人养老金制度试点不及预期，正式制度仍待出台。自 2018 年 5 月在上海市、福建省（含厦门市）以及苏州工业园区开展个人税收递延型商业养老保险试点以来，受制于税收激励不足、参与过程复杂、产品范围有限等因素影响，个人养老金制度试点进展相对缓慢。截至 2020 年末，共有 23 家保险公司参与试点，19 家保险公司出单，累计实现保费收入 4.26 亿元，参保人数 4.88 万人。无论是参与人数还是整体规模都相对偏低，市场吸引力不足。

第二，个人养老金制度理念已有共识，产品探索取得快速发展。在监管部门的充分论证和各界力量的积极推动下，建立“以账户制为基础、个人自愿参加、国家财政从税收上给予支持，资金形成市场化投资运营的个人养老金制度”已经形成社会共识。个人养老金需要市场化运营，需要鼓励更多金融机构参与，开发多样化的个人养老金产品。目前，银行、基金公司、保险公司等各类金融机构都不同程度地开发了养老金融产品，可以为个人养老金提供丰富多样的产品选择，满足不同人群的个性化配置需求。其中，与个人税收递延型商业养老保险试点同年推出的养老目标基金目前已经取得了较快发展。截至 2020 年末，市场上共运作 104 只养老目标基金，合计规模达 590 亿元。其中，养老目标日期基金 49 只，规模合计 145 亿元；养老目标风险基金 55 只，规模合计 445 亿元。

二　年度投资运营情况

（一）全国社保基金

2020 年全国社保基金投资收益额超过 3786 亿元，投资收益率约

15.84%，不仅高于2020年上证指数涨幅13.87%，更超越社保基金在2015年15.19%的高收益率，创下2010年来年度收益的历史新高（见图4）。

作为养老储备基金，社保基金中短期支付压力较小，风险容忍度较高。社保基金理事会坚持长期投资、价值投资和责任投资理念，创造了可观的长期收益。自成立以来，社保基金累计投资收益额1.63万亿元，年均投资收益率达8.51%。

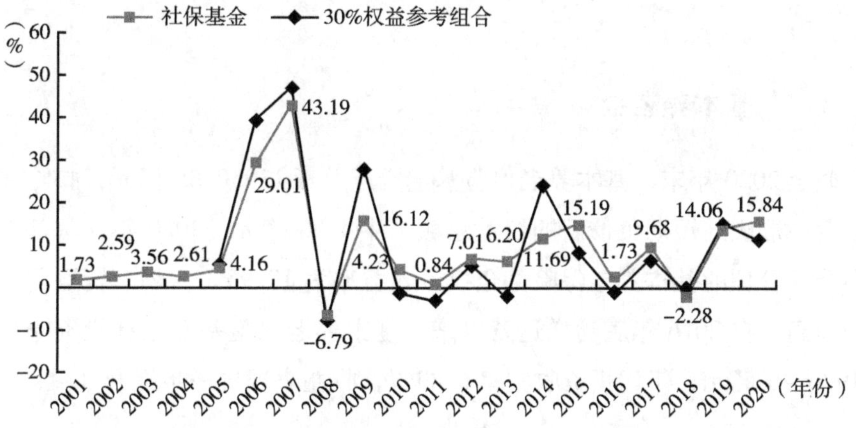

图4　社保基金投资运营以来与参考组合的收益率对比

资料来源：全国社会保障基金理事会及Wind等公开数据整理。

为客观评价社保基金投资运作情况，我们参考基金运作实践，构建了权益30%、固收70%的参考组合，作为社保基金的基准组合，并用沪深300全收益指数和中证全债指数分别模拟权益和固收资产，按照年度进行再平衡，并选取指数基期（2004年12月31日）开始测算。数据显示，社保基金不论是长期还是中期业绩表现，都能获得一定超额收益，体现了社保基金理事会的强大投资能力和水平。2005年以来年化投资收益率为10.02%，高于同期参考组合9.93%的年化收益水平。此外，分别以近10年和近5年口径计算，社保基金的年化收益都显著超越参考组合（见表2）。

表 2　社保基金与参考组合中长期业绩对比

单位：%

测算周期	社保基金年化收益率	30% 权益参考组合年化收益
2005～2020 年	10.02	9.93
2009～2020 年	8.19	7.12
2010～2020 年	7.49	5.35
2015～2020 年	8.81	6.39

资料来源：全国社会保障基金理事会及 Wind 等公开数据整理。

（二）基本养老金

截至 2020 年末，基本养老保险基金资产总额 13950.85 亿元，扣除在投资运营中形成的短期负债后的权益总额 12444.58 亿元。2020 年社保基金理事会受托管理的基本养老保险基金投资收益率为 10.95%，创投资运营 4 年以来新高。自 2016 年底受托运营以来，基本养老保险基金累计投资收益额为 1986.46 亿元，年均投资收益率 6.89%，收益表现进一步提升（见图 5）。

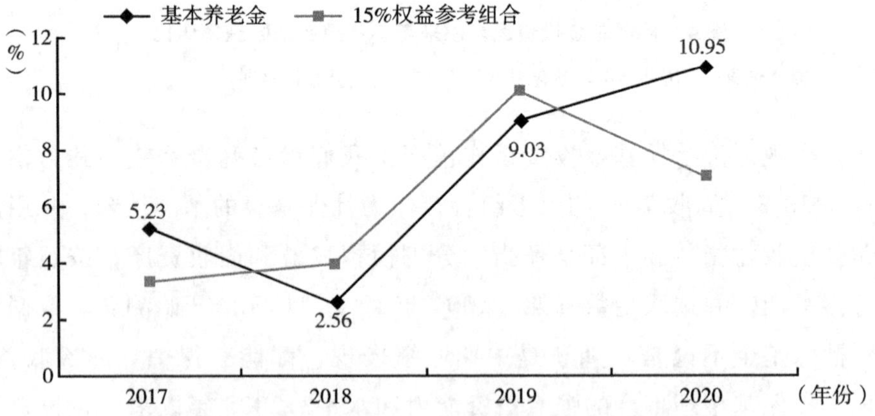

图 5　基本养老金投资运营以来与参考组合的收益率对比

资料来源：全国社会保障基金理事会。

为客观评价社保基金投资运作情况，我们参考基本养老金运作实践，构建了权益 15%、固收 85% 的参考组合作为基准组合，并用沪深 300 全收益指数和中证全债指数分别模拟权益和固收资产，按照年度进行再平衡。测算显示，基本养老金投资运营以来 6.89% 的年化收益，高于同期参考组合 6.09% 的年化收益水平，体现了基本养老金投资的超额收益获取能力。

（三）企业年金

2020 年全国企业年金建立投资组合数 4633 个，较 2019 年末增加 306 个，组合增速 7.07%，增速较前几年略微下降（见图 6）。

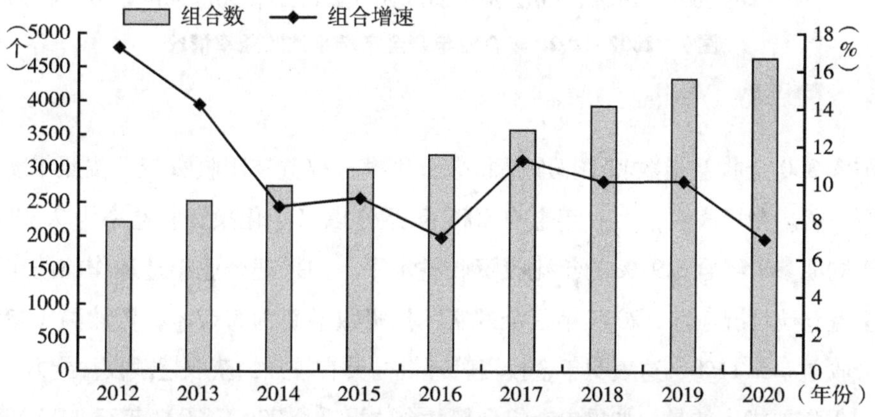

图 6　2012 ~ 2020 年企业年金建立组合数及组合增速情况

资料来源：人社部。

2020 年企业年金市场平均收益率达 10.30%，为 2008 年以来的最高水平。其中单一含权组合收益率 11.28%，单一含权年金组合股债配比与公募二级债基类似，而 2020 年二级债基的平均收益率为 10.81%；单一固收组合 2020 年的收益率 5.29%，也明显超过 2020 年中长期债券基金收益率 2.82%，体现出年金行业较好的投资能力（见图 7）。

另外，集合计划的固收组合收益率为 5.33%，含权组合收益率为 11.42%，均高于单一计划。2007 年以来企业年金累计收益达 168.11%，年化平均收益为 7.30%。

为更加客观地评价企业年金基金投资运作情况，我们参考年金运作实践，构建了权益 10%、固收 90% 的参考组合，作为企业年金基金的基准组合，并

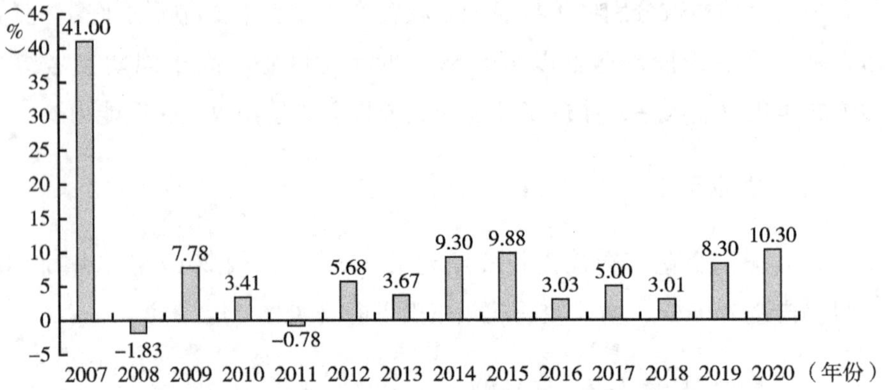

图7　2007～2020年企业年金全市场平均收益率情况

资料来源：人社部。

用沪深300全收益指数和中证全债指数分别模拟权益和固收资产，按照年度进行再平衡。测算表明，企业年金自2007年运作以来年化投资收益率为7.30%，高于同期参考组合5.92%的年化投资收益水平。如果把企业年金运作前两年的高权益仓位情况剔除，2009年至今的实际投资收益率为5.67%，仍然高于参考组合收益率5.11%，这表明年金投资管理机构具有较强的获取超额收益能力。

但需要指出的是，如果参考组合权益仓位提升至20%，2007年至2020年参考组合的平均收益率为7.27%，与实际收益率相差仅3个BP；如果从2009年至2020年，则参考组合年化收益率为6.17%，高于同期实际收益率5.67%，表明适当提升权益资产比例，能够有效提升年金长期收益水平（见表3）。

表3　企业年金投资运营以来与参考组合业绩对比

单位：%

年份	10%权益参考组合	20%权益参考组合	企业年金
2007	14.16	30.73	41.00
2008	7.79	-0.37	-1.83
2009	8.60	18.60	7.80
2010	1.63	0.16	3.41
2011	2.89	-0.10	-0.78
2012	4.15	4.77	5.68

续表

年份	10%权益参考组合	20%权益参考组合	企业年金
2013	-1.50	-1.92	3.67
2014	15.32	19.83	9.30
2015	8.58	8.43	9.88
2016	0.88	-0.25	3.03
2017	2.12	4.58	5.00
2018	5.60	2.35	3.01
2019	8.38	11.80	8.30
2020	5.73	8.42	10.30
2007~2020	5.92	7.27	7.30
2009~2020	5.11	6.17	5.67

资料来源：人社部及 Wind 等公开数据整理。

（四）养老金产品

2020 年全市场已运作养老金产品 546 只，同比增长 19.7%；运作总规模 1.52 万亿元，同比增长 67.3%。此外，在职业年金大范围投资运营的推动下，年金投资产品化趋势不减，2020 年年金市场产品化率达 43.2%。剔除 2019 年职业年金数据缺失影响，长期来看年金投资产品化率不断提高（见图 8）。

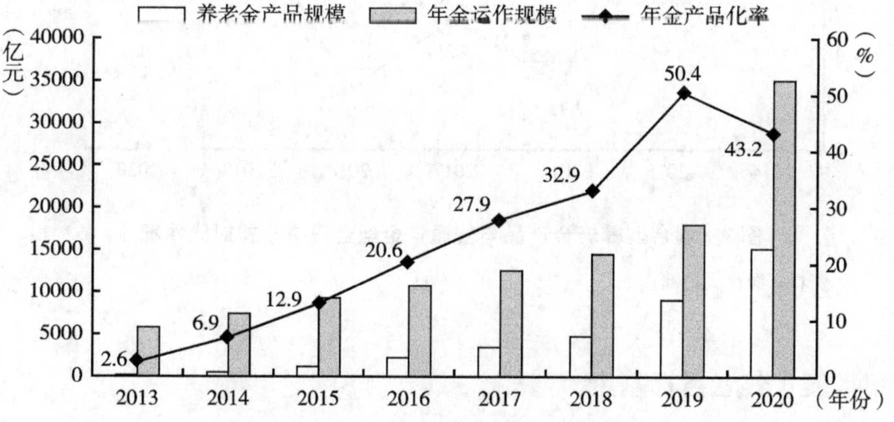

图 8　全市场历年企业年金产品化率

注：2019 年及以前年金规模仅包含企业年金，2020 年末企业年金投资规模 2.21 万亿元，职业年金投资规模 1.29 万亿元。

资料来源：人社部及公开数据整理。

从年度产品业绩来看，2020 年股票型养老金产品年度收益率为 53.98%，低于偏股混合型公募基金 60.19% 的年度收益率；混合型养老金产品年度收益率为 11.62%，高于二级债基 10.81% 的年度收益率；固定收益型养老金产品年度收益率为 5.17%，高于债券型基金 4.33% 的年度收益率；货币型养老金产品收益率为 3.30%，高于货币型基金 2.03% 的年度收益率。

其中，混合型养老金产品与单一含权组合资产配置相似，业绩具有一定可比性。2020 年混合型养老金产品收益率为 11.62%，高于单一含权组合平均收益率 11.28%。从长期业绩来看，自养老金产品运作以来的 2014 年到 2020 年，混合型养老金产品平均收益率为 8.18%，高于单一含权组合平均收益率 7.25%，这也体现出养老金产品在运营效率和投资收益提升上的作用（见图 9）。

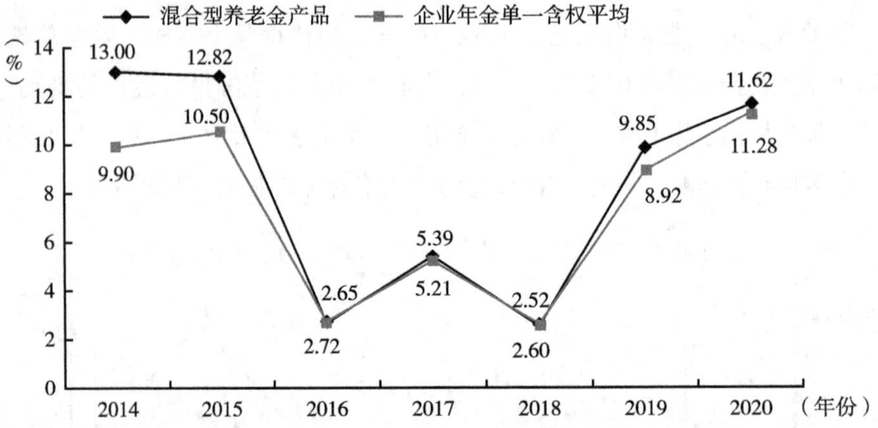

图 9　混合型养老金产品与普通年金组合投资收益对比情况

资料来源：人社部。

（五）养老目标基金

养老目标基金在 2018 年运作以来，整体发展较快、运作良好。截至 2020 年末，共有 104 只养老目标基金成立，其中养老目标日期基金 49 只，目标日期年份范围从 2025 年到 2055 年，以 2035 年、2040 年的产品为主；

养老目标风险基金55只，分为稳健型、平衡型以及积极型三类，以稳健型养老产品为主。

从管理规模上来看，截至2020年末，养老目标基金规模为590亿元，其中养老目标日期基金规模为145亿元，占比为25%；养老目标风险基金规模为445亿元，占比为75%（见图10）。

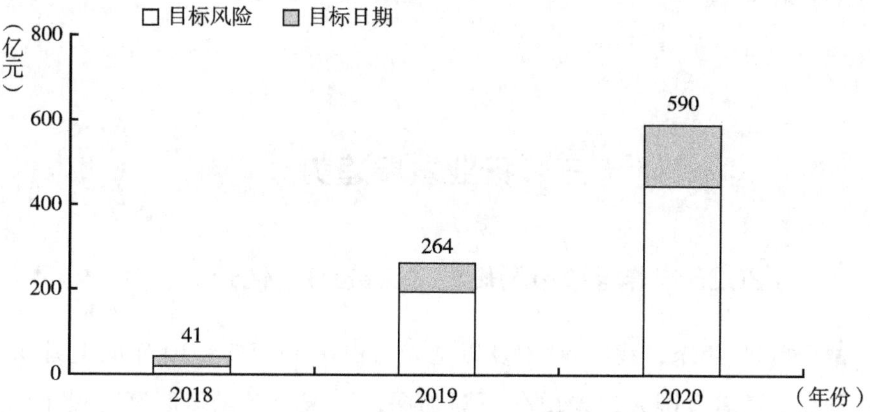

图10　养老目标基金规模情况

资料来源：Wind。

截至2020年末，成立一年以上的34只养老目标日期基金成立以来年化收益率为23.58%；成立一年以上的30只养老目标风险基金成立以来年化收益率为13.06%。各主要类型产品2020年的夏普比率均优于同期沪深300指数表现，不仅较好满足了各年龄段和各种风险偏好投资者的养老投资需求，而且投资运作稳健，体现了其作为FOF基金的先天性优势（见表4）。

表4　2020年养老目标基金投资运作情况

基金	权益上限/类型	当年收益率(%)	平均年化波动率(%)	平均最大回撤(%)	夏普比率
目标日期	80%	36.86	15.80	12.59	2.33
	60%	29.58	13.02	9.87	2.27
	50%~55%	25.73	10.59	9.17	2.43

续表

基金	权益上限/类型	当年收益率(%)	平均年化波动率(%)	平均最大回撤(%)	夏普比率
目标风险	稳健型	12.68	5.23	3.64	2.42
	平衡型	22.57	10.64	7.88	2.12
沪深300指数		27.21	21.47	16.07	1.27

资料来源：Wind。

三　行业发展趋势

（一）2025年养老金市场规模将突破10万亿元

截至2020年末，我国60岁及以上人口占比18.7%，10年间上升5.44个百分点。随着我国人口老龄化不断加深，国家养老保障制度建设不断完善，养老金储备量及市场规模也将逐步扩大。

预计到2025年，我国养老金行业市场化运营规模将突破10万亿元。作为储备支柱的全国社保基金，预计规模将超过3万亿元。第一支柱的城镇基本养老金由于日常支付需要压力提升，委托运营规模增长较为缓慢，可能在1.5万亿元左右；但根据人力资源和社会保障事业发展“十四五”规划，2025年末，我国城乡居民养老保险委托投资运营规模将超过4000亿元。第二支柱的企业年金，在2020年存量2.2万亿元的基础上，预计每年增加2000亿元以上，2025年或将超过3万亿元；第二支柱的职业年金2020年规模为1.29万亿元，预计每年增加3000亿元以上，2025年规模将达到3万亿元。第三支柱规模依赖于政策推进的力度和时效，预计规模在千亿元量级。当我国市场化运营的养老金超过10万亿元量级时，将发展成为与公募基金、保险资金并驾齐驱的三大长期资金之一，将对我国资本市场和资产管理行业长期稳定发展发挥更为重要的作用。

（二）社保基金的投资政策将进一步调整完善

作为养老金的储备支柱，全国社保基金在短期内支付压力很小，可以承受较高风险，追求较高回报，以应对人口老龄化高峰时期的社保支出需要。根据《全国社会保障基金理事会社保基金年度报告（2020 年度）》① 的投资范围，社保基金对投资的品种和比例限制仍然较多，境外投资比例相对有限，投资范围还有待扩大。

随着近年来金融市场的快速发展和社保基金长期保值增值需要，预计其投资政策还将进一步调整和完善。一是进一步拓宽投资范围，提高多元化资产配置效果。将基金分散投资于国内国外市场、一级二级市场、流动性和非流动性产品、标准资产和非标准资产等，能够提高组合的风险收益比。例如，在社保基金的投资中可以增加基础设施或不动产债权投资计划、金融衍生品等，为社保基金提供更加多样化的投资工具，提升基金分散风险、稳定和提高收益的机会。二是进一步发挥长期资金优势，提升权益资产配置比例。全国社保基金的权益类资产上限为 40%，中枢长期保持在 30% 左右，与海外养老金长期高权益类资产投资的趋势相差较大。可以从政策层面进一步提升权益资产投资比例上限，并在实操层面加大权益资产配置，使基金资产更好地获取高风险资产的投资溢价。

（三）年金基金投资范围扩大将重塑行业格局

年金基金投资范围的调整将有效激发市场活力，也是市场参与机构整合资源、提升自身投研实力、重塑竞争格局的重要契机。特别是对于投资管理人，过往每次投资范围调整，都有部分机构率先把握契机，取得跨越式发展。例如 2013 年投资范围扩大和养老金产品设立，总体利好保险行业。从实践来看，保

① 经批准的境内投资范围包括银行存款、债券、信托贷款、资产证券化产品、股票、证券投资基金、股权投资、股权投资基金等；经批准的境外投资范围包括银行存款、银行票据、大额可转让存单等货币市场产品、债券、股票、证券投资基金，以及用于风险管理的掉期、远期等衍生金融工具等。

险系投管人确实抓住了政策机遇，取得了快速发展。一方面受益于过往保险资金在非标资产方面的配置经验，在年金组合中大力配置，提升了年金投资的稳定性；另一方面大力推动年金组合的产品化归集，显著提高了运营管理效率。

2020年底，《人力资源社会保障部关于调整年金基金投资范围的通知》（人社部发〔2020〕95号）发布，年金基金投资范围再一次迎来重要调整，包括将权益投资比例上限提升至40%，增加港股、资产支持证券等新型投资工具。本次投资范围调整，总体来看利好基金行业。例如，增加港股通标的股票，基金行业普遍具有丰富的港股投资经验，相对而言，能够快速适应年金基金港股投资的市场环境，充分把握港股投资机会；在资产支持证券方面，基金公司同样具有一定先发优势，较早开展ABS投资业务，使其具有相对成熟的投研能力和投后管理体系；新规中将权益类资产投资比例上限提高至40%，也将更加有利于擅长权益投资的基金行业，基金公司能够更加充分利用权益资产主动配置能力，提高年金长期保值增值水平。

（四）养老金行业参与机构增加将加剧市场竞争

养老金行业目前是竞争比较充分的混业竞争市场，面对行业未来的广阔空间和潜在市场，将有更多机构参与其中，市场竞争也将进一步加剧。

第一，年金基金管理机构将迎来新的调整。监管部门2020年明确提出建立健全年金管理机构有进有出的管理机制，让更多行业内优质公司参与到年金基金管理运营中。一方面，年金基金管理机构资格延续评审工作已在2021年开展，具有年金各项管理资格的机构将共同面对资格延续的考核评比，“个别业务发展难以适应市场要求、长期被各方负面评价或是公司管理出现重大风险、可能影响年金基金安全的机构将面临淘汰”。[①] 另一方面，众多金融机构也在积极筹备争取年金管理资格，行业内口碑好、业绩优的机构将可能被纳入年金基金管理运营中，行业竞争也将进一步加剧。

---

① 人社部社会保险基金监管局有关负责人就延期开展2020年企业年金基金管理机构资格延续评审工作答记者问。

第二，第三支柱市场化导向下，养老金参与机构将大幅增加。目前无论是全国社保基金、年金还是基本养老金，都采取了业务资格准入制，只有获得相应的养老金业务资格，才能进入养老金行业。但是，第三支柱总体将采取更加市场化的运作模式，包括基金、保险、银行等在内的金融机构都可以通过发行符合监管要求的养老金融产品，实际参与到第三支柱当中，大大扩充了参与机构的容量。

（五）个人养老金市场规模有限，区域间二八效应显著

本文按照《中国养老金融发展报告（2018）》中《个人税延养老金对资产管理行业影响及其应对》一文[①]对第三支柱发展空间的测算思路，对第三支柱的覆盖面和市场规模进行预测，结果如下。

第一，第三支柱覆盖面和市场规模有限。根据测算结果，在100%覆盖率下，第三支柱参与人数上限为5027万人，约占2020年全国城镇就业人口的11%，参加基本养老保险在职职工人数的15.3%，少于目前第二支柱覆盖人数。在100%参与率下，第三支柱年缴费规模上限约3400亿元，也小于第二支柱年缴费规模。如果参与率降到50%，则覆盖人口降为2500万人，年缴费规模下降到1700亿元；在20%参与率下，覆盖人口仅为1000万人，年缴费规模仅为680亿元。

第二，第三支柱在区域间的二八效应明显。按照100%参与率计算，广东、北京、浙江、江苏、上海是参与人数最多的前五大地区，潜在参与人数2712万人，占总参与人数的比例达到54%；潜在缴费规模上限为1878亿元，占总规模的比例超过55%。前五大地区无论是在人数还是规模上，都占据了第三支柱的半壁江山，是第三支柱的核心政策区域，也将成为市场机构争夺的主阵地（见表5）。

---

① 董克用、姚余栋主编《中国养老金融发展报告（2018）》，社会科学文献出版社，2018，第450页。

表 5 各地区个人养老金年度递延规模上限及覆盖人数测算情况

单位：亿元，万人

省份	年度递延规模上限	覆盖人数
广东	510	781
北京	463	571
浙江	326	568
江苏	284	402
上海	295	390
四川	172	284
山东	179	261
新疆	74	138
辽宁	88	134
湖南	86	122
湖北	79	119
安徽	71	115
内蒙古	55	110
陕西	68	104
重庆	67	92
黑龙江	54	88
山西	48	86
贵州	58	83
河南	49	72
河北	52	67
云南	44	65
福建	52	61
吉林	35	60
天津	58	57
江西	38	54
甘肃	31	53
广西	27	31
青海	13	24
宁夏	14	23
海南	13	14
合计	3403	5029

资料来源：公开数据整理。

（六）职业养老金转移将推动个人养老金快速增长

我国第三支柱个人税收递延型商业养老保险自 2018 年 5 月试点以来，

仍处于起步阶段，试点规模有限，社会接受度较低。截至2020年末，累计实现保费收入4.26亿元，参保人数仅为4.88万人。对比之下，截至2020年末，美国个人退休账户规模超过12.2万亿美元，占美国养老金体系的38%。

美国个人养老金积累了如此庞大的储备规模，其中很重要的推动因素是，美国第三支柱IRAs承接了大量第二支柱账户资金转入，当第二支柱DC部分的参与人在转换工作时，可以将DC账户内的余额转入IRA账户。据统计，IRA账户中70%以上的资金来源于第二支柱的资金转入，IRA能够接收雇主退休计划转移的资产，使其具有便携性和连续性，也更具吸引力。

未来我国个人养老金的发展，可以充分借鉴美国的账户互转模式，依托第三支柱账户提供转移通道，实现二、三支柱之间的接续，提升养老金体系的灵活性。如根据我国年金现行规定，职工发生工作单位变动时，新单位如果没有实行年金制度，在未达到领取条件时仍要留在原管理机构继续管理。如果打通二、三支柱，离职后新单位没有建立年金或退休的职工，其第二支柱中的资金积累就可以转移到个人养老金账户继续运营，并将成为第三支柱的重要资金来源。

四 思考与建议

（一）基本养老金：建立精算体系，探索运营新模式

1.建立针对基本养老金的长期精算体系

近年来，关于我国基本养老金缺口的讨论越来越多。特别是2019年我国阶段性降低社会保险费率的政策出台，2020年受新冠肺炎疫情影响进一步延长降低缴费政策，客观上影响基本养老金的缴费和基金收入，而2020年首次动用储备基金500亿元更是受到社会广泛关注。从理论上来说，随着人口老龄化不断加剧，在缴费率、退休年龄等因素没有明显调整的情况下，现收现付制的养老金模式面临基金缺口是难以回避的客观事实。而养老金缺

口大小受到诸多因素影响，既包括人口生育率、劳动生产率、经济增长率等外生变量，也包括缴费率、退休年龄等内生因素，养老金缺口的科学测算是应对缺口的重要基础工作。因此，许多国家建立了定期养老金精算报告制度，对养老金资金缺口、现金流等进行滚动测算，将未来养老金的财务可持续性状况透明化，有利于政策上更加精准地调整应对。

比如，美国第一支柱的联邦公共养老金定期进行短期和长期的精算，短期为10年，长期为75年，并且按照悲观、乐观、中观三种情况进行情景预测。测算的关键指标包括资金比率①、精算结余②等。日本第一支柱的公共养老金GPIF则是每5年进行一次“社会保障养老金财务状况的现状和未来展望”，对未来25年和50年的收支情况进行预测。加拿大零支柱的老年保障金计划OAS，也定期发布精算报告，对未来40年基金支出情况进行测算；其第一支柱的CPP每年发布精算报告③，对未来75年的基金收支和运行情况进行预测。

从我国来看，当前对于养老金体系改革的呼声很高，包括延迟退休年龄、做大储备基金、加快第三支柱建设等，核心都是为了增强养老金体系的财务可持续性。而对于基本养老金远期收支平衡的精算工作，是持续动态监测基本养老金运行和缺口的基础工作，也是诸多政策制定的出发点，比如延迟退休的具体参数设计、储备基金的合意规模等。并且，第一支柱作为我国养老金体系的基础和根本，其未来的收支平衡情况决定了我国养老金体系改革的方向和力度。

---

① 资金比率 = 基金在当年年初的储备金余额/当年总支出，资金比率为1，则表明基金在当年年初具备年度偿付能力，在2019年的OASDI短期测算的中性假设下，2030年OASDI资金比率为94%，未能通过短期资金充足性测试。在长期测算的中性假设下，2035年的OASDI资金比率首次从100%下降为79%，此后长期处于收不抵支状态。

② 精算结余 = 测算期末的累计收入比率 - 累计支出比率的差额。期末的精算结余为零或者为正，表明测算期内的全部支出可以足额支付。累计收入比率是一段时期内基金收入的折现值与期初基金结余的加总占该期间全部应税工资折现值的百分比。累计支出比率是一段时间内所有支出的折现值总和，再除以该期间全部应税工资折现值。2019年OASDI测算表明，在乐观、中观、悲观三种情况下，2095年的精算结余均为负值：-0.13%、-3.21%、-7.1%。

③ 2019年11月发布了第30次CPP精算报告。

因此，建议汇集人社、财政、统计等相关部门的专业力量，尽快建立针对我国基本养老金的精算体系，定期对我国基本养老金的长中短期收支状况进行测算，并在适当范围内予以发布，作为各项养老金制度改革的参考。

2. 探索委托运营新模式，扩大委托投资比重

2016年基本养老金开始委托投资运营，至今已有5年，2020年末运作规模1.40万亿元，占城镇职工基本养老保险结余总规模4.83万亿元的29.0%。但是现行委托模式下，规模继续增长空间不大。这是因为，部分省份在委托资金时，要求当地必须留存12个月的待遇备付金。[①] 如果各省都按照这个标准，2020年全国职工基本养老保险支出5.13万亿元，现有结余仅能用于约11个月的养老金支付，未来不但没有新增资金用于委托，还面临已委托资金的回流。

但是，基本养老金缴费具有持续性，并且留存结余在一定时期内具有稳定性，各地留存12个月的待遇备付金，尽管极大保障了待遇支付的安全性，却是以基金管理的低效率和长期隐形贬值为代价的。基本养老金委托投资运营以来平均收益率为6.89%；委托规模占基金结余的比例仅为24%，未委托部分按照2.75%的三年定存利率计算，整体基本养老金回报率仅为3.75%，与全国社保基金和企业年金相差甚远，与始终有流动性要求的保险资金同期收益率5%也相差甚远。[②]

因此，可以考虑改变当前地方进行流动性管理、社保基金进行余额投资的模式，借鉴保险资金“负债驱动投资”的思路，进一步减少地方留存资金规模，提升资金管理运作效率。比如，将地方满足3个月日常支付之外的部分，全部委托给社保基金理事会运作，由理事会根据地方的资金流入和支

① 2017年江苏省《关于归集企业职工基本养老保险基金委托投资运营资金的通知》明确规定，委托投资资金由留足12个月备付期后结余100亿元以上的省本级、设区市本级以及结余50亿元以上的县（市）筹集。

② 保险资金收益率：2016年5.66%，2017年5.77%，2018年4.33%，2019年4.94%，2020年5.41%。

出情况，进行资金运用的整体安排，在保障基金流动性要求的同时，进一步提升基本养老金整体增值能力。

（二）职业养老金：优化投资模式，合理设定投资目标

1. 完善投资模式，改变“长钱短投”的制度困境

我国年金基金在投资运营中存在“长钱短投”问题的根本原因在于资产所有权和投资决策权的错配。第二支柱的职业养老金分为两种模式：一种是缴费确定型（DC 模式），如美国的 401（k）计划。DC 模式下，资金账户的所有权和投资决策权都归属于个人，雇员可以自由选择不同的养老金融产品；另一种是待遇确定型（DB 模式）。DB 模式下，该养老金计划由企业全权负责投资，而且不论盈亏，雇主都要按事先确定的工资比例支付雇员退休金。即 DB 模式养老金计划的资产所有权和投资决策权都属于企业。从制度设计来看，无论是 DC 模式还是 DB 模式，其账户所有权和投资决策都是一致的，都能实现长期投资。DC 模式下，临近退休的参与者会选择权益配置较低的稳健保守的投资策略和产品；而年轻人会选择高配权益类资产，总体来说实现了风险的分层。以美国 401（k）计划为例，2020 年，77% 的 30 岁以下的参与者权益资产投资比例超过 80%。就 401（k）计划整体而言，60% 的资产投向了权益市场。因此，DC 模式的职业养老金，能够进行以权益资产为主的长期投资。DB 模式下，企业职业养老金统一归集到一个账户，由雇主负责投资运营。雇主会从长期收支平衡角度，考虑资产端与负债端的匹配情况，以长周期视角来进行投资运营。即便基金发生短期的业绩波动，也不影响员工的养老金给付，不会干扰基金的长期投资属性。

我国的年金运作模式中，账户基金资产所有权归属于个人，但是在投资管理上，个人并没有决策权，而是由企业将所有职工的年金资产统一运作，即企业是投资决策的责任主体。也就是说，我国的年金在资产所有权上是 DC 模式，而在投资运作上是 DB 模式。

这两种模式的错配在一定程度上导致“长钱短投”。因为不同年龄阶段的职工风险偏好不一样，临近退休的职工对业绩波动更敏感。在这种背景

下，容易将临近退休人群的风险承受能力，作为整个年金计划的风险预算约束，以追求年度正收益为投资目标，导致权益资产配置比例过低。这种机制传导到投资管理人，就容易产生短期化投资策略，甚至会出现为了保证年度正收益被动杀跌的情形。

上述问题可以从短中长期的角度分别加以应对。短期来看，可以给临近退休的职工群体建立一个专门的稳健组合，该组合超低配甚至不配权益资产，以获取年度正收益为目标。员工在退休前三年时，从标准组合转入该专门组合。其余员工所在的标准组合，因为短期内没有支付压力，可以以较高的风险敞口配置权益资产，获取合理收益。中期来看，可以按照不同风险特征，设置保守、稳健、均衡、积极和进取等不同风险水平的年金投资组合。由员工根据自己的风险偏好进行选择，也能够实现年金基金的分类长期投资。长期来看，在投顾行业和投资者教育具有一定基础的情况下，可以借鉴香港强积金、美国401（k）计划，放开员工投资选择权，由个人根据自身情况选择养老金融产品。产品方面，国外发展较快的目标日期基金和目标风险基金在国内已经落地，初步运作良好。同时养老金产品也运作多年，可以在科学改进的基础上作为个人养老投资工具。

2. 合理设定投资目标，加大权益类资产投资比例

从企业年金和职业年金实践情况来看，其投资收益率目标一般是按照银行定期存款利率或者 CPI 加点来确定。从银行存款的角度来看，由于我国存贷款利率市场化水平相对不足，如果将银行理财产品收益视为类似实际市场利率的话，二者的利差也长期存在。从 CPI 的角度来看，由于我国 CPI 构成具有特殊性，比如房屋支出指标采用的是房租价格，而非房价。加上统计口径调整原因，对于长期购买力的衡量并不准确，与实际相比，该指标往往存在对物价上涨衡量不足的情况。

由于养老金是典型长期资金，从长周期来看，使用工资增长率作为养老金投资收益目标可能更为合理。在艾伦条件①中，也使用了工资增长率和人

① 艾伦条件是指，如果一个经济体的人口增长率与工资增长率之和大于市场实际利率时，实行现收现付制比基金积累制有利于养老金福利的帕累托改进，能使退休者享受更高的退休金。参见 https：//wenku. baidu. com/view/63402da5f524ccbff121845e. html。

口增长率之和来与市场实际利率进行比较，以判断现收现付制与基金积累制的适用性情况。可见，用工资增长率来衡量养老金长期投资目标具有一定合理性。改革开放至今，我国年均实际工资增长率为7.7%。[①] 如果从GDP增速来看，2000～2020年，我国年均GDP名义增速为10.94%，CPI增速约为1.92%，GDP实际年均增速为9.02%。

可见，不论是以工资增长率，还是GDP增速来衡量，即便考虑到其长期下降趋势，养老金长期收益率也需要保持在7%以上。按照这个标准，企业年金自运营以来7.30%的年均收益率达到了这个目标。但是近10年和近5年的平均收益率分别为5.68%和5.89%，均未达到7%。未来，随着经济增速进一步下降，现有年金资产配置更将难以达到收益率目标。我们用沪深300全收益指数和中证全债指数分别模拟权益资产和固收资产，对不同权益仓位下的模拟组合年化收益率进行回测，结果如表6所示。

表6　不同权益仓位下模拟组合的年化收益率情况

单位：%

项目	权益仓位	2005～2020年	2011～2020年	2016～2020年
模拟组合年化收益率	0	4.65	4.57	3.66
	10	5.77	5.10	4.39
	20	6.82	5.58	5.08
	30	7.81	6.00	5.74
	40	8.73	6.37	6.36
	50	9.58	6.69	6.94
	60	10.36	6.95	7.48
	70	11.07	7.16	7.99
	80	11.70	7.32	8.45
	90	12.25	7.42	8.87
	100	12.72	7.46	9.25

资料来源：Wind等公开数据整理。

① 2018年，我国城镇非私营单位就业人员平均工资达到82461元，是1978年的134倍，年均增长率达到13.0%，扣除物价因素，实际增长了18.3倍，年均实际增长率为7.7%。

模拟回测的结果显示，如果以 2005 ~2020 年为区间，实现 7% 的收益率，权益资产占比需要达到30%；如果近 10 年（2011 ~2020 年）要实现年化 7% 的收益率，权益资产占比需要达到 70%；如果以近 5 年（2016 ~2020 年）为区间，要实现 7% 的年化收益率，权益资产占比需要达到 60%。这说明，2021 年年金权益资产比例上限从 30% 提升到 40%，具有内在合理性。但是长期来看，可能还需要进一步提升。

从历史情况来看，年金行业长期权益资产中枢在 10% ~15% 区间，与上述回测结果有较大差距。原因在于，如果加大权益资产比重，年金组合的波动性将明显加大，出现负收益的年份明显增多。即便按照 30% 的权益资产比例配置，2011 ~2020 年，企业年金出现负收益的年份将达到 4 年，而实际运营中，仅有 2011 年一年为负收益。① 因此，增大权益配置将面临更大的组合业绩波动，与目前年金投资“年度正收益”的隐性要求不符，所以年金的实际权益资产配置始终不足（见图 11）。

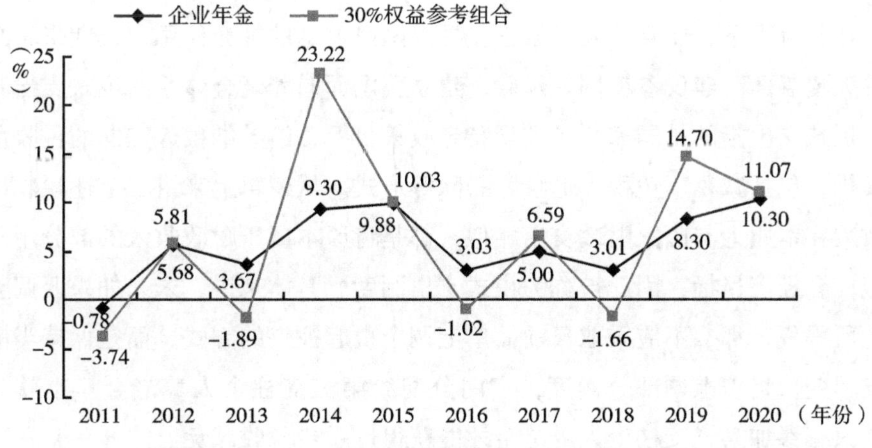

图 11　参考组合（30%权益仓位假设下）历年业绩与企业年金对比情况

资料来源：人社部及 Wind 等公开数据整理。

① 2011 年企业年金平均收益率为 -0.78%。如果按照 30% 权益资产配置，则 2011 年、2013 年、2016 年、2018 年均为负收益。

（三）个人养老金：完善政策设计，增强制度吸引力

1. 探索建立面向个人养老金的税式支出制度

根据2018年财政部披露信息，个人所得税免征点从每月3500元提升到5000元，个人所得税的纳税人占城镇就业人员的比例由过去的44%降至15%。根据当年数据计算，个税改革后纳税人数将减少约1.23亿人，下降至约6400万人。假如该比例15%不变，按照2020年城镇就业人员4.63亿人计算，则目前纳税人口为6950万人。即便这些人能够100%加入第三支柱，也仅能覆盖15%的城镇就业人口。如果考虑到五险一金和六项个税专项附加扣除等因素，纳税人口还将进一步下降。这一点从2018年试点的苏州工业园区情况来看，尤为明显。2018年个税免征点调整前，苏州工业园区共有纳税人口71.2万，个税免征点从3500元调整到5000元后，纳税人群减少至44.2万，减少38%；如果扣除五险一金后，减少到17.8万，减少75%；如果考虑个税专项附加扣除，只剩8.1万，减少89%。

在此背景下，要真正发挥第三支柱对国民养老的补充作用，长期来看必须扩大覆盖面。建议参考国外经验，建立我国面向养老金体系的税式支出制度。税式支出指的是国家为了实现特定政策目标，给予纳税人定向的税收优惠安排，包括减税、免税、退税、扣除等形式。从逻辑上来讲，上述税收优惠政策在本质上与国家财政支出相似，都是将原本属于财政收入的部分用于特定社会经济目标，因此被称为税式支出制度。具体来讲，未来如果要调整个人所得税，那么不应采取目前简单上调个税起征点的方式，而是保持当前标准不变，将拟上调部分额度，定向分配给第三支柱个人养老金。也就是说，只有参加第三支柱个人养老金才能获得进一步税收减免。这样一来，随着工资水平不断提高，纳税人群不断扩大，参加个人养老金的群体也会随之增加。

2. 优化税收优惠政策，增强国民参与积极性

在税延商业养老保险试点中，缴费阶段的税收政策是按工资的6%或者1000元的孰低者在税前扣除，并与购买的产品挂钩，不购买具体产品不能

享受优惠，而且需要参加者每月操作，并需要单位配合，流程烦琐，便利性不足。建议未来将税收优惠从产品层改为账户层，在此基础上，进一步从如下几方面予以完善。

在缴费阶段，一是将税收优惠的比例制改为额度制，即不论参与者收入情况，均享受相同额度税收优惠，促进税收调节的公平性，提升政策实施的便利性。二是将该税收优惠纳入个人所得税的专门扣除项，由个人在个税 App 内自行年度申报，减少个人和单位的操作环节。三是对于没有建立年金的单位员工，允许其在第三支柱共享年金的个人税收优惠额度，进一步提升制度激励。此外，对于灵活就业、新业态就业人员，由于其较难被第一支柱覆盖，建议将税收优惠政策扩展为财税政策，对上述群体参加第三支柱给予一定的财政补贴匹配，鼓励其进行自我养老储备，降低未来政府养老负担。

在领取阶段，一是试点政策的规定是领取额的 25% 享受免税，其余部分按照 10% 纳税，相当于领取阶段实际的税率是 7.5%。但根据目前个人所得税政策，工资 8000 元以内所得税率为 3%，因此参加第三支柱反而增加了税收负担。所以，建议对领取阶段的税率进行调整。如果一次性领取可以保持现有税收比例不变，但是如果分期领取，则应该将税率降到 3% 以下，确保对所有长期领取者都有税收激励。二是我国目前阶段对基金等资管产品投资收益暂不征收资本利得税，但在试点政策中，领取阶段需要全额征税，可能会增加参加者的税收负担。因此，建议在领取阶段仅对缴费部分征税，对投资收益增值部分暂不征税。或比照国外补充养老金对第三支柱个人养老金采取类工资所得税政策，由于免征点的存在，能起到较好的减税效果。

3. 完善制度的配套政策，增强参与体验

一是要塑造“投资养老”的科学理念。第三支柱个人养老金可以选择保险、基金、储蓄、理财等多类不同特征的养老金融产品。但是，如果考虑到个人养老金存续期长达几十年，旨在用于年老生活保障的目标，应该树立以投资增值为主的理念，充分发挥长期资金属性，以战胜实际通货膨胀为目标，为养老积累尽可能多的资产。事实上，从美国 IRA 的发展历程来看，1980 年的 IRA 账户资产中，82% 为银行储蓄，10% 为人寿保险，3% 为共同基金，5% 为股票等其他资产，到了 40 年后的 2020 年，共同基金占比达到 45%，银行储蓄下降到 6%，人寿保险下降到 4%，股票等其他资产增加到 45%。其核心就在于，储蓄和保险重在基本风险防范，但要想在几十年的维度上持续积累养老资产，只有通过投资才能战胜通货膨胀。

二是要设计科学的合格投资默认机制。美国 401（k）计划中，在 2016 年引入了 QDIA 制度（Qualified Default Investment Alternative）。其背景是，参与者向 401（k）账户扣款后，常常忘记进行投资，或者因为金融知识缺乏选择了不恰当的养老金融产品。在此背景下，美国劳工部允许雇主可以免责将员工的资金投向包括养老目标基金在内的多种特定养老金融产品，以提升参与者 401（k）账户投资的科学性。从我国个人养老金来看，也面临参与者选择不恰当产品等问题。因此，建议借鉴 QDIA 制度，由监管部门在市场上已有的养老金融产品中，分保险、基金、理财等进行遴选，设定产品白名单。同时，根据参与者的年龄情况和风险测评等级，划分不同产品范围，由个人在开设第三支柱个人银行账户时事先进行选择。同时，每年度提醒参与者进行修改，以减少个人因缺乏专业能力面临的选择困难，更好地实现养老金的积累增值。

参考文献

董克用、姚余栋主编《中国养老金融发展报告（2020）》，社会科学文献出版社，2020。

吴素萍、曹滔：《养老金改革的分析框架与路径选择》，中国金融出版社，2020。

B.3

养老服务金融：需求端持续扩张，供给端养老属性不足

张栋 孙博*

摘 要： 养老服务金融是提高国民养老财富储备、满足国民多元化养老需求的重要渠道。近年来，银行、基金、保险、信托等金融行业纷纷利用自身特色和优势，开发了类别和形式多样的养老服务金融产品，给广大国民养老财富储备提供了多元化选择。不少国民已经具备了较为清晰的养老财富储备意识，通过参与养老服务金融市场积累了一定数量的养老财富储备。但总体来看，目前养老服务金融市场的供给和需求仍面临一系列挑战。在供给方面，养老服务金融产品种类繁多，但养老属性并不明确，产品设计吸引力有限等；在需求方面，国民养老金融知识仍有不足，养老服务金融市场参与受限，同时投资风险偏好保守，在一定程度上影响了养老财富储备的保值增值。未来金融机构应进一步强化市场调研，开发符合国民养老需求的多样化养老服务金融产品并提高产品的吸引力，同时各主体应利用自身优势强化和规范养老金融教育，并加快推进智能投顾业务的发展，帮助国民选择合适的养老服务金融产品，提高养老财富储备。

* 张栋，管理学博士，社会学博士后，中国农业大学人文与发展学院讲师，中国养老金融 50 人论坛特邀研究员，研究领域为养老金融；孙博，管理学博士，金融学博士后，供职于华夏基金养老金管理部，中国养老金融 50 人论坛特邀成员，研究领域为养老金融。本文仅代表个人观点，与供职单位无关。

关键词： 老龄化 养老服务金融 财富储备

一 养老服务金融概述

（一）老龄化与养老服务金融需求

在经历了近20年相对缓慢、稳定的老龄化增长阶段之后，未来中国老龄化将呈现快速增长的趋势，对老年人的养老生活以及整个社会的养老事业发展带来严峻的挑战。具体来看，老龄化发展不仅会导致传统家庭养老功能弱化转而更多依赖个人以及社会化的方式，而且在老年抚养比增加的前提下社会化的养老也面临风险。与此同时，随着社会进步和国民生活水平提高，老年人将面临多元化的养老需求，这些需求既表现为满足日常生活消费的经济需求，也表现为满足医疗、护理等方面的服务需求。而对于个体来说，这些需求的满足都需要一定的养老财富储备作为基础。因此，迫切需要国家、社会、家庭和个人共同努力，构建应对人口老龄化的养老财富储备体系，为满足多元化的养老需求打好经济基础。

从中国老年财富储备体系的发展历程来看，来自政府及其他社会组织的正式支持系统和来自家庭与市场等非正式的支持系统都发挥了重要的作用。近年来，我国驰而不息推进养老保障体系改革，从制度化的安排上为老年人提供了稳定的财富储备支持，但我们也要清醒地认识到，国家的养老保险制度仅仅能够提供满足基本生活需求的保障，难以支撑国民日益多元的养老需求，因此探索更加多元化的养老财富储备模式成为应对人口老龄化和解决养老财富储备不平衡不充分问题的关键所在。进一步发挥市场机制在资源配置中的基础性、决定性作用显得尤为重要，尤其是发挥金融在跨期优化资源配置中的优势，通过产品和机制创新探索应对人口老龄化的多元财富储备路径已经迫在眉睫。

近年来，不少金融机构开始利用自身特色，开发了类别和形式多样的养老服务金融产品，为广大国民养老财富储备提供了新的渠道。但由于国民养老财富储备意识有限以及养老服务金融产品设计与国民实际需求之间存在偏差等问题的存在，养老服务金融市场潜力远未得到有效开发，亟须从供给侧和需求侧共同发力，创造养老服务金融市场发展的良好环境，为老年人实现更丰富、更充足的养老财富储备提供更多的选择。

（二）养老服务金融的内涵与概念框架

作为养老金融的重要组成部分之一，养老服务金融指的是在国家养老金体系之外，金融机构围绕全体社会成员养老相关的投资、理财、消费及其他衍生需求开展的一系列有关金融产品与服务的创新金融活动，其本质是通过市场化的金融活动，满足和保障国民的多元化养老需求。

养老服务金融贯穿于个人的整个生命周期，根据简化的生命周期理论，人的一生通常可以分为工作期和退休期两个主要阶段，在工作期，人们的劳动收入通常是大于消费的，人们在这一阶段将一部分收入用于消费，满足不同的消费需求，同时还有一部分收入会用来积累供退休后消费；在退休期，人们的消费则是大于收入的，此时人们就开始消费工作期积累的财富以满足退休后的需求，从而来平衡一生的收入。与此对应，养老服务金融在进行全生命周期的资产配置时也主要遵循这一规律，其核心涉及两方面的服务内容。一是养老财富积累，指的是在国家养老金体系之外，为更好满足老年需求，社会成员自发进行养老财富积累活动，需要金融机构针对养老资产储备需求开发专业化的养老金融产品和服务，如养老理财、商业养老保险、养老投资基金，以及养老财务规划、养老投资顾问等；二是养老财富消费，指的是社会成员在老年期将其养老财富储备用于消费的过程，同样需要金融机构针对人在老年阶段的消费需求，提供针对性的金融服务，比如住房反向抵押贷款/保险、老年财产信托等，如图 1 所示。

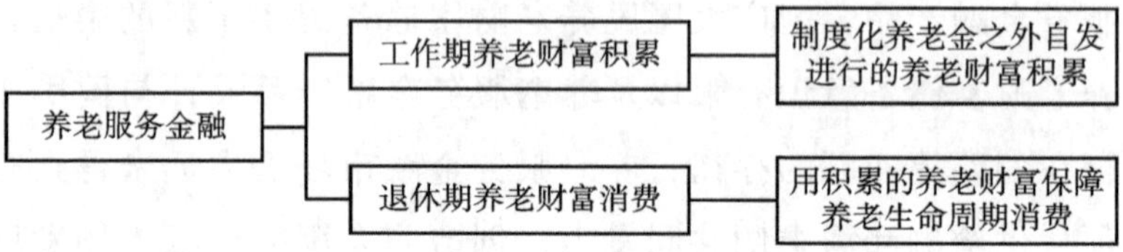

图1　养老服务金融的核心概念框架

二　养老服务金融市场供给与发展现状

自2013年国务院发布《关于加快发展养老服务业的若干意见》首次提出将老年金融服务作为养老服务业的一部分以来，各政府部门认识到金融机构参与养老发展的重要意义，出台了一系列金融支持养老服务发展的政策指导意见，为银行、基金、保险、信托等金融机构养老金融业务发展指明了方向。除此之外，各行业监管部门还结合自身的特点出台了一系列专门性政策，如保险行业的商业养老保险政策、住房反向抵押养老保险政策等，以及基金行业的养老目标基金政策等，进一步为行业养老金融发展提供了指导，也为我国养老服务金融的规范化发展提供了相应的政策基础。

（一）养老服务金融——养老财富积累的市场供给与发展现状

养老财富积累是国民参与养老服务金融的准备阶段，是处于工作期的国民为储备更多的养老财富而参与的金融活动。近年来，随着经济社会的快速发展，广大国民收入有了较大程度的提高，加之养老需求逐步多元化，养老财富储备需求逐步显现。在一系列养老金融支持政策的引导下，银行、保险、基金、信托等金融机构不断探索养老服务金融产品创新，初步形成了满足国民养老财富积累需求的多元化养老服务金融产品体系，为广大国民养老财富积累提供了丰富的选择空间，如图2所示。

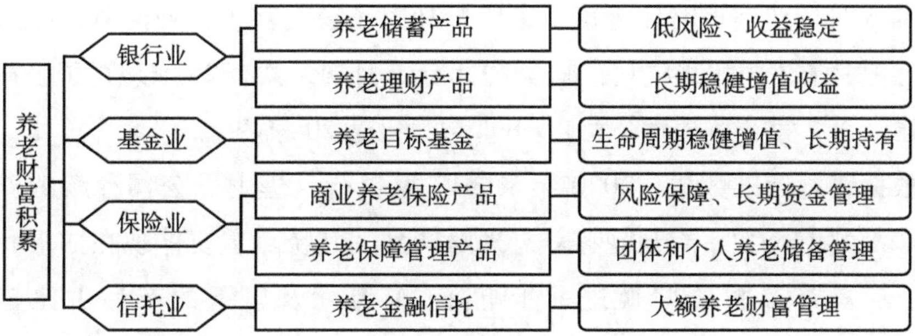

图 2　各金融行业养老财富积累的实践探索情况

1. 银行业养老财富积累的市场供给与发展现状

（1）养老储蓄产品

养老储蓄产品，即以养老为目的的储蓄（或称存款），具有低风险、收益稳定、灵活便捷等优势。在未雨绸缪的传统观念影响下，加之对银行的信任，储蓄一直是广大中国国民财富管理的重要选择。尽管自 2008 年以来中国国民储蓄率呈下降趋势，但目前仍居于 45% 左右，远高于 26.5% 的世界平均水平。[①] 昌忠泽等的研究指出，国民储蓄动机包括赠予、健康和长寿、应对不确定性三类，也就是说，养老确实是国民储蓄的重要目标。国内不少银行也基于国民的养老储蓄需求，设计了相应的养老储蓄产品，如建设银行“月月享”养老储蓄产品、兴业银行“安愉储蓄”等。

（2）养老理财产品

养老理财产品指的是由银行或银行理财子公司等设计发行的，旨在追求长期稳健增值收益的理财产品。银行养老理财产品最早从 2007 年开始起步，包括中国工商银行、中国建设银行等在内的数十家银行均发行过以“养老”为主题的理财产品，吸引了不少客户购买。2018 年中国人民银行发布《关于规范金融机构资产管理业务的指导意见》（简称“资管新规”）正式发布，商业银行的资管业务开始转型，理财业务逐步转由银行理财子公司开展。

① 陈果静：《我国储蓄率仍远高于世界平均水平》，《经济日报》2019 年 7 月 2 日。

2019年5月，建信理财作为第一家银行理财子公司获批开业经营，随后大量银行理财子公司相继成立，截至2021年5月初，共有25家理财子公司获批筹建（含2家合资理财公司），开业数量已达20家。[①]

根据普益标准数据，2020年末，17家银行及理财子公司存续的养老理财产品共116款，综观现存养老理财产品，其特点主要体现在如下几个方面：一是产品投资门槛进一步下降，1万元及以下的产品占比超过95%；二是投资期限相对较长，绝大部分产品的投资期限超过1年；三是主打稳健投资，以固定收益类为主。然而，尽管这类产品带着“养老”字样，但实际上与一般的理财产品差异不大，通常仅体现在期限稍长、风险偏好稍低等方面，与实质上的养老功能仍存在不匹配的问题。根据银保监会的监管要求，自2021年3月起，银行资管部和理财子公司开始下架、更改含有“养老”字样的理财产品，不再进行“养老”突出宣传，截至目前中国理财网已无法查询到带有“养老”关键词的产品。但此举并不意味着银行养老理财产品不复存在了，只是推动银行业进一步开展业务创新试点，发展真正具备养老功能的养老金融产品。可以预见，随着第三支柱个人养老金制度全面推开，银行养老理财产品将迎来名副其实的发展机会。

2. 基金业养老财富积累的市场供给与发展现状

养老目标基金是一类特殊的公募基金，为服务国民养老储备而生，致力于帮助投资者解决养老投资难题，一直是境外个人养老金投资管理中的主要产品之一，在个人养老金投资中发挥着极为重要的作用。2018年3月2日发布的《养老目标证券投资基金指引（试行）》是中国公募基金行业服务个人投资者养老投资、推进养老金市场化改革的里程碑事件。目前中国养老目标基金运作已近三年，整体发展较快、运作良好，在助力个人投资者实现长期稳健收益的养老目标方面发挥了重要作用。

---

① 吕东：《银行理财子公司再“扩军”　6家国有大行12家股份行已全面布局》，《证券日报》2021年5月6日。

截至2020年末，共有104只养老目标基金成立，其中养老目标日期基金49只，目标日期年份范围从2025年到2055年，以2035年、2040年的产品为主，合计占比53%；养老目标风险基金55只，分为稳健型、平衡型以及积极型三类，以稳健型养老产品为主，占比58%。从管理规模上来看，截至2020年末，养老目标基金规模为590亿元，其中养老目标风险基金规模为445亿元，占比为75%，以稳健型为主；养老目标日期基金规模为145亿元，占比为25%，目标日期以2035年为主。从基金持有人户数来看，截至2020年末，认购户数达1277409户，较2018年末的767814户实现大幅增长。整体来看，养老目标基金成立不到3年的时间，公募行业持续进行投资者教育和市场培育，正逐步得到投资者的认可，基金数量、管理规模、持有人户数均呈现明显增长。

3. 保险业养老财富积累的市场供给与发展现状

（1）商业养老保险产品

现代商业养老保险是由商业保险机构提供的，以养老风险保障、养老金管理以及与养老需求相关的财富管理等为主要内容的养老金融产品和服务。在2014年保险业“新国十条”、2015年《关于加快发展现代商业养老保险的若干意见》和2017年《关于加快发展商业养老保险的若干意见》等政策文件的指导下，各保险公司不断创新产品模式，推出了类别多元的商业养老保险产品。2018年财政部等五部门发布《关于开展个人税收递延型商业养老保险试点的通知》，2021年银保监会印发《关于开展专属商业养老保险试点的通知》，进一步推动了商业养老保险的发展，为国民市场化的养老财富储备提供了更多选择，发挥了重要作用。但总体来看，目前我国商业养老保险的发展水平依然比较滞后，商业养老保险的密度和深度①都不高。保险密度是一个国家的人均保费收入，根据银保监会统计数据，2020年我国保费收入为4.53万亿元，总人口为141178万人，保险密度为3208.72元，其中

① 商业养老保险的密度和深度是衡量其发展水平的重要指标，其中保险密度是一个国家的人均保费收入，保险深度则是指当年保费收入占GDP的比重。

寿险公司保费收入为2.4万亿元，即人寿保险密度为1699.98元，剔除80%的理财产品，按照商业养老保险占寿险20%的比例测算，2020年商业养老保险收入约为4800亿元，商业养老保险的密度约为340元。保险深度则是指当年保费收入占GDP的比重，2020年我国GDP规模为1015986亿元，由此可以推算出2020年我国保险深度为4.46%，人寿保险深度为2.36%，商业养老保险的深度仅为0.47%。

（2）养老保障管理产品

养老保障管理产品是指养老保险公司作为管理人，接受政府机关、企事业单位及其他社会组织等团体委托人和个人委托人的委托，为其提供养老保障以及与养老保障相关的资金管理服务的产品。截至2020年底，行业中从事养老保障管理业务的市场主体包括9家养老保险公司（国寿养老、平安养老、长江养老、太平养老、泰康养老、大家养老、新华养老、人保养老、恒安标准养老）以及1家养老金管理公司（建信养老）。根据对市场主要主体数据的不完全统计，截至2020年底，养老保障管理产品市场规模已突破1.2万亿元，其中，个人养老保障管理产品规模占行业总规模超过96%，远超团体养老保障管理产品规模，表明养老保障管理产品已经成为广大国民养老储备的重要选择之一。

4. 信托业养老财富积累的市场供给与发展现状

养老信托是指委托人基于对受托人的信任，将其财产委托给受托人，由受托人按委托人意愿为受益人管理和经营受托资产，信托到期后，由受托人给委托人提供养老经济保障或者服务保障等。利用养老信托来安排养老资产的独特价值在于，其能够发挥信托制度在家庭财富管理上固有的内在优势：一是实现资产安全隔离；二是实现特定养老目的。养老金融信托或称养老财产管理信托，是指委托人将财产交付至信托公司，信托公司按照委托人意愿通过资产管理实现保值增值，按照信托合同中规定的受益人、信托利益支付用途实现养老、传承的目的，养老金融信托的门槛通常较高。目前我国市场上对养老金融信托的呼声很高，但真正进行养老金融信托实践探索的极为有限，产品数量和参与人数也几乎可以忽略不计。

（二）养老服务金融——养老财富消费的市场供给与发展现状

养老财富消费是年老退休后将潜在的养老资源转化为养老所需的资金或服务的过程。一般而言，国民在工作期积累的养老财富可以分为两种不同的类型，一类是直接可用于养老消费的财富比如储蓄、理财和年金等资金形式；另一类是不能直接用于养老消费的财富比如房产等，这类产品在老年人有需求时可以转换为养老资源。除此之外，老年人的养老需求除了直接的经济需求之外，养老服务需求也尤为重要。在此基础上，金融机构不断创新养老服务金融产品形式，开创了将不动产转化为养老资金的住房反向抵押模式，也探索了将养老资金和养老服务融合的服务模式，形成了一系列养老财富消费的金融产品体系，如图3所示。

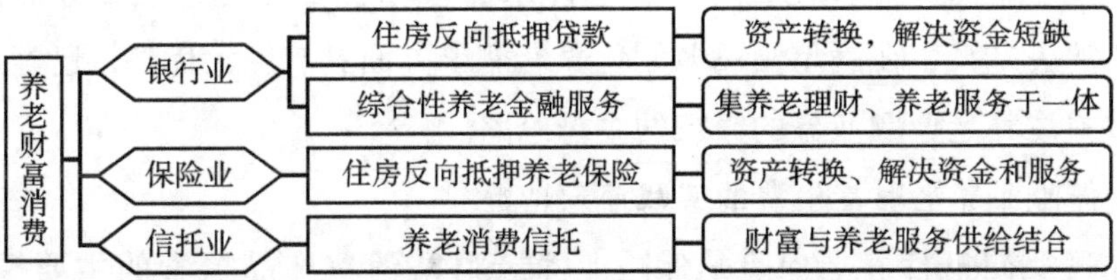

图3　各金融行业养老财富消费的实践探索情况

1. 银行业养老财富消费的实践探索情况

（1）住房反向抵押贷款

住房反向抵押贷款是为了解决“房产富人、现金穷人”养老难题的一种养老金融模式探索，通常是银行将老年人的房产进行抵押，根据老年人的年龄、身体状况、房屋价值等进行综合评估，按月给老年人支付一定的养老金，等老年人去世之后根据约定对房屋进行处置。这种产品具有较强的应用前提，即房屋需有较高的价值、老年人观念上能够接受以及客观需要等。总体来看，住房反向抵押贷款在推出之际受到了较为广泛的关注，部分银行也推出了该项业务，但总体来看，受到传统观念、房屋价格波动等因素的影响，该项业务实际落地数量极为有限。

（2）综合性养老金融服务

随着经济社会发展水平的提高，国民养老需求呈现多元化的趋势，加之老年人身体机能的下降，产生了养老供给不便捷的现实问题。在此背景下，银行业较早开始探索综合性养老金融服务，即将养老理财、便利结算、健康管理、法律顾问等结合到一起，提供综合性、一站式金融服务的模式。目前不少银行推出了综合性养老金融服务方案，如交通银行发布“交银养老”金融战略行动计划 20 条，旨在综合解决老年人理财信贷、财富传承、数字鸿沟、惠民就医、“医、养、乐”融合等需求问题；中国银行“个人养老联合服务计划”为养老客群提供专属金融服务、综合康养服务、品质生活服务、适老智能服务等一体化、一站式“金融 +”服务支持；中信银行推出全面覆盖老年人金融、健康、学习、娱乐、旅游、精神文化需求的“幸福 1 +6”老年金融服务体系，等等。总体来看，综合性养老金融服务提供的一站式解决方案，在满足国民多元化养老需求方面具有巨大优势，已经成为大多数关注养老金融业务的银行的主打思路。

2. 保险业养老财富消费的实践探索情况

住房反向抵押养老保险是保险业养老财富消费产品探索的主要模式，是将老年人的房产与养老资金需求或者养老服务需求进行转换的一种模式，通常采取大房换小房、入住养老公寓等多元化的模式，即老年人将房产抵押给保险公司，保险公司根据房产价值和老年人的年龄、身体状况等因素给老年人提供养老年金以及入住养老公寓服务等，待老年人身故后按照约定对房产进行处置。目前有幸福人寿、人民人寿和人保寿险等公司在全国 29 个城市开展了住房反向抵押养老保险业务，尽管目前的参与量较小，但不可否认的是，该模式也为部分有需求的老年人增加了一种养老选择。

3. 信托业养老财富消费的实践探索情况

养老消费信托计划通常是指信托公司与服务机构展开合作，以规模优势取得相对优惠的养老服务价格，客户则通过购买相应的养老消费信托产品获得相应的养老服务保障权益，同时信托计划会敦促养老服务机构提供相应质量的养老服务，从而保障老年客户的权益。一般而言，通过养老消费信托，客户可以获得一系列包括社区养老、机构养老等优惠购买权和优先入住权等。近年来，中信信托、北京信托、安信信托等均尝试发行了养老消费信托产品，但总体来看，产品规模不大，参与人数相对有限。

三　养老服务金融市场需求与参与状况

为更好地了解国民养老服务金融的需求与参与意愿，中国养老金融50人论坛开展了中国养老金融调查2021项目，旨在从国民金融基础知识与风险认知、养老金融知识与教育认知、养老金融行为与偏好三方面出发，了解中国当前社会公众养老金融知识及需求。本次调查采用随机抽样方法，通过线上网络平台和线下调研相结合的形式，充分考虑不同地区、年龄层次、收入水平人员的养老金融方面的意愿与需求，面向全国31个省（自治区、直辖市）定向、定量投放问卷，调查共回收有效样本12043份。

（一）养老服务金融的基础认知

1. 养老金融知识和素养

养老金融知识和素养是国民参与养老金融活动的重要基础。较好的养老金融知识可以帮助国民在纷繁复杂的养老服务金融产品市场中找到适合自己的产品，从而帮助其获得全生命周期养老财富的有效配置；而如果缺乏相应的养老金融知识则可能影响国民养老金融的储备及其保值增值的效果。

为更好地了解公众养老金融知识的自我认知情况，本次调查设计了调查对象对自己养老金融知识自评得分的题目。调查结果显示，2021年调查对象自评养老金融知识得分的平均分为71.42分，相较于2020年调查的68.76分有所提升，如表1所示。这在某种程度上可能是由于互联网、新媒体等平台的发展给国民了解养老金融知识提供了更多的渠道。

表 1　公众养老金融知识自评得分情况

项目	年份	观察值	均值	标准差	最小值	最大值
养老金融知识得分自评	2020	12210	68.76	17.35	0	100
	2021	12043	71.42	15.02	0	100

除了主观养老金融知识外，本次调查还借助国际上比较通用的金融知识衡量方法，[①] 并融入了国民对于基本养老保险制度认知形成了养老金融知识的客观衡量标准，包括利率（含单利和复利计算）、通货膨胀计算、投资风险判断以及基本养老保险缴费年限四个方面来综合判断。

调查结果显示，调查对象对于单利、复利、通货膨胀、投资风险、基本养老保险缴费年限相关题目回答的正确率分别为 58.82%、63.51%、49.22%、66.30%、78.58%，如表 2 所示。综合考虑调查对象关于几项基础金融知识题目的计算情况，其正确率的平均值约为 63.29%，换算成百分制，也就是说，调查对象的基础金融知识的客观得分为 63.29 分，仅处于刚及格的水平。通过主客观养老金融知识比较反映出目前调查对象还存在一定程度的养老金融知识高估的问题，需要进一步通过养老金融教育提高国民养老金融素养。

表 2　调查对象养老金融基础知识回答情况

单位：%

项目		正确	错误	不知道
利率	单利计算	58.82	37.49	3.69
	复利计算	63.51	30.74	5.75
通货膨胀计算		49.22	44.89	5.89
投资风险判断		66.30	27.67	6.03
基本养老保险缴费年限		78.58	21.42	0

① 该方法源自 Lusardi 和 Mitchell，主要利用利率计算、对通货膨胀理解及投资风险判断三个方面来综合评估金融知识，具有较强的科学性和代表性。

2. 养老理财或投资长期目标的认知

养老理财或投资目标的设定在一定程度上会决定个体的养老服务金融产品的选择。调查结果显示，近五成（49.83%）的调查对象将养老理财或投资的长期目标明确为“确保本金安全第一位，收益多少不重要”，有31.25%的调查对象认为养老理财或投资从长期来看以“追上通货膨胀率为目标，能够实现财富保值”，同时14.72%的调查对象认为养老理财或投资应该“超越通货膨胀，在保持购买力之外实现养老财富增值”，如图4所示。总体来看，目前国民关于养老理财或投资的目标偏向保守，近一半的调查对象不考虑收益仅考虑安全的观念在很大程度上会影响养老财富的保值增值，其最终结果其实也影响了养老财富的安全。因此，一方面，要强化国民对于复利、通货膨胀等养老金融知识教育；另一方面，金融机构应当不断优化养老服务金融产品的设计，提高产品的吸引力，引导不同群体选择适合其群体特征的养老服务金融产品。

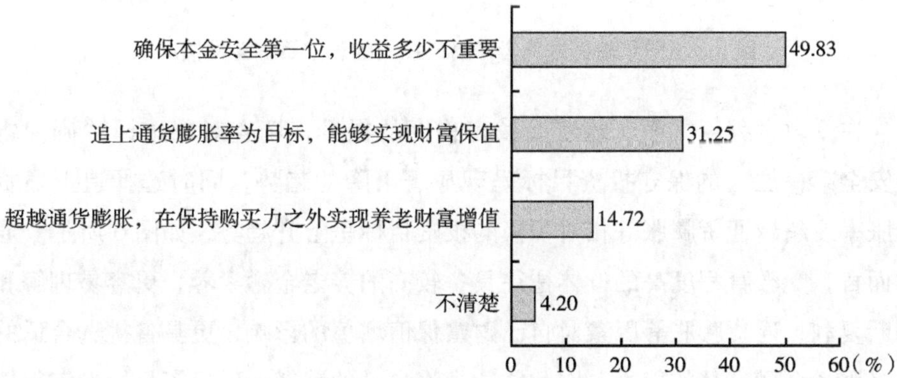

图4　养老理财或投资的长期目标

进一步了解不同群体养老理财或投资目标的差异情况，在年龄方面，随着年龄的增加，调查对象选择“确保本金安全第一位”的保守投资目标呈现显著增加的趋势，同样其选择追上通货膨胀率或超越通货膨胀的相对积极的投资目标呈下降趋势，如图5所示。这主要是由于收益与风险通常是正相关关系，追求较高收益也就意味着需要承担相对较高的风险，随着年龄的增加，个人的风险承受能力也往往随之下降，其对养老理财或投资目标也自然相对偏保守，这也为金融机构设计相应的金融产品时需考虑其风险承受能力提供了证据。

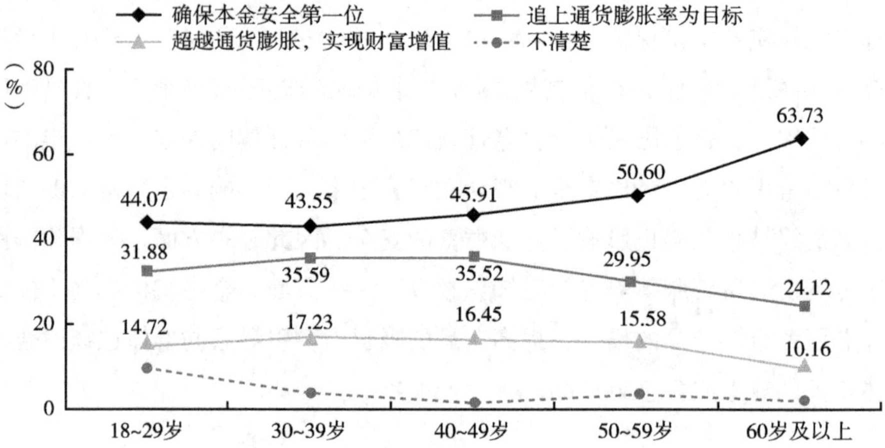

图 5　不同年龄群体养老理财或投资的长期目标差异情况

在受教育程度方面，随着受教育程度的提升，调查对象选择“确保本金安全第一位”的保守投资目标呈现显著下降的趋势，同时选择追上通货膨胀率或超越通货膨胀等相对积极的投资目标呈上升趋势，如图 6 所示。通常而言，受教育程度高的群体往往具备较高的养老金融素养，更容易理解和判断复利、通货膨胀等因素对自己财富保值增值的影响，更具备挑选合适的养老服务金融产品的能力，因此往往也将自己的养老金融投资目标设定得更高，从而更好地实现自身的养老财富保值增值。

此外，不同收入群体的养老理财或投资目标也存在较大差异，调查结果显示，随着收入的提高，国民选择保守投资目标的比例呈现显著下降的趋势，选择相对积极投资目标的比重则大大提升，如图 7 所示。其主要原因在于，低收入群体风险承受能力相对较低，用相对较高的风险去博取更高收益的意愿和能力不足，从而影响其养老理财或投资目标的选择，而较

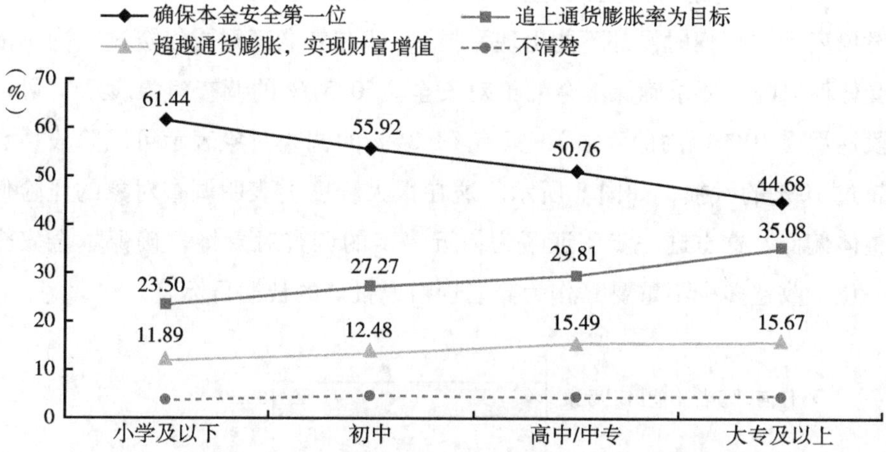

图6　不同受教育程度群体养老理财或投资的长期目标差异情况

高收入群体则具备相对较好的经济基础以应对投资风险，因此其投资目标更为积极。

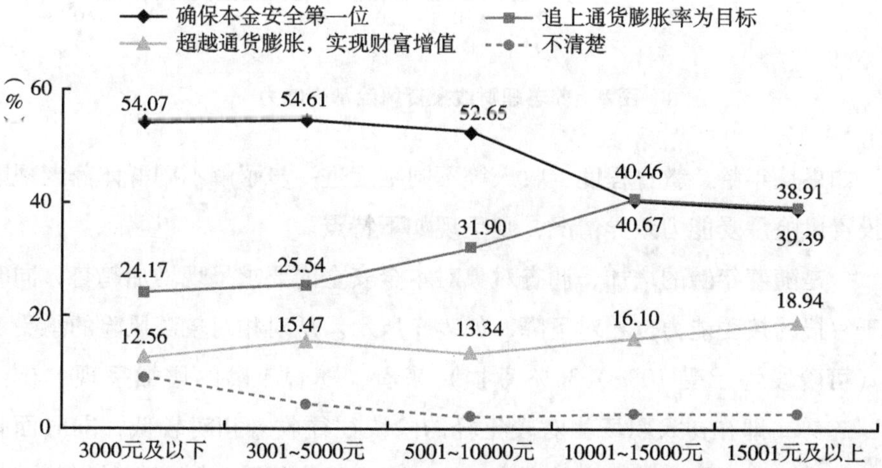

图7　不同收入群体养老理财或投资的长期目标差异情况

3. 养老理财或投资风险承受能力认知

国民的养老理财或投资风险承受能力与其投资目标是相辅相成的，也是国民养老服务金融产品选择的重要影响因素。调查数据显示，35.59%的调查对象表示“任何时候都不能出现亏损”，即在养老理财或投资过程中不能承受任何风险，要求确保本金的绝对安全。50.57%的调查对象表示“可以阶段性承受10%以内的亏损”，只有13.84%的调查对象表示可以阶段性承受超过10%的亏损，如图8所示。这在很大程度上表明调查对象的风险偏好整体偏低，这也进一步印证了为何近一半的调查对象将“确保本金安全第一位，收益多少不重要”作为养老理财或投资的长期目标。

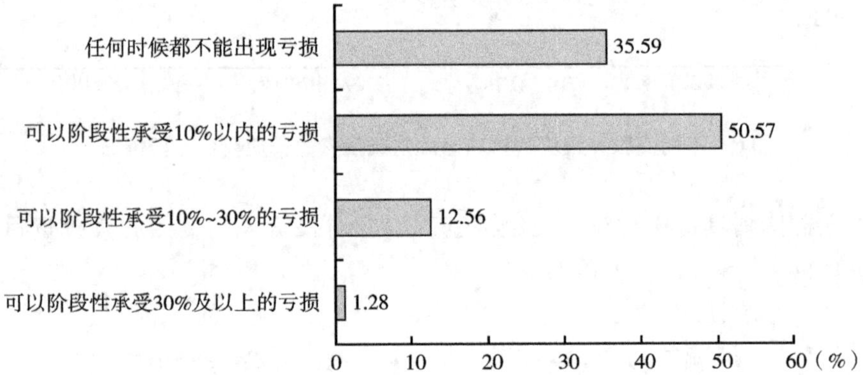

图8　养老理财或投资风险承受能力

如果从年龄、教育程度、收入等不同维度进一步了解不同群体养老理财或投资风险承受能力差异情况，则呈现如下特点。

一是随着年龄的增加，调查对象对本金安全的要求呈现增加趋势，同时对于亏损的接受能力也相对下降，如表3所示。从对相对较高风险的承受能力（可阶段性承受10%～30%亏损）来看，随着年龄的增加呈现“倒U形”趋势，即在初入职场相对较年轻的阶段往往收入相对较低，同时面临婚姻、生子以及买房等方面的压力，难以承受过高风险，随着年龄增加，收入往往也会随之增加，风险承受能力也随之增强，而到临近退休时期往往会考虑积累较为安全的养老财富，为退休做好准备，进而导致其风险承受能力随之下降。

表3　不同年龄段群体养老理财或投资风险承受能力差异

单位：%

项目	18～29岁	30～39岁	40～49岁	50～59岁	60岁及以上
任何时候都不能出现亏损	31.19	29.83	32.95	34.90	47.93
可阶段性承受10%以内亏损	54.55	54.28	49.89	52.24	42.52
可阶段性承受10%～30%亏损	12.39	14.94	15.48	12.05	8.47
可阶段性承受30%及以上亏损	1.88	0.96	1.68	0.82	1.07

二是随着受教育程度的提升，调查对象的风险承受能力呈现显著增加的趋势，这一方面可能是由于受教育程度越高，收入通常也就越高，更具备相对较高的风险理财或投资的经济基础；另一方面可能是由于受教育程度高的群体的养老金融知识更丰富，更容易通过风险与收益的平衡来选取适合自己的养老服务金融产品从而实现养老财富的保值增值（见表4）。

表4　不同受教育程度群体养老理财或投资风险承受能力差异

单位：%

项目	小学及以下	初中	高中/中专	大专及以上
任何时候都不能出现亏损	45.04	41.65	37.51	30.45
可以阶段性承受10%以内亏损	44.97	47.83	49.37	53.39
可以阶段性承受10%～30%亏损	8.87	9.42	11.82	14.80
可以阶段性承受30%及以上亏损	1.13	1.10	1.30	1.36

三是低收入群体对本金安全的关注度更高，随着收入的增加，调查对象的风险承受能力也呈现显著增加的趋势。月收入超过10000元的群体中不能承担任何养老理财或投资风险的群体要远远低于月收入低于10000元的群体，同时其较高风险的承受能力（可阶段性承受10%～30%亏损）也远高于月收入低于10000元的群体。这在很大程度上反映出收入是国民养老金融风险承受能力的重要基础和风向标（见表5）。

表 5　不同收入群体养老理财或投资风险承受能力差异

单位：%

项目	3000 元及以下	3001 ~ 5000 元	5001 ~ 10000 元	10001 ~ 15000 元	15001 元及以上
任何时候都不能出现亏损	40.00	41.96	37.12	25.83	25.48
可以阶段性承受 10%以内亏损	48.14	48.29	50.62	54.70	53.24
可以阶段性承受 10% ~30%亏损	9.90	8.07	11.42	18.71	20.04
可以阶段性承受 30%及以上亏损	1.96	1.67	0.84	0.76	1.24

（二）养老服务金融参与的实际情况

近年来，国家将应对人口老龄化上升到国家战略层面，并提出要夯实应对人口老龄化的养老财富储备，各金融机构纷纷创新养老服务金融产品，为国民养老财富储备提供了多元化的选择。但种类繁多的养老服务金融产品效果则需要经过市场来检验，对于国民养老服务金融市场参与情况的调查不仅可以反映养老服务金融产品的成效，同时也能够体现国民养老服务金融产品的需求和偏好情况，可以为金融机构养老服务金融产品的开发和完善提供经验借鉴。

随着经济社会的不断发展，国民收入也在不断提高，除了制度化的养老金制度外，不少群体还通过市场化的养老服务金融产品积累养老财富。调查结果显示，最受欢迎的养老服务金融产品依然是银行存款，超过五成（50.81%）的调查对象都通过银行存款为自己储备了一定量的养老财富，其次是商业养老保险（27.89%）和银行理财（26.27%），此外，购买房产、基金、股票、信托产品和国债等也成为国民养老服务金融的重要选择，如图 9 所示。

总体来看，银行存款/理财、商业养老保险等风险相对较低的产品仍是大多数国民养老财富储备的首选，这在很大程度上是与广大国民相对保守的投资偏好密切相关的。同时也应该看到，随着我国金融市场的逐步完善，基金、股票、信托等多元化的养老服务金融产品也开始进入国民视野，成为其

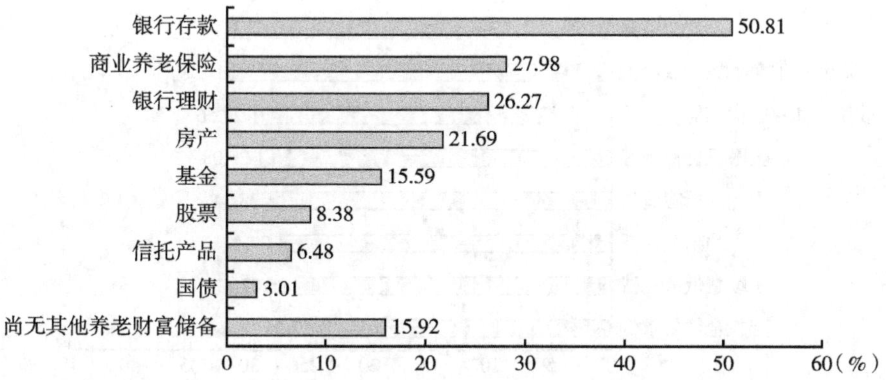

图9　养老服务金融参与情况

养老财富储备的重要选择。

从国民选择养老服务金融产品的主要关注要素来看，安全稳健居于全部要素的首位，这也进一步解释了大多数国民将银行存款/理财等低风险产品作为养老服务金融产品首选的重要原因。同时产品灵活（可随时投入/取出）也是国民在考虑养老服务金融产品时关注的重要要素，但这在一定程度上是国民养老金融素养不足的重要反映，投资的灵活性与流动性和养老的长期保值增值的需求往往难以兼得。此外，有政策（如税收优惠等）支持、金融机构信誉好、预期收益高等也成为国民养老服务金融产品的重要关注要素，如图10所示。

值得注意的是，目前仍有15.92%的群体尚未有除制度化的养老保险之外的任何养老财富储备，进一步分析其原因，30.31%的调查对象表示因年轻不着急进行养老财富储备，排在第二、三位的原因则分别是收入不足(22.69%)、缺乏专业的金融理财知识（18.05%），除此之外，养老理财风险大、产品了解不足、产品类别不合适等也是不少群体没有进行市场化养老财富储备的重要原因，如图11所示。

对于目前已经参与养老财富储备的群体而言，目前近八成（77.82%）的调查对象储备的养老财富在50万元以内，22.18%的调查对象储备了超过50万元的养老财富，如图12所示。总体来看，目前国民的养老财富储备还

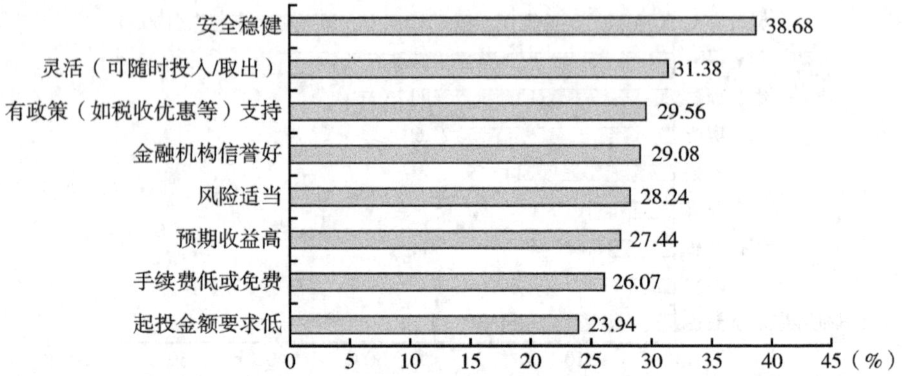

图 10　养老服务金融产品的主要关注要素

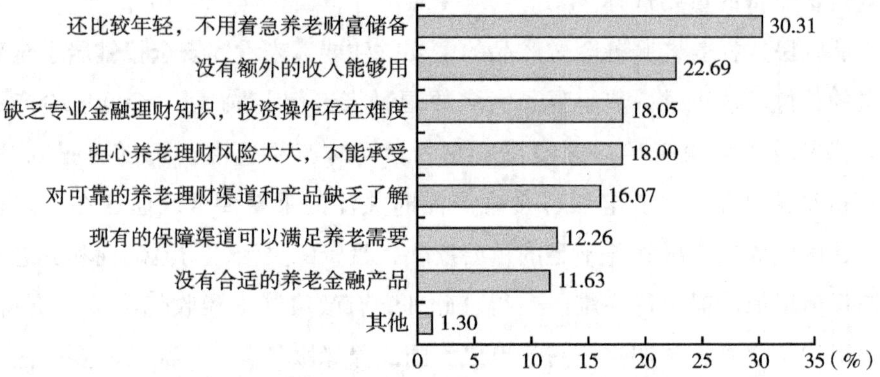

图 11　调查对象尚未进行养老财富储备的原因

相对有限，需要进一步通过提高国民收入、增强国民养老财富储备意识等方式激励和引导国民储备更多的养老财富。

针对目前的养老服务金融参与以及养老财富储备情况，本次调查还了解了调查对象对未来养老收入的担心情况，有 16.64% 的调查对象表示完全不担心，34.12% 的调查对象表示不太担心，同时有近五成（49.24%）表示一般或担心，这在一定程度上反映出我国养老财富储备体系还有进一步完善的空间，需要不同主体共同努力，提供更为多元和有效的养老服务金融产品，丰富国民养老收入来源（见图 13）。

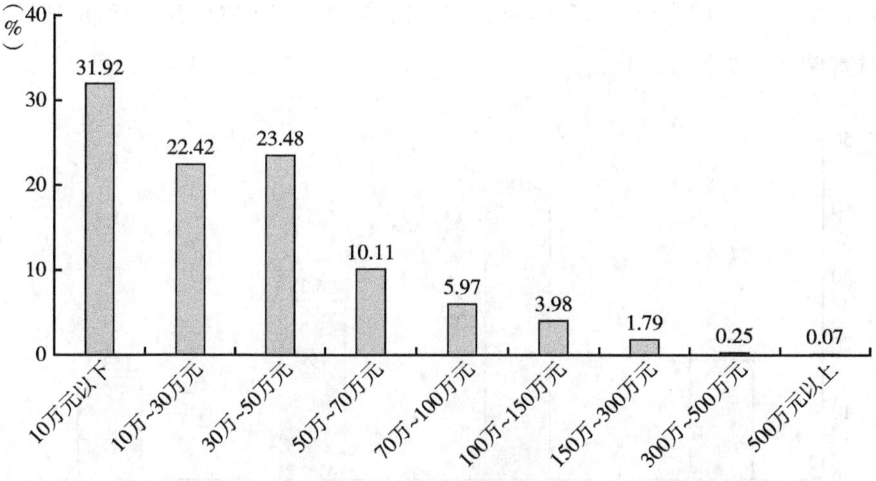

图 12　养老财富储备情况

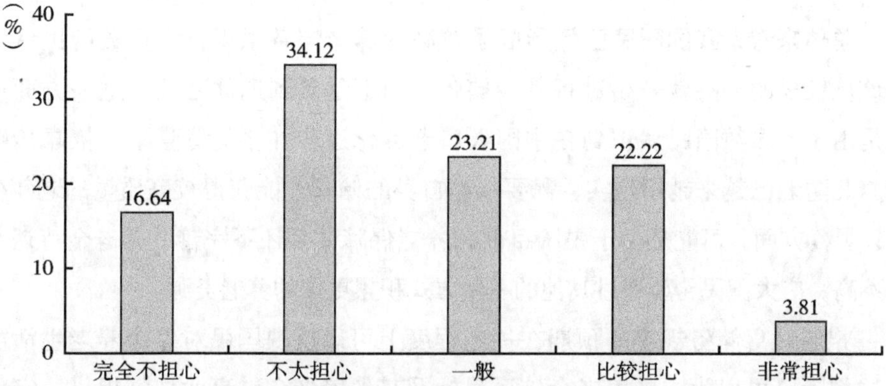

图 13　调查对象对未来养老收入的担心情况

（三）养老服务金融参与意愿

1. 养老财富储备开始时间和规模预期

养老财富储备开始时间认知是反映国民退休养老准备的意识情况，也有利于金融机构更精准地为养老储备对象开发适当的金融产品。调查数据显示，近六成（58.58%）的调查对象认为应该在40岁以前就开始进行养老财富储备，其中，17.75%的调查对象更是认为应该在30岁以前就开始做好养老财富储备；但是仍有 15.04% 的调查对象认为 50 岁以后才需要开始养老财富储备，如图 14 所示。

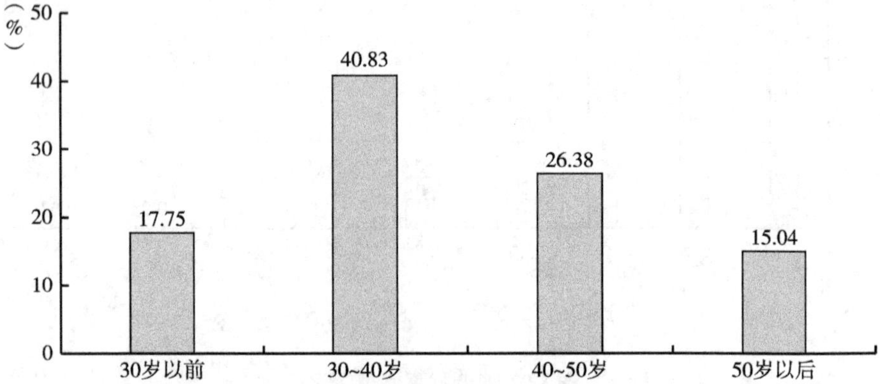

图 14　养老财富储备开始时间认知

总体来看，我国国民已经形成了较高的养老储备意识，大多数国民认为应该从较早的年龄就开始进行养老储备，而不是等到退休之前。这一方面可能是由于大多数国民认识到在中国人口老龄化逐步加剧的背景下，依靠传统的养儿防老已越来越不现实，需要依靠自身的储备才能获得较高质量的老年生活；另一方面，可能是由于中国目前的养老保障体系还不完善，养老金待遇水平不高，广大国民希望通过其他的一些方式积累更多的养老资源。

养老财富储备规模的预期在一定程度上可以反映国民对整个养老生活需求的判断，可以为中国养老金体系目标及其他养老金融事业规划提供一定的参考。调查数据显示，超过八成（81.58%）的调查对象认为整个养老期间的财富储备规模在 100 万元以内即可满足养老需求，同时，45.18% 的调查对象认为整个养老期间所需的财富储备规模在 50 万元以内，14.71% 的调查对象认为 30 万元以内的财富储备即可满足养老需求；只有不到 20% 的调查对象认为养老财富储备规模需要达到 100 万元以上，如图 15 所示。

2. 养老财富储备意愿

国民愿意将多少比例的收入用于养老理财，从某种程度上反映了其对于养老金融活动的参与意愿和参与程度，也可以在一定程度上显示当前我国养

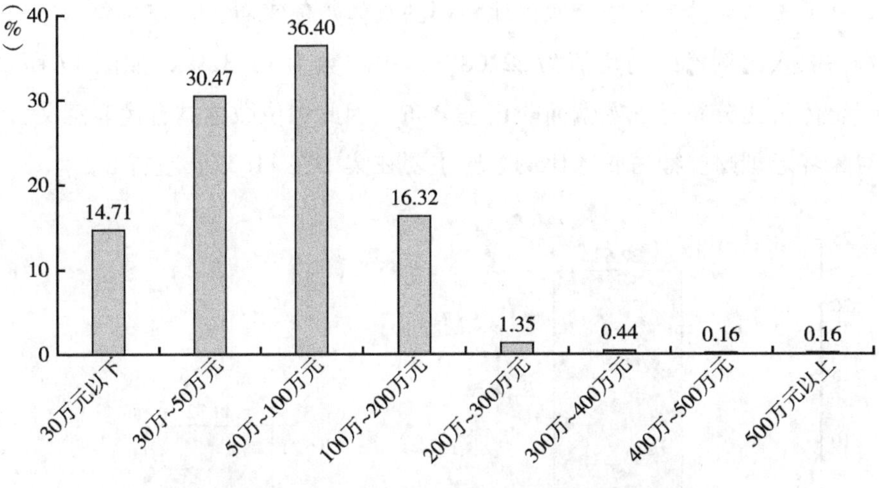

图 15　调查对象对养老财富储备规模的预期

老金融市场的发展空间。调查数据显示，80.15%的调查对象愿意将30%以内的收入用于养老财富储备，其中14.66%的调查对象愿意投入养老财富储备占收入的比重在1%～10%，26.9%的调查对象愿意投入养老财富储备占收入的比重在11%～20%，不到20%的调查对象愿意投入养老财富储备占收入超过30%的比重，如图16所示。

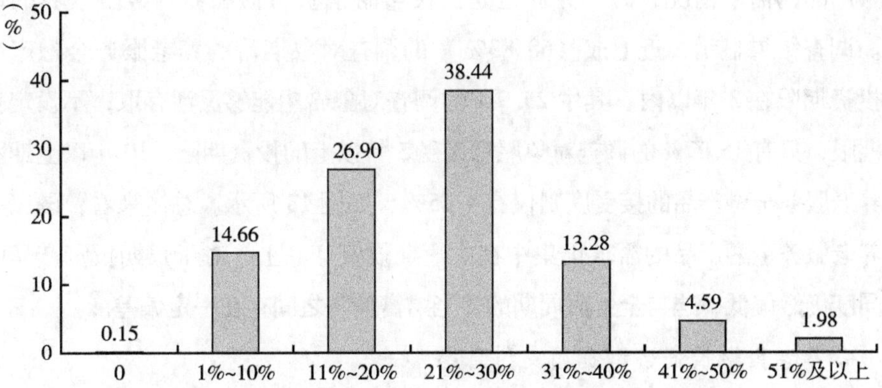

图 16　调查对象养老财富储备（占收入比重）意愿

从调查对象养老理财金额占比意愿的具体数值来看，调查对象养老理财金额占收入比例意愿的均值为22.68%，中位数为11.32%，如图17所示。由于整体占比分布呈现左偏而非正态分布，因此中位数更具有代表意义，调查对象养老理财金额占收入比例意愿主要在集中在11.32%左右。

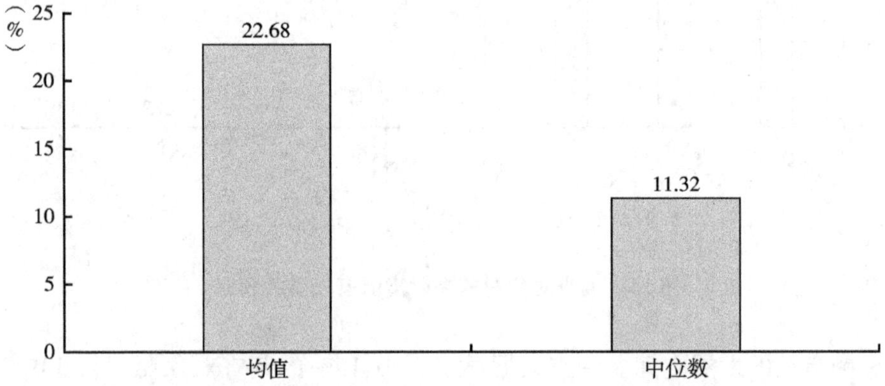

图17　调查对象养老理财金额占收入比例意愿的均值和中位数

3. 养老服务金融产品的期待

国民对养老服务金融产品投资期限的期待，一方面反映了其对养老服务金融产品的需求情况，另一方面也是国民金融消费习惯和养老金融素养的体现。调查结果显示，近七成（68.83%）的调查对象期待的养老服务金融产品的投资期限在3年以内，其中25.9%的调查对象希望能够灵活存取，不设定投资期限，只有15.77%的调查对象愿意接受5年以上的投资期限，10年以上期限的养老服务金融产品的接受度则仅有4.05%，如图18所示。总体来看，国民关于养老服务金融产品的需求仍集中在中短期投资产品上，对于长期投资产品的认同度仍然偏低，这与全生命周期的养老财富储备之间存在一定偏差。

4. 养老金融投资咨询费用支付意愿

养老金融投资是一项相对专业的工作，不少国民因养老金融知识不足，在选择养老服务金融产品的过程中往往难以筛选出合适的产品，从而影响其储备充足的养老财富以及实现养老财富的保值增值。近年来，市场上出现了

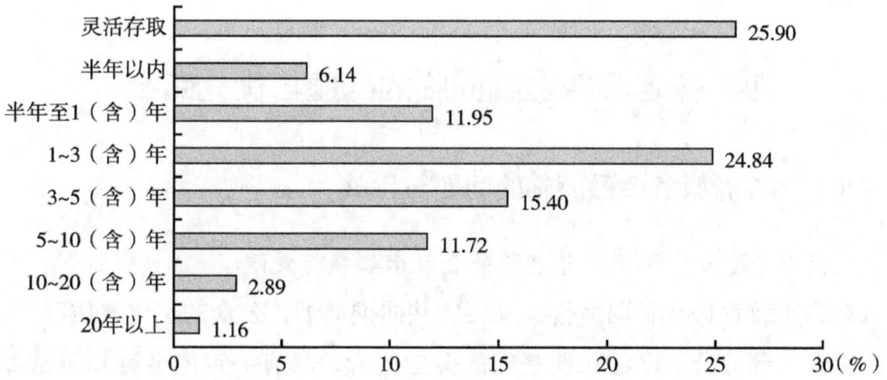

图 18　调查对象养老服务金融产品投资期限的期待

形式多样的养老金融投资顾问服务，受到了社会各界的广泛关注，为广大国民开展更科学的养老金融投资提供了帮助。

由于养老金融投资咨询属于商业行为，为保证其运作的有效性，收取一定的投资咨询费用是提高咨询服务质量的重要保障。调查数据显示，超过八成（80.85%）的调查对象愿意为养老金融投资咨询支付相应的费用，在支付费用的方式上，48.01%的调查对象倾向于按照资金规模支付固定比例的费用，28.51%的调查对象倾向于根据投资收益情况浮动收取费用，4.33%的调查对象倾向于不论管理规模大小支付固定费用，如图 19 所示。

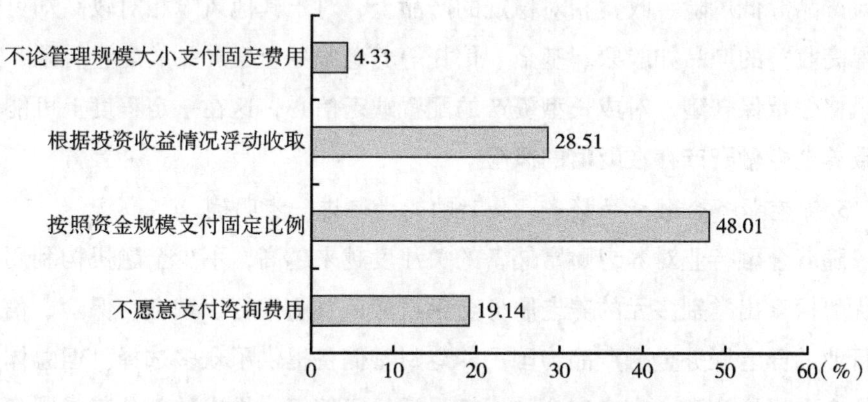

图 19　养老金融投资咨询费用支付意愿

四　养老服务金融面临的问题与优化路径

（一）养老服务金融面临的问题与挑战

1. 养老金融知识不足，养老服务金融市场参与受限

在素质教育普及和网络科技发展的共同推动下，公众的文化素质已有很大的提升，部分公众已经掌握基础的金融概念，具有一定的金融知识素养。然而仍有部分公众不能准确地分辨利率、复利等基础知识，尤其是对通货膨胀尚未形成准确的认识，这直接影响着公众的养老金融知识水平，本次调查数据反映出公众的养老金融知识水平也仅仅处于及格线水平，并还存在一定的高估情况，表明公众的养老金融知识水平亟待提升。正是由于养老金融知识的欠缺，国民难以在养老金融市场上准确定位匹配自身需求的养老服务金融产品，从而影响其养老服务金融参与的深度和广度。

2. 投资风险偏好保守，养老财富储备存在贬值风险

由于公众的养老金融知识相对有限，加之对养老资产安全性的关注较高，从养老金融市场的现实参与情况来看，大多数公众参与养老金融市场时愿意承担的风险相对有限，养老投资主要配置于银行存款或理财、商业养老保险产品等低风险、收益相对稳定的产品上，对于其他风险相对较高却可能获得高收益的产品如股票、基金、信托等养老服务金融产品的配置有限，投资风格偏重保守型，对成长型资产的配置缺乏信心，这在一定程度上可能会导致养老金融资产存在贬值的风险。

3. 养老服务金融产品繁多，养老功能尚待进一步明确

随着金融行业对养老财富储备的关注度越来越高，不少金融机构利用自身优势探索出类别多元的养老服务金融产品，目前银行、基金、保险、信托等行业的养老服务金融产品为国民养老财富储备提供了众多选择。但总体来看，金融机构为迎合客户安全和短期灵活投资偏好，推出的部分养老服务金融产品周期相对较短，养老属性并不明确，与市场上一般的金融产品并无本

质上的差异，从而导致当前不少养老服务金融产品名不副实，难以为国民提供长期、稳定、有效的养老财富储备。

4. 配套和监管不到位，降低养老金融创新产品认同度

由于养老的长周期性以及对产品安全的关注度更高，金融机构在创新养老服务金融产品时往往需要一系列的政策配套加以支持，如银行保险行业探索的住房反向抵押贷款/养老保险等需要配套的房屋价值评估政策等配套支持，但当前针对这类产品的配套支持政策尚不完善，仍主要依托于市场机构自发解决，会增加产品的额外成本，对于供需双方都会带来压力，从而影响相应产品的参与度。此外，尽管近年来国家各部门加强了对金融领域违法犯罪的打击力度，但由于违法成本相对较低，不少非法金融机构利用国民对高收益的期望诱导其参与非法的投资理财，导致上当受骗，2021 年养老金融调查数据显示，有 15.60% 的调查对象在投资理财过程中有过上当受骗的经历，其中 20.28% 的调查对象上当受骗的金额在 1 万元以上。养老服务金融配套服务及监管政策的不完善，对民众关于创新性养老服务金融产品的认同度产生了一定的影响。

（二）养老服务金融发展优化路径

1. 加强养老金融教育，提高国民养老金融素养

在人口老龄化和少子化的共同作用下，我国国民已经具备一定的养老储备意识，并且在实践层面上也进行了一定的养老储备，但是部分群体仍存在养老储备意识不足的问题，且对其严峻性的重视不够。因此还应进一步通过政府税收优惠以及媒体宣传引导，提高广大国民的养老储备意识。同时还应进一步加强养老金融教育，一方面，制定与养老金融教育相关的政策法规并提供专项资金支持，规范养老金融教育开展；另一方面，发挥金融监管部门、行业协会、金融机构以及基础教育部门等多主体的作用，从不同阶段、不同场景等为国民养老金融素养的提升提供支持。此外，还应出台相关政策以促进养老金融行业的规范性和标准化发展，提升公众对于养老金融行业的信心。

2. 创新养老服务金融产品，满足多元化养老投资需求

总体来看，目前我国居民对于养老金融储备的意愿相对较为强烈，且不少居民已经开始进行养老金融投资，但由于收入水平差异以及对风险认知的不同等因素的存在，不同群体对于养老服务金融产品的需求和偏好呈现不同的特征。因此，只有市场上开发出满足不同群体需求的养老服务金融产品，才能更好地满足不同群体的养老金融需求。因此，广大金融机构应通过不同渠道随时跟踪了解广大居民的养老金融投资偏好，并在此基础上创新养老服务金融产品，从而刺激其进行有效的养老金融投资，满足不同群体的多元化需求。

3. 加强智能投顾发展，提高养老金融投资效率

目前我国国民已经具备了较强的养老财富储备意识，并认识到要及早参与到养老财富金融市场中，同时不少国民通过银行存款、银行理财、商业养老保险等养老服务金融市场的形式积累了一定的养老财富。但总体来看，当前的养老服务金融投资以安全稳健的产品为主，受到养老金融知识与风险偏好的影响，不少国民不会或不敢购买高风险产品，这在一定程度上会大大影响养老财富储备的投资效率。近年来智能投顾的发展为国民购买适合自身投资需求的养老服务金融产品提供了有效工具，调查结果也显示，超过八成的调查对象愿意支付相应的投资顾问费用来获得高质量的投资咨询服务，显示了未来我国智能投顾领域巨大的发展空间。当前我国智能投顾行业尚处于初步发展阶段，未来应进一步依托大数据和人工智能算法，鼓励各类具有资质的机构大力开展智能投顾业务，为养老服务金融投资者提供更为专业、便捷的服务，提高养老金融投资效率。

参考文献

郑秉文：《第三支柱商业养老保险顶层设计：税收的作用及其深远意义》，《中国人民大学学报》2016 年第 1 期。

董克用、张栋：《中国养老金融：现实困境、国际经验与应对策略》，《行政管理改革》2017 年第 8 期。

董克用、姚余栋主编《中国养老金融发展报告（2020）》，社会科学文献出版社，2020。

B.4

养老产业金融：多层次资本市场助推产业聚集发展

曹卓君　秦　婧*

摘　要：　2020年受新冠肺炎疫情和全球政治不稳定因素影响，整体投资环境遇冷，但养老产业资本热度逆势而上，一级市场、二级市场和外资资产并购不断。一级市场以保险和基金公司为主要参与者，积极并购行业龙头企业。二级市场迎来新的投资者，搅动行业格局。另外，国内资本并购外资资产和项目，逐步提升自身资产经营能力。债权融资方面，以国家开发银行为代表的政策性银行和以中国银行为代表的商业银行积极探索推动养老产业发展的金融创新，为养老产业提供金融动力。股权和债权融资都进一步推动养老产业走向规模化和聚集化，为下一阶段的产业发展提供源源不断的资本助力。

关键词：　养老金融　养老产业　产业并购　规模化聚集

2020年金融市场主基调是“稳定发展”，同时2020年也是继续深化改

* 曹卓君，和君咨询合伙人，和君集团·和伊咨询副总经理，和君集团康养事业部副主任，国际注册管理咨询师，民政部养老服务业专家委员，国家开发银行专家委员会产业专家，中国养老金融50人论坛特邀研究员，主要研究领域为康养产业；秦婧，和君咨询高级咨询师，国际注册管理咨询师，和君集团康养事业部研究员，主要研究领域为养老产业金融。

革开放、稳步提高直接融资比重、多层次资本市场健康发展的一年。在此背景下，养老产业金融并购活跃，一级市场中产业基金和直接投资不断，二级市场中新三板企业积极寻求转板机会，主板企业或引入保险资金，或剥离部分养老业务，均在积极探索养老业务与主业协同方式。债权融资方面，以国家开发银行和中国银行为代表的银行资本主动降低贷款门槛，提高贷款年限，解决养老企业融资难题。资本推动下，养老产业向规模化聚集发展。

一　一级市场：险资与基金投资并购不断，推动商业模式创新

2020年，受新冠肺炎疫情影响，国内一级市场投资并购事件数量减少，并购单笔金额上升，另外，2020年当年成立基金数量降低，认缴金额退至2015年水平。这意味着，一方面投资并购集中度上升，资金向头部企业和项目集中；另一方面，一级市场整体募资难，隐形投资门槛上升。

在整体投资环境遇冷背景下，“健康”概念投资热度逐渐上升，根据《2020年度中国大健康投融资数据报告》统计，2020年我国健康领域共发生36起融资，总金额超131.2亿元，远高于2017～2019年平均水平。其中，养老产业作为大健康产业的重要组成部分，资本热度也在不断升高，据和君集团康养事业部非完全统计数据，2020年养老产业内大型并购投资案件近10起，涉及金额达数亿元，成为继2016年并购潮后，一级市场重新开始活跃的年份。

（一）保险资金深度入局，直接投资核心城市重点养老服务项目

保险企业是养老产业核心参与者之一，其以长期的资金投资和运营养老服务项目，实现资产和负债端的联动，该模式已经被市场验证。因此，在政策和市场的双重驱动下，众多保险公司纷纷入局，不断并购和投资市场优质标的，以实现养老项目与旗下保险产品的联动。

2020年是保险企业持续布局的一年，头部保险企业凭借资本和资源实力，筛选产业优质标的，不断扩展养老领域。保费和资产规模排名靠中部的保险企业，积极通过一级市场并购，实现养老产业的布局。下面以中国人保、大家保险为例，展现保险企业在2020年的养老产业布局特征。

1. 中国人保健康养老产业基金投资上海本土社区居家企业——上海颐家

中国人保在"1+7"战略①框架下，积极布局健康养老产业，中国人保旗下健康养老产业基金投资上海颐家，认缴近580万元，占股21.26%，成为仅次于公司创始人和华润健康之后的第三大股东。投资上海颐家是继中国人保积极参与全国长期照护保险项目、开业大连颐园养老社区后，在健康养老产业的重要举措。

上海颐家以社区护理服务为核心，通过与上海本地政府合作，承接政府护理站/日照中心等物业，在长期照护险的支持下，为社区周边老年群体提供上门生活和护理服务，打造整合型的照护体系。该模式的差异化特色包含以下三点：一是以网络化的机构布局，抓住最广大的社区和居家老年群体，在客群服务数量上对资本具备一定想象空间；二是精准对接上海长护险，解决支付端难题，跑通社区养老机构单体盈利模型；三是拥有完善的照护体系，作为全国首个通过JCI国际Home Care认证的专业护理机构，配备护理、康复、中医、社工等复合型团队为老年群体提供一站式上门服务。

中国人保健康养老产业基金的设立，目的是借助寿险资金长周期优势，聚焦长期护理服务商、综合康养服务商等养老产业。在着眼于养老产业未来红利的同时，探索与现有寿险、健康险产品的结合方式。上海颐家在被投资标的角度，有三个投资亮点，一是已探索出单体盈利模式，即依托街道为老服务中心，为周边成熟社区提供居家上门服务。由街道为老服务中心提供日托、全托养老服务，30床以上可实现盈亏平衡。同时，提供居家上门服务，

① 中国人保"1+7"战略框架："1"是指"卓越保险战略"，"7"是指七大举措，包括始终保持人民保险的发展理念、履行服务国家战略的历史责任、提升财险创新驱动的市场优势、打造全面风险管理的服务平台、健全市场化运作的管理体制、建立数字化支撑的发展基础、提高现代国有企业的治理能力。

包括送餐、护理、家政等服务，扩展收入来源。二是与上海长护险对接，提供上门护理服务，由政府承担90%的费用，个人承担10%，每个护理人员每天可为10～12人提供上门护理服务，实现居家上门护理服务盈利模式的打通。三是原股权结构相对简单和单一，具备未来延展性和发展可塑性。未来，在中国人保旗下保险产品与上海颐家社区居家护理服务之间，将会逐步搭建相应业务联动机制，为旗下保险客户提供更为完善和系统的健康服务，以增强保险客户黏性，促进保单转化。

中国人保健康养老产业基金对上海颐家的投资，一方面是出于财务考虑，看好上海颐家在长三角地区布局整合型的照护体系的商业模式，另一方面是出于产业布局，未来不排除把上海颐家的服务以及机构入住权益打包在人保寿险产品中，提升寿险产品的市场吸引力。上海颐家则通过新股东的引入，进一步优化股权结构，可依托中国人保在全国的中高端客群及其服务，进一步提升品牌影响力，扩大客群渠道和来源。

2. 大家保险收购首厚大家项目，实现“城心”业务布局

大家保险是安邦保险重组后成立的保险公司，公司在2020年确定将养老业务作为公司的重点战略，大家保险以“城心”业务、旅居业务和海外业务为三大产品线。其“城心”业务线的项目布局主要以在城市核心区、紧邻三甲医院作为养老社区选址的核心判断标准，以建设“临近医疗、亲近子女、更近人间烟火”的高品质养老社区，服务有护理需求的刚需人群。

作为被并购标的，首厚康健（北京）资本投资有限公司成立于2016年，原股东为首旅置业、厚朴投资与中国健康养老集团。其中，首旅置业提供了位于北京市核心城区的闲置/低效物业，首厚康健旗下两家养老社区均是首旅置业原位于北京西城区和朝阳区的酒店改造的。厚朴投资作为公司大股东，以资金和资本支持为主，为项目带来更加市场化的管理与运营模式。中国健康养老集团则提供良好信用背书与优质健康养老产业资源。三家股东强强联手，建立首厚大家项目运营团队，完成首厚大家·友谊社区和首厚大家·朝阳社区的改建及运营。

2020年7月，大家保险以旗下大家健康养老产业投资公司为主体，收

购首厚康健（北京）资本投资有限公司，以51%的占股成为公司大股东，直接实现对两个城市型社区项目的控股型并购。同时，首旅置业和中国健康养老集团实现资本退出。

大家保险对首厚大家项目的收购，标志着继泰康、国寿、太平、太保等保险集团后，又一大型保险集团进入养老产业。大家保险选择通过收并购的方式进入养老产业，直接瞄向一线城市核心区养老项目，大大缩短了产业布局所需的时间，加之旗下全资持有的加拿大最大连锁养老集团 Retirement Concepts，将逐步引入国际养老项目运营标准，不断提升旗下机构运营能力，为本地老人提供高品质服务。

整体来看，保险企业在一级市场积极并购健康养老产业优质标的，按照上级集团既有战略布局逐步探索。未来，随着保险企业在健康养老产业不断深耕，必将推动保险产品的创新，推出更能保障老年群体人身、健康、财产安全的保障型保险产品。

（二）私募和创投基金加紧布局，紧抓养老行业区域龙头

私募和创投基金以资本收益率为核心指标，更多以财务投资者而非产业投资者的角色参与到企业发展中。过去几年，该类资金以智慧养老为主要投资领域，更看重信息化系统或者智慧化产品。随着养老服务业走向聚集发展阶段，其规模化优势逐渐显现，受到私募和创投基金的关注。

2020年，在整体一级市场“遇冷”的大环境下，资本将视角向区域、重服务类养老企业倾斜，在估值合理前提下，积极出手，帮助企业嫁接行业资源，拓展产业布局，共享企业发展的红利。

1. 同仁堂养老产业基金参股江苏悦华，实现业务和区域拓展

同仁堂养老产业基金筹建于2017年，经过4年的产业投资与产业并购，一直稳扎稳打推进同仁堂“粹和康养”品牌发展，以逐步落地同仁堂粹和康养“3+X”养老战略。基金成立之初，计划用5~7年时间打造北京同仁堂健康养老全国连锁运营项目，重点布局北上广等一线城市。2020年，该基金开始瞄向健康养老产业具有发展潜力的企业，通过非控股型参股的方式

投资江苏悦华养老产业集团，以826.5万元认缴资本，占股江苏悦华养老产业集团有限公司28.44%的股份，成为除创始人黄桂华外的公司第二大股东，将产业布局扩展到长三角特别是江苏地区。此次投资期望通过中医服务及中医药产品的引入，进一步丰富和多元化江苏悦华的产品和服务，提升机构盈利能力，摸索出一条同仁堂中医赋能养老服务发展路径。

江苏悦华成立于2013年，8年深耕南京养老服务市场，以养老机构为支撑，以社区和居家养老业务为重点，逐步打造区域化的养老平台。旗下机构和站点主要围绕南京主城八区布局，重点深耕秦淮区与江宁区。江苏悦华已布局7家养老机构、1家护理院，平均每家机构床位规模在100~300床，通过内设医务室方式，实现机构内部的医养结合。但受限于养老床位规模，在入住达到90%以上之后，难以进一步增加机构收入。通过引入同仁堂养老产业投资基金，一方面可进一步扩张机构数量，另一方面则可借助同仁堂专业中医服务和中医药产品，突破养老机构收入“天花板”，可以中医特色服务同时服务院内及周边社区老年人，优化收入结构，进一步提升公司整体盈利能力。

随着养老产业进一步走向规模化发展阶段，区域“隐形冠军”逐步走进资本视野。根据和君集团康养事业部《中国健康养老产业年度报告(2019)》对养老产业区域市场的研究，深耕二线区域的养老服务企业已经走出初创期，步入成长期，具备相对成熟的商业模式和连锁化盈利能力，投资风险性较低，企业成长性较好，投资价值较强。根据《中国健康养老产业年度报告（2021)》，养老企业更加看重资金背后的产业资源，医疗相对于养老而言，进入门槛更高，能给养老服务带来价值提升，医疗背景的产业基金更容易挑选到优质养老标的。未来，将会有更多医疗产业基金投资养老产业，以推动养老产业提质升级。

2. 启明创投领投福寿康，从医疗健康向养老服务领域拓展

启明创投专注于医疗健康和TMT领域初创企业投资，医疗健康领域投资方向以医疗、医药、医疗器械等具备高技术门槛的企业为主，投资风格以长期陪跑和专业赛道见长。其核心投资逻辑为“找到对的体系，能提高品质的产品，能提高品质的技术，能降低成本的技术或者是获得更好的效

率”。此次参与到福寿康B轮融资中，是对原有医疗健康领域的扩展，从医疗服务到养老服务，针对人群更加精准，同时可使旗下所投部分医疗企业资源进行互动。

福寿康成立于2011年，通过引入国外护理理念、培训体系与服务流程，紧抓上海长期照护险试点的政策机遇，利用自主研发的社区养老服务交互系统，以社区和家庭为主要服务场景，为社区老、弱、病、残人士提供“互联网+医护康养”的护理服务。其模式特色是以社区和居家护理为抓手，专注于偏医疗的护理服务（非生活照料服务），计划打造全国规模最大、线下触点最深的养老服务网络。公司经过近10年的发展，可提供27项照料服务和15项常见临床护理服务，该服务体系与众多仅关注老年人日常生活照料的社区居家养老服务企业形成明显差异化特色，受到风险投资机构的关注（见表1）。

表1　福寿康融资轮次与投资方信息

时间	轮次	金额	投资方
2020年12月	B轮	数千万美元	启明创投、彤龙资本、达晨创投
2018年9月	A轮	未披露	复星投资、复星医药、达晨创投、华医资本、齐享投资、麦创创投
2018年4月	天使轮	未披露	华医资本领投
2017年3月	种子轮	未披露	岭南投资

此轮融资将主要用于居家医护康养服务体系的进一步扩展以及信息化平台的建设。站在产业发展角度，模式不清晰和难以识别老年人群有效需求点是社区居家养老服务领域一直不温不火的原因。福寿康则是精准把握社区居家养老服务盈利点，不盲目扩大服务范围，以医疗护理、专科护理、特需护理和康复指导为重点，加之积极参与上海长期照护保险试点工作，打通养老支付端难题，迅速扩大市场规模。未来，通过进一步搭建和完善信息化平台，将服务数据和需求数据进行有效转化，进一步深挖需求，可提供更有针对性的产品和服务，形成具备自身特色、可迭代的社区居家养老服务模式。该商业模式具备未来想象空间，符合创投基金投资逻辑，能吸引到不同阶段的投资基金参与。

整体来看，私募和创投基金开始参与到养老产业的进程中，以其专业化管理经验和投后资源对接，帮助成长期养老服务企业走向成熟期和规模化发展。未来，私募和创投基金将成为养老产业成长期企业的重要资金来源之一。同时，由于私募和创投基金对资金回报率的要求较高，对企业商业模式和盈利模式的成熟度要求更高，头部企业更容易获得资本的青睐，这将进一步推动行业的集聚化，“强者恒强”将是未来的产业发展趋势。

二　二级市场：多元资本进入，搅动资本市场格局

健康养老产业一级市场热度不减，带动二级市场升温。布局养老产业的新三板企业15家，除部分退出或主动收缩养老业务外，均积极持续布局，其中，创新层企业寻找转板通道，或是被区域国企并购，或是做好上市准备，以资本助力业务进一步发展（见表2）。

表2　布局养老产业新三板公司列表

类型	公司	挂牌时间	分层情况	布局节奏
养老服务	雅达养老	2015年1月9日	基础层	持续布局
	朗高养老	2016年10月17日	基础层	持续布局
智慧养老	光宝联合	2012年11月13日	创新层	收缩
	青鸟软通	2015年1月16日	创新层	持续布局
	佳音在线	2015年2月12日	基础层	持续布局
	软汇科技	2015年8月10日	基础层	持续布局
旅居养老	山屿海	2015年7月31日	基础层	终止挂牌
家政服务	木兰花	2014年10月24日	基础层	持续布局
	东光股份	2015年1月22日	基础层	持续布局
	新生活	2015年12月10日	基础层	退出
医疗健康	京东农业	2015年6月29日	基础层	持续拓展
	国泰股份	2015年8月13日	基础层	持续布局
	迈动医疗	2015年11月12日	基础层	持续布局
健康体检	中康国际	2015年3月9日	基础层	持续布局
老年用品	老来寿	2014年1月24日	基础层	收缩

从主板上市企业布局来看，原41家涉及养老的上市公司，经过几年的产业布局，两家企业已退市，一家企业被“ST”，这意味着养老产业并不是上市公司的“救命稻草”，其长周期微利的产业属性，并不能拯救业绩下滑的企业。整体来看，主板企业积极探索健康养老产业与资本互动新模式，或是引入新股东，或是有序退出专注主业，或是积极并购，逐渐显现出差异化布局策略，引发资本市场变化不断（见图1）。

（一）新三板企业盈利能力不断提升，探索转板通道

1. 广州越秀控股朗高养老，拟加速 IPO 进展

2020年12月，朗高养老发布公告，以出让老股和增发新股的方式，引入广州越秀创达十三号投资公司。信达风私募基金以及11名自然人股东实现资本退出。该项并购完成后，越秀创达上级公司越秀金控将成为朗高养老大股东。本次交易以每股人民币18.37元的股票价格发行，并购方以现金方式认购，以2.7亿元实现51.76%股权控制。

越秀集团是广东省内最大国有企业，旗下有越秀地产、越秀金控等五家上市公司。越秀地产于2017年成立养老产品平台公司——越秀康养，以养老院、护理院和养老社区运营为主要业务领域。其通过收购深圳市银幸现代养老服务公司，共同运营“越秀银幸”这一养老品牌。此次并购朗高养老，未将朗高养老并入越秀康养体系，而是以越秀金融成立产业并购基金，实现资本控股，对外共同以“越秀朗高”品牌呈现，这与越秀康养形成两套产业体系。越秀集团或是以此种方式，在集团内形成良性竞争关系，进一步促进康养业务的发展。

朗高养老在无锡市起步，以运营养老院和护理院为主要业务领域，逐步将业务在浙江省内布局，已实现在台州、湖州等地的业务扩展。公司以护理服务为核心，在产业定位方面，瞄准刚需用户，填补区域养老市场空白。在区域布局方面，深耕无锡市，之后逐步辐射长三角其他区域。在人才管理方面，着重医疗康复人才团队建设，不断提升护理服务能力。在商业模式方面，以轻资产经营为主，模式较为灵活。朗高养老

1家数千亿市值

排序	股票代码	公司名称	市值	领域	布局节奏
1	600745	闻泰科技	1202	--	退出

16家数百亿市值

排序	股票代码	公司名称	市值	领域	布局节奏
1	300146	汤臣倍健	459.9	养老用品	收缩
2	600332	白云山	450.2	养老地产及旅居	持续
3	600663	陆家嘴	447.4	养老服务及养老机构运营	持续
4	600085	同仁堂	399.9	养老服务及养老机构运营	持续
5	600998	九州通	325.9	养老服务及养老机构运营	持续
6	002603	以岭药业	320.8	--	退出
7	000961	中南建设	272.9	养老地产及旅居	退出
8	300212	易华录	176.8	智慧养老	持续
9	300168	万达信息	168.9	智慧养老	持续
10	600329	中新药业	165.8	--	退出
11	600376	首开股份	159.7	养老服务及养老机构运营	持续
12	300024	机器人	159.1	智慧养老	持续
13	600682	南京新百	125.9	智慧养老	持续
14	002285	世联行	117.3	养老服务及养老机构运营	持续
15	600718	东软集团	115.2	智慧养老	持续
16	002614	奥佳华	107.1	养老用品	收缩

22家数十亿市值

排序	股票代码	公司名称	市值	领域	布局节奏
1	600518	ST康美	96.99	智慧养老	收缩
2	300166	东方国信	95.4	养老服务及养老机构运营	持续
3	600748	上实发展	88	养老地产及旅居	持续
4	600129	太极集团	81.9	养老地产及旅居	持续
5	002411	延安必康	69.7	养老服务及养老机构运营	持续
6	002777	久远银海	56.8	智慧养老	持续
7	600238	海南椰岛	55.8	--	退出
8	002162	悦心健康	52.2	养老服务及养老机构运营	持续
9	000931	中关村	50.6	养老服务及养老机构运营	持续
10	002016	世荣兆业	50.5	--	退出
11	002381	双箭股份	41.5	养老服务及养老机构运营	持续
12	600716	凤凰股份	38	养老地产及养老机构	持续
13	300096	易联众	34.8	智慧养老	持续
14	600239	云南城投	34.5	养老地产及旅居	持续
15	002105	信隆健康	32.2	--	退出
16	000955	欣龙控股	31.9	--	退出
17	000722	湖南发展	30.9	养老服务及养老机构运营	持续
18	000150	宜华健康	30.5	养老服务及养老机构运营	收缩
19	600735	新华锦	28.4	养老服务及养老机构运营	持续
20	600530	交大昂立	24.9	养老机构	持续
21	300247	融捷健康	24.9	养老用品	收缩
22	601007	金陵饭店	24.2	--	退出

图1　39家涉及养老产业上市公司布局情况

注：数据截至2021年7月5日。

走出一条单体盈利与连锁化区域布局的模式，公司整体在2020年实现净利润115万元。

此次引入越秀金控，公告称所募集资金“以增强公司资金实力，降低资金成本为主”，这意味着通过投资者引入，朗高养老将以股权资本替代债权资本，原有股东信达风私募基金实现资本退出，原有经营团队不变。整体来看，朗高养老通过此次并购，实现股东结构优化，为下一步IPO做好资金和业务发展的准备。

2. 山屿海开启上市辅导，拟从新三板转板港股

山屿海是第一批进入创新层①的企业之一，以旅居养老为主营业务，通过自建、长期租赁等方式与国内外70个度假基地建立合作关系，前端吸引旅居老年群体，后端依托基地打造差异化旅居体验，提供区别于传统旅游的候鸟式度假产品和服务。

限于新三板市场流动性相对较弱，为进一步加快业务拓展速度，山屿海协同券商、律师事务所、会计师事务所共同签署香港主板IPO上市辅导协议，山屿海将主动终止新三板挂牌，转战港股。

与传统旅居养老服务商不同，山屿海业务重点不局限在前期销售拓客领域，而是在旅居产品和服务的打磨与差异化供给方面。一是在旅居基地选址方面，不局限于传统热门旅游目的地，更注重旅居基地自然环境和气候差异。其主要基地坐落在山东威海、海南文昌、浙江安吉等目的地，规避传统热门旅游城市，增强客户体验感。同时，由于老年群体对度假的安全需求和趣味需求，山屿海在基地内进行轻度适老化改造，以紧急呼叫器、安全扶手等设施，降低老年群体入住风险，提升入住满意度。二是将健康管理植入旅居服务中，例如其在日本的新潟基地提供体质检测、健康管理等服务，实现高星级酒店标准服务与高端现代化健康疗养的结合。其以差异化的旅居服务，在长三角地区高净值老年群体中形成客户黏性，聚集3万多名旅居会员，保持收入持续增长。

① 新三板创新层的相关要求可参考《全国中小企业股份转让系统挂牌公司分层管理办法》。

对于山屿海来说，资本市场并不仅仅承担融资功能，还是一个资源整合平台。山屿海选择在香港主板上市，一方面是港股市场已存在飞扬国际、复星旅游文化、同程艺龙等内地旅游企业，对旅游服务企业估值较为合理，另一方面可借助香港的国际资本，在现有泰国、日本、老挝旅居基地基础上，进一步扩展国际旅居线路和基地。

整体来看，受限于新三板市场的流动性，创新层企业纷纷寻找转板机会。国家层面，为解决新三板流动性难题，推出精选层，鼓励利润指标、收入增长指标和市场价格指标达到一定标准的创新层企业进入精选层，在精选层连续挂牌一年以上，且符合交易所上市条件和相关规定的企业，可以直接转板上市。未来，真正具备盈利能力和发展潜力的养老企业，将更容易在资本市场实现融资和资源嫁接，大浪淘沙，强者恒强将是未来产业趋势。

（二）主板企业更趋于理性，或引入战略投资者或剥离养老项目

我国主板市场对上市企业的连续盈利能力要求较高，这与健康养老产业长周期的发展特征存在盈利时间差，导致在 2016 年上市企业进入健康养老产业热潮之后，逐渐回归理性，以期探索成熟盈利模式。在此过程中，引入新股东，优化商业模式或是主动退出成为部分上市公司的选择。

1. 中国人寿入主万达信息，谋求健康养老领域业务协同

万达信息是首批国家智慧养老示范企业，以建设面向社区居家、机构的智慧健康养老服务运营平台为主。此次引入中国人寿，主要是公司原实际控制人出现资金缺口，企业申请破产重整时，中国人寿入场，成为万达信息第一大股东，之后完成了向公司管理层的派驻。

中国人寿在集团“稳中求进、价值优先、协同发展、强化治理”的理念下，积极开展健康养老领域的投资。为进一步推进集团健康养老业务的发展，于 2019 年 7 月新成立国寿健康产业投资有限公司，由该公司承接集团“金融保险 + 健康 + 养老”服务生态圈建设。

中国人寿入主万达信息，以积极提升自身在保险核赔、客户服务、投资决策和风控智慧化方面的水平，同时进一步完善“互联网 + 养老生态平

台”。双方业务具备一定互补性，主要体现在，一是万达信息的“三医领域”的优势有利于中国人寿打造中国最大的商业健康险公司。二是在健康管理领域，万达信息未来将构建“全生命周期筛查和疾病介入、医疗服务、金融保险服务、医药流通服务、检验检测服务”六层架构和定位“生态健康管理平台和孵化平台”两大平台。三是万达信息的科技优势助力中国人寿发展保险金融主业。

此次并购，双方强强联合，整体来看，中国人寿可借助万达信息的信息化技术提升保险和健康业务智能化水平，同时万达信息可在以对政府为主的业务中，借助中国人寿的客户渠道，逐步拓展针对个人和机构的业务，实现业务扩张。

2. 宜华健康业务持续亏损，逐步剥离养老项目

由于业务持续亏损，2020 年 12 月，宜华健康发布多个文件，剥离旗下杭州亲和源及象山亲和源两个养老项目，从侧面显示宜华健康布局健康养老产业遇到的困境和瓶颈。

宜华健康是首家地产完全转型健康养老的上市公司，公司 2016 年置换全部地产业务，以产业并购方式，收购达孜赛勒康、亲和源等企业，全面布局健康养老。达孜赛勒康以医疗机构投资和运营业务为主，2016 年已控制/间接控制 12 家医院，亲和源则是当时产业内排名靠前的养老服务企业，以会员制的创新盈利模式，在上海已形成较为良好的口碑。宜华健康原有发展方向是依托并购企业，继续开展优质医疗和养老资产的并购，进行医疗和养老项目的提质升级，并逐步尝试医疗和养老的业务结合。

从近年来的财务表现来看，宜华健康业务发展并不理想，2016 ~ 2019 年公司扣除非经常性损益后的净利润分别为 7.7 亿元、1.7 亿元、1.37 亿元和 −15.7 亿元。根据现阶段公开的 2020 年业绩预报，扣除非经常性损益后的净利润预计亏损 4.8 亿 ~ 6.8 亿元。近两年公司盈利能力下降，一方面是受疫情影响，医院投资运营和养老会员卡销售受到较大影响，另一方面是医疗养老项目前期投资体量较大，运营成本中固定成本较高，单体项目投资回收期在 8 ~ 10 年，这与主板上市公司持续稳定盈利的要求存在一定差距。为

改善经营情况，宜华健康将处于投资运营前期的两个养老项目剥离，由被并购企业亲和源承担项目前期亏损。

拉长周期来看，养老项目是长周期抗风险资产，可为企业提供长期稳定的现金流，但同样存在前期投入大、运营成本较高的现状。我国养老服务业仍处于发展初期，大量企业仍以前期投拓业务、抢占市场份额为主，导致行业整体盈利能力有限。对于上市公司来说，可在股权架构方面进行优化，将已经处于成熟运营期间的养老项目纳入上市公司，借助上市公司扩展融资渠道，而处于开发和前期运营期的养老项目，可放置于上市公司体系外，待其稳定运营后，再纳入上市公司体系，以匹配养老长周期与主板持续盈利的监管要求。

整体来看，上市公司布局健康养老产业逐渐趋于理性，健康养老产业未来巨大市场红利与上市公司持续盈利存在时间差。随着多层次资本市场的不断完善，养老企业会选择更适合的资本市场。当然，养老服务市场在逐渐走向成熟，未来健康养老产业从初创期走向成长期和成熟期，会出现商业模式稳定、盈利能力较强的企业，此类企业将以更灵活的方式，从资本市场实现资金融通。

三　外资资产并购：国内资本并购外资资产和项目不断，资产经营能力逐步提升

2020 年，受疫情和国际地缘政治影响，国际并购交易数量和金额呈逐步下降趋势。《2020 年中国企业并购市场回顾与 2021 年前瞻》统计显示，中国内地企业海外并购为 403 起，并购金额近 420 亿美元，远低于 2016 年以来的平均值，并购交易数量仅占 2016 年的 44%，金额仅占 2016 年的 20%，整体投资积极性下降。

与之形成较为明显对比的是健康养老产业国际并购维持在相对稳定的水平，受益于养老资产的稳定性和抗风险性，2020 年不论是国内资本并购国际养老资产还是收购在国内布局的外资项目，均没有受到全球并购交易环境的太大影响。

（一）信泰资本收购 Healthpeak Properties 英国养老地产

2020 年 1 月，中国信泰资本联手美国房地产信托 Omega，正式完成对 Healthpeak Properties 英国养老地产包的全部资产收购，为收购该项资产，信泰资本与其合作方总共付出近 44 亿元，最终成为 Healthpeak Properties 在英国 67 处养老地产控制人。

信泰资本由信达香港、安泰投资和 CGO 资本于 2013 年合资成立，是协助及保护中国资本的海外投资、引导及管理海外资本的私募股权投资机构。国际养老地产资产包一直是信泰资本的重点布局领域之一，早在 2016 年，信泰资本联合合众人寿以 9.3 亿美元收购美国 Welltower 养老资产包，包括美国 11 个州的 39 个优质养老社区物业。5 年之后，对 Healthpeak Properties 的收购，进一步表明信泰资本在国际养老地产领域的坚定布局。对于信泰资本来说，随着发达国家人口老龄化程度的加深，加之其相对较强的消费能力，养老地产由于现金流稳定、受经济周期影响小等特征，已由原本的非核心资产投资变为受投资者追捧的核心资产。

从英国养老地产发展现状来看，由于英国保守党执政期间，减少了对英国国民医疗体系（NHS）的投入，英国公办医疗和护理服务缺位，同时英国政府不断提高对养老物业的考核标准，导致私营养老床位数量也在不断缩减。不断提高的老龄化率与护理服务的缺口不断扩大，形成供不应求的英国养老地产现状，这进一步推升了英国养老地产的价值。Knight Frank 报告显示，养老地产价值逐渐超过商业和办公地产，成为英国投资回报率最高的资产之一。

信泰资本此次并购，是站在财务投资角度，基于对发达国家养老地产未来持续升值的判断而进行的资本布局。未来是否会把国际先进运营理念和管理标准引入国内尚不可知。但此次并购为国内外养老经验互通提供了窗口，随着资本的助力，国内外养老服务领域交流会进一步加深，国际经验落地国内是产业发展的趋势之一。

（二）物产中大金石收购美国独资企业雍柏荟

2020 年 4 月，物产中大金石集团宣布收购由美方独资持有运营的杭州高端养老照护机构“雍柏荟”，该项目将并入集团“朗和”产品线下，该产品线主打医养结合型养老服务。收购完成后，“雍柏荟”将更名为朗和（银湖）国际医养中心，升级改造后，将专注于认知障碍和失能长者的照护。

“雍柏荟”原是全美资的养老照护机构，于 2012 年拿地建设，经过 4 年的设计、施工，于 2016 年正式开业运营。其创始人希望引入美国居家模式（Household Model），打造“全维度照护”理念，为入住长者提供生理、心理、社交和灵性的整体综合照护。项目共设 64 张床位，针对杭州高净值人群提供养老照护服务。但由于照护床位少，前期投资体量较大，运营成本居高不下，项目难以盈利。终于在运营 5 年之后，出售给物产中大金石集团。

物产中大金石集团以不动产金融与养老运营服务为两大核心业务，以养老运营提升资产价值，实现资产增值和业务联动。其并购“雍柏荟”是基于旗下朗和（银泰）项目的顺利运营，创新会员卡 + 大额押金 + 月费方式，在机构开业第三年实现盈亏平衡。此次并购将进一步丰富物产中大金石集团现有产品线。同时，从被并购方角度，则意味着纯外资模式在我国养老产业的一次不成熟尝试。纯外资服务商往往将国际一整套服务和标准引入，未考虑国内养老服务市场的发展阶段和我国老年群体的适应能力，落地性不强，难逃被并购的结局。

四　债权融资：银行业积极解决养老企业融资难题

在一级市场升温、二级市场趋于理性的同时，银行业开始关注健康养老企业融资难问题，通过延长贷款年限、增加担保等方式，扩展养老产业债权融资市场。现阶段开展针对养老服务企业贷款融资实质业务的银行仅有国家开发银行和中国银行两家。

（一）以国家开发银行为代表的政策性银行稳健进入，重点支持重资产养老项目

国家开发银行从2015年开始重点支持养老服务项目，已发放近400亿元贷款。其重点支持居家养老、社区养老、机构养老、“医养结合”型养老项目和设施的建设。从项目区域来看，没有太多限制性条件，上海、天津、洛阳、鹤岗等区域的项目均得到国家开发银行专项贷款的支持。从经营模式上看，以重资产项目为主，重点支持项目的新建和改建。

为进一步促进养老产业的发展，国家开发银行提出，要在“十四五”期间推动实施养老业务“331”工程，即开发培育300家养老龙头企业，整体支持300座城市养老服务体系建设，累计投放1000亿元养老服务专项贷款，全面以开发性金融助力国家积极应对人口老龄化。在组织管理上，国家开发银行已为养老业务组建专门处室，并出台养老行业专项评审制度，是第一家设立养老专项贷款的金融机构。从国家开发银行公开的统计数据来看，国家开发银行已累计支持396个客户的养老项目建设，覆盖了30个省区市，累计投放养老资金386亿元。

在已发放贷款金额方面，在“十四五”期间国家开发银行计划发放的养老专项支持是过往的2倍以上。从企业资金成本角度看，国家开发银行的专项贷款是目前养老市场上成本相对较低的资金，一般项目贷款利率在5%～6%。从贷款主体角度看，国家开发银行更倾向于国企、央企等信用评级较高的企业，对企业还款能力要求较高。但其贷款期限可长达20年，仍然是养老服务企业的优先债权融资选择。

另外，国家开发银行养老产业专项贷款对项目的要求，更关注项目整体长期现金流回报，而非短期资金的快速回报，这与养老产业的长周期稳定性的发展特征相吻合。随着国家进一步加强城市养老服务体系的建设，国家开发银行将加强对区域引领性、连锁型项目的支持，助力城市养老服务体系建设。同时，协助养老产业提质升级，打造高质量养老产品，促进模式创新，最终为多层次养老服务体系做出资金支持，是国家开发银行所支持养老服务项目的特征之一。

（二）以中国银行为代表的商业银行创新模式，多举措支持养老企业

继国家开发银行不断加强对养老产业的支持后，中国银行在2020年提出打造银发场景下的生态金融服务新模式，继续在养老产业金融和养老服务金融领域推进供给侧结构性改革。

中国银行创新举措之一，是推出了针对养老服务业的专属金融服务，包括在日常交易结算、信贷需求、物资采购等领域，逐步优化信贷条件，支持专项资金，简化业务流程，全力支持符合国家政策和基本信贷条件的养老服务机构的实际资金需求。为落实该项政策，中国银行上海、深圳、天津、宁波、河北5家分行已联合当地民政部门发布养老产业专属金融服务计划。

中国银行创新举措之二，是中国银行海南分行在疫情期间，为支持本省养老服务企业抗击疫情，尽快恢复正常运转，创新推出“中银颐享贷”，为海南某民营养老机构成功发放600万元贷款，帮助其在疫情后快速复工复产。中国银行海南分行提供无抵押贷款服务，是根据海南养老机构的特点“量身定制”的金融服务，并开辟了绿色审批通道，在贷款审批和发放过程中，同步进行贷款调查、尽责审查、审批、发放审核、利率优惠等工作，提高审批效率，前后仅用了7个工作日，有效帮助养老机构减轻融资压力、降低融资成本，破解了民办养老机构疫情期间的融资难题。

中国银行创新举措之三，是中国银行北京分行创新推出针对中小型养老企业的“中银惠老通宝”贷款产品（市场称为“床位贷”）。该产品突破贷款抵押物限制，根据养老服务机构（包括公办公营、公办民营、公建民营等公办养老机构及社会办养老机构）与入住人员签订的合同，发放贷款用于支持养老服务机构日常经营、购买设备等支出，单笔贷款期限最长可达3年。作为借款人的养老服务机构无须向银行提供实物资产等作为抵押担保，该创新贷款产品融资门槛低、贷款期限长，同时还可以降低老人入住养老服务机构的成本。北京房山某养老企业通过“中银惠老通宝”切实解决了融

资难题，实现了该贷款产品的落地。

基于各区域分行的创新实践，中国银行推出《中国银行支持银发经济发展行动计划》，该计划提出将通过23项具体措施，从加大信贷支持、拓宽融资渠道、完善金融产品、提升服务体验、加强组织保障等方面，全方位支持银发经济发展。随着中国银行支持养老企业贷款政策的落地，将会带动其他商业银行的创新举措，进一步解决中小养老服务企业融资难题。

五　面临的问题与挑战

（一）上市公司短期业绩压力与养老产业长盈利周期存在矛盾

养老产业盈利周期长，前期投入较大，属于前期亏损、后期微利的产业，尤其是现阶段布局企业往往处于市场拓展期和寻找合适物业资产的投入前期，同时由于养老机构存在入住周期，一般运营良好的项目，平均能在开业后3年达到70%入住率。这些要素叠加，导致养老企业在机构开业前3～5年难以收回前期投资，加之企业为扩大市场占有率，扩张速度较快，导致整体财务报表以亏损为主。在此情况下，资本市场尤其是主板市场"3年连续亏损即要求企业退市"的监管规则，与养老项目中短期仍处于亏损状态存在矛盾点。这导致主板上市企业布局养老产业趋于谨慎和理性，不再盲目并购养老服务项目，同时对已并购的养老项目或是寻求与主业结合，或是陆续放置于上市公司体系外。

（二）规模优势不显著，增加并购后整合难度

2016年养老产业并购热潮之后，2020年又掀起一轮并购风潮。在4年后看2016年的资本方和被并购方发展现状，资本方逐步减缓并购步伐，同时积极寻找新的投资方，以优化股权结构。被并购企业在4年间通过连锁化布局，逐步迈向区域龙头。从被并购企业运营模式来看，养老服务的规模优势仅体现在同一城市同一区域的不同养老服务类型项目中，属地化特征明

显，一旦跨区域发展，人力成本和运营成本逐步上升，边际效益不明显。此种运营模式加大了资本方投后管理难度，且难以体现规模化的发展优势。

养老服务业作为劳动密集型产业，对专业人才依赖性较强，尤其是在规模化连锁阶段，对新拓展机构的院长、护理部主任等中高级管理人员的素质和能力要求较高。现阶段连锁型企业一般通过自有体系内部培养方式进行人才供给，但难以满足企业较快扩张的需求。而标准化的流程和规范仅能提升基础护理人员上手速度，在机构评星和政府补贴获取方面有一定帮助，难以从本质上解决机构扩展人才供给难题。这进一步加剧了资本方投后管理难度，导致并购潮中的资本方态度趋于理性和谨慎，逐步降低并购速度和扩展规模，放缓了产业发展进程。

（三）轻资产运营项目债权融资通道尚待探索和普及

随着地方政府隐形债务压力进一步加大，银行成为现阶段养老产业债权融资的资金主体。限于银行对资金安全性、贷款主体信用度的要求，所提供的贷款项目偏向于投资建设期的重资产项目，同时要求贷款主体提供所对应的抵押物。养老服务业轻重资产分离是发展趋势，轻资产运营企业通过租赁物业方式，以成熟运营模式盘活资产，为本地老年人提供养老服务。这意味着轻资产运营企业难以提供相应重资产抵押物，导致项目运营前期的资金缺口难以通过债权融资方式解决，仅能依靠股权融资解决资金难题。

中国银行北京分行创新提供“中银惠老通宝”的贷款产品，从银行产品端解决了轻资产运营企业融资难题，但此种产品仅在北京市有所实践，应用范围和区域有限，难以解决大部分轻资产运营企业融资难题。从区域角度看，长三角、珠三角、成渝等经济较为发达区域的养老轻资产运营企业盈利能力较强，仍然存在难以提供重资产抵押物的难题，期待未来中国银行“中银惠老通宝”此类产品能在经济发达区域进行推广和复制，真正帮助轻资产运营企业打通债权融资渠道，以未来经营和床位收益为保障，获得银行贷款。

（四）保险与产业融合度有限，保险产品有待进一步创新

保险资本在养老产业一级并购中尚处于初步探索阶段。在业务联动领域，养老项目尚未实现与旗下保险产品深度联动。现阶段保险产品与养老项目联动主要体现在以下三种模式，一是保障入住权或优先入住权，即对购买寿险产品达到一定标准的客户提供养老项目入住权益。二是费用抵扣，将保险年金产品提供的年金转化为床位费或进行租金抵扣。三是通过长期护理险和健康险理赔对接护理服务。

受限于保险产品创新停滞不前，现有保险产品以资金保障为主，与养老和护理服务难以实现直接兑付。同时，受限于承保年龄段限制，现阶段针对老年人群的专属保险产品稀少，同时大部分保险产品明确承保年龄不超过70岁，与入住养老社区平均85岁人群有偏差。另外，现有健康险产品主要与二级以上医院挂钩，需医生诊断证明才能进行赔付，与大部分养老机构仅有内设医务室不匹配，这都导致现有保险产品难以与养老社区实现权益联动。

（五）私募及风险资本投资意愿较强与养老产业长周期微利属性存在时限上的矛盾

私募及风险资本以财务投资为主，现阶段私募基金以3+2年限为主，政府的私募基金以5+2年限为主。对于养老服务业，根据项目规模、体量、区位、收费等不同，通常以5~10年为项目盈亏平衡期，与私募和风险资本的年限存在时限上的矛盾，导致众多私募和风险资产有投资养老产业的意愿，但面对实际投资标的并购时，又往往难以通过投决会。这使一些以养老产业为投资范围的私募和风险基金往往沿着养老服务产业链向周边延伸，投向康复医疗、人才培训等相关领域，导致养老产业的主体产业养老服务业难以得到大量私募资金的支持。

部分以战略投资为主的私募及风险资本则需寻找到养老服务业与基金设立公司主营业务的强关联，否则难以在短时间内实现对主业的带动作用，导致前期投资意愿减弱。

六　发展趋势及政策建议

（一）发展趋势

1. 资本推动养老产业规模化聚集化发展

从2020年并购事件来看，优质单体项目纷纷被并入连锁化体系内，聚焦单个城市发展的企业纷纷走向区域，不断在周边城市进行项目扩展。资本的进入，加速了产业规模化的速度。以同仁堂参股江苏悦华为例，江苏悦华原来主要集中在南京市进行产业布局，同仁堂养老产业投资基金的进入，一方面为江苏悦华的跨区域扩展提供资金支持；另一方面借助同仁堂全国医药体系，在城市进入和筛选方面提供区域选择标准，可提高江苏悦华进行区域扩展的布局效率，未来不排除同仁堂依托南京悦华，实现其他区域养老项目的投资并购。

以现在养老产业内床位规模最大的光大养老来看，在光大集团资本加持下，光大养老陆续实现对北京汇晨、重庆百龄帮、无锡金夕延年等区域龙头企业的控股型并购，使光大养老一举成为养老产业内的龙头企业。以资本力量，快速推动产业规模化发展。金融体系内，和光大集团同体量的资本方不在少数，未来通过资本的撬动，养老产业单点布局、单城市布局的产业格局将被打破，资源将向龙头企业聚集，养老产业将逐步走向规模化聚集化。

2. 国企央企背景资本入场，助力产业圈层化、多元化发展

国企央企积极布局，成为养老产业的核心参与者，是近两年养老产业发展趋势。从产业发展的角度看，国企央企布局养老产业大概率将其定位为面向中低消费群体的普惠型养老服务，作为中高端品质养老服务的有益补充，而盘活存量资产成为其发展路径。从资本角度看，市场化混改收并购是国企央企进入养老产业的路径之一。以广州越秀收购无锡朗高养老为例，广州越秀能够整合区域内部优质的养老服务资源，助力无锡朗高养老进一步发展，而无锡朗高养老借助国企品牌优势和信用背书，在物业获取、债权融资等方面，可获得相应优势。

未来产业核心参与者可划分为保险系和国企央企系，险资以长期保险资

金，积极寻求负债端和资产端的联动。国企央企凭借自身资源优势，在盘活存量物业和获取区域优质物业方面具备优势，通过与民营运营服务公司的合作，嫁接产业运营能力，以资产经营实现养老产业平台的构建，走一条与险资不同的差异化道路。同时，由于国有企业有承担民生责任、为政府分忧的社会责任，能接受养老产业较长周期的盈亏平衡期。国企央企的进入，能进一步促进养老产业走向多元化和品质化。

3. 区域龙头初现，养老上市企业或将涌现

资本加速了养老产业规模化发展速度，杭州、南京、无锡等经济发达且老龄化程度较高的城市，均出现聚焦区域的连锁化品牌化养老服务企业，且随着资本对这些区域头部企业的资金和资源支持，其将进一步扩大收入规模和盈利能力，让其具备 IPO 的实力和机会。从新三板创新层企业纷纷引入更有实力的股东或退市转板情况来看，商业模式清晰、盈利模式打通的企业，追求更强的资本流动性，以优化股东结构，为 IPO 做好充分的准备。

现阶段，养老产业尚未出现全国性连锁布局的企业，其资产规模和收入规模离 IPO 标准有一定距离。但部分深耕长三角的企业，已具备 IPO 的潜力，在未来 1～3 年，随着这些企业资产规模和区域布局进一步扩展，企业盈利能力不断上升，加之不断引入新的产业资源和股权资本，必将出现成功 IPO 的养老企业。这些企业将搅动资本市场，推动更多的企业冲击 IPO，同时，为企业的市值管理和股权激励带来新的挑战。

（二）政策建议

1. 注册制下，可适当加快对养老企业上市审批

随着 A 股市场全面注册制渐行渐近，整个资本市场的生态环境将面临企业优胜劣汰加速，资本向优质标的集聚。科创板的注册制，对注册制下股票的发行、定价、交易、减持等一系列基础性制度不断完善，为注册制的全面放开提供了发展基础。2020 年底公布的修订后退市规则，逐步形成有进有出、良性循环的资本市场生态。同时，习近平总书记强调，“要积极发展养老服务业，推进养老服务业制度、标准、设施、人才队伍建设，构建居家

为基础、社区为依托、机构为补充、医养相结合的养老服务体系，更好满足老年人养老服务需求”，产业的发展需要资本的助力。

在此背景下，监管可考虑适当放宽对养老企业上市的审批标准，为以养老服务为主营业务的企业提供主板上市通道。第一家以养老服务为主营业务的主板上市公司具备一定市场意义，标志着国家对养老产业的支持，也能从资本层面鼓励更多社会资本进入养老产业，促进产业的提质升级，进一步为更多老年人提供更优质的服务。

2. 探索轻资产运营公司融资方式，降低债权融资门槛

养老重资产项目往往可以通过抵押贷款、PPP 等方式获得项目前期资金，而轻资产运营公司，往往以人员团队和运营服务能力为核心竞争力，除股权融资和自有资金投资外，较难获得债权融资。这导致轻资产运营公司难以通过自身资源和能力形成一定规模和体量，只能依托资源方或资本方进行业务扩展，降低了产业内的话语权。真正提供服务的仍然是一个个轻资产运营公司，其服务能力和服务意愿决定着入住养老机构老人的满意度，其话语权的降低，将对服务提供产生一定影响。

为打通轻资产运营公司资金渠道，一方面，各类商业银行可探索以未来项目经营收益作为担保，降低轻资产运营公司贷款门槛，给轻资产运营公司提供一条自我发展的道路，以帮助轻资产运营公司获得资金提升现有机构服务水平，购置康复设备和进行装修改造，提升已入住老年群体服务的满意度；另一方面，可探索 ABS 在养老产业中的应用，借助资产证券化，可使企业实现轻重资产分离，重资产公司通过 ABS 实现前期投资回收，同时在没有现金流压力的情况下，轻资产运营公司可更好地提升服务品质，以进一步提高养老服务质量。

3. 开放与监管并重，降低融资风险，创新金融工具

养老产业作为民生产业之一，具备事业性和产业性并重的特色，从 2020 年政策趋势来看，养老产业的监管不断加强，产业标准化在不断推进，防控运营风险成为 2020 年政策主旋律。为了避免“不管就乱，一管就死”的情况发生，在产业端加强监管的同时，资本端可在开放创新和监管严控上探索平衡点，一方面通过金融工具创新，促进成长期企业走向成熟和规模

化，以服务更多的老年群体，另一方面也要强化对企业端的金融监管，避免养老机构“爆雷”，让老年人群资金受损。

养老产业作为长期性发展产业，在政府和社会的支持与探索下，必将走出一条符合中国特色的市场化道路。

参考文献

董克用、姚余栋主编《中国养老金融发展报告（2020）》，社会科学文献出版社，2020。

和君康养事业部：《2021 年中国健康养老产业发展与投资报告》，2021。

〔美〕丹尼斯.J. 罗伯茨：《并购之王》，唐京燕、秦丹萍译，机械工业出版社，2014。

产品篇

Product Reports

B.5 养老金产品：投资收益创新高，配置属性进一步明确

孙 博*

摘 要：受益于职业年金投资运营，2020年养老金产品数量和规模持续增长，且年金的产品化投资趋势不减。在2020年良好的市场行情助力下，养老金产品整体收益率创近五年新高。随着养老金产品配置作用的提升，建议参考公募基金，进一步完善养老金产品的绩效考评方式和信息披露机制。同时，应该在投管人评价中合理引入养老金产品运作和业绩情况。

关键词：养老金产品 运行绩效 信息披露 受托直投

---

* 孙博，金融学博士后，现供职于华夏基金管理有限公司，中国养老金融50人论坛特邀成员，研究领域为养老金融。本文仅代表个人观点，与供职单位无关。

一　2020年养老金产品市场概况与特点

（一）受益于职业年金投资运营，产品规模持续增长

截至2020年末，全市场共运作养老金产品546只，同比增长19.7%；运作总规模15147.5亿元，同比增长67.3%，运作数量和规模持续创历史新高。主要原因是职业年金已有1.29万亿元资金进行投资运营，其中相当比例投向了养老金产品（见图1）。

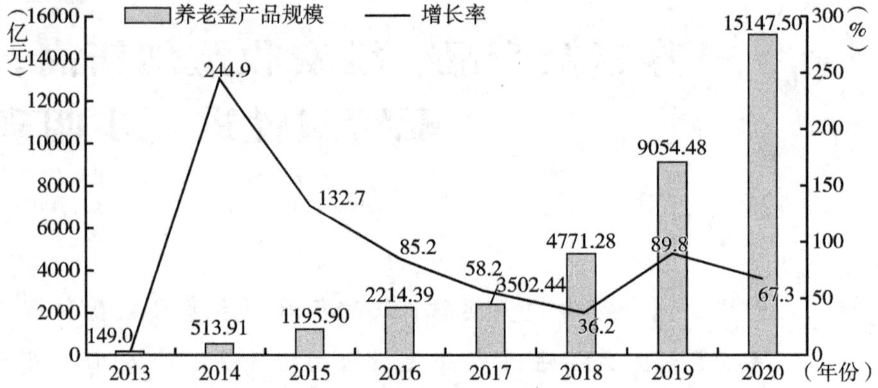

图1　2013～2020年全市场养老金产品规模及年度增长率

资料来源：人社部。

从产品大类看，股票型养老金产品的增幅最大，达到138.49%，一方面是因为各机构加快了产品化运作，另一方面2020年权益市场大幅上涨也是重要原因。混合型养老金产品的增幅次之，为98.11%；固定收益型和货币型养老金产品的增幅相对较低，但是也有57.66%和55.34%。各类型养老金产品规模情况如表1所示。

从产品细分类型来看，全市场固收普通型产品规模占比最大，达到33.19%；其后为固收非标型，占比为26.21%，两项合计达到59.4%。如果加上固收债券型和货币型产品，则固收类和货币类资产占比达到72.32%。而

表1　各类养老金产品规模情况

单位：亿元，%

产品类型	2019年	2020年	较2019年增量	涨幅
股票型	468.25	1116.73	648.48	138.49
混合型	1494.83	2961.34	1466.51	98.11
固定收益型	6001.61	9462.30	3460.69	57.66
市值型	2595.85	3969.82	1373.97	52.93
成本计价型	3405.75	5492.48	2086.73	61.27
货币型	960.62	1492.25	531.63	55.34

注：①股票型产品统计中不含股权型、优先股型和股票专项型产品；②固收市值型产品包括固收普通型及固收债券型产品；固收成本计价型产品包括存款型、信托产品型和基础设施债权投资计划型产品。

资料来源：人社部。

含权的混合型、股票型产品及其他股票型产品占比合计为27.68%。如果考虑到上述含权型产品中仍然含有部分固收资产，则养老金产品中权益资产比例还将进一步下降至20%以下，与年金基金投资权益资产的中枢水平大体一致（见表2）。

表2　各类养老金产品规模及占比

单位：亿元，%

产品类型	2020年规模	占比
固定收益-普通型	5027.93	33.19
固定收益-非标型	3969.82	26.21
混合型	2961.34	19.55
货币型	1492.25	9.85
股票型	1116.73	7.37
固定收益-债券型	464.56	3.07
其他股票型	114.88	0.76

注：①固定收益-非标型养老金产品包括存款型、信托产品型和基础设施债权投资计划型产品；②其他股票型养老金产品包括股权型、优先股型和股票专项型产品。

资料来源：人社部。

（二）产品化率创新高，年金投资产品化趋势不减

由于职业年金投资运营大范围启动，2020 年末，年金市场规模增长至 3.5 万亿元[①]，年金市场产品化率为 43.2%。相比 2019 年有所下降，但是考虑到 2019 年年金运作规模中不含职业年金数据，2019 年产品化率存在一定的高估。因此从 2013 年以来的长维度来看，年金市场的产品化率仍然不断提高，表明产品化运作是年金投资运营的趋势（见表 3）。

表 3　2013～2020 年全市场养老金产品规模、年金运作规模及年金产品化率情况

单位：亿元，%

年份	养老金产品规模	年金运作规模	年金产品化率
2013	149	5783.60	2.58
2014	513.91	7402.86	6.94
2015	1195.90	9260.30	12.91
2016	2214.39	10756.22	20.59
2017	3502.44	12537.57	27.94
2018	4771.28	14502.21	32.90
2019	9054.48	17985.33	50.40
2020	15147.50	35050*	43.20

注：*因职业年金规模公开数据仅披露至万亿元单位，此规模为估算数据。

资料来源：人社部及公开数据整理。

（三）受政策调整影响，新运作产品数量和增速均放缓

2020 年当年新运作产品 90 只，增幅为 19.74%，与 2019 年新增 132 只产品，增幅 40.74% 相比，均有较大幅度下降，增速创近五年新低。主要原因在于，2019 年出台的 85 号文一方面加快了各投管人存量备案产品集中运作，导致 2019 年养老金产品规模与数量骤增，基数效应使 2020 年产品规模与数量增速相对下降；另一方面对新产品备案设置了一定门槛，比如已运作

① 截至 2020 年末，企业年金投资规模 2.21 万亿元，职业年金投资规模 1.29 万亿元。

单只养老金产品存续规模未达到5000万元的，同类型养老金产品的备案申请将不被受理。因此行业新产品申报节奏减缓，各投资机构重点从产品新发转移到产品规模做大与产品做强（见表4）。

表4　2015～2020年新运作养老金产品数量和增长情况

单位：只，%

年份	新运作产品数量	增量	增幅
2015	118	—	—
2016	179	61	51.69
2017	268	89	49.72
2018	324	56	20.90
2019	456	132	40.74
2020	546	90	19.74

资料来源：人社部。

（四）良好的市场行情，推动收益率再创新高

截至2020年末，全市场投资运作的养老金产品当年整体投资收益率为9.27%，收益率创近五年新高（见表5）。

表5　2016～2020年养老金产品整体投资收益情况

单位：%

项目	2016年	2017年	2018年	2019年	2020年
养老金产品整体收益率	3.49	5.44	3.25	7.99	9.27

资料来源：人社部。

股票型产品业绩创历史最高。2020年A股市场走出了全球涨幅前列的行情，各主要板块均呈上涨态势。年金投管机构较好地把握了市场机会，股票型产品业绩达到近五年最高水平53.98%，近五年的平均收益率为13.54%（见表6）。

表 6　2016～2020 年股票型养老金产品业绩

单位：%

年份	股票型养老金产品
2016	-8.19
2017	18.42
2018	-20.67
2019	42.05
2020	53.98
2016～2020 年平均收益率	13.54

资料来源：人社部及公开数据整理。

因混合型养老金产品与企业年金单一计划含权组合（简称“企业年金标准组合”）持仓结构相似，本报告对比分析了混合型养老金产品与企业年金标准组合市场平均收益情况。2020 年混合型养老金产品年度投资业绩创近五年新高，达到 11.62%，也高于企业年金标准组合 2020 年 11.28% 的业绩表现。近五年两项数据走势相一致，混合型养老金产品近五年平均收益率为 6.34%，高于企业年金标准组合的 6.09%。分年度看，在 2016 年和 2018 年 A 股市场波动较大的市场环境下，混合型养老金产品的业绩表现不及企业年金标准组合。2017 年、2019 年及 2020 年股市行情较好，混合型养老金产品获得高于企业年金标准组合市场平均收益的投资业绩（见表 7）。

表 7　2016～2020 年混合型养老金产品与企业年金标准组合市场平均收益比较

单位：%

年份	混合型养老金产品	企业年金标准组合
2016	2.65	2.72
2017	5.39	5.21
2018	2.52	2.60
2019	9.85	8.92
2020	11.62	11.28
2016～2020 年平均收益率	6.34	6.09

资料来源：人社部及公开数据整理。

从养老金产品实际运作的2014年至今，全市场混合型养老金产品年化收益率为8.18%，显著高于企业年金标准组合收益率7.25%。这表明，越是拉长考察期限，混合型养老金产品业绩表现越好于企业年金标准组合。主要原因是养老金产品不受委托人、受托人个性化的投资政策限制，投资更具有灵活性，更能发挥投资管理机构长期投资能力（见图2）。

图2 全市场混合型养老金产品与企业年金标准组合收益对比

资料来源：人社部。

因固定收益型养老金产品与企业年金单一计划固收组合持仓结构相似，本报告对比分析了固定收益型养老金产品与企业年金单一计划固收组合市场平均收益情况。2020年固定收益型养老金产品年度收益率为5.17%，低于单一计划固收组合平均收益率5.29%。但从五年期来看，固收型养老金产品业绩与企业年金单一计划固收组合平均收益率基本持平（见表8）。

表8 2016～2020年固定收益型养老金产品与企业年金单一计划固收组合市场平均收益比较

单位：%

年份	固定收益型养老金产品	企业年金单一计划固收组合
2016	4.83	4.77
2017	4.22	4.64
2018	5.62	5.44

续表

年份	固定收益型养老金产品	企业年金单一计划固收组合市场平均
2019	6.03	5.65
2020	5.17	5.29
2016~2020年平均收益率	5.17	5.16

资料来源：人社部及公开数据整理。

从细分产品类型来看，2020年，利率债市场经历了完整的“牛市+熊市”转换，在疫情冲击下，信用债市场违约总规模创历史新高，给各投管人在纯固收产品投资方面增加了操作难度，固定收益型养老金产品整体业绩及各类固收型产品业绩表现均不及2019年（见表9）。

表9　2016~2020年各类固定收益型养老金产品业绩表现

单位：%

年份	固定收益型整体	普通型	债券型	存款型	信托产品型	债权计划型
2016	4.83	3.58	4.55	5.32	6.17	6.25
2017	4.22	2.87	2.96	5.01	5.76	5.80
2018	5.62	5.73	5.26	4.83	6.03	5.70
2019	6.03	6.36	6.68	4.85	6.36	5.56
2020	5.17	5.06	5.02	4.72	6.01	5.09

资料来源：人社部及公开数据整理。

（五）保险系投管人市场份额有所下降，基金系投管人市场份额小幅提升

分行业来看，2020年，保险系投管人养老金产品数量为248只，全市场占比45.42%；产品运作规模为8695.44亿元，全市场占比57.41%，两项占比均低于2019年。基金系投管人产品数量为236只，较2019年新增49只，产品数量市场占比从41.01%提升至43.22%；产品规模5296.68亿元，较2019年规模增加超过1倍，市场份额占比34.97%，两项数据虽仍不及保

险系投管人，但市场份额有所提升。而券商系和银行系投管人的产品数量及规模占比均不超过10%，同比数据持平（见表10和表11）。

表10　不同类型投管人管理养老金产品数量

单位：亿元，%

投管人类型	2019年		2020年	
	产品数量	数量占比	产品数量	数量占比
保险系	219	48.03	248	45.42
基金系	187	41.01	236	43.22
券商系	43	9.43	54	9.89
银行系	7	1.54	8	1.47
总计	456	100	546	100

资料来源：人社部及公开数据整理。

表11　不同类型投管人管理养老金产品规模

单位：亿元，%

投管人类型	2019年		2020年	
	产品规模	规模占比	产品规模	规模占比
保险系	5596.72	62.15	8695.44	57.41
基金系	2592.25	28.79	5296.68	34.97
券商系	694.38	7.71	999.11	6.60
银行系	122.02	1.35	156.27	1.03
总计	9005.37	100	15147.50	100

资料来源：人社部及公开数据整理。

此外，从各类投管人在企业年金基金市场份额对比来看，两个市场的份额占比结构及数据基本一致。

（六）受托直投规模有所提升，但增速和市场占比均有所下降

截至2020年末，全市场计划直投养老金产品资产规模为463.18亿元，较2019年增加104.26亿元，管理规模持续上升，但规模增长率下降到近五

年最低点 29%。2020 年受托直投规模占养老金产品总规模的 3.06%，低于 2019 年的 3.96%；占市场企业年金总规模的 2.14%，略高于 2019 年的 2.07%。两项占比与 2019 年同比情况一致（见表 12）。

表 12　2016～2020 年养老金产品受托直投情况

单位：亿元，%

项目	2016 年	2017 年	2018 年	2019 年	2020 年
受托直投规模	83.18	146.26	272	358.92	463.18
规模增长率	39	76	86	32	29
占产品总规模	3.76	4.18	5.70	3.96	3.06
占企业年金总规模	0.77	1.17	1.88	2.07	2.14

资料来源：人社部。

具体来看，8 家具有受托直投资格的受托人中，国寿养老计划直投规模 275.40 亿元，占比 59.46%，仍然保持行业绝对领先位置。但较 2019 年不同的是，国寿养老受托直投份额占比较 2019 年的 63.98% 略有下降，而工商银行以 13.91% 的占比超越平安养老成为第 2 名（见表 13）。

表 13　2020 年全市场受托直投业务开展情况

单位：亿元，%

序号	企业年金基金受托管理机构	计划直投养老金产品资产净值	占比
1	中国人寿养老保险股份有限公司	275.40	59.46
2	中国工商银行股份有限公司	64.44	13.91
3	平安养老保险股份有限公司	53.21	11.49
4	泰康养老保险股份有限公司	37.52	8.10
5	太平养老保险股份有限公司	13.53	2.92
6	华宝信托有限责任公司	9.60	2.07
7	长江养老保险股份有限公司	7.03	1.52
8	建信养老金管理有限责任公司	2.47	0.53
合计		463.18	100

资料来源：人社部。

二　养老金产品与公募基金的投资业绩比较

公募基金以其规范性、透明性等优势，日益成为国民理财的重要工具。与公募基金比较，能较好地观察养老金产品的投资绩效。而且，公募基金除了非标类资产（信托产品、债权投资计划）不能投资外，与养老金产品在投资范围方面基本一致。[①] 但是，不同类型养老金产品与公募基金在投资比例上具有一定差异，因此我们做出如下界定：考虑到实践中股票型养老金产品持仓与偏股混合型基金的大类资产投资比例较为相似，将两者互相对标；实践中混合型养老金产品与二级债基的大类资产投资比例较为相似，将两者对标；而固定收益型养老金产品则与中长期纯债基金类似，将两者进行对标。

（一）股票型养老金产品业绩

截至2020年末，股票型养老金产品当年投资收益率为53.98%，低于偏股混合型基金的收益率60.19%。从长期来看，2016～2020年，股票型养老金产品投资收益率在多数年份高于偏股混合型基金，近五年年化收益率为13.54%，也显著高于偏股混合型基金11.56%的业绩表现，表明了年金投资管理人较好的长期权益投资能力（见表14）。

（二）混合型养老金产品业绩

2020年混合型养老金产品当年投资收益率为11.62%，略高于二级债基10.81%的业绩表现。但从近五年来看，混合型养老金产品与二级债基的年化收益基本相当，仅高出0.04个百分点（见表15）。

---

① 根据《关于企业年金养老金产品有关问题的通知》（人社部发〔2013〕24号）、《人力资源社会保障部关于调整年金基金投资范围的通知》（人社部发〔2020〕95号）规定，养老金产品的投资范围限于境内投资和香港市场投资，境内投资范围包括银行存款、标准化债权类资产、债券回购、信托产品、债权投资计划、公开募集证券投资基金、股票［包括A股（含创业板、科创板）、优先股］、股指期货、国债期货；香港市场投资是指通过公开募集证券投资基金投资港股通标的股票。

表 14　股票型养老金产品与偏股混合型基金业绩对比

单位：%

项目	2016 年	2017 年	2018 年	2019 年	2020 年	2016～2020 年年化
股票型养老金产品	-8.19	18.42	-20.67	42.05	53.98	13.54
偏股混合型基金	-13.36	18.82	-23.48	36.91	60.19	11.56

注：①公募基金产品投资收益率取运作满一年产品的规模加权收益率计算，下同；②年化收益计算方式为几何平均收益率；下同。

资料来源：人社部、Wind 及公开数据整理。

表 15　混合型养老金产品与二级债基业绩对比

单位：%

项目	2016 年	2017 年	2018 年	2019 年	2020 年	2016～2020 年年化
混合型养老金产品	2.65	5.39	2.52	9.85	11.62	6.34
二级债基	3.56	3.73	1.71	12.11	10.81	6.30

资料来源：人社部、Wind 及公开数据整理。

（三）固定收益普通型养老金产品业绩

2020 年固定收益普通型养老金产品当年投资收益率为 5.06%，显著高于中长期纯债基金 2.82% 的投资业绩。从近五年来看，固定收益普通型养老金产品年化收益为 4.71%，也要好于中长期纯债基金 3.47% 的业绩表现。主要原因是养老金产品可以配置非标类资产，而这些资产具有流动性溢价，为产品提供了较高且稳定的投资收益（见表 16）。

表 16　固定收益普通型养老金产品与中长期纯债基金业绩对比

单位：%

项目	2016 年	2017 年	2018 年	2019 年	2020 年	2016～2020 年年化
固定收益普通型养老金产品	3.58	2.87	5.73	6.36	5.06	4.71
中长期纯债基金	1.91	1.92	6.50	4.25	2.82	3.47

资料来源：人社部、Wind 及公开数据整理。

三　各机构产品运作情况对比

（一）各类产品的机构投资能力比较

1. 股票型养老金产品

2020 年全市场股票型养老金产品当年平均收益率为 53.98%，全市场共 9 家投管机构平均收益率超过市场平均。其中工银瑞信、平安养老、易方达股票型养老金产品业绩位居市场前三，显示了在年金权益资产方面领先的投资能力（见图 3）。

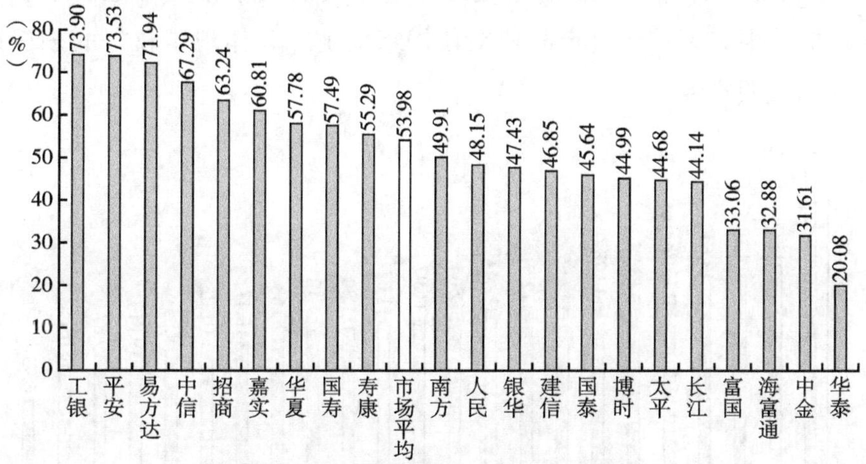

图 3　各机构股票型养老金产品业绩排名

资料来源：人社部及公开数据整理。

分投管人类型来看，券商系投管人的股票型养老金产品的收益率最高，其次分别为基金系投管人和保险系投管人，银行系投管人排名最后（见表 17）。呈上述排名的主要原因是，全市场券商系投管人仅有两家，而基金系投管人共 11 家，且基金系投管人产品规模和业绩高低不一，从规模加权收益率的计算角度看，很容易摊薄基金行业整体业绩表现。而从具体机构来看，全市场股票型养老金产品业绩前十名中，基金系投管人占比 60%。

表 17　不同类型投资管理人股票型产品收益情况

单位：%

序号	管理人类型	规模加权收益率
1	券商系	59.12
2	基金系	56.62
3	保险系	54.85
4	银行系	46.85

资料来源：人社部及公开数据整理。

2. 混合型养老金产品

2020 年全市场混合型养老金产品当年平均收益率为 11.62%，全市场共 12 家投管机构平均收益率超过市场平均。其中平安养老、华夏基金、易方达混合型养老金产品业绩位居市场前三，体现了较好的多资产管理能力（见图 4）。

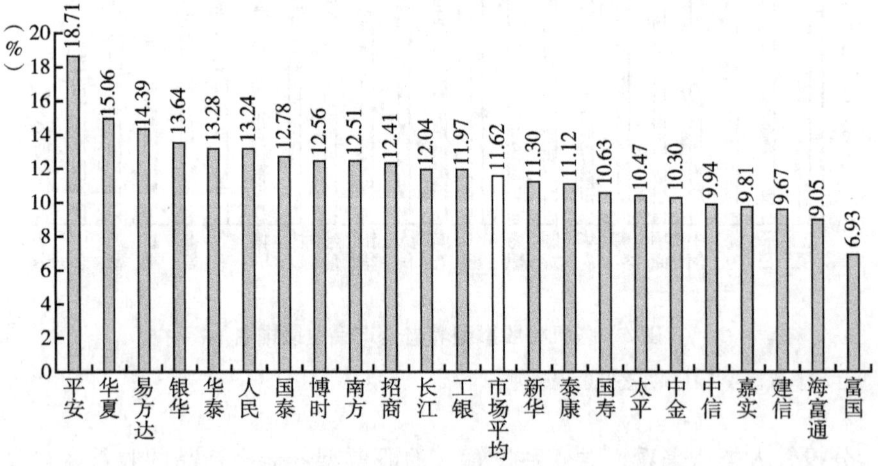

图 4　各机构混合型养老金产品业绩排名

资料来源：人社部及公开数据整理。

分投管人类型来看，混合型产品的业绩分布与股票型产品基本一致（见表 18）。

表 18　不同类型投资管理人混合型产品收益情况

单位：%

序号	管理人类型	规模加权收益率
1	券商系	12.70
2	基金系	11.36
3	保险系	10.01
4	银行系	9.67

资料来源：人社部及公开数据整理。

3. 固定收益普通型养老金产品

2020 年全市场固定收益普通型养老金产品当年平均收益率为 5.06%。全市场共 8 家投管机构平均收益率超过市场平均。其中华泰资管、银华基金、国寿养老固定收益普通型养老金产品业绩位居市场前三（见图 5）。

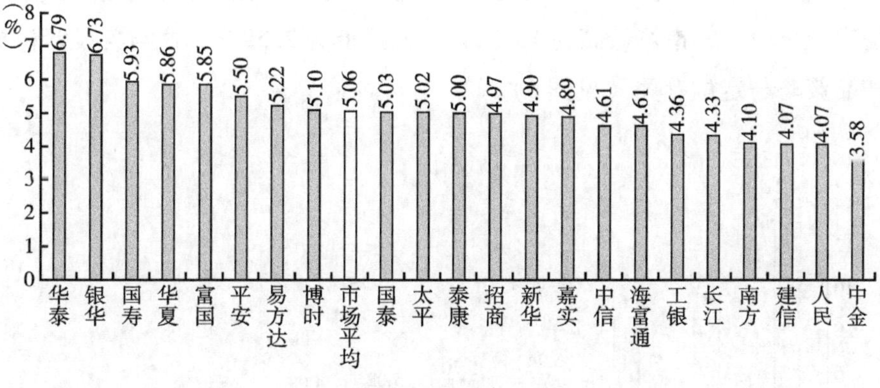

图 5　各机构固定收益普通型养老金产品业绩排名

资料来源：人社部及公开数据整理。

分投管人类型来看，券商系投管人的固收普通型养老金产品收益率最高，其次分别为基金系投管人和保险系投管人，银行系投管人排名最后（见表 19）。从具体机构来看，全市场固收普通型养老金产品业绩前十名中，基金系投管人占比 60%。

表 19　不同类型投资管理人固定收益普通型产品收益情况

单位：%

序号	管理人类型	规模加权收益率
1	券商系	5.28
2	基金系	5.19
3	保险系	4.37
4	银行系	4.07

资料来源：人社部及公开数据整理。

4. 固定收益债券型养老金产品

2020 年全市场固定收益债券型养老金产品当年平均收益率为 5.02%。全市场只有 9 家投管机构发行了固定收益债券型养老金产品，其中 5 家机构收益率超过市场平均。华夏基金、华泰资管、工银瑞信产品业绩位居市场前三。

与固定收益普通型产品不同的是，各投管机构的债券型养老金产品平均收益率分化较大，市场最高为 14.21%，而最低为 2.39%。这与各投管机构的产品策略与定位有关（见图 6）。

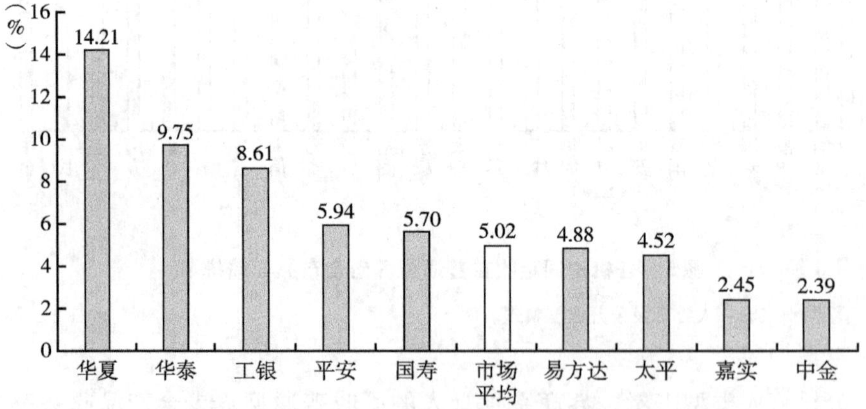

图 6　各机构固定收益债券型养老金产品业绩排名

资料来源：人社部及公开数据整理。

分投管人类型来看，全市场固收债券型养老金产品的收益率从高到低依次是基金系、券商系和保险系，银行系投管人未发行该类产品（见表20）。

表20　不同类型投资管理人固定收益债券型产品收益情况

单位：%

序号	管理人类型	规模加权收益率
1	基金系	5.97
2	券商系	5.20
3	保险系	2.39

资料来源：人社部及公开数据整理。

（二）机构产品和组合业绩的一致性分析

从当年收益率来看，2020年全市场企业年金标准组合平均收益率为11.28%，略低于混合型养老金产品平均收益率11.62%。从近5年数据来看，混合型产品收益率（6.34%）也与企业年金标准组合收益率（6.09%）接近。据此，我们通过混合型养老金产品和企业年金标准组合业绩的比较，观察各投管人业绩的一致性，结果如表21所示。

表21　2020年各投管人企业年金标准组合与混合型养老金产品平均收益率对比

单位：%

管理人简称	企业年金标准组合平均收益率	混合型养老金产品平均收益率
华泰	14.96	13.28
平安	13.21	18.71
华夏	12.73	15.06
招商	12.59	12.41
易方达	12.49	14.39
富国	12.39	6.93
国泰	11.96	12.78
人民	11.93	13.24
银华	11.85	13.64
长江	11.56	12.04

续表

管理人简称	企业年金标准组合平均收益率	混合型养老金产品平均收益率
泰康	11.24	11.12
国寿	11.15	10.63
南方	10.91	12.51
博时	10.88	12.56
中信	10.42	9.94
嘉实	10.39	9.81
工银	10.35	11.97
建信	10.23	9.67
海富通	10.09	9.05
太平	9.48	10.47
中金	8.37	10.30
新华	7.28	11.30
平均	11.28	11.62

资料来源：人社部及公开数据整理。

从2020年来看，全市场共13家投管人的混合型养老金产品收益率高于企业年金标准组合收益率，其中平安养老、新华养老的产品收益率更明显超越企业年金标准组合，均超出4个百分点以上。全市场共9家投管人企业年金标准组合收益率高于混合型养老金产品收益率，其中富国基金的差距最大，标准组合业绩超出混合型产品5个百分点以上。泰康资管、招商基金、长江养老的混合型产品和标准组合业绩表现最为贴近。

从中期来看，2018～2020年①，混合型养老金产品年化收益率为7.83%，略高于企业年金标准组合收益率7.54%。从单个投资管理人来看，全市场两者差距最大的是新华养老，混合型产品年化收益率较标准组合高出4.02个百分点；其次为平安养老，混合型产品年化收益率高出2.95个百分点；其他投管人产品与组合业绩差距均未超过2个百分点，且有17家投管人混合型产品近三年平均业绩要优于企业年金标准组合（见表22）。

① 部分投资管理机构从2017年才开始投资运作混合型养老金产品，故选取2018～2020年作为各机构的中期比较区间。

表 22　2018～2020 年各投管人企业年金标准组合与混合型养老金产品年化收益率对比

单位：%

管理人简称	企业年金标准组合年化收益率	混合型养老金产品年化收益率
华泰	8.92	7.42
易方达	8.32	9.77
泰康	8.06	8.26
富国	7.97	6.27
银华	7.90	9.26
中信	7.70	6.89
工银	7.60	8.31
华夏	7.58	8.43
国寿	7.52	7.60
建信	7.47	7.00
博时	7.31	6.92
南方	7.28	8.57
新华	7.28	11.30
平安	7.25	10.20
长江	7.21	8.08
太平	7.13	7.82
人民	7.11	7.73
中金	6.99	8.21
招商	6.99	7.82
国泰	6.96	7.02
海富通	6.90	7.22
嘉实	6.87	7.12
平均	7.54	7.83

资料来源：人社部及公开数据整理。

（三）机构产品费率比较

养老金产品费率主要包括投资管理费、托管费和申购赎回费用。本报告重点分析可以体现主动管理能力的市值计价类养老金产品投资管理费率。

从投资管理人类型来看，券商系投管人的产品平均管理费率最高，为

0.46%。其次为基金系投管人0.41%和银行系投管人0.36%。保险系投管人产品平均管理费率最低，为0.26%，也是唯一低于市场平均费率的投管人类型。具体来看，除银行系投管人在固定收益普通型产品上收取的管理费率为全市场最高外，券商系投管人在各类市值计价类产品上收取的管理费率均为全市场最高（见表23）。

表23　不同类型投资管理人养老金产品费率比较

单位：%

投管人类型	混合型	股票型	固定收益 - 债券型	固定收益 - 普通型	货币型	平均费率
保险系	0.46	0.63	0.36	0.32	0.20	0.26
基金系	0.48	0.60	0.30	0.30	0.19	0.41
银行系	0.48	0.50	—	0.45	0.20	0.36
券商系	0.51	0.72	0.40	0.44	0.23	0.46
市场平均	0.48	0.61	0.34	0.33	0.20	0.36

资料来源：人社部及公开数据整理。

从产品类型来看，股票型养老金产品[①]的平均管理费率最高，为0.61%，其中国泰基金收取的费率最高为0.87%，其次为中信证券和国寿养老，分别为0.79%和0.75%。混合型产品平均管理费率为0.48%，其中华夏基金和博时基金费率最高为0.60%，其次为太平养老和平安养老，分别为0.58%和0.57%。固定收益债券型产品平均管理费率为0.34%，其中平安养老收取的费率最高为0.45%，其次为太平养老和中金公司，均为0.40%。固定收益普通型产品平均管理费率0.33%，其中中信证券收取的费率最高为0.48%，其次为建信养老金公司0.45%及富国基金0.41%。货币型产品平均管理费率为0.20%，全市场费率趋同，其中国寿养老收取的费率最高为0.30%（见表24）。

---

① 股票型养老金产品不含优先股型、股权型及股票专项型产品。

表 24　全市场投资管理人养老金产品管理费率收取情况

单位：%

管理人简称	股票型	混合型	固定收益－债券型	固定收益－普通型	货币型
国泰	0.87	0.55	—	0.33	—
中信	0.79	0.48	—	0.48	0.20
国寿	0.75	0.42	0.30	0.39	0.30
平安	0.72	0.57	0.45	0.31	0.20
银华	0.70	0.55	—	0.30	0.25
中金	0.65	0.53	0.40	0.40	0.25
新华	0.60	0.5	—	0.30	0.25
太平	0.60	0.58	0.40	0.33	0.20
海富通	0.60	0.45	—	0.30	0.20
华泰	0.60	0.41	0.30	0.23	0.20
长江	0.60	0.54	—	0.30	0.15
易方达	0.59	0.50	0.30	0.30	0.25
泰康	0.59	0.44	—	0.37	0.20
华夏	0.58	0.60	0.30	0.30	0.20
博时	0.58	0.60	—	0.30	0.20
工银	0.57	0.42	0.30	0.25	0.20
人民	0.56	0.23	—	0.32	0.10
南方	0.55	0.44	—	0.33	0.2
富国	0.53	0.45	—	0.41	0.10
招商	0.51	0.45	—	0.22	0.13
建信	0.50	0.48	—	0.45	0.20
嘉实	0.48	0.30	0.30	0.30	0.20
市场平均	0.61	0.48	0.34	0.33	0.20

资料来源：人社部及公开数据整理。

（四）投资经理配备情况

公开披露数据显示，截至 2020 年 12 月 31 日，全市场养老金产品投资经理总人数为 346 人，较 2019 年增加 52 人。随着全市场已运作养老金产品数量和规模持续增加，投资经理的人均管理数量及规模也不断攀升。平均每个投资经理管理的养老金产品数量为 1.58 只，平均管理规模为 43.78 亿元（见表 25）。

表 25　2016～2020 年养老金产品投资经理配备情况

年份	投资经理数量（人）	增量（人）	增幅（%）	平均管理数量（只）	平均管理规模（亿元）
2016	140	—	—	1.28	15.82
2017	189	49	35	1.42	18.53
2018	223	34	18	1.45	21.40
2019	294	71	32	1.55	30.80
2020	346	52	18	1.58	43.78

资料来源：人社部及公开数据整理。

从各投管人来看，数量方面，全市场养老金产品投资经理最多的机构前三位依次是国寿养老 34 人、泰康资管 28 人、中信证券 23 人。投资经理平均管理产品数量方面，平均管理数量前三位依次是人民养老 2.44 只、平安养老 2.30 只和易方达 2.23 只；平均管理数量后三位依次是建信养老金公司 0.89 只、嘉实 0.90 只和南方 1.06 只。投资经理平均管理产品规模方面，平均管理产品规模前三位依次是平安养老 104.34 亿元、泰康资管 75.98 亿元和人民养老 75.94 亿元；平均管理产品规模后三位依次是新华养老 5.45 亿元、国泰 11.14 亿元和嘉实 11.36 亿元（见表 26）。

表 26　各投管人养老金产品投资经理数量及管理产品情况

管理人简称	投资经理数量（人）	平均管理产品数量（只）	平均管理产品规模（亿元）
国寿	34	1.71	55.17
泰康	28	1.75	75.98
中信	23	1.26	30.84
工银	20	1.70	48.11
平安	20	2.30	104.34
嘉实	20	0.90	11.36
中金	19	1.37	15.25
华夏	19	2.00	33.13
南方	16	1.06	23.53
长江	15	1.27	41.41

续表

管理人简称	投资经理数量（人）	平均管理产品数量（只）	平均管理产品规模（亿元）
博时	14	1.36	21.16
太平	14	1.71	69.97
招商	14	1.57	25.84
华泰	13	1.54	22.21
易方达	13	2.23	74.29
富国	12	2.08	51.95
海富通	12	1.08	27.08
建信	9	0.89	17.36
人民	9	2.44	75.94
国泰	8	1.25	11.14
银华	8	1.63	55.00
新华	6	1.17	5.45
平均	16	1.58	43.78

资料来源：人社部及公开数据整理。

随着养老金产品在年金投资配置化发展中的作用不断增强，各投资管理人开始探索新的产品管理模式，其中之一就是将优秀的公募基金等资管产品管理经验复制到养老金产品的投资管理中。而在投资经理选择方面，市场上部分投管人也已启用优秀的公募基金经理或资管计划投资经理管理养老金产品。Wind 公开数据显示，2020 年全市场共有 11 家投管人的 46 个公募基金经理或资管计划投资经理参与养老金产品投资管理（见表 27）。

表 27　公募基金经理/资管计划投资经理参与养老金产品投资管理情况

单位：人，%

管理人简称	公募基金经理/资管计划投资经理数量	占养老金产品投资经理比例
工银	12	60.00
中信	7	30.43
易方达	5	38.46
华夏	5	26.32
中金	4	21.05
南方	4	25.00

续表

管理人简称	公募基金经理/资管计划投资经理数量	占养老金产品投资经理比例
富国	3	25.00
嘉实	2	10.00
博时	2	14.29
海富通	1	8.33
国泰	1	12.50
合计	46	26.14

资料来源：Wind。

四　养老金产品发展的思考

（一）受托直投和精细化管理将进一步凸显养老金产品的配置功能

从2012年养老金产品推出至今，经历了自由生长（2013～2015年）、后端归集（2016～2018年）、配置工具（2019年至今）三个阶段。特别是随着职业年金投入运作和投管人配置能力提升，养老金产品作为配置工具的功能更加凸显。从受托直投来看，在职业年金客观存在多计划竞争的运作模式下，同一个受托计划下的投资管理人风格可能比较相似，如果市场环境与管理人风格不匹配，则该计划层的业绩阶段性表现不佳。在此情况下，受托人通过受托直投，可以配置部分风格互补的养老金产品，以实现计划层面的风格平衡，既有利于减轻受托人考核压力，也减少了对投管人投资行为的直接干预。从投管人来看，传统的组合投资容易受限于投资经理个人能力和风格，导致同一投管人管理的不同组合业绩分化巨大。但是，借助于类型丰富、策略多样与风格鲜明的养老金产品布局，以及资产配置能力提升，投管人可以根据对市场的判断，精细化配置相匹配的养老金产品，弥补组合投资经理短板，并追求特定资产上的α收益，最终提升组合整体投资绩效。

（二）投管人评价中应合理引入养老金产品业绩

年金投管人管理的账户类型包括组合和养老金产品两大类。总体而言，由于不同的投资管理人面对的客户特点不同，组合在管理过程中容易受到受托人资产配置限制及委托人的个性化风险偏好影响。因此，组合业绩并不能完全体现投资管理人自身主动管理能力。然而，养老金产品作为由投资管理人主动发起的标准化产品，能够充分体现投资管理机构对市场的判断能力、对投资策略的挖掘能力。同时养老金产品作为配置工具，较少受到委托人和受托人的直接影响，更能体现投资管理人的个性化投资风格和主动管理能力。从这个意义上讲，养老金产品对于评价投管人真实投资能力具有较好的参考意义。

因此，建议受托人或者委托人在投管人选择或者投管人评价中，对其进行投资业绩考核时，应该考虑将养老金产品业绩按照一定权重纳入其中。特别是混合型养老金产品就是主要定位于对中小规模组合的归集，在资产配置比例、产品投资策略上与标准含权组合较为类似，可以作为投管人投资能力的重要参考。而在受托直投中，对于股票型养老金产品、债券型养老金产品、非标型养老金产品的业绩，则可以作为对投管人在特定资产类别上的主动管理能力评价工具，更好地甄别投管人的比较优势。

（三）年金新政对养老金产品发展具有积极影响

2020年底《人力资源社会保障部关于调整年金基金投资范围的通知》（人社部发〔2020〕95号）发布，关于养老金产品主要包括两部分内容。第一，港股投资不得在组合层面直接进行，只能通过养老金产品和公募基金进行配置，强化了行业对养老金产品的认知，更加凸显了养老金产品在年金投资中的重要性，推动行业更加重视养老金产品布局，为养老金产品配备更优秀的投资经理和投研资源，有助于养老金产品长远发展。第二，在受托直投方面，要求法人受托机构配置本公司发行的养老金产品比例不得超过组合资产净值的40%。这会限制兼任投管人和受托人的机构过多配置自家发行养老金产品，进一步发挥养老金产品作为标准化产品的全市场配置功能。但是，这也需要如下几方面的措施作为支撑和配套：一是从鼓励养老金产品长远发展的角度，是否可以考虑给予受托直投一定的费用激励，比如可以不收取基础管理费，但是对于受托直投组合业绩超过一定业绩基准的，可以给予适当的业绩报酬。二是要求受托人建立科学的养老金产品评价体系与框架，并对市场具有一定的判断能力，能够将市场判断与产品投资有机结合，才能发挥受托直投的最大效用。

（四）进一步加强养老金产品发展的行业性工作

一是要进一步完善和细化养老金产品的信息披露。无论是投管人还是受托人，较多投资于自家发行养老金产品的一个重要考量，是产品的底层信息掌握得较为充分。目前对于非养老金产品持有人来说，能够了解养老金产品信息的渠道非常有限，而对于机构投资者来说，往往需要详尽的前期尽调才能入选产品“可投池”。因此，建议参考公募基金的信息披露规则，进一步丰富和规范养老金产品的信息披露机制，这将有利于促进养老金产品的全市场配置。

二是建议出台行业性的养老金产品评价指引。公募基金的第三方评价已经比较成熟，且形成了诸多科学共识，成为投资者选择基金的重要参考。目前养老金产品还缺乏第三方评价体系，虽然很多年金计划都建立了自己的养老金产品准入标准，但是往往赋予产品业绩过高的权重。随着养老金产品风格和策略越来越细化，单个产品阶段性表现不佳成为常态，很容易被剔除。因此，建议参考公募基金，引入第三方评价机构并形成养老金产品评价指引，既包括对产品的长中短期业绩评价，还要对产品的风格和策略定位等进行深入考察，此外也要对管理机构的投研体系、风控体系等基本面进行全面评估。

B.6

银行养老金融产品：固收类是主流，理财子公司布局积极

夏 雨*

摘 要：当前，我国养老理财市场从稳步增长阶段步入了快速增长阶段。2020年，我国养老理财产品呈现稳定发展的态势：从发行情况来看，2020年第二、三季度，养老理财产品的发行热度高涨；从产品类型来看，固收类型产品占比超过九成，且风险等级相对较低；从产品门槛来看，养老理财产品投资门槛低，主要面向大众客户；从运作模式来看，封闭式运作产品居多，产品期限较长；从业绩基准来看，大多银行养老理财产品的业绩比较基准处于4% ~5% 区间范围，理财子公司则较之略高。此外，养老理财产品的种类逐渐多样化。展望未来，报告对养老理财产品的发展提出了四个方面的建议：第一，产品设计应重视期限与客户需求的结合；第二，产品的投资策略以“固收 +”为基础，并逐步拓展权益投资；第三，完善养老理财产品配套制度；第四，充分发挥银行体制性优势。

关键词：养老金融产品　商业银行　养老理财产品

* 夏雨，研究员，供职于普益标准，主要研究方向为银行理财与信托领域。

一　商业银行养老金融产品概况

（一）商业银行养老金融产品概述

1. 商业银行养老金融产品的内涵

随着人口老龄化不断加深，我国养老体系负担加重、养老金融需求增加，商业银行养老金融业务成为新的热门。我国商业银行养老金融产品指的是由商业银行发行，通过长期投资追求养老资产保值、稳健增值的养老储蓄和理财产品。根据定义，养老理财产品主要面向有养老资产储备需求的客户，产品设计特点体现为资产配置策略较为稳健、投资周期较长、投资金额总量较大，旨在追求长期稳健增值。

但目前，商业银行养老金融产品处于前期探索阶段，在市场中并未形成特有细分门类，同时缺少监管政策规范。因此，市场表现出商业银行养老金融产品竞争力较低、同质化严重等现象。

另外，与养老金融定义相比，养老金融产品的内涵和外延仍存在一定的不确定性。养老金融包含养老金金融、养老服务金融以及养老产业金融三方面，而商业银行养老金融产品的客户仅覆盖有养老储备需求的个人客户，在养老金融领域仍有较大的发展空间。但商业银行养老金融产品能否进入养老金金融，取决于监管限制是否进一步放宽（见表1）。

表1　养老金融服务对象及服务目标

养老金融服务	服务对象	服务目标
养老金金融	公共养老金	通过制度实现养老资产积累、增值、保值，形成多投资渠道且风险分散的养老金制度体系
养老服务金融	中老年人	通过非制度化养老财富积累满足其退休年老时的基本生活需求
养老产业金融	养老产业	通过投资、融资对养老产业中的企业提供资金支持

资料来源：《中国养老金融发展报告（2019）》，普益标准整理。

在西方发达国家中，商业银行提供的养老金融产品在养老金融三类服务中均扮演着重要角色——银行不仅为客户提供养老产品，还提供包括养老保障管理产品设计发行、账户管理、投资管理和养老金发放等在内的服务，这一模式极大地丰富了参与养老金融中的资管行业种类，为公共养老金积累、增值提供了更多的渠道，在分散投资风险的同时亦增加提升收益的可能性。因此，商业银行养老金融产品市场前景广阔，外延是否能够进一步延伸仍需讨论。

2. 养老金融产品的意义

随着人口平均寿命不断变长，我国养老金体系面临越来越重的收支压力，同时我国首批中产阶层退休催生出庞大的养老市场需求。根据联合国标准，地区 60 岁以上老年人口占人口总数的 10%，或 65 岁以上人口占比 7% 即视为进入老龄化社会。而第七次人口普查数据显示，2020 年我国 60 岁及以上人口为 26402 万人，占 18.70%，65 岁以上人口数量高达 19064 万人，占 13.50%，由此可见，我国已经进入老龄化社会，养老金市场需求旺盛。但目前我国第一支柱（政府主导基本社会养老保险）承压较大，第二支柱个人养老金市场尚未成型、发展较为滞后，急需第三支柱分压。因此第三支柱市场需求提升，市场空间广阔。依托收益较稳、风险较低的独特优势，养老金融产品市场未来将爆发出巨大的潜力。

此外，我国养老市场需求端与供给端矛盾日益激化，银发经济发展潜力将进一步被激活。现阶段我国即将退休人口（50～65 岁）为我国首批中产阶层，在过去 40 年充分享受到了我国经济高速发展红利，积蓄较多且退休时间较早，资产配置需求旺盛。同时，当前我国居民金融总资产已达到 160 万亿元，其中 90 多万亿元为银行存款，而且绝大多数低于一年期限，可转换为终身养老财富资源的金融资产规模十分庞大，优势非常明显。

总体来看，在市场发展预期方面，我国人口与财富结构的变化客观上造成财富向中老年人群聚积，商业银行基于对未来目标市场与客户定位的判断，加快发展养老金融产品是大势所趋。同样在内部经营管理方面，养老金融产品长期限的结构特征对于优化商业银行自身资产负债结构也能够发挥积极的作用，这将是商业银行未来发展养老金融产品的内在动力。

（二）商业银行养老金融产品种类

1. 养老储蓄

目前我国养老储蓄尚无官方定义，通常养老储蓄是指职工根据个人收入与消费情况自愿以养老为目的参与储蓄。通常情况下，养老储蓄中，职工在职时通过银行普通存款业务或养老储蓄产品进行资产累积，在其退休后依靠此前的本金与利息积累实现退休后的生活保障。

2. 养老理财产品

养老理财产品，是指由商业银行或银行子公司推出的、供养老投资者选择的一类理财产品，通常具有投资期限较长、风险等级较低的特点。银行养老理财产品旨在为中老年人提供稳健的投资服务，达到老有所养的目的，其核心投资原则为稳健、保值。

从 2020 年新发售的养老理财产品来看，绝大部分具有投资周期长、风险低、收益平稳等特点，且部分产品对发售对象的年龄有一定要求。从产品底层资产来看，养老理财多涉及投资期限较长、风险较低的债券类资产。此外，部分养老理财产品也参与到长期股权投资中，作为长线资金在资本市场谋求穿越周期的风险投资回报。

（三）商业银行发展养老金融产品的优势

整体来看，商业银行发行的养老金融产品，相对于其他金融机构所提供的养老服务产品而言，具备其独特的优势。

第一，商业银行拥有数量庞大的线下网点，贴合中老年养老投资者的需求。商业银行线下销售网点遍布全国各地，这点对于更倾向线下渠道的中老年客户而言更有吸引力；此外，商业银行雄厚的客户资源为养老理财推广提供客群优势，庞大的客群规模、网点数量使其他资管行业难以匹敌。

第二，商业银行自身稳健经营形象契合养老理财的需求。我国银行业发展近百年，在居民印象中树立了资金实力雄厚、信用高、投资风格稳健的品牌形象，使商业银行成为养老金融产品的最佳选择。而养老金融产品周期长、投资谨慎，与商业银行的形象非常契合。

第三，养老金融产品的运营水平将持续提升。随着银行理财相关配套措施的落地与执行，商业银行及理财子公司对理财产品进行专业化运作，在理财产品设计、投资、管理、运营等方面都将更加专业。此外，随着理财产品去通道、去嵌套逐步进行，通道费用也将因此减少，最终传导至负债端进而导致养老金融成本下降，而管理费等成本下降对于中老年人有着较强的吸引力。

此外，中老年客户是银行主力客群之一，该类客户家庭资产规模较大，客户黏性较高，有助于银行长期保持自身市场份额；同时这类居民养老需求上升且投资渠道较为缺乏。而随着居民养老意识、理财意识觉醒，银行养老金融有广阔的市场空间，多样化、定制化的养老金融产品将不断涌现。对于进入专业化运作的银行理财业务而言，养老理财或将成为一次重要的发展机遇。

二 商业银行养老金融产品现状

（一）商业银行养老储蓄业务现状

1. 养老储蓄的特点

目前，我国个人养老储蓄特点为依靠长时间资产积累、收益稳定且本金有绝对保障。但是，个人储蓄养老最大的缺陷在于难以抵抗通货膨胀等宏观因素的影响，故而存款的保值增值问题成为个人养老储蓄产品正常运行的关键。养老储蓄产品市面上种类较少，较为典型的代表只有兴业银行推出的“安愉人生”系列产品的储蓄产品。该产品设计较为灵活，支取方面支持部分提前支取与全额提前支取，为投资者可能出现的现金流需求做出灵活调整；利率与客户年龄、存款金额挂钩；门槛较低、四种续存方式可供选择；该产品设计方面亮点在于除正常存款外还将提供专属产品定制、身心健康管理、财产安全保障、法律顾问服务等符合中老年客户需求的专项金融和增值服务（见表2）。

表2　养老储蓄产品特点（以“安愉人生”为例）

产品名称	安愉储蓄(敬老存款)
结息规则	利随本清
支取规则	支持部分提前支取和全额提前支取,提前支取按支取日活期利率计息;逾期支取,则逾期部分按支取日活期利率计息
利率模式	采用产品利率优惠定价模式,根据开户和转存时的客户年龄,对应不同的利率加点值
起存金额	5万元
存期	3年期
续存方式	支持本息续存、本金续存、本息转活、不续存四种模式

资料来源：兴业银行公开资料，普益标准整理。

2. 养老储蓄业务概况及面临的问题

首先，养老储蓄这一概念尚不够明确。目前我国养老储蓄与普通储蓄业务尚无本质区别，大多产品设计仅仅停留在周期长这一理念上，养老储蓄需要进一步规范、产品需要进一步丰富。

其次，养老储蓄利率难以进一步提升。相较于西方，我国储蓄率已经达到较高水平，但从宏观经济角度而言，过高的储蓄率与产能过剩挂钩，投资效率下降的同时国内消费需求出现下降，不利于我国经济进一步发展。此外，国内消费需求降低将迫使我国制造业更加依赖出口，导致我国制造业易受到国外需求、政策方面的制约，从而造成较大的利益损失。

3. 养老储蓄的发展前景

从养老储蓄投资者的角度来看，我国养老储蓄的发展有其历史背景，不同年龄段的人对养老储蓄的态度也有明显差异——对于“50后”“60后”两代人，由于成长环境较为艰苦、投资理念相对保守，其对养老储蓄的重视程度高，储蓄水平也高；对于“70后”“80后”两代人，随着成长环境的改善、对金融理财产品接触越来越多，加之房贷、保险、子女教育、老人赡养等各类型生活支出加大，两代人的风险承受能力提升，对养老储蓄的重视程度则有所下降；对于“90后”“00后”两代人，则因为年龄原因暂无养老储蓄的需求，而消费习惯的改变也让两代人的储蓄意愿、储蓄水平均处于较低水平。

不过，富达国际和支付宝理财平台于2020年9月发布的《后疫情时代中国养老前景调查报告》显示，在2020年全球疫情和前所未有的市场波动背景之下，中国的年轻一代开始意识到对退休规划和长期投资的需求，中国居民的养老意识已连续三年持续提高。

未来养老储蓄的发展，需要适应投资者群体的变化，在产品设计、投资理念、风险水平等方面与主流人群相匹配。

在策略上，“富达退休储蓄黄金法则”是养老储蓄较为科学的发展策略之一，该法则指出，退休时（平均62岁）需要拥有至少9倍于当时年收入的存款。为了实现这个目标，除了向个人账户缴纳8%的基本养老金外，养老储蓄投资者还需要在25～62岁，每年拿出税前年收入的19%用于养老储蓄。若该策略被投资者认可，未来养老储蓄的整体水平有望大幅上升。

（二）银行养老理财产品现状

1. 银行养老理财产品发行情况

自推出以来，养老理财产品经历了萌芽、摸索、稳步增长、快速增长四个阶段，从2019年以来的情况来看，养老理财市场从稳步增长步入了快速增长阶段。

2020年第二、三季度，养老理财产品的发行热度高涨。从近两年银行理财产品发行情况来看，据统计，2019～2020年银行理财市场共发行净值型养老主题理财产品[①]259款，其中2020年第二、三季度发行市场最为火热，单季度产品发行数量均在70款以上。从不同类型银行发行情况来看，城市商业银行发行积极性较高，发行占比为49%；其后为国有控股银行，发行占比为31%，农村金融机构暂未发行净值型养老主题理财产品（见图1）。

2. 银行养老理财产品类型分析

固收类型产品占比超过九成，风险等级相对较低。从产品类型来看，2019～2020年银行机构发行的净值型养老主题理财产品，绝大多数为固定收益

① 产品筛选范围为产品名称中带有“养老”“颐养”“颐合”“颐享”“安愉乐享”等字样的净值型银行理财产品，包含理财子公司产品。

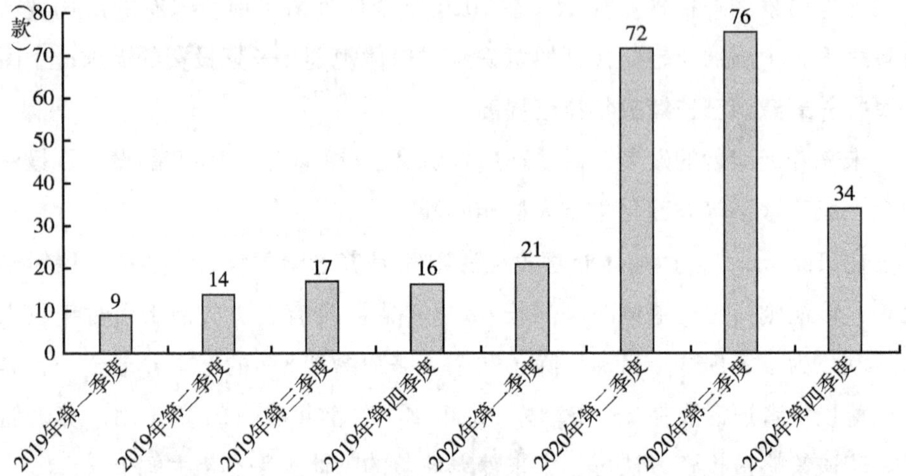

（a）按时间

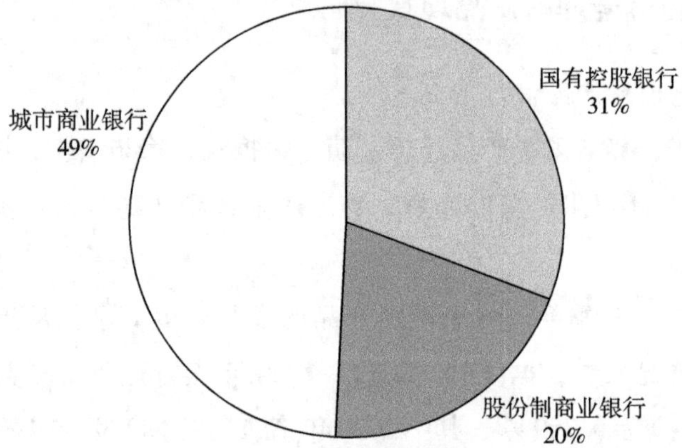

（b）按银行类别

图1　2019～2020年净值型银行养老主题理财产品发行情况

资料来源：普益标准。

类理财产品，发行占比高达94.21%。产品风险等级方面，二级风险等级产品占比近六成，三级风险等级产品占比超四成，两者合计占比高达97.68%（见图2）。

3. 银行养老理财产品门槛分析

投资门槛低，主要面向大众客户。从净值型养老主题理财产品的投资起点来看，1万元以下投资起点产品占比29.24%，1万元投资起点占比

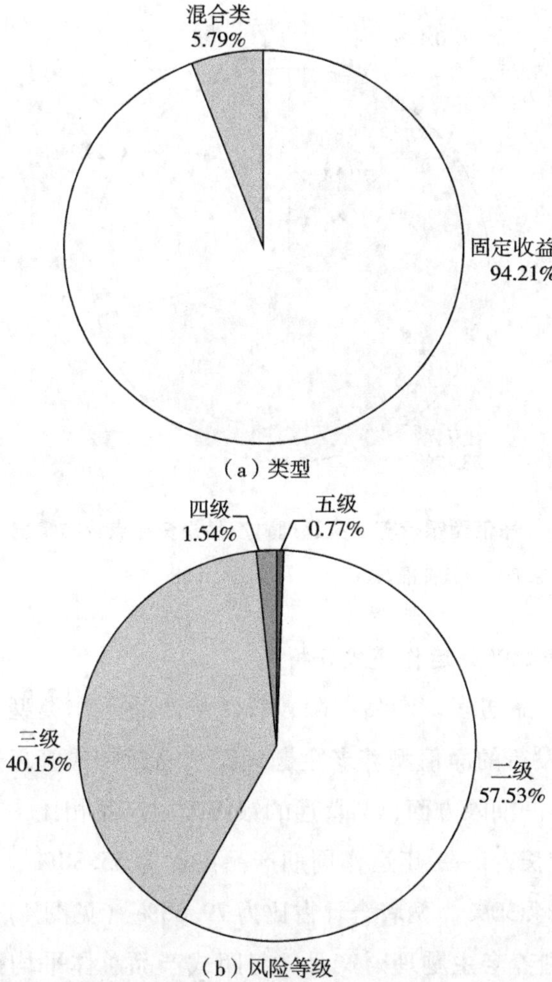

图2　净值型银行养老主题理财产品类型及风险等级情况

资料来源：普益标准。

58.47%，两者合计占比达87.71%，投资门槛普遍较低。资管新规的落地，使我国大资管行业进入统一监管时代，资管市场的竞争愈发激烈，特别是理财子公司产品投资起点降低，客户群体范围广，具备一定竞争优势，因此在银行养老主题理财产品的拓展上，各银行机构尽可能降低产品的投资门槛，扩大客户受众面，做大产品管理规模（见图3）。

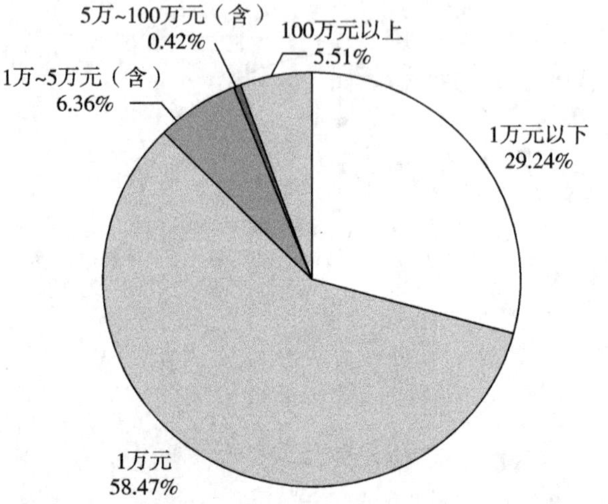

图3　净值型银行养老主题理财产品投资起点分布情况

资料来源：普益标准。

4. 银行养老理财产品运作模式分析

封闭式运作产品居多，产品期限较长。从产品运作类型来看，2019～2020年银行机构发行的净值型养老主题理财产品封闭式管理运作居多，发行占比为58.69%。期限方面，与普通的银行理财产品相比，养老理财产品运作周期①相对较长，1～3年运作周期产品占比为55.38%，3年以上运作周期产品占比为24.30%，两者合计占比为79.68%（见图4）。此外，统计期间发行的净值型养老主题理财产品，封闭式产品总体平均投资期限约为939天，定期开放式产品总体平均投资期限约为653天，整体来看净值型银行养老主题理财产品的投资期限较长。作为比较，2019～2020年银行理财全市场发行的封闭式理财产品的总体平均期限约为328天。

5. 银行养老理财产品业绩基准分析

绝大多数产品的业绩比较基准处于4%～5%区间范围。2019～2020年

① 定期开放式产品按产品开放周期核算。

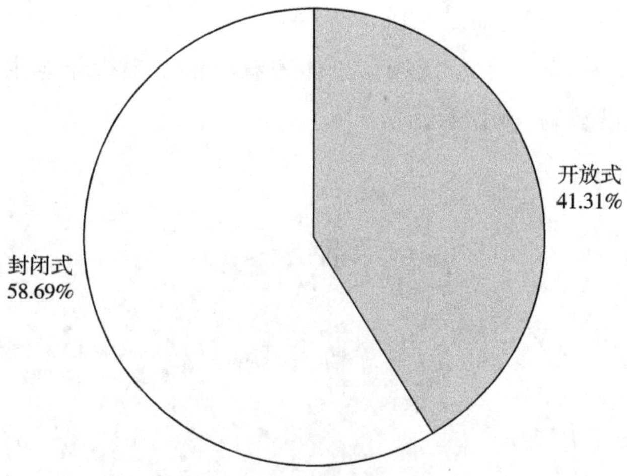

（a）运作类型

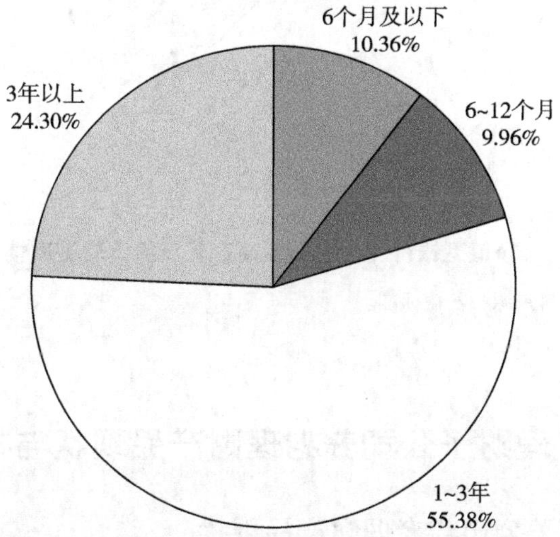

（b）产品期限

图4　净值型银行养老主题理财产品运作类型及产品期限情况

资料来源：普益标准。

银行机构发行的净值型养老主题理财产品，业绩比较基准①处于4%～4.5%（含）区间范围的占比34.80%，处于4.5%～5%（含）区间范围的占比

① 只对数值型（如4.05%）、区间型（如3%～5%）进行统计，其中区间型按区间均值处理。

49.34%，两者合计占比超过八成，达84.14%，另有13.22%产品的业绩比较基准处于5%～6%（含）区间，总体来看净值型银行养老主题理财产品的业绩比较基准较高（见图5）。

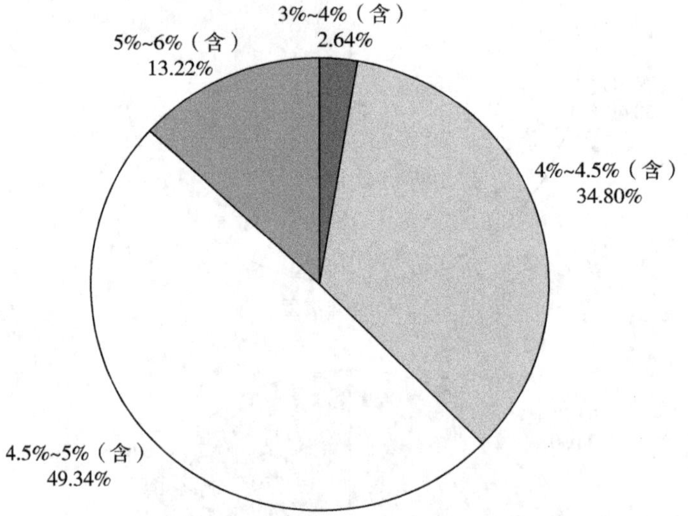

图5　净值型银行养老主题理财产品业绩比较基准情况

资料来源：普益标准。

三　理财子公司养老理财产品现状与特点

（一）理财子公司养老理财产品现状

1. 理财子公司养老理财产品发行数量

在养老理财业务的战略定位方面，以养老理财切入资管新蓝海已逐渐被纳入部分理财子公司的战略布局中，并且有理财子公司在成立之初便推出养老理财产品打头阵。

2019～2020年，理财子公司共计发行了89款净值型养老主题理财产品，其中，2020年第二、三季度净值型养老主题理财产品发行数量大幅上升（见图6）。

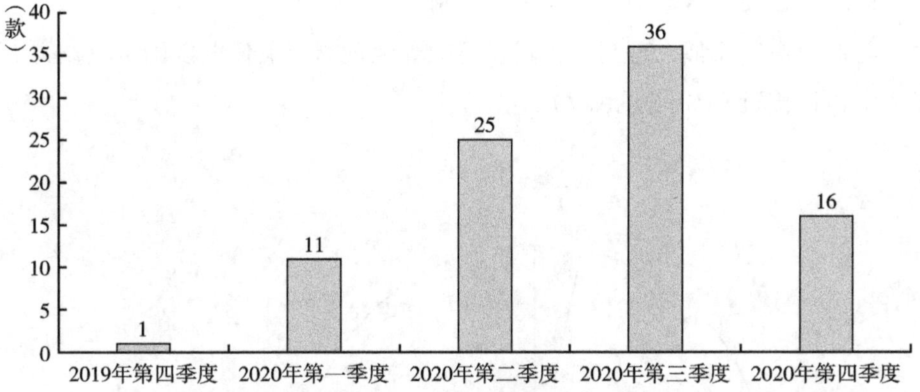

图 6　理财子公司净值型养老主题理财产品发行情况

注：2019 年前三季度理财子公司未发行养老主题理财产品。
资料来源：普益标准。

2. 理财子公司养老理财产品发行机构

随着理财子公司开业数量逐步增多以及产品体系不断完善，理财子公司涉足养老理财市场的力度逐渐加大，包括工银理财、建信理财、中银理财、招银理财、宁银理财、兴银理财、交银理财、中邮理财、光大理财等在内的多家理财子公司均已推出养老主题理财产品。工银理财发行的净值型养老主题理财产品数量最多，达 26 款；其次是建信理财，共计发行 20 款净值型养老主题理财产品。各家理财子公司的发行数量如表 3 所示。

表 3　2019 ~ 2020 年理财子公司净值型养老主题理财产品机构情况

单位：款

发行机构	发行数量	发行机构	发行数量
工银理财	26	兴银理财	6
建信理财	20	交银理财	6
招银理财	18	中邮理财	2
宁银理财	10	光大理财	1

资料来源：普益标准。

3. 理财子公司养老理财产品投资类别

与商业银行相似，理财子公司发行的养老理财产品依旧以固定收益类为核心，占比接近97%（见图7）。

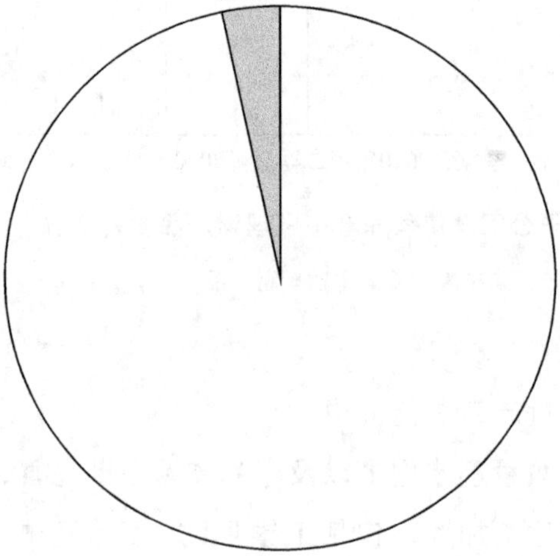

图7　2019～2020年理财子公司净值型养老主题理财产品投资类别

资料来源：普益标准。

4. 理财子公司养老理财产品投资门槛

随着理财子公司管理办法的落地，理财子公司发行的产品门槛逐渐降低，养老理财产品同样出现了较多门槛为1元的产品。数量上看，有39款产品投资门槛为1元；门槛小于或者等于1万元的产品占比约八成（见图8）。

5. 理财子公司养老理财产品运作模式

理财子公司发行的养老理财产品中，以封闭式产品为主，占比近七成（见图9）。

6. 理财子公司养老理财产品业绩分析

从理财子公司发行的养老理财产品来看，其业绩比较基准水平较商业银行更高，特别是5%以上的占比达到22%，高于商业银行的13.22%（见图10）。

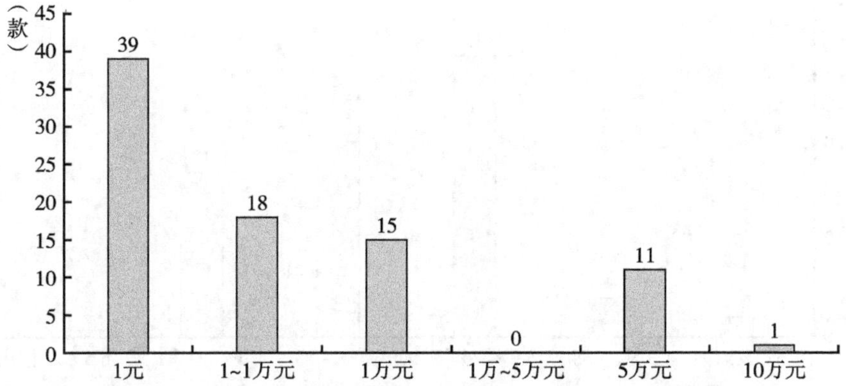

图 8　2019～2020 年理财子公司净值型养老主题理财产品投资门槛

注：部分产品未披露投资门槛数据，因此总数不足 89 款。
资料来源：普益标准。

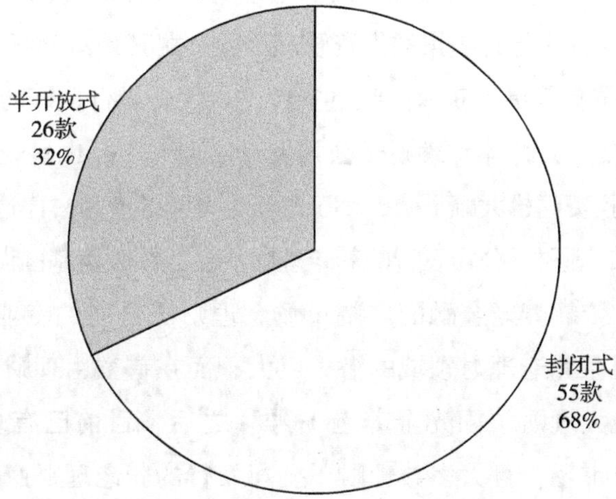

图 9　2019～2020 年理财子公司净值型养老主题理财产品运作模式

注：部分产品未披露运作模式，因此总数不足 89 款。
资料来源：普益标准。

（二）理财子公司养老理财产品特点

对于理财子公司而言，依靠养老理财切入养老金融领域已经成为各理财子

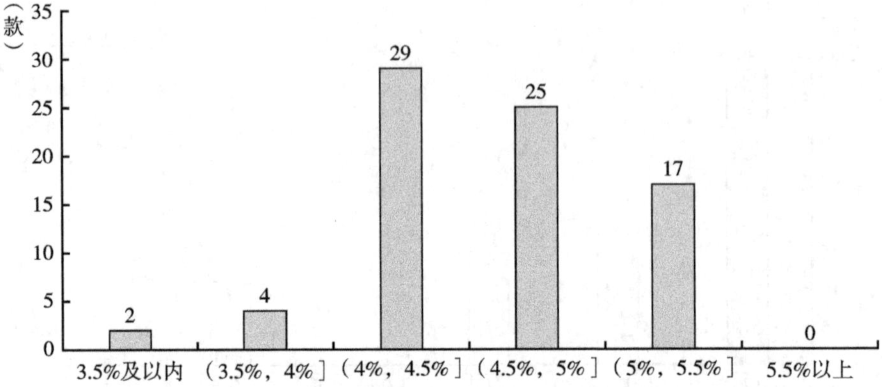

图10　2019～2020年理财子公司净值型养老主题理财产品业绩基准

注：部分产品未披露业绩基准，因此总数不足89款。
资料来源：普益标准。

公司的核心战略。理财子公司所发行的养老理财产品短时间内受到认可离不开母行带来的优势：其中母行积累的投资管理经验，尤其是对FOF、MOM的管理经验使理财子公司有着更大获取高收益资产的可能；母行良好的商业信誉同样也是理财子公司的立足之本。理财子公司发行的理财产品也呈现与商业银行不同的特点，比如投资门槛大幅下降，小于等于1万元的产品占比达到了八成；收益比较基准方面，理财子公司发行的养老理财产品整体收益基准设定更高。

总体而言，依靠养老金融的广阔市场、理财子公司的专业化运作优势，未来理财子公司在养老理财领域的潜力巨大，而在首款由理财子公司发行的养老理财产品光大理财"阳光金养老1号"之后，目前已有多家理财子公司布局养老理财市场，且大多数理财子公司发行的养老理财产品收益率高于一般的理财产品（见表4）。

表4　光大理财"阳光金养老1号"产品要素

要素	产品信息
产品编号	EW001
理财产品登记编码	Z7001419000001
产品类型	固定收益类
收益类型	非保本浮动收益型

续表

要素	产品信息
产品运作模式	封闭式净值型
募集方式	公募
产品内部风险评级	三星
投资周期	5年
份额分配	产品成立满2年后每年向投资者分配初始投资份额的25%（份额分配不代表管理人对该产品的保本承诺）
起点/递增金额	1000元/100元
业绩比较基准	4.70%～6.10%（年化）
投资策略	本产品投资于固定收益类资产的比例不低于80%，权益类资产的投资比例不高于20%，衍生品类资产合约价值的比例不高于20%

资料来源：公开信息整理。

专栏　理财子公司养老主题理财产品案例分析

中银理财——“寿、福、禧、禄”养老主题产品

中银理财在开业伊始便将养老主题理财产品作为重点发力方向，旨在为养老客群提供长期投资、策略稳健的理财产品，以金融力量落实国家养老服务发展部署。具体来看中银理财养老主题理财产品有以下特点。

产品类型和风险等级：“寿、福”系列均为固定收益类养老主题理财产品，风险等级为二级中低风险；“禧、禄”系列均为混合类产品，相对应产品的风险等级较高，为三级中等风险。

投资起点：“寿、福、禧、禄”各系列首发养老主题理财产品的投资起点普遍为1元，虽然“禧、禄”后续发行的产品投资起点有1万元起售，但整体来看，中银理财养老主题的投资门槛较低。

投资期限：“寿”系列养老主题理财产品为定期开放式产品，产品存

续期限为5年，但设置有提前终止或延期结束条款，首个封闭期2年，之后每年开放。“福、禧、禄”系列养老主题理财产品均为封闭式运作；“禧”系列产品投资期限相对较短，为2年；“福、禄”系列产品的投资期限均略超3年，在1120天左右，整体来看中银理财发行的养老主题理财产品的投资期限较长。

产品费用与业绩比较基准：“寿、福”固定收益类产品中，“寿”系列产品的三项固定费率（固定管理费、销售服务费、托管费）较高，合计为0.27%，业绩比较基准相对较低，在4.05%左右，但普遍不收取超额业绩报酬；“福”系列产品的三项固定费率合计为0.17%，相比较“寿”系列产品，业绩比较基准较高，为4.40%，但超出业绩比较基准部分，管理人收取50%超额业绩报酬。“禧、禄”混合类产品的风险等级较高，且产品管理期限较长，因此业绩比较基准更高，长期的“禄”系列产品的业绩比较基准在5.1%左右，“禧”系列产品的业绩比较基准在4.6%左右；另外，两者的三项固定费用合计均为0.32%，且固定管理费也较高，为0.25%，同时对于超出业绩比较基准的部分，管理人同样收取50%超额业绩报酬。

表5 中银理财部分养老主题理财产品基本要素

产品名称	风险等级	产品类型	投资起点	运作类型	投资周期	产品费用	业绩比较基准	超额业绩报酬
中银理财养老“寿”系列（定期开放）2020年01期	二级	固定收益类	1元	定期开放式	5年；首个封闭期2年，之后每年开放	固定管理费：0.15%；销售服务费：0.10%；托管费：0.02%	4.05%	无
中银理财养老“福”系列（封闭式）2020年01期	二级	固定收益类	1元	封闭式	1098天	固定管理费：0.10%；销售服务费：0.05%；托管费：0.02%	4.40%	超出业绩比较基准部分的50%

续表

产品名称	风险等级	产品类型	投资起点	运作类型	投资周期	产品费用	业绩比较基准	超额业绩报酬
中银理财养老"禧"系列（封闭式）2020年01期	三级	混合类	1元	封闭式	731天	固定管理费：0.25%；销售服务费：0.05%；托管费：0.02%	4.60%	超出业绩比较基准部分的50%
中银理财养老"禄"系列（封闭式）2020年01期	三级	混合类	1元	封闭式	1100天	固定管理费：0.25%；销售服务费：0.05%；托管费：0.02%	5.10%	超出业绩比较基准部分的50%

资料来源：中银理财，普益标准整理。

四　银行养老理财产品特点与挑战

（一）养老理财产品特点

1. 风险等级——以中低风险类型产品为主

银行养老理财产品的目标客户群体风险承受能力一般较弱，资产的安全与保值是大多数投资者追求的配置目标，因此银行理财机构应充分发挥在固收资产领域的投资优势，以安全性、保障性为基本原则，追求资产的稳健增长。事实上，由于养老理财自身需求，外加资管新规前银行理财产品保本保息的固有印象影响，中老年投资者对银行理财产品风险表现出较大的厌恶，养老理财多以低风险为主，主要分布在R1～R3风险区间。

2. 投资门槛——降低投资起点，扩大客户受众群体

随着《商业银行理财业务监督管理办法》《商业银行理财子公司管理办法》的落地实施，银行系理财产品的投资门槛逐步下降，长尾效应更加明显。养老理财产品的投资门槛普遍较低。从行业内部发展来看，大多数养老

理财产品的投资门槛较低，多为 1 万元以内，甚至不少产品投资门槛为 1 元，对有意向又想先尝试的投资者而言有极大的吸引力，有助于投资者后续扩大投资资金规模。

3. 投资期限——设定长投资周期产品

从目前行业内养老理财产品的发展特点来看，无论是封闭式运作产品，还是定期开放式运作产品，养老理财产品的投资期限普遍较长。对于商业银行及理财子公司而言，发行长期限产品便于管理人配置长久期、高收益资产来满足产品的业绩比较基准，同时长期限产品基本无须顾虑大额赎回引致的投资影响，更有利于管理人实施连贯的投资策略，保证投资策略有效实施。当然在此基础上管理人也可开发定期养老分红产品来满足投资者的一部分流动性需求。

从业绩比较基准来看，2020 年银行发行的养老理财产品业绩比较基准多在 3% ~4.5%，处于中等收益水平，而独立经营的理财子公司发行的养老理财产品收益率则聚集在 4% ~5.5%，整体收益率水平更高。

4. 产品费用和业绩报酬——低固定管理费和超额业绩报酬相结合

从不同银行产品发行情况来看，养老理财产品的费用和业绩报酬设置特点各异，但总体来看，呈现两大特点：一是不收取超额业绩报酬的产品，一般三项费率（固定管理费、销售服务费、托管费）总额设置较高；二是一般产品的投资期限越长、风险等级越高，相对应产品的业绩比较基准就越高。

5. 产品策略——以“固收 +”为主要策略

在产品策略上，从 2020 年以来新发行的养老理财产品来看，不少养老理财产品采用了“固收 +”的策略来拔高收益。

以北京银行京华远见“鑫益月享 12 号”理财管理计划（养老分红型）为例，该产品为定期开放型，付息周期较长，风险等级较低；业绩比较基准方面，依据 2021 年央行金融机构人民币存款基准利率调整表中，三年期定期基准利率 2.75% 测算，该产品业绩比较基准约为 4.15%，属于中高等收益水平（见表 6）。

表6 北京银行京华远见“鑫益月享12号”理财管理计划（养老分红型）

产品名称	北京银行京华远见“鑫益月享12号”理财管理计划(养老分红型)
产品类型	固定收益类(“固收+”)
产品运作方式	半开放式
付息周期	3年
产品风险评级	稳健性(R2)
募集方式	公募
募集期	募集期为2021年3月3日至2021年3月9日
认购起点	投资起点金额为1万元,并以1000元为单位递增
产品相关费用	理财计划费用 ①固定投资管理费:费率0.30%/年 ②托管费:费率0.06%/年 ③销售手续费费率:0.2%/年 ④认购/申购费/赎回费:不收取
业绩比较基准	业绩比较基准为人民银行三年期定期存款基准利率+1.4%
投资策略	本计划在综合分析国家宏观经济形式、财政以及货币政策的基础上,采用“配置为主、交易增强”的投资策略,产品运作期间,视资金成本情况,适度采用杠杆策略,以获取超额收益

（二）养老理财产品面临的挑战

1. 现有养老理财产品与国民养老需求尚不能完全匹配

目前中老年居民的养老理财需求与养老理财产品供给出现错位，养老理财产品趋于同质化、养老概念不突出等问题凸显。尽管我国养老理财产品逐步向长期、稳健方向发展，但目前与其他理财产品相比，该类产品特点仍旧不够突出——与投资周期较长、低或中低风险的普通理财产品无本质区别，同质化严重，很难真正吸引到中老年投资者。而对于中老年投资者而言，考虑到自身年龄，长周期投资本身就限制了资金流动性，外加市面上仍有很多收益更高，或是投资周期更短甚至保本产品（如大额存单、部分结构性存款）等选择，养老理财产品竞争优势不明显，处境尴尬。且目前监管政策对银行非标投资提出了限制，使养老理财产品从投资非标资产与非上市公司股权转为其他类别资产，影响了养老理财产品收益率水平。

此外，面对中老年高净值客户特殊定制的产品较少，面向中老年私行客户的养老理财产品市场仍需进一步开拓。银行需要把握好中老年高净值客户这一特殊客群，对相应的养老理财产品体系做出调整。

2. 养老理财产品的配套政策尚不完善

2021 年，“规范发展第三支柱养老保险”被首次写入政府工作报告中，第三支柱逐步受到重视，但现实中真正具备养老功能的第三支柱养老保险产品还不够丰富，民众参与度和覆盖面相对较低，目前及长期将处于起步阶段。在养老理财领域中，相较于保险业、证券业已有规范文件指导业务开展，银行业在政策制度方面则缺乏明确的规范指导，其养老理财只能说是一个产品名称包含“养老”的“概念”，而实际并无监管文件明确相关标准和分类。因此，整个行业尚处于前期探索的过程中，相关业务存在一定的潜在合规风险。目前养老理财配套制度主要存在三个方面的问题：一是高层级的配套政策不够全面；二是缺乏专门的业务指导规范文件；三是金融机构内部对养老理财产品的针对性支持制度较少，关于养老理财相关的政策文件层级较低。

3. 养老理财产品同质化较高，偏离养老理财原有定位

目前银行养老理财产品还不能较好地满足市场需求，产品同质化严重，且偏离养老理财原有定位。就 2020 年发行的名称包含“养老”的理财产品而言，在存续周期、产品收益等方面与部分普通理财产品没有本质区别，部分养老理财产品有“噱头”的嫌疑，养老理财标准与规则仍需进一步完善。中老年人大多认为银行理财应与银行储蓄相同，高投资期限必须与高收益率挂钩，加上中老年人由于子女计划购置房产等产生的流动性需求，迫使市场中长期锁定、收益稳健的养老理财产品数量越来越少，市场需求与原有定位产生矛盾，普遍存在短期化趋势，难以真正形成支柱性的长期养老储蓄和提供长寿风险保障。

五　银行养老理财产品发展建议

（一）产品设计重视期限与客户需求的结合

商业银行及理财子公司可以从产品期限与客户需求两方面着手开发合适养老的金融产品。首先，养老资金通常都具有投资期限较长的特点。商业银行及理财子公司可以在“固收+”投资策略的基础上借鉴部分混合基金成功案例，以相对稳健的债券类产品收益为基础，配合基金类、权益类资产等提升收益率表现；同时借助自身可以投资非标资产的优势，结合养老资金的长期投资需求，在提高收益的同时还能够为较高收益的非标资产提供稳定的资金来源。但这类策略的执行难度也较高，通常对产品管理人有极高的投研实力要求，需要银行加强能力建设。

其次，基于已有数据强化目标客户分析，针对性开发养老理财产品。一是需要对有养老需求的老年客户群体，开发出多样化的养老理财产品，覆盖不同风险类型。随着中老年客户群体不断扩大，其内部因为受教育程度和个人财富规划不同而生出不同的养老理财需求。因此，银行机构可针对客户群体的特点，细化客户分类，提供个性化、针对性的养老理财产品。例如，根据老年客户群体风险偏好特征，开发稳健型、平衡型、保守型等不同风险目标类型的产品。二是以财富状况为客户分类依据。高净值家庭与普通家庭的财富规模和资金长期规划存在不少差异，对于高净值家庭的养老理财产品配置来说，可不遵循常规的保守线路，在保证部分本金的基础上，进行股票、黄金等风险性设计，在安全限度内提供较高收益；普通家庭的养老理财产品则以风险较低、保值增值的产品为主，降低门槛，投资货币市场、国债等，以保证本金的安全。

（二）投资策略以“固收+”为基础，逐步拓展权益投资

从短期来看，资管新规后理财产品普遍采用净值化运作，而养老客户对

于产品净值波动比较敏感，因此养老理财产品的运作应首先考虑资产的稳定、安全。结合行业发展情况及目标群体客户需求，商业银行及理财子公司可重点推广中、低风险的固定收益类养老主题产品；产品投资应主要集中在固收类资产；对于收益增强，可采用“固收+”策略，适当配置非标准化债权类资产和公募基金、股票等权益类资产来增强收益，也可考虑采用FOF管理模式，配置权益类资产。

从长期来看，养老理财产品仍然需要在控制风险和提供收益之间取得平衡，对产品设计和投研能力均提出了更高要求。基于资管新规的监管导向，银行的理财产品净值化转型加速，但养老理财产品的客群普遍风险承受能力不强，对产品价值的波动接受程度较低。因此，针对养老理财产品的研发需要在风险控制上倾注更多心血，保持产品的收益在相对稳定的区间；但也不可舍本逐末，在保持产品稳定性的同时，收益能力仍旧是提升同类产品竞争力的焦点。基于国外养老金投资的经验，通过增加权益类投资能够获取相对长期、风险可控的回报。因此，银行机构在养老理财产品开发时，可以在资金投向上给予权益类资产适当权重，在风险范围内实现稳健与收益的统一。

（三）完善养老理财产品配套制度

虽然养老理财产品近两年发行数量快速增长，但是在顶层设计方面，并没有相应的指导文件来规范相关产品与业务开展，以进一步促进养老理财产品在银发经济中扮演更加重要的角色。未来，养老理财产品有望迎来更多的顶层设计，在规范养老理财产品的同时给予适当政策支持——核心是加大税收优惠力度，并借鉴国外先进经验，以账户制为基础，放宽养老基金投资限制，稳步推进养老金融改革。

此外，可以考虑将养老理财产品纳入企业年金和商业养老保险的基金投资范围，以促进养老体系的建设，特别是第二、第三支柱的发展。

（四）充分发挥银行体制性优势

我国是以商业银行为主体、多种金融机构为补充的金融体系——银行在我国金融体系中占据重要位置，且在居民心中的信誉度高；银行线下网点众多，线上渠道客群稳定，辐射面广，渠道优势凸显。银行可以结合这两大优势，推出更多有市场影响力的养老理财产品，提升养老理财产品的市场认可度；另外，通过投资者教育提升居民的养老理财意识，结合传统服务优势和渠道优势，将养老理财市场的消费潜力转换为实质消费。此外，养老理财产品同样应当发挥银行综合服务优势。商业银行理财子公司可依托银行渠道，与母行深度协同，凭借强大的客户、账户、渠道和科技优势，为客户提供综合化养老金融服务，满足客户在养老金业务方面的全方位需求。

参考文献

杨董：《银行理财子公司参与三支柱养老产品市场建设的思考》，《中国银行业》2019 年第 3 期。

陈游：《中国社会老龄化背景下商业银行养老金融业务创新的机遇——借鉴美国经验》，《现代经济探讨》2014 年第 6 期。

潘东：《理财子公司与养老体系建设》，《中国金融》2019 年第 23 期。

李思遥：《商业银行养老金融业务模式分析——以上海银行为例》，电子科技大学硕士学位论文，2019。

B.7

养老目标基金：运作平稳良好，日益受到市场认可

胡俊英*

摘　要：2018年3月《养老目标证券投资基金指引（试行）》发布以来，养老目标基金已有104只产品成立，管理规模、只数、持有人户数均大幅增长，投资运作稳健，波动控制良好，市场接受度稳步提升。本文先介绍养老目标基金的推出背景、整体发展情况，然后从发展现状、投资策略、产品设计核心要素、资产配置、投资收益及风险等多角度详细对养老目标风险基金和养老目标日期基金进行分析，并对养老目标基金的运作特点进行梳理和总结。最后，提出我国养老目标基金的发展建议：一是给予更多政策支持，鼓励投资者投向养老目标基金；二是注重多元化资产配置，持续提升资产配置能力；三是加大策略创新设计，引导长期考核和评价；四是持续开展投资者教育，促进个人养老观念的转变；五是加强投顾机构养老金资产投顾服务。

关键词：养老目标基金　目标风险　目标日期　资产配置　第三支柱

---

* 胡俊英，泰达宏利基金管理有限公司资产配置部高级研究员，中国养老金融50人论坛联席研究员，研究领域为养老金融产品。本文仅代表个人观点，与供职单位无关。

一　养老目标基金概述

（一）背景介绍

我国人口老龄化形势日益严峻，呈现速度快、规模大的特点。我国于2000年正式跨入老龄化社会，2020年第七次人口普查数据显示，截至2020年11月，我国60岁及以上老年人口已达到2.64亿人，人口占比达18.7%，65岁及以上老年人口1.9亿人，占比13.5%，目前距深度老龄化也仅差0.5个百分点。我国从老龄化到深度老龄化只用了20年左右的时间，而发达国家从老龄化过渡到深度老龄化，法国用了约140年、美国约72年、英国约45年、德国约50年。中国老年人口规模巨大，是世界上老年人口最多的国家，也是全球唯一老年人口超过1亿的国家，约占全球老年人口的1/4①。出生率②、死亡率的降低和人口寿命的延长均进一步加剧我国的老龄化程度。而在老龄化问题日益加深的同时，国民的养老储备与养老金体系却难以支撑养老负担。一方面，养老金储备严重不足。2020年末中国养老金资产约为12万亿元，占GDP比重仅为12%，而美国、加拿大、澳大利亚、荷兰、英国、丹麦、瑞士等国家的养老金资产占GDP的比例均超过100%③。另一方面，养老金体系结构不合理，养老金替代率低。美国、加拿大等国家第二、三支柱占比80%以上，而我国基本养老金第一支柱一支独大，同时城镇职工基本养老金替代率2010年以来一直维持在45%左右的低位。从全球养老金体系来看，单一支柱都不足以应对老龄化危机，养老金三支柱的模式成为各国养老金体系改革的趋势，因此建立政府、单位、个人三方共

① 全国老龄办统计，截至2017年底，中国60岁及以上人口约2.4亿，约为全球60岁及以上老年人口的25%。

② 国家卫生计生委于2017年进行的全国生育状况抽样调查显示，近10年中国总和生育率为1.6左右，生育政策调整后，2017年生育率有所增加，为1.719，通常认为生育率小于2.1就不足以弥补夫妻两人的数量。

③ OECD, "Pension Markets in Focus," www.oecd.org.

担的三支柱养老金体系是实现养老金可持续发展的关键。早在 1991 年，我国已经提出多层次养老金体系的概念，而 2018 年 4 月 2 日五部门联合印发的《关于开展个人税收递延型商业养老保险试点的通知》（简称《通知》），标志着第三支柱试点正式启动，这是第三支柱个人养老金制度的重要尝试，意义重大。近年来，中国政府高度重视和解决人口老龄化及养老金体系问题。习近平总书记 2021 年 2 月 26 日在中央政治局集体学习时的讲话提出“要加快发展多层次、多支柱养老保险体系，更好满足人民群众多样化需求”。2021 年政府工作报告中指出“推进基本养老保险全国统筹，规范发展第三支柱养老保险”，为我国养老金体系顶层设计明确了方向，第三支柱制度建设渐行渐近。

养老目标基金是一类特殊的公募基金，为服务养老而生，致力于帮助投资者解决养老投资难题，一直是境外个人养老金投资管理中的主要产品，在个人养老金投资中发挥着极为重要的作用。2018 年 3 月 2 日证监会发布的《养老目标证券投资基金指引（试行）》（简称《指引》），是公募基金行业服务个人投资者养老投资、推进养老金市场化改革的里程碑事件。目前养老目标基金运作已近三年，整体发展较快、运作良好，助力个人投资者实现长期稳健收益的养老目标。

（二）养老目标基金整体发展情况

截至 2020 年末，自首只养老目标基金 2018 年 9 月 13 日成立以来，目前共有 104 只养老目标基金成立，较 2018 年末的 12 只和 2019 年末的 64 只，数量增长较快。其中养老目标日期基金 49 只，目标日期年份范围从 2025 年到 2055 年，以 2035 年、2040 年的产品为主，合计占比 54%；养老目标风险基金 55 只，分为稳健型、平衡型以及积极型三类，以稳健型养老产品为主，占比 58%。从管理规模上来看，截至 2020 年末，养老目标基金规模为 590 亿元，较 2018 年末的 41 亿元和 2019 年末的 264 亿元，增幅分别为 1339% 和 123%。其中养老目标风险基金规模为 445 亿元，占比为 75%，养老目标风险基金中以稳健型为主，占比为 86%；养老目标日期基金规模为 145 亿元，占比为 25%，目标日期以 2035 年为主，占比 44%（见图 1 至图 5）。

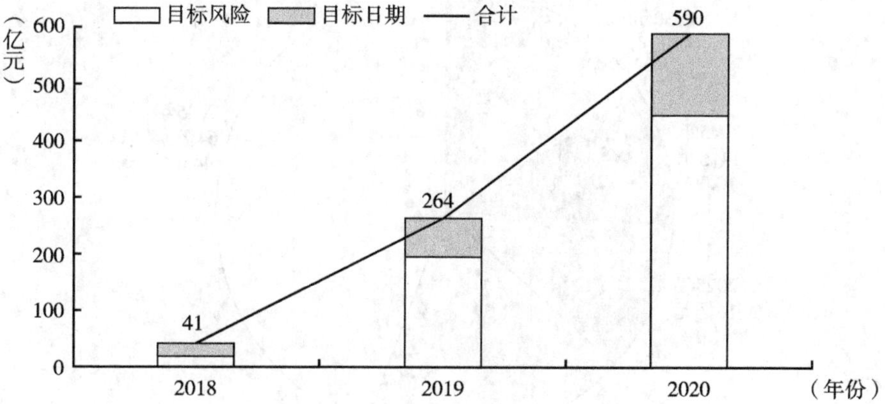

图 1　2018～2020 年养老目标基金规模情况

资料来源：Wind，泰达宏利基金整理。

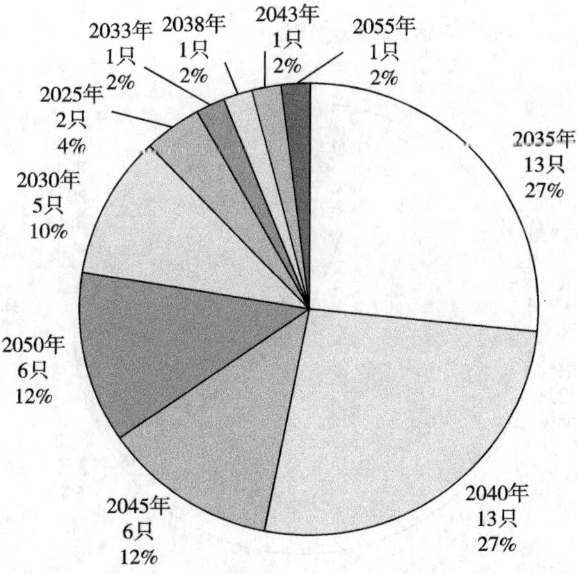

图 2　养老目标日期基金目标日期分布情况（按基金只数）

资料来源：Wind，泰达宏利基金整理。

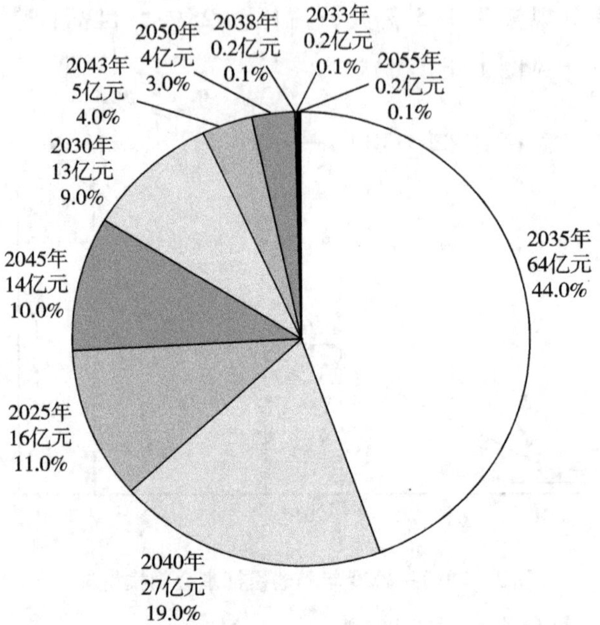

图3　养老目标日期基金目标日期分布情况（按基金规模）

资料来源：Wind，泰达宏利基金整理。

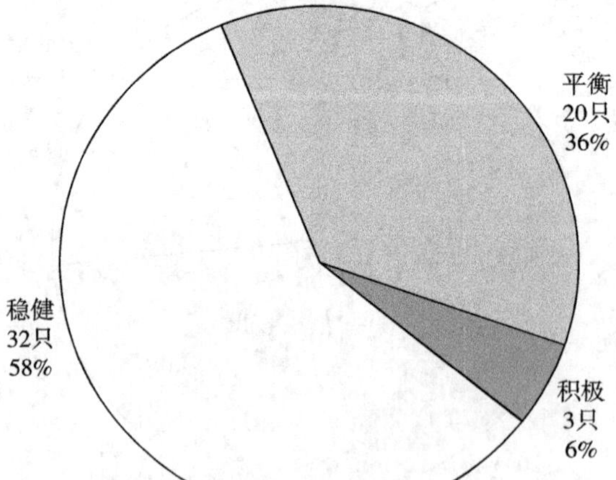

图4　养老目标风险基金不同风险只数占比

资料来源：Wind，泰达宏利基金整理。

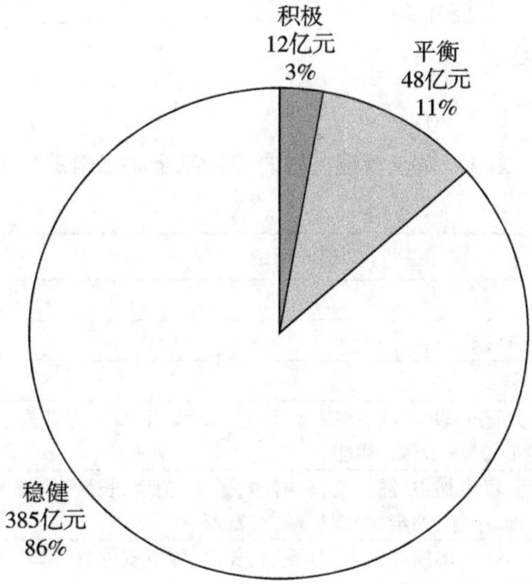

图5　养老目标风险基金不同风险规模占比

从基金管理人来看，截至2020年末，共有43家基金管理人已发行养老目标基金，工银瑞信基金成立6只，华夏基金、南方基金和广发基金成立5只，易方达基金和银华基金成立4只，泰达宏利基金、兴证全球基金、中欧基金等12家公司均成立3只，交银施罗德基金、民生加银基金、浦银安盛基金等14家公司均成立2只，建信基金、安信基金和兴业基金等11家公司均成立1只（见表1）。从公司管理规模来看，交银施罗德基金以123亿元的管理规模排名第一，占比高达21%，兴证全球基金和民生加银基金分别以84亿元和75亿元，排名第二、第三，占比分别为14%和13%，华夏基金、中欧基金、浦银安盛基金和南方基金管理规模也在20亿元以上（见图6）。从托管人来看，共涉及12家银行，其中建行、农行和招行托管规模较大，建行、工行和农行托管数量较多（见图7）。

从基金持有人户数来看，截至2020年末，认购户数达1277409户，2018年末、2019年末、2020年末持有人户数分别为767814户、1415998户、1967528户，持有人数量实现大幅增长。

整体来看，养老目标基金成立不到3年的时间，公募行业持续进行投资者教育和市场培育，正逐步得到投资者的认可，基金数量、管理规模、持有人户数均呈现明显增长。

表1　基金管理人养老目标基金布局情况

单位：只，家

管理只数	管理人明细	管理人数量
6	工银瑞信	1
5	华夏、南方、广发	3
4	易方达、银华	2
3	泰达宏利、兴证全球、中欧、华安、汇添富、天弘、上海东方证券、上投摩根、嘉实、鹏华、万家、中银	12
2	交银施罗德、民生加银、浦银安盛、富国、平安、招商、长城、大成、博时、农银汇理、中加、国泰、景顺长城、海富通	14
1	建信、安信、兴业、国投瑞银、申万菱信、长信、国寿安保、前海开源、国海富兰克林、华宝、国联安	11
	合计	43

资料来源：Wind，泰达宏利基金整理。

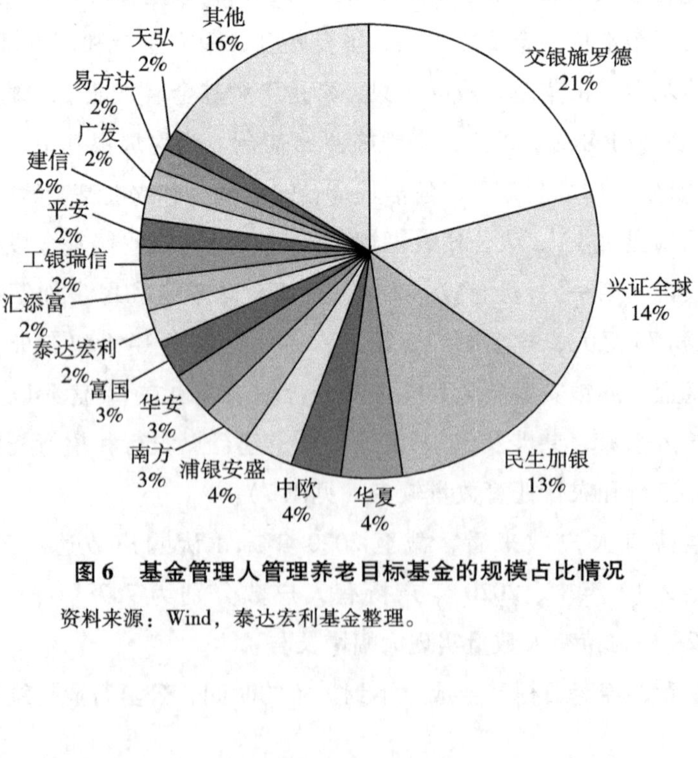

图6　基金管理人管理养老目标基金的规模占比情况

资料来源：Wind，泰达宏利基金整理。

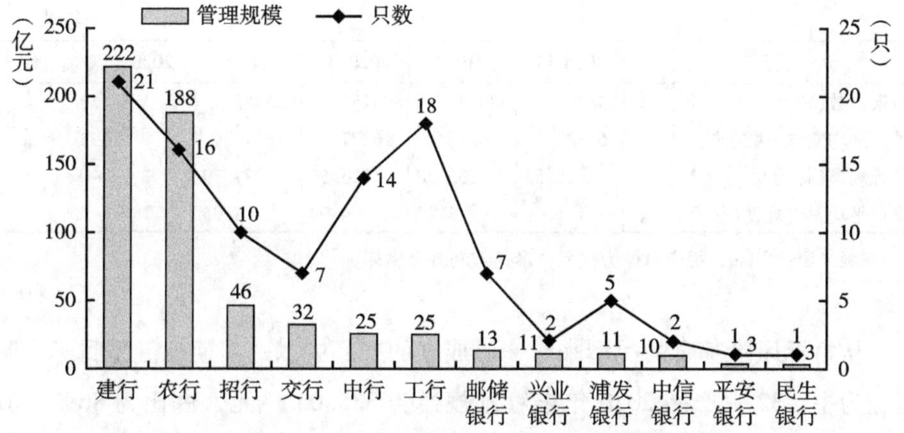

图7　基金托管人托管养老目标基金的数量及规模情况

资料来源：Wind，泰达宏利基金整理。

二　养老目标风险基金

（一）发展现状

养老目标风险基金自诞生以来发展迅速，截至2020年末，养老目标风险基金共设立55只，发行规模为277.79亿元，认购户数合计664552户，2020年期末户数为895252户[①]，规模为445.32亿元。2020年养老目标风险基金全年新发25只，发行数量、发行规模与2019年基本持平，部分老产品由于业绩表现较好得到投资者的认可，规模增加较多（见表2）。

表2　养老目标风险基金发展情况

项目	2018年	2019年	2020年	合计	2020年增幅（%）
期末规模（亿元）	8.53	194.76	445.32	445.32	129
只数（只）	4	30	55	55	83
期末单只平均规模（亿元）	4.63	6.49	8.10	8.10	25

① 户数为2020年末披露年报的基金持有人户数与未披露年报基金的认购户数的合计数。

续表

项目	2018年	2019年	2020年	合计	2020年增幅(%)
期末户数(户)	256286	586137	895252	895252	53
单只平均期末户数(户)	63322	18345	16277	16277	-11
发行规模(亿元)	18.52	135.70	123.57	277.79	-9
单只平均发行规模(亿元)	4.63	5.22	4.94	5.05	-5

资料来源：Wind，规模单位为亿元，泰达宏利基金整理。

从目标风险基金的类型来看，已成立的产品中以一年期稳健型目标风险基金为主，32只产品2020年末管理规模为385.05亿元，占比为86%；其次为平衡型，期末规模为47.83亿元，占比为11%。此外，行业首只持有期5年的产品上投摩根积极成长养老五年已于2020年4月底成立，2020年末已有3只积极型产品成立，期末规模为12.45亿元。整体来看，在个人养老金第三支柱税收递延政策尚未出台的背景下，锁定期较短的一年期稳健型产品受到投资者欢迎（见表3）。

表3　养老目标风险基金不同锁定期产品发展情况

时间	稳健型			平衡型			积极型		
	只数（只）	户数（户）	期末规模（亿元）	只数（只）	户数（户）	期末规模（亿元）	只数（只）	户数（户）	期末规模（亿元）
2018年	3	212586	16.23	1	43700	2.30	0	0	0
2019年	18	441670	171.36	8	142983	23.41	0	0	0
2020年	11	643015	385.05	11	186606	47.83	3	65631	12.45
合计	32	643015	385.05	20	186606	47.83	3	65631	12.45

资料来源：Wind，泰达宏利基金整理。

基金管理人方面，管理人数量和集中度增加。截至2020年末，共有37家基金管理人发行了养老目标风险基金，2019年末管理人数量为26家。其中交银施罗德基金、兴证全球基金和民生加银基金分别以113.49亿元、83.78亿元和75.15亿元的保有量排名前三，兴证全球基金、泰达宏利基金和交银施罗德基金分别以721.28%、382.57%和367.78%的规模增幅排名前三。此外，基金行业内部的规模差距较大，规模排名前三的公司合计占比达到61%，排4~10名的公司规模合计占比21%，而排名后16家公司规模合计占比为18%（见表4和图8）。

表4　养老目标风险基金不同管理人产品发展情况

单位：亿元，%

管理规模前十					管理规模增幅前十				
管理人	2020年	2019年	增量	增幅	管理人	2020年	2019年	增量	增幅
交银施罗德	113.49	24.26	89.23	367.78	兴证全球	83.78	10.20	73.58	721.28
兴证全球	83.78	10.20	73.58	721.28	泰达宏利	13.69	2.84	10.85	382.57
民生加银	75.15	45.95	29.20	63.54	交银施罗德	113.49	24.26	89.23	367.78
浦银安盛	20.82	9.66	11.16	115.45	富国	15.74	3.70	12.04	325.49
富国	15.74	3.70	12.04	325.49	上投摩根	7.30	2.14	5.16	241.69
华安	15.52	17.19	-1.66	-9.67	浦银安盛	20.82	9.66	11.16	115.45
泰达宏利	13.69	2.84	10.85	382.57	银华	0.20	0.11	0.08	74.34
建信	11.61	8.82	2.80	31.70	民生加银	75.15	45.95	29.20	63.54
广发	8.45	7.49	0.97	12.93	华宝	0.43	0.27	0.16	58.34
招商	8.05	8.98	-0.93	-10.36	万家	4.78	3.11	1.67	53.50

资料来源：Wind，泰达宏利基金整理。

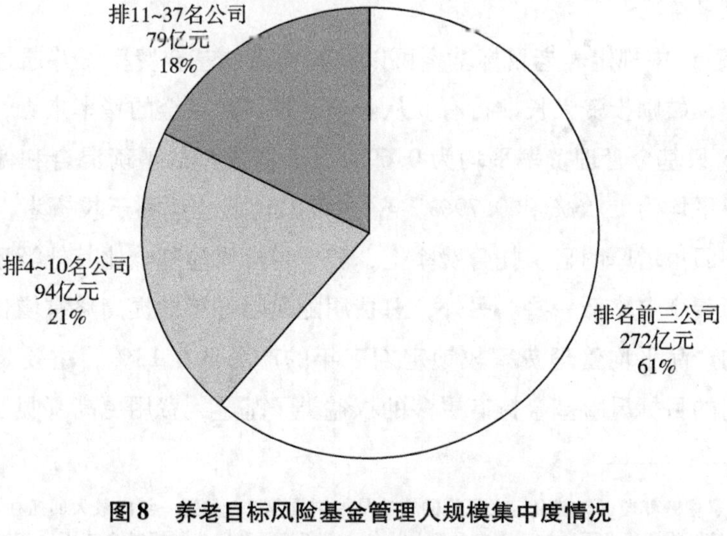

图8　养老目标风险基金管理人规模集中度情况

资料来源：Wind，泰达宏利基金整理。

（二）产品设计部分

1. 风险分布情况

目前国内目标风险策略基金衡量风险的方式有两种，一种是以限制权益类、固定收益类资产的投资比例确定基金的风险收益特征，另一种是以波动率的方式来控制基金组合风险。目前已成立的养老目标风险基金多数通过限定权益类资产的投资比例来衡量，55 只已成立的基金中均在招募说明书中明确了股票、债券等大类资产的投资范围及配置比例，其中有 4 只除限定权益类资产的配置比例外，还以波动率等风险指标来衡量。① 以权益类资产比例来限定风险的稳健型产品权益资产比例范围在 5% ~40%，以 10% ~25% 为主；平衡型产品权益资产比例范围在 20% ~60%，以 40% ~55% 为主；3 只积极型产品权益资产比例范围在 60% ~80%，其中兴证全球基金旗下产品权益类战略配置目标比例中枢为 70%，上投摩根基金和东方证券旗下产品权益类战略配置目标比例中枢为 75%，风险敞口略高一些。投资范围上，既可以投资国内也可以投资海外。整体来看，目标风险基金通过大类资产配置实现风险管理，权益资产比例限定较为严格，保证了基金风格的稳定性（见图 9）。

2. 费率情况

《指引》中规定养老目标基金可以设置优惠的基金费率，并通过差异化费率安排，鼓励投资人长期持有。从养老目标风险基金的费率来看，管理费率上，55 只基金管理费率平均为 0.69%，而同类型的平衡混合和偏债混合费率合计平均为 1.06% 和 0.79%，整体费率较低，让利于投资者，长期持有的复利回报增厚明显。托管费率上，养老目标风险基金比其他类型公募基金在托管费率上略低一些。另外，总费用随风险等级的提高略有增长，锁定期一年的产品平均管理费率较锁定期三年的产品低 0.13%，主要是因为风险等级高的目标风险基金持有更多的权益类子基金，费用更高（见图 10）。

① 万家稳健养老三年基金定义风险的方法是控制投资组合最近一年内最大回撤在 7.5% 以内和控制投资组合下跌波动率在 9.5% 以内，招商基金和民生加银基金旗下一年期产品控制目标波动率均为 5%，民生加银基金旗下的三年期产品控制目标波动率为 12%。

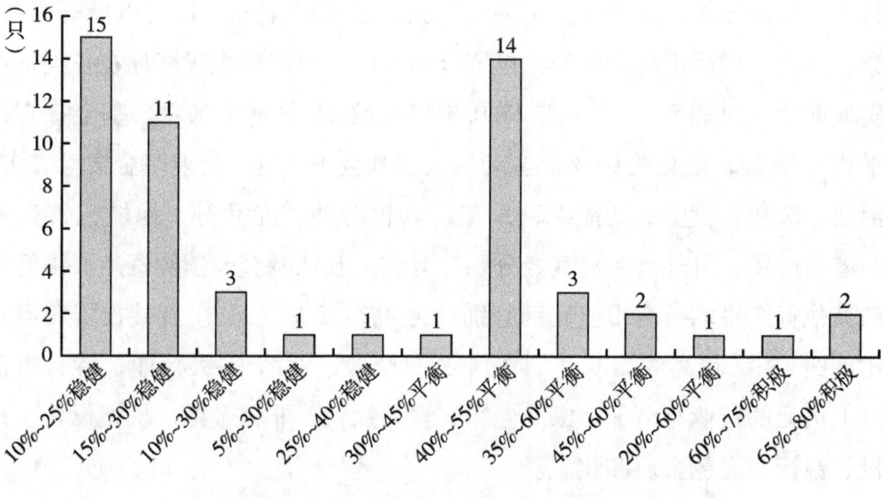

图9　不同风险水平养老目标风险基金数量分布情况

资料来源：Wind，泰达宏利基金整理。

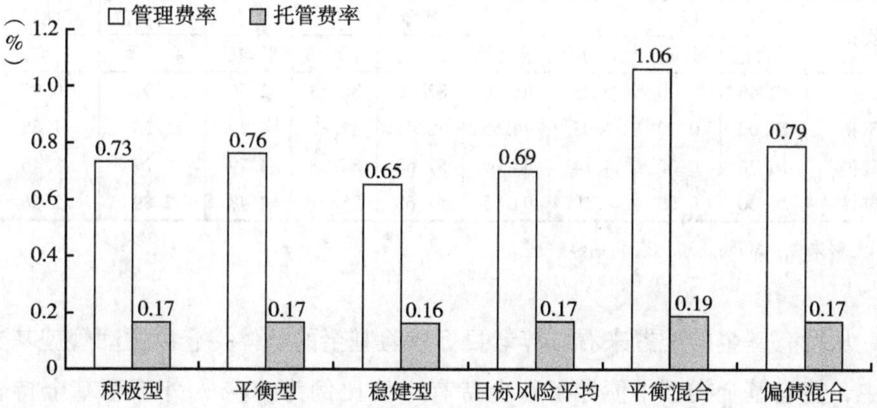

图10　养老目标风险基金费率情况

资料来源：Wind，泰达宏利基金整理。

（三）投资运作情况

1. 资产配置情况

养老目标风险基金均在招募说明书中明确了股票、债券等大类资产的投资范围及配置比例，投资范围上除可以投资公募基金外，还可以投资股票、债券、存款、货币市场工具等，投资范围较广，可以较大程度地在各类资产中实现配置（见表5）。从披露2020年年报的51只基金来看，基金持有比例平均约86%，最高约95%。主动偏股型基金中主题、行业基金数量较多，如消费、医药、黄金、新能源、军工、量化对冲、商品等，地域也覆盖美股、港股市场，另外有4只基金分别持有北上互认基金。债券资产、银行存款和其他资产平均持有市值比例分别约为4%、3%、3%。直接投资股票持有比例约4%，最高约20%，涉及469只个股、28个一级行业，持有市值超过1亿元的行业有电子、医药生物、食品饮料、非银金融、机械设备、计算机、银行、有色金属和化工。

表5　养老目标风险基金2020年末各类资产持有市值配置比例

单位：%

类型	股票			基金			债券	银行存款	其他资产
	最大值	最小值	平均值	最大值	最小值	平均值	平均值	平均值	平均值
积极	12.46	0.00	6.23	91.20	82.46	86.83	2.66	3.91	0.37
平衡	20.00	0.00	4.05	94.55	78.45	87.87	4.20	2.24	1.65
稳健	16.76	0.00	4.14	94.67	57.68	84.38	4.79	3.24	3.46
整体	20.00	0.00	4.19	94.67	57.68	85.77	4.48	2.89	2.66

资料来源：Wind，泰达宏利基金整理。

从持有基金的配置来看，养老目标风险基金的整体持仓以主动管理基金为主，持仓基金类型中债券型基金持有市值比例为60%，外部型基金持仓比例高于60%。首先，当前阶段目标风险基金持仓仍以主动管理基金为主，主动管理基金的平均持有市值占比88.7%，主动管理基金中债券型基金持有市值占比60.0%，偏股型基金为25.8%，持有比例较多，被动指数型基金的平均持有市值占比11.3%，被动指数型基金中以债券型指数基金为主，持有市值比例为5.7%，随着未来公募行业指数体系的丰富完善，预计被动指数型基金的持仓将会上升；其次，外部型基金的平均持有市值占比68.0%，内部型基金的平均持有市值占比32.0%，相对来说，内部以债券型基金为主，外部指数型基金和偏股型基金高于内部，从管理人来看，鹏华基金、工银瑞信基金、富国基金、招商基金、国泰基金、易方达基金、中银基金和华安基金内部基金持有比例超过50%，其余28家管理人持有比例低于50%，浦银安盛基金、万家基金、天弘基金持有比例不足10%，大成基金和长城基金均只持有外部基金。从持有类型上来看，权益型基金的平均持有市值占比32.8%，债券型和货币型基金的平均持有市值占比67%，其中债券型基金占比66%，债券型中以纯债基金为主，权益基金中以混合型和主动股票型基金为主（见图11）。

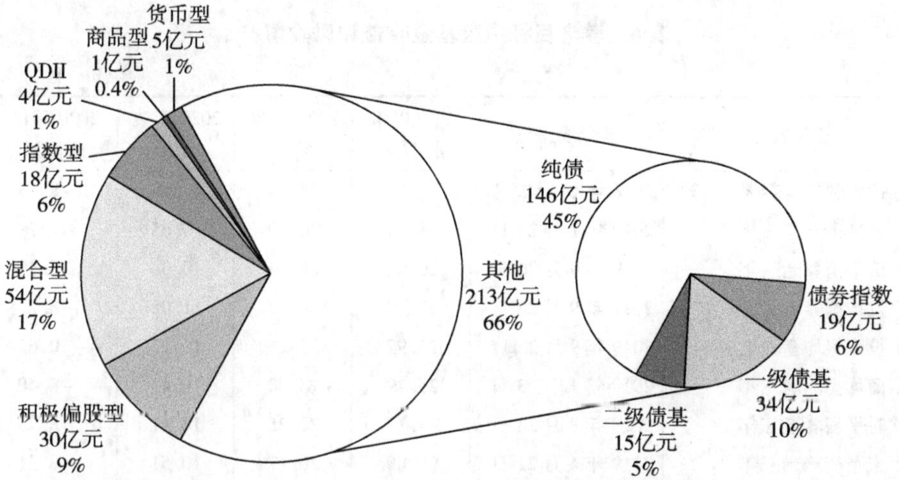

图11　养老目标风险基金子基金类型的持有市值情况

资料来源：Wind，泰达宏利基金整理。

2. 投资收益情况

权益资产比例越高的风险类别基金收益越高，对应的风险水平也较高。稳健型、平衡型的养老目标风险基金2020年平均收益率分别为12.68%、22.57%，对应的年化波动率为分别为5.23%和10.64%。具体来看，截至2020年末，成立一年以上的30只产品成立以来年化收益率为13.06%，其中兴全平衡养老三年和泰达宏利平衡养老三年成立以来收益率分别为53.64%和38.73%，表现较好；兴证全球基金、泰达宏利基金、万家基金、上投摩根基金、广发基金、长信基金和招商基金旗下的7只基金成立以来收益率在25%以上；泰达宏利平衡养老三年、兴全平衡养老三年、长信平衡养老三年分别以27.14%、26.89%和25.04%的2020年年度收益率排名前三。从风险来看，养老目标风险基金2020年波动率低于12%，多数基金波动率低于10%，平均维持在6%左右，同期混合型基金波动率平均为16%；2020年最大回撤多数维持在1%~5%，平均不足4%，最高不超过11%，同期混合型基金最大回撤平均在11%，最高35%。整体来看，养老目标风险基金运作稳健，一定程度上体现了公募基金投研团队的资产配置能力、基金优选能力和风险控制能力（见表6）。

表6　养老目标风险基金收益和风险情况

单位：%

基金名称	基金成立日	成立以来收益率	2020年收益率	2020年波动率	2020年最大回撤
泰达宏利平衡养老三年	2018年10月25日	38.73	27.14	11.67	-8.43
兴全平衡养老三年	2019年1月25日	53.64	26.89	9.65	-7.79
长信平衡养老三年	2019年9月26日	26.62	25.04	10.08	-5.59
广发均衡养老目标三年	2019年9月24日	27.40	24.93	11.06	-8.23
上投摩根均衡养老三年	2019年9月2日	27.92	23.21	11.23	-10.62
招商均衡养老三年	2019年12月3日	25.29	23.00	10.41	-6.40
博时平衡养老三年	2019年8月28日	24.17	22.25	10.41	-8.73
万家平衡养老三年	2019年4月22日	29.80	20.17	10.51	-8.31
景顺长城稳健养老三年	2019年9月26日	20.55	19.07	8.11	-5.68
银华稳健养老一年	2019年8月14日	21.55	18.18	7.47	-5.72
华宝稳健养老一年	2019年4月25日	21.63	17.18	6.38	-2.54
国投瑞银稳健养老一年	2019年3月25日	22.37	16.66	6.27	-5.18
华夏稳健养老一年	2019年11月26日	17.16	16.14	6.60	-4.44
博时稳健养老一年	2019年3月20日	17.95	15.15	4.96	-2.50
民生加银稳健养老一年	2019年4月26日	22.13	14.23	5.90	-4.81
招商稳健养老一年	2019年4月26日	20.32	13.33	4.97	-3.02
建信稳健养老一年	2019年1月31日	19.46	12.79	5.18	-4.15
中银稳健养老一年	2019年5月8日	18.33	12.50	4.80	-2.42
广发稳健养老一年	2018年12月25日	21.61	12.37	5.85	-4.34
南方稳健养老一年	2019年5月10日	16.47	11.37	5.74	-4.58
海富通稳健养老一年	2019年4月25日	16.56	11.32	4.70	-3.60

续表

基金名称	基金成立日	成立以来收益率	2020年收益率	2020年波动率	2020年最大回撤
鹏华稳健养老一年	2019年4月22日	14.57	11.20	6.78	-5.74
易方达稳健养老一年	2019年11月5日	11.37	10.75	4.06	-2.61
万家稳健养老三年	2018年12月13日	18.19	10.71	4.31	-3.57
前海开源平衡养老三年	2019年11月13日	12.51	10.53	10.78	-6.83
交银稳健养老一年	2019年5月30日	14.00	10.03	3.13	-1.86
华安稳健养老一年	2019年11月26日	10.52	9.89	4.67	-2.96
国联安稳健养老一年	2019年4月26日	14.18	9.41	4.30	-3.45
富国稳健养老一年	2018年12月13日	14.25	7.48	2.86	-2.12
浦银安盛稳健养老一年	2019年11月26日	7.05	6.44	2.72	-1.23

资料来源：Wind，按2020年收益率降序排序，波动率和最大回撤是成立以来至2020年末数据，不含2020年新成立产品，泰达宏利基金整理。

三　养老目标日期基金

（一）发展现状

截至2020年末，养老目标日期基金共设立49只基金，发行规模合计为77.25亿元，认购户数612857户，截至2020年末户数1072276户①，期末规模为144.54亿元。2020年养老目标日期基金发行数量依然较多，全年新发15只，发行规模为26.20亿元，由于个人养老金制度税收递延政策尚未推出，2020年发行的15只产品中有13只为发起式基金②，发起式基金认购金额1000万元（含）以上即可成立，使单只平均发行规模同比虽有所提升，但依然不足2亿元，同时也在一定程度上说明基金管理人对养老目标基金的重视程度非常高，愿意和投资者共同进退，实现风险共担（见表7）。

① 户数为2020年末披露年报的基金持有人户数与未披露年报基金的认购户数的合计数。

② 发起式基金不受普通公募基金成立条件限制，使用公司股东资金、公司固有资金、公司高级管理人员和基金经理等人员的资金认购的基金金额不少于1000万元即可成立。

表 7　养老目标日期基金发展情况

项目	2018 年	2019 年	2020 年	合计	2020 年增幅(%)
期末规模(亿元)	22.54	68.81	144.54	144.54	110
只数(只)	8	34	49	49	44
期末单只平均规模(亿元)	2.82	2.02	2.95	2.95	46
期末户数(户)	511528	829861	1072276	1072276	29
单只平均期末户数(户)	21756	22415	20389	20389	-9
发行规模(亿元)	20.84	30.21	26.20	77.25	-13
单只平均发行规模(亿元)	2.61	1.16	1.75	1.58	50

资料来源：Wind，期末规模为累计规模，单位为亿元，泰达宏利基金整理。

对于目标日期型基金产品，持有期通常为三年或五年，其中持有期为三年的产品居多，规模占比 79%，持有期为一年和五年的产品规模占比分别为 11%和 10%；目标日期设定范围从 2025 年到 2055 年，以目标日期 2035 年、2040 年的产品为主，数量均为 13 只，但规模差别较大，规模占比分别为 44%和 19%（见表 8）。

表 8　养老目标日期基金不同目标日期发展情况

持有期	合计				一年			三年			五年		
目标日期	数量(只)	数量占比(%)	规模(亿元)	规模占比(%)	数量(只)	规模(亿元)	规模占比(%)	数量(只)	规模(亿元)	规模占比(%)	数量(只)	规模(亿元)	规模占比(%)
2035	13	27	64.23	44	—	—	—	13	64.23	56	—	—	—
2040	13	27	27.40	19	—	—	—	11	17.87	16	2	9.53	63
2025	2	4	15.66	11	2	15.66	100	—	—	—	—	—	—
2045	6	12	13.79	10	—	—	—	4	12.78	11	2	1.02	7
2030	5	10	13.38	9	—	—	—	5	13.38	12	—	—	—
2043	1	2	5.15	4	—	—	—	1	5.15	5	—	—	—
2050	6	12	4.38	3	—	—	—	—	—	—	6	4.38	29
2038	1	2	0.20	0	—	—	—	1	0.2	0	—	—	—
2033	1	2	0.18	0	—	—	—	1	0.18	0	—	—	—
2055	1	2	0.17	0	—	—	—	—	—	—	1	0.17	1
合计	49	100	144.54	100	2	15.66	11	36	113.79	79	11	15.1	10

资料来源：Wind，规模为 2020 年末规模，泰达宏利基金整理。

从管理人来看，已有24家管理人发行养老目标日期基金，其中工银瑞信基金已发行目标日期为2035年、2040年、2045年、2050年和2055年5只系列产品，华夏基金和南方基金也发行了4只系列产品，其余21家管理人发行1~3只不等。从保有规模来看，华夏基金以25.43亿元的规模排名第一，中欧基金、汇添富基金、南方基金和平安基金保有量也在10亿元以上（见表9和图12）。从已成立基金目标日期布局来看，养老目标日期基金逐步开始进行系列化布局，时间间隔以5年为主，目标日期集中在2035年和2040年，这两个年份占比近70%，即距离退休日期20年左右，主要针对的是投资者年龄在40岁左右的群体。

表9　2019~2020年养老目标日期基金发展情况

管理人	2020年规模（亿元）	2020年只数（只）	2019年规模（亿元）	2019年只数（只）	规模增额（亿元）	规模增幅（%）
华夏	25.43	4	13.31	4	12.12	91
中欧	21.09	3	6.48	2	14.60	225
汇添富	13.61	3	8.68	3	4.92	57
南方	13.37	4	6.92	2	6.45	93
平安	11.84	2	3.73	1	8.11	218
交银施罗德	9.53	1	—	—	—	—
工银瑞信	8.77	5	4.24	3	4.53	107
鹏华	6.22	2	3.58	2	2.63	73
易方达	5.54	3	3.08	3	2.45	80
嘉实	5.17	3	2.79	3	2.37	85
银华	4.70	3	2.75	3	1.95	71
大成	3.70	1	2.52	1	1.17	46
兴业	3.49	1	2.63	1	0.85	32
华安	3.32	1	2.71	1	0.61	22
农银汇理	2.63	2	1.59	1	1.04	66
天弘	1.34	1	1.10	1	0.25	22
国泰	1.32	1	2.18	1	-0.86	-39
广发	1.17	3	0.14	1	1.03	743
万家	1.01	1	—	—	—	—
景顺长城	0.50	1	0.37	1	0.14	37
长城	0.25	1	—	—	—	—
中银	0.24	1	—	—	—	—
泰达宏利	0.18	1	—	—	—	—
浦银安盛	0.15	1	—	—	—	—

资料来源：Wind，按2020年管理规模降序，泰达宏利基金整理。

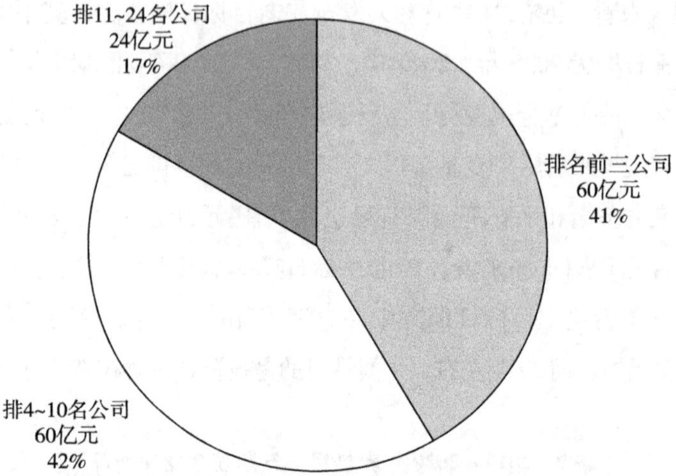

图12　养老目标日期基金管理人规模集中度情况

资料来源：Wind，泰达宏利基金整理。

（二）产品设计部分

1. 下滑曲线情况

养老目标日期基金中权益类资产投资比重随着目标日期临近而不断变动的路径被称为下滑曲线（Glide Path），下滑曲线的设计是目标日期基金构建的核心环节，下滑曲线的形态决定了其风险收益水平，目标日期越晚的基金，当前时点的权益资产配置比例越高，风险敞口越高。通过对产品数量在2只以上的12家基金公司旗下养老目标日期基金下滑曲线等要素进行整理，除中欧基金和鹏华基金外，其余10家基金公司产品权益类资产比例下限均超过4%，而目标日期基金在到期日时的权益比例中枢设计均高于10%，其中汇添富基金、农银汇理基金、华夏基金、平安基金和工银瑞信基金5家公司到期日的权益中枢比例超过20%。

另外，从下滑曲线初始权益中枢比例和目标日期时权益中枢比例来看，各家目标日期基金之间存在一定差异。以目标日期为2040年的13只基金来看，嘉实基金、汇添富基金旗下养老目标日期2040基金初始权益中枢比例超过70%，国泰基金和银华基金也超过60%，其余公司旗下产品分布在50%～60%不等，初始权益中枢比例与目标日期时权益中枢比例差值也分布在14%～56%不等，其中嘉实基金、国泰基金和银华基金差值超过40%。从13只基金下滑曲线形态变化来看，工银瑞信基金、华夏基金、国泰基金产品运作初期权益资产比例下滑较快，临近目标日期时下降趋势变缓，呈现凹形，其余10家公司旗下产品下滑曲线权益资金比例前期下滑较慢，中后期或者后期下滑较快，呈现凸形。此外，目标日期到期后，目标日期基金一般转型为普通FOF产品或者一年期稳健型养老目标风险基金（见表10和图13）。

表10　系列养老目标日期基金权益资产比例情况

单位：%

管理人	产品类型	权益比例范围	目标日期时的权益中枢比例	目标日期后下滑情况及转型安排
工银瑞信	2035、2040、2045、2050、2055	8～80*	24	转型为稳健型养老目标基金
华夏	2035、2040、2045、2050	11～80**	26	继续下滑25年至0，转型为普通FOF
南方	2030、2035、2040、2045	5～60	20	转型为普通FOF
广发	2035、2040、2050	5～60	20	转型为普通FOF
易方达	2033、2038、2043	5～60	20	转型为普通FOF
汇添富	2030、2040、2050	20～80	35	转型为稳健型养老目标风险
嘉实	2030、2040、2050	4～80	19	转型为普通FOF
银华	2030、2035、2040	5～60	20	转型为普通FOF
鹏华	2035、2045	0～60	17	转型为普通FOF，权益资产中枢为17%
农银汇理	2035、2045	15～80***	30	转型为普通FOF
中欧	2025、2035	0～80	14.84	继续下滑5年降至10%并保持不变，转型为普通FOF
平安	2025、2035	9～60	24	转型为普通FOF

注：*养老目标2035权益范围：8%～55%；养老目标2040权益范围：9%～60%；养老目标2045权益范围：10%～60%；养老目标2050权益范围：9%～80%；**养老目标2050权益范围：4%～80%；***养老目标2045权益范围：15%～80%，权益中枢为30%；养老目标2035权益范围：5%～60%，权益中枢为20%。

资料来源：Wind，泰达宏利基金整理。

整体来看，不同管理人之间的目标日期基金下滑曲线形态、初始权益比例等均存在一定差异，目标日期基金在目标日期到期时也保持了一定比例的权益资产，重视权益投资的资产增值作用。

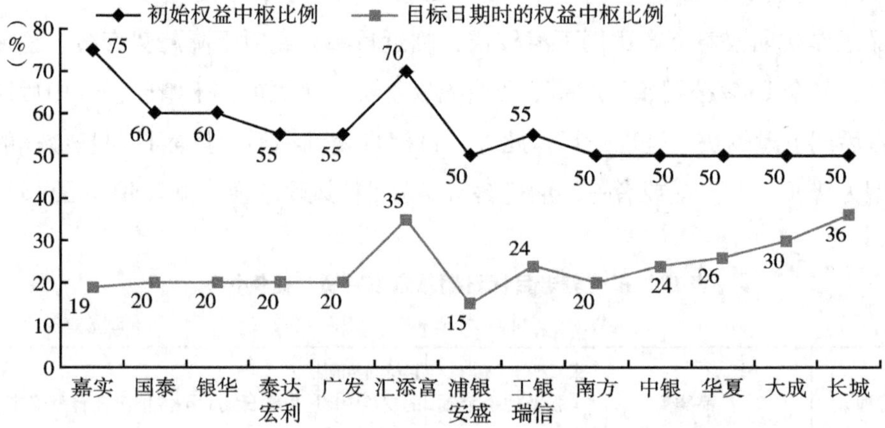

图 13　养老目标日期基金 2040 基金权益资产初始与到期日时中枢比例情况

资料来源：Wind，泰达宏利基金整理。

2. 费率情况

从费率来看，49 只养老目标日期基金管理费率和托管费率合计平均为 0.99%，而同类型的平衡混合、偏股混合费率平均为 1.25% 和 1.66%，整体费率较低。另外，总费用随着距离目标日期的长短有所不同，设定的目标日期越早，下滑曲线设定时间越短，整体费率相对较低，目标日期在 2035 年之前的基金较目标日期在 2050 年以后的基金在管理费率上低 0.10 个百分点。到期后，目标日期基金将转型为普通 FOF 基金或者一年期养老目标风险基金，由于权益类资产投资比例下降较多，届时管理费和托管费都会下降，且降幅较大（见图 14）。

（三）投资运作情况

1. 资产配置情况

养老目标日期基金均在招募说明书中披露了下滑曲线，设定了各时间段

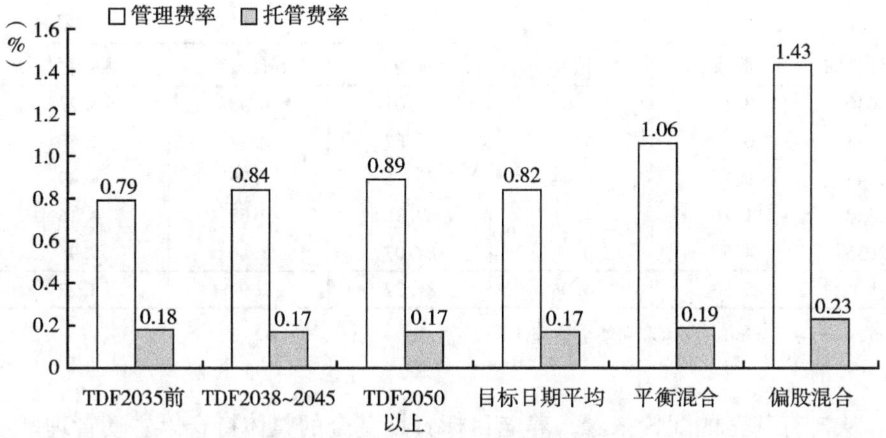

图 14　养老目标日期基金费率情况

资料来源：Wind，泰达宏利基金整理。

的资产配置目标权重及其调整范围。从披露2020年年报的45只目标日期基金来看，基金持有比例平均约84%，最高近95%。主动偏股型基金中主题基金、行业基金数量较多，如港股、消费、医药、信息技术、传媒、黄金、新能源等，另外有1只基金持有1只北上互认基金；债券资产持有市值比例约4%，最高约8%；银行存款资产占比约3%，最高约10%；其他资产占比约3%，最高约8%；直接投资股票持有市值比例约6%，最高约23%，其中直接投资股票涉及445只个股、28个一级行业，持有市值超过1亿元的行业分别为非银金融、银行、食品饮料、医药生物、电子、电气设备、家用电器、化工和汽车（见表11）。

表 11　养老目标日期基金 2020 年末各类资产配置比例

单位：%

目标日期	股票	债券	基金	其他资产	银行存款
2025	7.94	6.68	84.05	0.20	1.13
2030	4.23	3.72	88.82	0.70	2.53
2033	0	4.44	90.8	3.09	1.67
2035	9.85	3.44	82.64	1.35	2.72
2038	0	4.41	90.32	2.82	2.45

续表

目标日期	股票	债券	基金	其他资产	银行存款
2040	3.13	5.67	81.01	6.98	3.22
2043	0	4.67	93.67	0.28	1.38
2045	8.16	2.44	83.16	1.75	4.49
2050	1.76	4.11	87.3	2.68	4.16
2055	4.52	0	84.07	3.46	7.96
整体平均	5.50	4.06	84.27	2.94	3.23

资料来源：Wind，泰达宏利基金整理。

从持有基金的配置来看，养老目标日期基金的整体持仓以主动管理基金为主，持仓基金类型中以权益基金为主，外部型基金持有市值比例高于50%。首先，国内资本市场有效性不足，主动管理基金更有机会获得超额收益，当前阶段目标日期基金持仓仍以主动管理基金为主，平均持有市值占比91.4%，主动管理基金中混合型基金和积极偏股型基金持仓市值比例较高，被动指数型基金的平均持有市值占比8.6%，被动指数型基金以权益纯指数基金为主，持有市值比例为5.1%；其次，外部型基金的平均持有市值占比59%，内部型基金的平均持有市值占比41%，相对来说，内部持有基金中混合型、债券型基金和积极偏股型基金较为均衡，内部债券型基金持有比例高于外部，外部持有基金中以混合型和积极偏股型为主，混合型基金持有比例高于内部。从管理人来看，中欧基金、广发基金、鹏华基金、工银瑞信基金和万家基金内部基金持有比例超过50%，其余18家管理人持有比例低于50%，银华基金、泰达宏利基金、大成基金、嘉实基金和兴业基金持有市值比例不足10%，中银基金和长城基金均只持有外部基金；从子基金类型上来看，权益型基金的平均持有市值占比74.6%，其中积极偏股型基金、混合型基金占比分别为31%和36%，债券型和货币型基金合计占比26%，其中债券型基金占比24%，债券型中以纯债基金为主（见图15）。

2. 投资收益情况

权益资产比例越高的目标日期基金收益越高，对应的风险水平也较高。权益上限在80%、60%和50%~55%的养老目标日期基金2020年平均收益

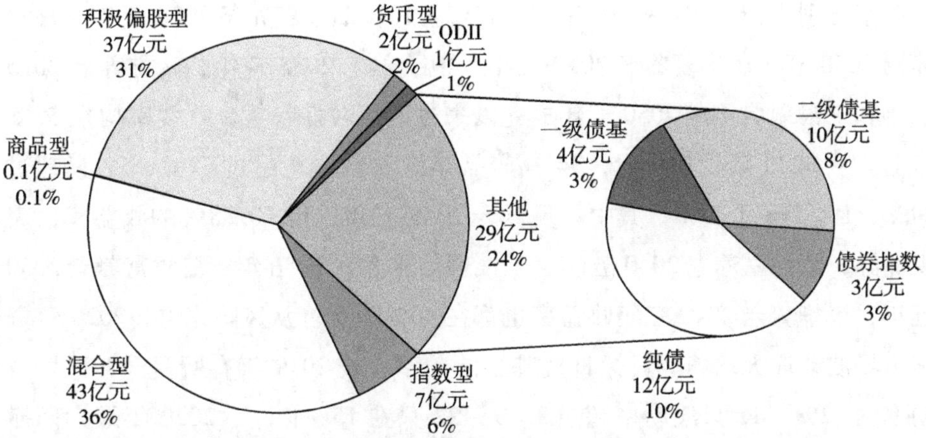

图15　养老目标日期基金持仓子基金类型情况

资料来源：Wind，泰达宏利基金整理。

率分别为36.86%、29.58%、25.73%，对应的年化波动率分别为15.80%、13.02%和10.59%（见图16）。

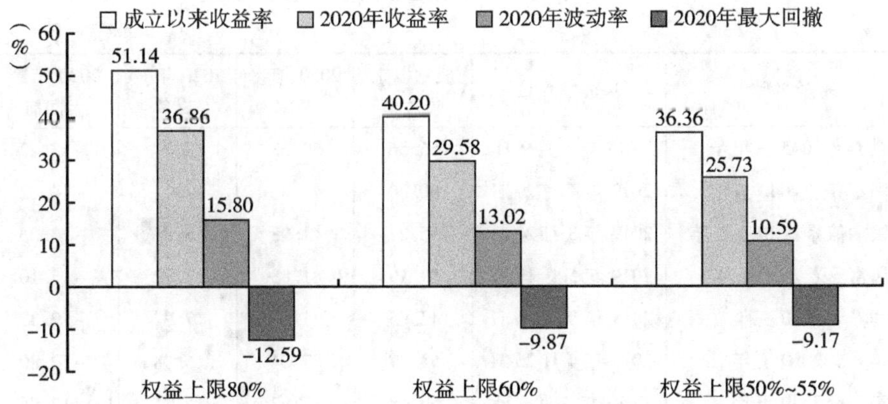

图16　养老目标日期基金不同权益资产上限收益和风险情况

资料来源：Wind，各类型口径数值均为简单平均值，泰达宏利基金整理。

具体来看，截至2020年末，成立一年以上的34只产品成立以来年化收益率为23.58%，其中华夏养老2045三年、汇添富养老2040五年成立以来收益率分别为66.56%和60.30%，表现较好，汇添富养老2050五年、嘉实养老2050五年、华夏养老2050五年、中欧养老2035三年、南方养老2035三年和工银瑞信养老2050五年成立以来也取得较好收益，收益率均在55%以上。从2020年收益来看，34只产品年度收益率均超过17%，32只超过20%，19只超过30%，其中华夏养老2045三年取得50.38%的收益率，表现优异，汇添富养老2040五年、工银瑞信养老2050五年、汇添富养老2050五年、银华养老2040三年收益率也都在40%以上。从风险来看，2020年资本市场波动加大，养老目标日期基金波动率也较2019年有所提升，平均波动率约12%，12只波动率超过15%，22只在15%以下，2020年最大回撤简单平均10%，14只最大回撤在10%以下，19只在10%～15%，1只超过15%。养老目标日期基金整体投资运作良好，能够很好地满足个人长期投资、稳健增值、个性化的养老金投资需求，满足个人在整个生命周期的收益目标或者特定的风险偏好（见表12）。

表12　养老目标日期基金收益和风险情况

单位：%

基金名称	基金成立日	成立以来收益率	2020年收益率	2020年波动率	2020年最大回撤
华夏养老2045三年	2019年4月9日	66.56	50.38	18.29	-13.42
汇添富养老2040五年	2019年4月29日	60.30	42.56	17.31	-14.62
工银瑞信养老2050五年	2019年3月28日	55.22	41.93	16.85	-13.03
汇添富养老2050五年	2019年5月17日	59.19	41.83	17.82	-16.10
银华养老2040三年	2019年8月16日	47.05	41.15	17.32	-12.32
嘉实养老2050五年	2019年4月25日	58.37	37.81	16.08	-12.80
嘉实养老2040五年	2019年3月6日	50.68	37.37	15.81	-12.55
华夏养老2050五年	2019年3月26日	57.47	36.27	16.27	-12.86
工银瑞信养老2035三年	2018年10月31日	52.31	35.95	12.46	-10.57
华夏养老2040三年	2018年9月13日	53.27	35.58	13.69	-10.32
汇添富养老2030三年	2018年12月27日	49.66	35.13	15.49	-14.41
南方养老2035三年	2018年11月6日	55.54	33.69	11.10	-8.86

续表

基金名称	基金成立日	成立以来收益率	2020 年收益率	2020 年波动率	2020 年最大回撤
银华养老 2035 三年	2018 年 12 月 13 日	50.07	33.68	14.07	-10.32
中欧养老 2050 五年	2019 年 5 月 10 日	50.41	33.54	14.47	-11.76
银华养老 2030 三年	2019 年 8 月 16 日	36.71	32.68	13.52	-8.64
景顺长城养老 2045 五年	2019 年 11 月 26 日	33.47	32.52	12.24	-6.81
鹏华养老 2045 三年	2019 年 4 月 22 日	40.15	32.10	15.06	-10.80
中欧养老 2035 三年	2018 年 10 月 10 日	55.91	30.41	9.68	-7.95
工银瑞信养老 2040 三年	2019 年 9 月 17 日	36.09	30.27	13.01	-11.00
嘉实养老 2030 三年	2019 年 8 月 5 日	39.98	29.30	12.87	-10.24
平安养老 2035 三年	2019 年 6 月 19 日	39.93	29.28	12.40	-9.16
广发养老 2050 五年	2019 年 4 月 26 日	35.11	27.87	15.35	-12.78
华夏养老 2035 三年	2019 年 4 月 24 日	31.54	27.76	12.30	-9.85
南方养老 2030 三年	2019 年 12 月 3 日	27.68	26.77	10.36	-7.13
兴业养老 2035 三年	2019 年 5 月 6 日	29.90	26.42	12.74	-8.37
农银养老 2035 三年	2019 年 8 月 28 日	30.61	26.21	13.00	-10.89
鹏华养老 2035 三年	2018 年 12 月 5 日	40.13	25.71	12.18	-8.89
易方达养老 2043 三年	2018 年 12 月 26 日	38.02	24.65	9.54	-7.06
大成养老 2040 三年	2019 年 6 月 27 日	38.62	23.44	15.10	-13.19
国泰养老 2040 三年	2019 年 7 月 16 日	28.59	21.21	11.85	-8.63
易方达养老 2033 三年	2019 年 4 月 30 日	25.54	20.67	8.09	-5.81
易方达养老 2038 三年	2019 年 4 月 30 日	31.22	20.56	11.22	-11.14
华安养老 2030 三年	2019 年 4 月 26 日	24.34	17.97	10.87	-7.67
天弘养老 2035 三年	2019 年 9 月 19 日	20.06	17.07	11.90	-8.06

资料来源：Wind，按 2020 年收益率排序，不含 2020 年新成立基金，泰达宏利基金整理。

四　养老目标基金发展的主要特点

（一）规模、数量及持有人户数持续上涨，新产品费率有所下降

从 2018 年首只目标日期基金诞生至今，规模持续上涨，2020 年末养老

目标基金规模为590亿元，较2018年末的41亿元和2019年末的264亿元，增幅分别为1339%和123%。2020年末共有104只养老目标基金成立，较2018年末的12只和2019年末的64只，数量增长较快。从投资者户数上来看，目前投资者认购户数约130万户，期末户数近200万户，而2018年末户数为77万户。养老目标基金规模不断上涨的同时，费率却不断下降，2020年末养老目标日期基金、养老目标风险基金管理费率和托管费率平均合计为0.99%、0.86%，而2019年相应费率分别为1.01%、0.86%，费率有所下降。

（二）投资运作稳健，风险调整后收益较好

养老目标基金整体业绩表现稳健。截至2020年末，成立满一年以上的34只养老目标日期基金成立以来年化收益率为23.58%，权益上限在80%、60%和50%~55%的养老目标日期基金2020年平均收益率分别为36.86%、29.58%、25.73%，对应的平均年化波动率为分别为15.80%、13.02%和10.59%，平均最大回撤分别为12.59%、9.87%和9.17%，夏普比例为2.33、2.27、2.43；成立一年以上的30只养老目标风险基金成立以来年化收益率为13.06%，稳健型、平衡型的养老目标风险基金2020年平均收益率分别为12.68%、22.57%，对应的平均年化波动率为分别为5.23%和10.64%，平均最大回撤分别为3.64%和7.88%，夏普比例为2.42、2.12。同期沪深300指数2020年收益率、波动率、最大回撤、夏普比例分别为27.21%、21.47%、16.07%、1.27。整体来看，养老目标基金较好满足了各年龄段和各种风险偏好投资者的养老投资需求，投资运作稳健，波动控制良好。

（三）品种日渐丰富，规模呈现较强的头部特征

经过两年多的发展，养老目标基金品种日渐丰富。对于目标日期型基金产品，2020年目标日期有2025、2030、2033、2035、2038、2040、2043、2045、2050、2055，较上一年新增2025和2055，部分产品退休后

领取阶段产品设计上有良好探索①；目标风险基金风险类型也由上年的稳健型、平衡型，新增积极型，持有锁定期也新增持有期锁定两年的产品，除以权益资产来定义目标风险外，继续新增以目标波动率来衡量的目标风险产品。

此外，养老目标基金呈现较强的头部特征，截至2020年末，43家养老目标基金管理人中交银施罗德基金以123亿元的管理规模排名第一，市场份额占比高达21%；规模前三的基金管理人共管理282亿元，市场份额占比为48%；规模前五的基金管理人共管理329亿元，合计市场份额为56%；规模前十的基金管理人共管理418亿元，合计市场份额达到71%。

（四）养老目标基金偏好主动管理基金，子基金以外部为主

从96只披露2020年年报的基金来看，养老目标基金更偏好持有主动管理基金，其中养老目标风险基金持有主动管理基金的平均占比88.7%，被动指数型基金的平均占比11.3%，主动管理基金中以债券型为主，其次是偏股型基金；养老目标日期基金中持有主动管理基金的平均占比91.4%，被动指数型基金的平均占比8.6%，主动管理基金中以偏股型基金为主。从持有子基金内外部情况来看，养老目标基金整体以持有外部基金为主，外部基金占比为65%，其中养老目标风险基金持有外部基金的平均占比68%，内部基金的平均占比32%，相对来说，内部以债券型基金为主，外部基金中指数型基金和偏股型基金高于内部；养老目标日期基金中外部基金的平均占比59%，内部基金的平均占比41%，相对来说，内部持有基金中混合型、债券型基金和积极偏股型基金较为均衡，内部债券型基金持有比例高于外部，外部持有基金中以混合型和积极偏股型为主。

---

① 泰达宏利养老目标2040产品设计有E类份额，该份额在目标日期（2040年）后，每月自动对持有人支付一定金额的现金，以支持该类基金份额持有人的养老消费需求。泰达宏利基金将在目标日期当年起每年年末最后5个工作日内确定下一年的定期赎回方案并予以公告，该赎回方案中需至少载明下一年基金的定期赎回基准日、每个基金账户月度目标赎回金额、暂停申购和赎回的安排。

五　养老目标基金发展建议

养老目标基金整体运作稳健，发展较快，但在制度保障、投资者理念、产品本身和投资等方面也存在不足。制度保障方面，第三支柱迟迟未能全面推开，政策支持的重要性已经在美国市场得到充分验证，对参与机构和个人的积极性有很大影响，也与社会预期有一定落差；参与者理念方面，养老观念、养老投资理念的转变需要时间，也需要政府及金融机构的引导；产品及投资方面，首先，养老目标基金推出时间不长，投资者认可度不足，其次，产品在费率设置、目标群体、投资标的资产等方面呈现同质化趋势，最后，有别于传统股债基金的投资思路，养老目标基金更强调大类资产配置的能力，由于在公募行业积累时间不长，在大类资产配置理念和策略上略显薄弱，资产配置多元化程度不高。针对养老目标基金现阶段面临的市场环境及趋势、发展情况及发展过程中遇到的问题，具体建议如下。

（一）给予更多政策支持，鼓励投资者投向养老目标基金

养老目标基金的推出对公募基金行业服务个人投资者养老投资具有非常重要的积极意义，希望政策方面给予更多必要支持，如以下几个方面。一是尽快在全国范围内推出第三支柱，将养老目标基金纳入第三支柱政策范围。个人税收递延型商业养老保险试点已近三年，建议应该认真总结试点经验，完善并出台相关政策，有序扩大参与的金融产品范围，将公募基金等产品纳入第三支柱投资范围。二是出台有吸引力的税收优惠政策、便利政策等鼓励投资者参与养老金第二支柱和第三支柱，增加制度吸引力，鼓励投资者投资养老目标基金，如①在税收政策方面实行 EET 和 TEE 并行的模式。EET 更针对纳税群体，享受税收优惠，TEE 更针对低收入不纳税的群体，相互补充，兼顾不同群体需求。同时可考虑将第二、第三支柱税收优惠政策打通，国内第二支柱覆盖面有限，对于不能参与第二支柱有积极性的个人通过第三支柱个人养老金账户来享受税收优惠，个人缴费税优额度合并共用，提高实

际参与率。②放开第二支柱企业年金、职业年金个人选择权，引导投资者选择养老目标基金，可参考美国等成熟国家经验，将养老目标基金纳入默认选项。③制度设计上注重便利性和灵活性。在缴费、购买金融产品等方面简化参与流程，比如在购买享受税收优惠的产品操作上与日常购买相关金融产品相差不大，如果参与方式很复杂，会降低参与意愿；制度灵活性方面，如当个人出现教育、重大疾病以及购买住房等紧急支出时，允许参加者临时提取，以增强制度吸引力。三是鼓励基金管理人、销售机构加大资源、人力等投入力度，更加积极地参与第三支柱体系建设，如对于发行养老目标基金的基金管理人在业务及产品创新、产品审批、QDII 额度等方面给予更多支持。

（二）注重多元化资产配置，持续提升资产配置能力

养老金作为长期性资金，其长期投资能力和长期绩效主要体现在资产配置上。资产配置的核心是资产种类和具体投资的多元化。投资组合需选择与产品特性相匹配的资产，并充分利用分散化效应尽可能高程度地进行资产分散投资提高产品的风险收益比，从养老目标基金披露的持仓数据来看，资产配置呈现多资产、多区域、全品种的多元化趋势，但商品、另类资产及境外资产等占比很小。资产配置能力方面，可关注以下几个方面，第一，不断优化资产配置模型和流程，注重资产配置方法和模型的可操作性和与国内市场的匹配性及有效性，结合前期投资实践，根据市场变动、投资目标及风险政策的变化，不断优化资产配置模型。第二，提高资产配置投研能力，一是加大细分资产类别的研究，不同的大类资产的细分类别具有不同的收益和风险特征，对大类资产进行细分、长期跟踪研究，配置上增加大类资产类别及境外资产，分散风险；二是在既定约束条件下选出适合的资产，并明确各类资产的最优投资比例；三是注重动态调整，根据市场变化动态调整各类资产的投资比例，明确调整各类资产投资比例的原则和方法。此外，由于养老目标基金的战略资产配置在产品设计阶段已完成，产品设计阶段已制定了长期投资目标、风险政策，基本决定了养老目标基金的波动水平，重视资产配置在

产品设计阶段的作用。多元化资产配置是养老金实现保值增值的关键因素，基金管理人要持续不断提高资产配置能力，为投资者取得长期稳定的投资回报。

（三）加大策略创新设计，引导长期考核和评价

养老目标基金产品已有100多只，但在管理费率、资产配置、策略选择等方面趋于同质化。对比海外养老目标基金产品，我国公募基金应加大产品策略创新研发，适度拓展投资范围，充分利用海内外资本市场，提高自身投资管理能力，利用规模效应降低费率，提高产品的竞争力。在产品创新方面，比如①完善退休后领取阶段养老目标基金相关设计。经过前期的积累，养老金金额较大，而领取方式是否合理、便利对养老金的合理安排、退休生活的质量、养老目标基金是否仍作为投资持有品种等均有较大影响，若养老目标基金在目标日期后在产品设计方面有所体现，会对投资者带来很多便利。②产品风险类型应进一步细化，目前养老目标风险基金以稳健、平衡为主，积极型和保守型等类型产品很少。

此外，养老金是长期资金意味着长期持有、长期投资、长期考核，长期评价是养老金投资的内在需求。养老目标基金的持有期限锁定要求实现了前端的长期持有，而后端的长期考核，既包括管理人的内部考核，也包括基金评价机构和媒体的外部考核，管理人对基金经理要进行长期考核，评价机构要注重长期评价，媒体机构在文章宣传方面要引导投资者长期投资和关注长期绩效，逐步改变行业行为的短期化，引导养老目标基金持续健康发展。

（四）持续开展投资者教育，促进个人养老观念的转变

养老目标基金的推出，主要是为了解决养老投资需求投资者的选择困难，但作为一种推出时间较短的公募基金品种，投资者对产品本身认知仍需进一步提高。破旧难，立新更难，养老观念的转变、投资养老新理念的深入人心都需要时日。因此，投资者教育显得尤为重要和任重道远。投资者教育可涉及养老金相关制度、养老金投资理念、养老目标基金产品特点等内容，

具体可以关注以下几个方面，第一，养老金制度及观念，如养老金政策、养老金体系现状及存在的问题、个人养老规划、养老观念的转变等；第二，投资理念，一是树立长期投资理念，不要过度关注市场的短期波动，拉长投资期限，二是打破保守的投资观念，重视权益资产及复利效应，适度放宽风险承受度；第三，养老目标基金的基础知识、产品特点，以及如何结合自身的生命周期特征和风险偏好选择合适的养老目标基金；第四，风险教育，让投资者树立正确的风险意识。投资者教育应自上而下和自下而上相结合，政府部门起主导作用，行业组织、基金管理人、销售机构、投顾机构等多主体共同参与，采取多样化的教育方式，重点发挥互联网作用，帮助投资者转变理念，做好养老储备。

（五）加强投顾机构养老金资产投顾服务

境外成熟国家投顾团队对个人养老金投资等方面发挥了较大作用，IRA投资者是美国投顾业务的重要服务对象。根据 ICI 2020 年[①]的市场调查统计，制定退休资产的投资策略时，约有 76% 的个人或家庭会通过投资顾问机构来获取投资咨询建议，其中 68% 的个人或家庭制定退休资产投资策略首次咨询均来自投资顾问。中国养老金融 50 人论坛 2020 年关于养老金融的调查显示，大部分调查对象对于支付养老金融投资咨询费用从而获得养老投资帮助持积极的态度，意味着专业投资咨询业务获得认可。国内投资顾问业务试点已满 1 年，各试点机构也逐步推出针对养老金资产的投资策略及组合，如华夏财富的养老智投系列、中欧水滴投顾的水滴养老等，现阶段以养老金资产投资组合为主，养老金资产投顾尚处于不断完善过程中，后续需进一步加强和完善针对养老金资产资产配置、投资策略、产品选择、风险匹配等投顾业务，为投资者在生命周期的不同阶段，提供与其风险敞口相匹配的投顾服务。

---

① ICI，"Investment Company Fact Book"，www. icifactbook. org.

参考文献

中国证券投资基金业协会：《个人养老金：理论基础、国际经验与中国探索》，中国金融出版社，2018。

董克用、姚余栋主编《中国养老金融发展报告（2019）》，社会科学文献出版社，2019。

David M. Darst：《资产配置的艺术》，中国人民大学出版社，2013。

熊军：《养老基金投资管理》，经济科学出版社，2014。

ICI，"Investment Company Fact Book"，www. icifactbook. org.

OECD，"Pension Markets in Focus"，www. oecd. org.

B.8

养老保障管理产品：监管引导下的调整与转型

曹 伟　叶向峰*

摘　要： 2020年，随着监管政策的调整，养老保障管理业务特别是个人养老保障管理业务在经过前几年的快速发展后进入了调整转型阶段，业务增速相对趋缓，主要主体的市场位次出现变化。个人养老保障管理产品延续2019年的趋势，继续向净值化、长期化方向转型，同时互联网销售渠道呈现不同特点的分化。随着人口老龄化进程加快，面对养老保险第三支柱改革不断深入以及监管部门对养老金融发展提出新的要求，未来养老保障管理产品需要围绕养老需求特点和监管要求进行产品创新，从服务第三支柱发展、丰富产品投资策略、整合养老金融和养老服务、基于养老规划提供投资咨询等方面入手持续推进业务转型，这样才能更好地服务多层次养老保障体系建设。

关键词： 养老保障　养老金融　养老服务

---

* 曹伟，建信养老金管理有限责任公司总裁，高级经济师；叶向峰，经济学博士，FRM，中国养老金融50人论坛特邀成员，曾供职于建信养老金管理有限责任公司创新发展部。建信养老金管理有限责任公司创新发展部张佳汉经理对本文的写作亦做出了贡献。本文仅代表个人观点，与供职单位无关。

一　2020年养老保障管理业务市场概况

自2013年原保监会发布《养老保障管理业务管理暂行办法》（保监发〔2013〕43号，简称《暂行办法》）以来，养老保障管理业务在经历初期的起步阶段后，迅速进入快速发展阶段，2019年整个行业业务规模跨越万亿平台，达到了1.1万余亿元，在服务多层次养老保障体系建设中发挥了积极作用。进入2020年，随着养老保险第三支柱改革进程加快，银保监会一方面针对养老金融产品正本清源，统一产品标准，清理名不副实的产品；另一方面开展业务创新试点，大力发展真正具备养老功能的专业养老产品。随着监管政策的调整，养老保障管理业务特别是个人养老保障管理业务进入了调整转型阶段。

（一）业务增速相对趋缓

面对人口快速老龄化的冲击，监管部门高度重视养老金融的改革发展，银保监会梁涛副主席在2020年11月6日国务院政策例行吹风会上回答记者提问时表示，为推进第三支柱发展，监管部门“正积极推进相关工作，按照两条腿走路的原则，一方面对不符合标准带有‘养老’字样的短期产品坚决予以清理，另一方面选择少数符合条件的金融机构和专营机构先开展养老金融试点”。按照监管部门的政策导向，养老保障管理业务在2020年以服务养老为目标主动进行了相应的调整转型，压缩养老属性不显著的业务，更加回归养老本源，业务发展速度较之前相对趋缓。据不完全统计，2020年行业业务规模刚刚超过1.2万亿元，增速为个位数，较2019年接近翻番的增速大幅回落。

（二）市场格局出现变化

2020年养老保障管理业务的市场主体与2019年相比没有变化，保持8家养老保险公司加建信养老金公司的“8+1”格局。2019年获批筹建的恒安标准养老保险有限责任公司在 2021 年 1 月正式开业，成为国内第一家外资养老保险公司。

从业务规模来看，开业运营的 9 家公司业务梯次与 2019 年相比没有出现变化，国寿养老和平安养老依然位于第一梯队，整体业务都超过 3000 亿元；建信养老金和长江养老保持第二梯队，业务规模在 2000 亿元以上；其他几家公司属于第三梯队，业务规模在 1000 亿元以下，其中人保养老和新华养老由于只开展了团体养老保障管理业务，业务规模相对较小。但是从各家公司的业务规模变化来看，市场格局较 2019 年还是存在不同，一是第一梯队的两家公司市场位次出现了变化，平安养老的业务规模在 2020 年不仅跨上 3000 亿元平台，而且还超过了国寿养老。二是第二梯队的两家公司市场位次也出现了变化，长江养老在团体养老保障管理业务依然保持市场领先的同时，个人养老保障管理业务缩小了与建信养老金的差距，整体业务规模超越建信养老金公司。第三梯队的几家公司市场位次则没有变化（见表 1）。

表 1　2020 年各公司养老保障管理产品规模

单位：亿元

公司	个人养老保障管理产品		团体养老保障管理产品	2019 年市场位次
	开放式	封闭式		
平安养老	3014.49	321.26	14.17	2
国寿养老	2852.51	92.31	67	1
长江养老	2036.09	—	179.18	4
建信养老金	1962.33	90.22	69.92	3
太平养老	687.32	—	94.47	5
大家养老	426.32	—	—	6
泰康养老	358.75	—	21.94	7
合计	11337.81	503.79	446.68	

注：数据主要来源于各公司官网，个别为同业交流数据。

（三）销售渠道呈现分化

养老保障管理产品因面向的客户类型不同，销售渠道存在差异。团体养老保障管理产品主要面向政府机关、企事业单位及其他社会组织等团体，因此一般采取直销方式，通过公司自有渠道进行销售。个人养老保障管理产品面向个人公众，主要采取与具有资质的金融机构和第三方网络平台等合作，通过代理渠道进行销售，其中第三方网络平台因流量优势是个人养老保障管理产品最主要的销售渠道。

2020 年第三方网络平台代销个人养老保障管理产品的总体格局与之前没有太大变化，蚂蚁财富的代销规模依然最大，理财通次之，京东金融排名第三。但是在养老保障管理业务转型发展的背景下，第三方网络平台之间由于各自发展侧重点不同在 2020 年也出现了一些分化。蚂蚁财富更侧重代销长期限（1 年以上）的产品，平台销售的短期限产品相对较少；理财通针对自身渠道的客户特点，侧重于相对短期限的产品；而京东金融由于总体代销规模小于蚂蚁财富和理财通，因此在产品期限上没有特别偏好，而且为了吸引客户，代销产品的收益率相对较高（见表 2）。

表 2　主要互联网平台代销产品举例

单位：%

互联网平台	产品名称	期限	发行公司	2020 年平均收益率
蚂蚁财富	添年享	T + 369	长江养老	4. 58
理财通	颐养 30	T + 30	太平养老	3. 45
京东金融	金通 30(净值型)	T + 30	平安养老	3. 90

注：平均收益率为各产品每日展示的年化收益率的简单平均。

二　2020年个人养老保障管理产品回顾

（一）个人养老保障管理产品期限及类型

随着养老保障管理业务的转型调整，2020 年个人养老保障管理产品的发展总体来看是延续 2019 年的趋势，继续向净值化、长期化方向转型。

2018 年中国人民银行、银保监会、证监会、国家外汇管理局下发《关于规范金融机构资产管理业务的指导意见》（以下简称《资管新规》），之后包括个人养老保障管理产品在内的资管产品逐步向净值化转型，2018 年 8 月第一只净值型个人养老保障管理产品开始在第三方网络平台销售，随后新发行的净值型产品不断增多。

同时随着养老保险第三支柱的改革发展，监管部门引导和支持养老金融产品逐步向长期化发展，更体现产品的养老属性，2020 年 11 月 6 日银保监会梁涛副主席在国务院政策例行吹风会上回答记者提问时指出，监管部门"支持相关机构发展体现长期性、安全性和领取约束性，真正具备养老功能的养老金融产品"。个人养老保障管理产品在期限上逐渐拉长，逐步培养客户进行长期养老资金积累的习惯。2020 年在互联网平台销售的 67 只开放式产品中，一年期及以上的长期限产品有 25 只；当年新发行的 22 只产品中，一年期及以上的产品有 8 只。平安养老还在蚂蚁财富渠道上线了两年期的产品（见表 3）。

表 3　2020 年开放式个人养老保障管理产品期限及类型统计

单位：只

产品期限	产品数量	其中净值型产品数量
180 天及以下	36	18
180 天 ~1 年以下	6	2
1 年	22	16
1 年半	1	0
2 年	2	2
合计	67	38

注：产品期限非精确时间，例如 1 年期指产品持有期限在 365 天左右。

资料来源：主要互联网平台的统计。

（二）主要互联网平台的个人养老保障管理产品

个人养老保障管理产品主要的销售渠道是第三方互联网平台，其中蚂蚁财富、理财通和京东金融集中了绝大部分业务。据不完全统计，2020 年蚂蚁财富渠道代销的个人养老保障管理产品有 34 只，其中净值型产品 19 只。理财通渠道代销的产品有 37 只，其中净值型产品 22 只。京东金融渠道代销的产品有 29 只，其中净值型产品 17 只。

从三个互联网平台代销产品的期限看，蚂蚁财富渠道一年期及以上的产品有 16 只，在该平台全部代销的产品中占比接近一半，在市场 25 只长期限产品中占比 64%。理财通和京东金融渠道，一年期及以上的产品各有 10 只，在各自平台代销的产品中占比都不到 1/3，在市场 25 只长期限产品中占比 40%，以上这些统计数据也反映出不同平台之间在养老保障管理产品选择方面的差异（见表 4）。

表 4　2020 年主要互联网平台个人养老保障管理产品统计

单位：只

产品期限	蚂蚁财富		理财通		京东金融	
	产品数量	其中净值型产品数量	产品数量	其中净值型产品数量	产品数量	其中净值型产品数量
180 天及以下	16	6	24	14	16	9
180 天～1 年以下	2	1	3	0	3	1
1 年	14	10	8	6	8	6
1 年半	0	0	0	0	1	0
2 年	2	2	2	2	1	1
合计	34	19	37	22	29	17

注：各公司的产品一般都会采取多渠道销售，因此三个平台合计的产品数量大于市场上的产品数量。

资料来源：主要互联网平台的统计。

（三）各主体在互联网平台销售的个人养老保障管理产品

目前市场上开展个人养老保障管理业务的公司有 7 家，从各公司在互联网平台上销售的产品数量看，平安养老的产品数量最多，有 18 只；太平养老和长江养老次之，分别有 17 只和 12 只；国寿养老有 10 只；建信养老金和泰康养老产品数量较少，分别有 5 只和 4 只。

从期限类型看，平安养老的产品期限最为完备，覆盖了各个期限段，而且产品大部分为 1 年期及以上期限，特别是大于 1 年期的产品，2020 年市场上只有平安养老进行了布局。国寿养老、长江养老和太平养老的产品在 1 年期及以下期限方面做到了全覆盖，但长期限产品的数量相对不多。建信养老金的产品主要是 1 年期和短期限这两大类，泰康养老则主要是短期限的产品，其他期限方面暂时还没有进行产品布放（见表 5）。

表 5　2020 年各公司在互联网平台销售的个人养老保障管理产品统计

单位：只

		180 天及以下	180 天～1 年以下	1 年	1 年半	2 年	合计
平安养老	产品数量	6	1	8	1	2	18
	净值型产品	2	0	5	0	2	9
国寿养老	产品数量	5	2	3	0	0	10
	净值型产品	1	1	2	0	0	4
长江养老	产品数量	6	1	5	0	0	12
	净值型产品	4	0	3	0	0	7
建信养老金	产品数量	3	0	2	0	0	5
	净值型产品	1	0	2	0	0	3
太平养老	产品数量	11	2	4	0	0	17
	净值型产品	6	1	4	0	0	11
泰康养老	产品数量	4	0	0	0	0	4
	净值型产品	4	0	0	0	0	4

注：大家养老的数据没有统计在内。

资料来源：主要互联网平台的统计。

三　养老保障管理业务发展面临的机遇和挑战

2020 年对养老保障管理业务而言是监管政策和外部环境变化比较大的一年，除了按照《资管新规》要求个人养老保障管理产品需要继续向净值化转型外，养老保险第三支柱改革进程加快，监管部门对养老金融发展提出新的要求，同时金融消费者权益保护更加受到重视，这些都给养老保障管理业务发展带来了机遇和挑战。

（一）养老保障管理业务发展面临的机遇

1. 养老保险第三支柱制度出台在即

2020 年以来国家对养老保险第三支柱的改革发展重视程度不断提高。2021 年 2 月 26 日中央政治局就完善覆盖全民的社会保障体系进行第二十八次集体学习，习近平总书记强调，要加快发展多层次、多支柱养老保险体系，更好满足人民群众多样化需求。2021 年 3 月国务院印发《关于落实〈政府工作报告〉重点工作分工的意见》，要求人社部、财政部、银保监会牵头，9 月底前出台第三支柱养老保险相关政策，年内持续推进。

从发达国家的经验看，第三支柱在整个养老金体系中占有重要地位，以美国为例，2019 年其 IRA 账户规模为 11.03 万亿美元，在整个养老金中占比 31.2%[①]。而我国真正意义上的第三支柱是 2018 年开始试点的税收递延型商业养老保险，试点两年多来规模仅有 3 亿元，和成熟的养老金体系相比差距较大。因此随着顶层制度的出台，第三支柱未来的发展空间巨大。养老保障管理业务的出现本身就是定位于服务多层次养老保障体系建设，第三支柱的制度出台对养老保障管理业务发展而言是一个重要机遇。

2. 养老金融产品发展市场潜力巨大

在国家养老保障体系不断深化改革的背景下，居民个人的养老理财意识也在不断增强，富达国际和蚂蚁财富联合发布的《2020 年中国养老前景调查报告》显示，18～34 岁的受访者人群中有 51% 表示已经开始自己的退休规划和养老储蓄，2018 年和 2019 年这一比例分别是 44%、48%；35 岁及以上人群为 59%，2018 年和 2019 年这一比例分别是 50%、54%。中国养老金融 50 人论坛发布的《中国养老金融调查报告（2020）》显示，调查对象中只有 6.57% 的人员在参加养老保险之外没有进行任何的养老投资或理财，

---

① http：//qzr. cn/sys/79324. html.

其他人通过各种金融产品都在进行一些养老储备。可见，养老金融产品的市场潜力巨大，这对个人养老保障管理产品发展而言是重要的推动力量。

3. 养老保障管理业务发展更加规范

2019 年以来，为适应客观形势变化，监管部门开始对《养老保障管理业务管理办法》进行修订，这项工作 2020 年还在持续进行。

根据了解到的情况，后续修订意见明确个人养老保障管理产品是非保本公募资产管理产品，业务结构上进一步提高中长期限产品的占比，销售管理上强调销售适当性和销售规范，销售渠道上加强了对第三方网络平台的规范和约束。目前修订后的办法尚未出台，如果新的办法实施，个人养老保障管理业务的规范性将进一步提高，这对行业的健康发展具有积极意义。

（二）养老保障管理业务面对的挑战和压力

1. 服务第三支柱发展中面对的竞争更加激烈

养老保险第三支柱的推出在给个人养老保障管理业务发展带来机遇的同时也带来了一定的挑战，根据 2019 年人社部官网发布的信息，符合规定的银行理财、商业养老保险、基金等金融产品都能成为养老保险第三支柱的产品，通过市场长期投资运营，实现个人养老金的保值增值。面对以上这些金融产品，无论是在产品成熟度、产品运作经验还是在客户熟悉度、社会普及面等方面，个人养老保障管理产品都还存在一定差距。养老保险第三支柱制度出台后，个人拥有投资选择权，如果个人养老保障管理产品可以纳入合格产品范畴，需要面对众多金融产品的竞争，如何打造自身的特色和优势，吸引客户进行选择是个人养老保障管理产品需要面对的重大挑战。

2. 按照《资管新规》要求产品需要向净值化转型

2018 年 4 月中国人民银行、银保监会、证监会、国家外汇管理局下发《关于规范金融机构资产管理业务的指导意见》，要求“金融机构对资产管理产品应当实行净值化管理”，并规定 2020 年底过渡期结束后，金融机构的资产管理产品按照《资管新规》进行全面规范。按照这一规定，个人养老保障管理业务需要逐步压缩以摊余成本进行计量的产品，加大市值计量产品的发展。

但是2020年的新冠肺炎疫情对经济造成了意想不到的冲击，在此背景下为平稳推动资管业务规范转型，2020年7月31日人民银行发布通知，《资管新规》过渡期延长至2021年底，但是有关负责人回答记者提问时明确表示，过渡期延长的政策安排不涉及资管业务监管标准的变动和调整，并不意味着资管业务改革方向出现变化。因此，按照要求继续推进产品的净值化转型仍是个人养老保障管理业务未来一段时期内的主要任务和挑战。

3. 个人养老保障管理业务的监管政策出现变化

2020年在养老保险第三支柱改革发展的背景下，为规范养老金融产品市场，监管部门选取少数金融机构开展养老储蓄、养老理财、专属养老保险和商业养老金业务的试点，准备统一各类养老金融产品的标准。未来，个人养老保障管理产品需要按照新的标准来设计开发，这对各主体而言是一个新的课题和挑战。

在新的产品标准出台前，监管部门已经开始规范养老金融市场，原有的个人养老保障管理产品特别是不符合养老属性的短期限产品在逐步进行压降，2021年这项工作还在持续推进。在规模压降的过程中，确保不出现流动性风险对各主体而言都是最直接的挑战，同时在压降原有业务的同时探索更具有养老属性的个人养老保障管理产品的发展，实现业务的有序衔接也是各主体需要认真解决好的问题。

4. 金融消费者权益保护日益受到重视

在2019年规范金融营销宣传行为的基础上，2020年中国人民银行下发了《金融消费者权益保护实施办法》（中国人民银行令〔2020〕第5号，简称《实施办法》），对金融消费者的权益保护做出更加全面和系统的规定，包括金融消费者风险等级评估、产品和服务的信息披露、营销宣传、消费者金融信息保护、投诉处理、金融消费者教育等，同时还从公司治理、部门设置、工作职责、内控制度等方面对金融机构的行为进行了明确。对照这些要求，各主体需要在现有基础上进一步提高标准，严格规范个人养老保障管理业务各环节的工作。

同时，公众自身的维权意识也在提高，《中国养老金融调查报告(2020)》调查了公众对养老金融知识的需求，结果显示26.47%的受访者选择了“投资者权利和维权途径”。因此，按照《实施办法》各项要求，切实保护消费者权益是各主体下一阶段需要认真落实的重要任务。

四 个人养老保障管理产品的转型发展

面对监管政策和外部环境变化，个人养老保障管理产品需要围绕养老需求特点和监管要求深入进行产品创新，持续推进业务转型，这样才能更好服务多层次养老保障体系建设。

（一）养老需求的特点

基于整个生命周期角度，养老以劳动者退休为界可以分为养老积累和养老消费两个大的阶段。养老需求具有几个显著的特点。

1. 刚需性

养老是每个人都必须面对的人生问题，是一项刚性需求，无论是通过家庭赡养、个人储备，还是参加制度化的社会养老保险，每个人解决养老问题的方式可能不同，但养老需求是客观存在的。因此对养老产品而言，重点不是去创造需求，而是如何更好地满足需求。

2. 长期性

养老积累从劳动者步入劳动收入阶段开始，往往要积累十几年甚至几十年的时间，而退休之后的养老消费也会持续较长时间。因此养老需求的满足必须进行长期规划，基于个人生命周期进行跨时期资源配置。

3. 安全性

人们进行养老积累，目的是满足退休之后的养老需求，而退休之后由于没有工作收入，退休前积累的养老资金对老年人保障自已生活而言非常重要，形象地讲就是“保命钱”，因此相比收益性而言，养老资金更需要资金的安全性和投资的稳定性，人们也更关注这一点，根据《中国养老金融调查报告（2020）》，调查对象中63.29%的人在养老理财或投资中将“确保本金安全第一位，收益多少不重要”作为其长期目标。

4. 差异性

在一般意义上，无论是整个社会还是家庭、个人，用于养老积累和消费的资源是有限的，人们对养老产品的选择都是在资源既定条件下追求最优结果，由于个人的资源禀赋不同，风险承受能力和风险偏好不同，因此养老需求也具有不同层次，养老产品必须体现差异性，这样才能匹配不同层次的需求。

5. 多样性

养老需求是一个复合型需求，不是单一产品或服务就可以完全满足的。就养老积累而言，个人可以选择不同的方式和金融产品；就养老消费而言，更是涉及衣、食、住、行、医、乐等方方面面，全方位满足人们的养老消费需求，涉及金融、地产、服务、用品、医护、教育、文旅、咨询等行业，形成了丰富的养老生态。

（二）个人养老保障管理产品转型方向

基于养老需求的特点，下一步个人养老保障管理产品的转型发展可以从以下几个方面考虑和推进。

1. 服务养老保险第三支柱改革发展

在老龄化进程不断加快的背景下，国家对养老保险第三支柱的改革日益重视，具体的发展方向和政策出台时间也逐渐明确，这对个人养老保障管理业务而言是一个难得的机遇，因此围绕第三支柱发展、服务第三支柱建设是个人养老保障管理产品未来的重要发展方向。

按照人社部最新发布的信息，未来第三支柱建立总的考量是以账户为基础，虽然具体政策还尚未公布，但总结发达国家经验，个人账户制还是有一些共同特点，一是国家针对个人账户实施税收优惠，一般不针对具体产品；二是个人在第三支柱合格产品中自主选择投资的产品，同时还有默认选择机制；三是养老保险二、三支柱之间相互打通，资金可以进行转移；四是第三支柱个人账户制有不同的类型，满足不同的个人需求，目的是尽可能扩大覆盖面；五是个人账户的年度缴费有上限规定，同时资金领取有最低年龄限制，保证资金可以长期积累。

根据个人账户制实施的这些共同特点，个人养老保障管理产品要参与第三支柱，产品设计方面需要关注以下几个方面。

一是要符合监管政策要求。第三支柱个人账户的实施，可供个人选择的投资产品类型有多种，例如基金、保险、理财等，针对每类产品都会制定合格产品的具体要求，只有符合要求才能纳入合格产品范围，个人才能在其中选择相应的产品进行投资。因此个人养老保障管理产品要参与第三支柱，首要条件就是按照监管部门的规定，设计符合要求的产品，纳入第三支柱合格产品范围，否则即便个人进行了选择，也无法享受到国家税收优惠。

二是可以设计期限较长的产品。第三支柱个人账户一般都会规定资金领取的最低年龄限制，这就保证了资金可以在账户中长期积累，与此相匹配，个人养老保障管理产品可以在期限上适当拉长，例如五年期、十年期，甚至更长期限的产品，通过拉长产品期限，形成的资金可以投资长期限的资产，获取流动性补偿，提高产品收益率，形成与一般投资产品的竞争优势。

三是可以设计与资金领取相衔接的产品。劳动者退休后会从个人账户中领取资金，以满足养老消费需求，而这部分领取出来的资金，往往会在个人手中形成一定时间的沉淀，因此在开发第三支柱合格产品之外，还可以设计针对资金领取的个人养老保障管理产品，与个人账户形成无缝衔接。这类产品的重点是满足个人的养老支出和消费，同时实现一定的收益，例如针对日常的或随机的养老支出，可以向监管部门申请设计 T+0 的产品，既保证个人的支出需要，又可以获得比持有现金或活期存款更高的收益。再比如针对一些定期性的养老支出，可以设计不同期限的定开型产品，客户根据支出需要购买相应期限的产品，或者设计不同分红期限的产品，客户领取资金后一次性购买这样的产品，用分红来支付定期性的支出，这种方式既满足了支出需要，同时也能有效提高收益。

2. 丰富产品的投资策略

养老资金的性质，决定了养老投资不同于一般性理财，需要满足不同的养老需求，也更追求资金的安全性。因此对于个人养老保障管理产品而言，需要丰富和强化产品的投资策略，一方面要通过不同的投资策略形成多样化的产品，匹配不同年龄阶段、不同风险偏好的个人，另一方面要通过强化投资策略研究，实现良好的收益率和安全性，增强产品的吸引力。与其他金融投资产品相比，目前市场上个人养老保障管理产品的投资策略还不够丰富，未来随着养老保险第三支柱的建立，个人账户的合格产品会包括多种类型的产品，因此个人养老保障管理产品需要不断加强投资策略研究，提高产品收益性和安全性，以更好地应对市场竞争。

这方面养老目标日期基金和养老目标风险基金提供了很好的思路和借鉴。目标日期基金是设定投资者的退休日期，然后根据距离退休日期期限的不同，引入下滑轨道，随着年龄增长逐步减少权益资产投资比例，除了权益资产的下滑轨道外，目标日期基金还考虑细分资产类别在投资者生命周期中的配置权重。目标风险基金则是设定投资者的风险偏好类型，例如保守、稳健、进取等，然后根据投资者不同的风险承受能力，设计不同风险类型的产品，实现与风险偏好的匹配。个人养老保障管理产品可以借鉴以上这些思路进行产品的设计。

此外，个人养老保障管理产品在投资策略上可以引入 FOF/MOM 策略，通过该策略一方面可以在产品层面保持投资收益的相对稳定，另一方面又可以通过将资金配置在不同机构和不同策略的产品上，达到分散风险的目的。还可以引入“固收 +”策略，通过固定收益资产保证产品的基本收益，实现资金的安全，同时通过配置一定的权益类资产，提高产品收益率。再比如还可以引入量化对冲策略，灵活运用期货、利率互换等衍生品工具，有效对冲投资组合的市场风险，降低组合的净值波动。

3. 附加养老服务满足客户多样化需求

人们进行养老积累的最终目的是要在退休之后享受各类养老服务，这是养老理财区别于一般投资理财的一个重要特点。2020 年 9 月腾讯金融科技智库联合清华大学老龄社会研究中心、清华大学中国保险与风险管理研究中心进行了“国人养老准备调研项目”，结果显示关于养老生活的愿景，未退休者中74.6%和68.1%的受访者选择了“完善的医疗服务”和“良好的居住和服务设施”。针对这种情况，对于个人养老保障管理产品而言，一个重要的发展方向就是连接养老积累和养老消费，将养老金融和养老服务有机整合，为解决养老需求提供综合解决方案，这应该也是个人养老保障管理产品打造自身优势的一个重要手段。

将养老金融和养老服务进行整合可以通过多种方式实现，一种方式是可以在个人养老保障管理产品上附加相应的养老服务，个人在购买养老保障管理产品获得投资收益的同时，还可以享受到产品附加的养老服务，这种方式直接将养老积累和最终的养老消费进行对接，省去了个人选择养老服务的麻烦，同时由于发行产品的公司采购养老服务具有相对的专业优势和价格优势，这也可以为个人带来附加价值。另一种方式就是个人养老保障管理产品附加养老支付功能，个人购买养老保障管理产品获得投资收益，实现养老积累，待退休之后进行养老消费时，由之前购买的养老保障管理产品直接向养老服务商进行支付，这种方式需要个人自已选择养老服务，但是支付过程实现点对点，减少了资金风险。通过以上这些方式，个人养老保障管理产品发挥了桥梁纽带作用，将养老的需求侧和供给侧直接对接，形成了养老生态圈，一方面客户可以享受到优质的养老服务，减少了资金支付风险，另一方面养老保障管理产品的销售，也为养老服务商进行客户导流，实现多方共赢。

建信养老金公司在2020年就发行过附加养老服务的个人养老保障管理产品，客户购买产品后可以享受产品附加的老年体检、养老机构入住体验等养老服务，体现了不同于一般理财产品的特点，得到了市场的良好反响。

4. 基于养老规划向客户提供投资咨询

养老是一个跨生命周期的资源配置过程，不同于一般的投资理财，个人进行养老积累不仅要实现投资收益，更重要的是养老消费需求出现时可以有相应的资金匹配。因此，养老积累需要结合自身的养老规划进行，这样才能有效满足未来的养老消费需求，这就对个人的养老金融知识、养老规划等提出了较高要求。

《中国养老金融调查报告（2020）》专门对受访者的养老金融知识自我认知情况进行了调查，结果显示平均得分为68.76分，处于及格分以上相对较低的水平。该报告还对尚未进行任何养老投资或理财的受访者调查了背后的原因，结果显示，32.20%的群体表示对养老理财和产品缺乏了解，25.29%的群体因为对投资理财知识缺乏了解而没有进行养老投资或理财。

因此个人养老保障管理产品的发展，不仅要关注产品本身，更重要的是要立足个人或家庭的养老规划，从养老财富管理的角度出发为客户提供咨询意见，帮助他们进行产品的合理配置。这方面是有市场基础的，《中国养老金融调查报告（2020）》专门对"养老金融投资咨询费用支付意见"进行了调查，显示只有13.61%的调查对象不愿支付任何咨询费用，其他都愿意支付咨询费用，只是方式不同而已。

随着人工智能和机器学习等技术的发展，打造智能投顾系统，根据个人不同的情况，运用一系列智能算法为客户提供投资参考也是个人养老保障管理产品为客户提供投资咨询的一个重要发展方向。

参考文献

董克用、姚余栋主编《中国养老金融发展报告（2020）》，社会科学文献出版社，2020。

董克用、施文凯：《加快建设中国特色第三支柱个人养老金制度：理论探讨与政策选择》，《社会保障研究》2020年第2期。

董登新：《第三支柱养老金个人账户及税优设计建议》，《养老金融评论》2019年第1期。

叶向峰：《全周期和生态圈视角下的养老问题》，《养老金融评论》2016年第8期。

专 题 篇

Special Topic Reports

B.9
养老金管理机构数字化转型思考

苏 罡*

摘 要： 近年来，数字化技术正在深刻重构社会的方方面面，数字化转型成为金融机构所面临的重要任务之一。本文聚焦养老金管理机构，分析了市场格局、客户需求、技术发展等变化所催生的数字化转型需求，进而探讨养老金管理机构数字化转型的内涵及现状。未来，养老金管理机构的数字化转型将呈现价值创造、数据赋能、平台共享等重要趋势，同样也面临顶层设计尚不成熟、数据资产积累应用相对薄弱、核心业务数字系统开发能力不足等难点。对此，本文提出了打造与养老金业务一体的数字化战略，持续提升数据服务能力，打造数据中心，构建复合型数字人才储备，加强金融科技开放合作和自主研发，推动

* 苏罡，金融学博士，高级经济师，中国注册会计师协会非执业会员。现任长江养老保险股份有限公司党委书记、董事长、执行董事，中国保险资产管理业协会副会长和养老金管理专业委员会主任委员，中国养老金融 50 人论坛核心成员。长期从事金融领域工作，在保险资管、养老金管理、债务融资、IPO 融资、收购兼并、公司治理、合规与风险管理等多个领域具有丰富经验。

核心业务环节全流程金融科技应用等对策建议。

关键词： 养老金 数字化转型 业务融合 数据赋能 金融科技

一 养老金管理机构数字化转型的必要性

如今积极应对人口老龄化已上升为国家战略，并正式写入“十四五”规划。截至2020年底，三支柱养老金规模超过12万亿元①。人口老龄化趋势和养老金市场改革推动了市场规模的快速增长，同时对养老金管理机构的核心能力提出了更高要求。

（一）市场格局日益多元，亟须长期可持续的技术型降本增效

未来养老金市场将呈现“双循环”发展的格局，对内银行、保险、基金、信托等行业都已经积极参与，并可能有越来越多新的机构获得各类养老金管理的资格；对外中国坚持金融开放的决心及市场巨大的潜力，吸引了外资机构入场，目前政策允许外资参股设立养老金管理公司，意味着中国本土的养老金管理机构将与具有丰富养老金管理经验的国际资管机构直接竞争。在此背景下，原先在养老金管理领域的牌照红利可能会进一步弱化，夯实养老金管理机构受托和投资能力正在成为决定市场份额的重要因素。与此同时，随着客户可选择的投资工具增加，会在一定程度上压低服务价格，进一步压缩养老金管理机构的盈利空间，对养老金管理机构建立规模优势和控制运营成本提出了更高要求。

（二）客户需求持续升级，更加关注优质信息交互和服务体验

当前养老金客户正逐步呈现年轻化、个性化和专业化的迭代趋势。一是

---

① 包括基本养老保险、社保基金、企业年金、职业年金、个人税延商业养老保险。

社会财富正在向年轻一代转移，这些客户成长于互联网时代，截至2020年2月，中国移动互联网用户已达10.8亿人，他们普遍对于线上渠道更加敏感，对于服务的及时性和体验性要求更高。二是客户类型逐步从机构转向个人，对于养老金管理机构来说客户的个性化需求数量将呈现指数级增长。三是客户管理需求标准不断提升，随着客户对养老金业务的认知程度不断提升，对于受托、投资、产品等养老金管理的具体内容理解也更加深刻，因此其需求必然是更加精细化的，未来在投资绝对回报与相对回报的平衡、服务质量与管理成本的平衡等方面都需要做更多考虑。

（三）技术发展逐渐成熟，科技赋能养老金管理将会成为常态

近年来，以大数据、云计算、人工智能为代表的新技术快速发展并得以应用，深刻改变着经济社会的运行模式。无论是国内国外都非常重视金融科技的创新，2020年新冠肺炎疫情的发生也进一步推升金融机构对线上获客、数字营销、智能风控、智能客服等线上化、智能化服务需求，加速了科技赋能金融业的进程。养老金管理机构既需要发挥受托人的职能，为客户规划养老方案打造全生命周期的服务体验，又需要承担投资管理人的角色，实现养老金的保值增值，同时还需要通过账管人和托管人等角色保证养老资金的准确记录和安全存储。在信息化时代，因为技术手段有限，存在大量费时费力人工处理的环节。金融科技的蓬勃发展，为养老金管理机构的长期发展带来了新的思路，尤其是解决管理角色多元且流程复杂的问题，运用数字化手段真正提升机构每一个业务流程和环节的运行效率。

二　养老金管理机构数字化转型的内涵及现状

（一）养老金管理机构数字化转型的内涵

养老金管理机构如何通过更加有效的路径突破当前主业经营上的瓶颈，实现长期可持续的发展是一项重要的任务。根据IDC对全球企业的研究，数字化的企业可以保持销售额年均10%以上的增长、利润年均12%以上的增长，而非

数字化的企业则是持平或下降。普华永道发布的《2020年中国金融科技调研报告》显示，有超过1/5的受访机构已将“科技驱动的业务盈利”作为金融科技部门的直接绩效评价指标。养老金管理机构大多天生缺乏数字化的基因，因此迎接数字化浪潮，充分运用新兴科技，是养老金管理机构转型发展的重要手段。

当前各行各业都在进行数字化转型，但在实践中不同的主体对数字化转型都有不同的定义。《中国产业数字化报告2020》认为，产业数字化是指在新一代数字科技支撑和引领下，以数据为关键要素，以价值释放为核心，以数据赋能为主线，对产业链上下游的全要素进行数字化升级、转型和再造的过程。麦肯锡在研究中国22个行业的数字化水平时提出，数字化包括三个方面的内容，分别是资产数字化、运营数字化和劳动力数字化。IDC将数字化转型定义为：利用数字技术来驱动组织的商业模式创新和商业生态系统重构的途径和防范，核心是推动业务的增长和创新。①

综合以上关于“数字化转型”定义的观点，可以发现数字化转型的核心是数字化技术和企业业务的全方位融合交互。主要形态表现为运用数字化技术，在生产、运营、管理和营销等诸多环节实现数字化、网络化、智能化发展，推动机构业务重塑，持续打造和夯实机构核心竞争力。聚焦到养老金管理机构，成熟的数字化转型应当包括以下方面：一是管理方面，在战略、组织、人才等层面融入养老金管理的数字化思维，形成自上而下的数字化转型领导力，打造敏捷高效的组织架构，引进和培养具备数字化关键技能的核心人才等；二是业务方面，将数字化技术持续应用落地，实现养老金管理受托、投研、运营、客服、风控等业务环节的全流程数字化；三是资产方面，数据成为核心无形资产，通过深度挖掘数据价值形成动态的行业指数，形成计算机软件专利等为上下游提供数据服务，为养老金管理机构创造新的效益。

（二）养老金管理机构数字化转型的进程

根据中信联标准化技术委员会组织相关单位研制的《数字化转型参

① 《13家研究院、分析机构、企业权威定义：何为数字化转型？》，https：//www.sohu.com/a/438362039_99985415。

考架构》，数字化转型可以分为五个阶段：一是初始级发展阶段，在单一职能范围内初步开展数字化技术应用，但尚未发挥数字技术对主营业务的支持作用；二是单元级发展阶段，在主要或若干主营业务单一职能范围内开展技术应用，提升相关单项业务的运行规范性和效率；三是流程级发展阶段，在业务线范围内，通过流程级数字化和传感网级网络化，以流程为驱动，实现主营业务关键业务流程及关键业务与设备设施、软硬件、行为活动等要素间的集成优化；四是网络级发展阶段，在企业范围内，通过企业级数字化推动企业内全要素、全过程互联互通和动态优化，实现以数据为驱动的业务模式创新；五是生态级发展阶段，在生态组织范围内，通过生态级数字化和泛在物联网级网络化，推动与生态合作伙伴间资源、业务、能力等要素的开放共享和协同合作，共同培育智能驱动型的数字新业务（见图1）。

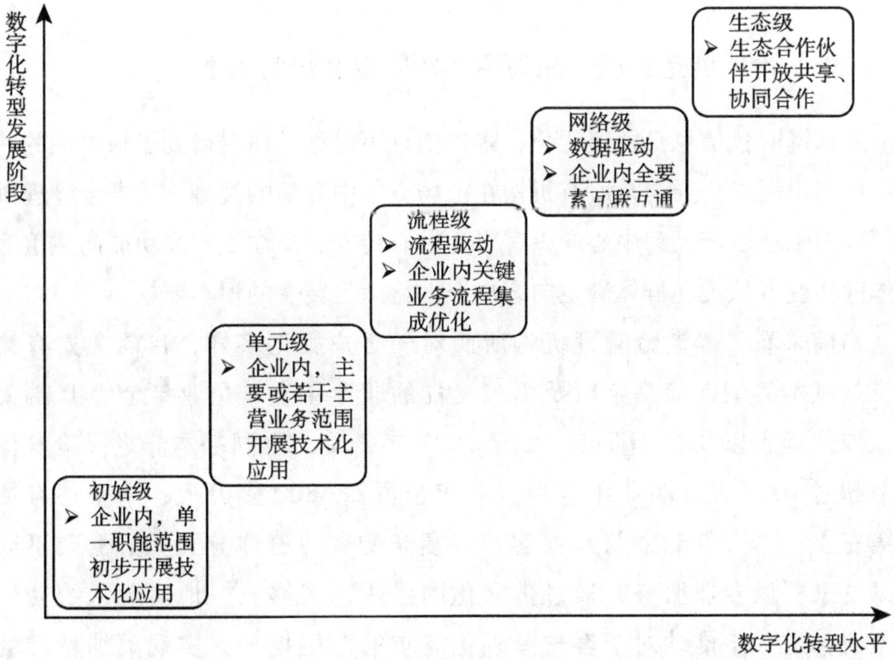

图1　数字化转型的五个阶段

养老金管理机构的发展与互联网的兴起几乎同步，线上金融服务探索始终伴随机构的成长，电子化、信息化基础相对较为扎实。当前数字化转型已经从养老金管理机构的“可选项”转变为“必选项”，无论是在数字化转型的成熟度还是在企业战略规划方面的重要程度都有所提升。养老金管理机构在数字化转型的资金、人才等方面投入力度不断加大，大多已经实现单元级发展，具体体现在受托、投研、风控、客户等关键业务领域，推动人工智能、区块链、云计算、大数据等新技术的应用。当前养老金管理机构正处于推动主营业务各个环节集成优化的发展阶段，通过流程驱动和数据驱动，最终实现机构的对内全域数字化和对外共享合作，推动业务模式的重构与创新。

三　养老金管理机构数字化转型的重要趋势

（一）价值创造：以产品为中心转向以客户为中心

互联网时代信息日益透明化，客户信息不对称的情况得到了根本性的转变。以客户需求为导向是所有机构在市场竞争中存活的关键，养老金管理机构同样面临从以产品为中心向以客户为中心转变、从注重产品功能向注重客户体验转变、从关注群体满足向客户个性化满足转变的根本要求。

当前来看，养老金管理机构所面对的客户类型多样，目前主要有第一支柱基本养老保险基金以及第二支柱的职业年金、企业年金等 B 端委托人或代理人以及 C 端职工。截至 2021 年 3 月，全国基本养老保险参保人数超过 10 亿人，职业年金和企业年金覆盖 5800 多万人；未来还有更多第三支柱个人养老金的 C 端客户。复杂的客户群体分类势必需要不同的系统来提供专业服务，通过数字化的手段，能够更好地实现系统功能的集成，进一步推动对于客户差别化需求的深度挖掘，实现更加精准的画像、识别、分层和定位，从以往千篇一律的服务模式逐步向千人千面的服务模式转变。

（二）数据赋能：从业务数据化转向数据业务化

数字化转型过程中，数据是重要基石，数据驱动决策、数据优化运营是核心内容。如果没有数据，人工智能、机器学习等技术就无法有效发挥作用。机构发展已经从信息化时代的在业务中积累数据，转变为数字化时代的利用数据发现业务发展的趋势和模式，并对未来可能发生的事件做出预测，从而更快、更便宜、更准确地将新产品和服务推向市场。麦肯锡全球调研显示，数字化能力领先的资管机构在数据领域的投入比例占到整体科技支出的30%，远超全球资管公司平均水平（21%），有更高的运营效率和更出色的业务增长及利润水平。[①]

养老金管理机构当前已经积累了受托、投资、运营、风控、产品、客户等多方面的业务数据，逐步搭建起大数据的规模基础。以商业银行为例，2018 年我国单家股份制银行内部积累的数据体量就达到了 100TB 以上。[②] 数字化真正将“数据”视为一种“资产”，通过将已经积累的养老金业务数据通过不同的使用方向组织成数据集市，有望打通全方位、全流程、全领域的数据实时流动与共享，实现数字化技术与养老金业务的有机融合，为养老金管理机构创造更多经济收益。

（三）平台共享：从内部数字化转向数字生态圈

一是内部生态链接，打通交叉业务合作。养老金是打通商业保险、健康管理和养老服务的核心资金来源，意味着养老金领取和服务支付管理等消费场景也需要更加高效、便捷和安全。“保险 + 养老 + 健康”的业务生态圈，决定了养老金管理机构需要在养老金融链条中思考更多与业务合作伙伴的数字化联动。比如中国太保集团通过实施“家园”项目，把不同子公司的数据孤岛打通，把各类数据放在一个屋檐下来整合与共享，大大提升了客户经

① 麦肯锡：《全球资管行业数字化转型战略蓝图与实践》，https：//www.sohu.com/a/442735511_407401。

② 陈文辉：《金融产业数字化转型的几点思考》，《中国金融》2020 年第 22 期。

营的效能，使未来养老金融服务场景下，一个客户、一个账户、一站式服务成为可能。

二是外部生态链接，寻找新的商业模式。著名的资管机构贝莱德每年会将营业收入的10%以上用于科技投资，其自主研发的阿拉丁系统，2006～2019年技术服务创收年均复合增长15.6%，2019年技术服务收入9.74亿美元，同比增长24.1%，远高于2.4%的营业收入增长，尽管当前技术服务收入占比不足10%，但根据企业规划，未来占比将达到30%。[①] 由此看来，金融机构的数字化转型或将为自身带来新的业务增长点。养老金管理机构同样可以将自身在受托服务、投资服务、产品服务、运营服务、数据服务等方面的能力通过API开放式服务接口向外部B端客户、政府机构、监管机构输出。长江养老的必盈职业年金一体化运作平台，实现了职业年金基金从归集到受托和投资管理，再到流向实体经济的全过程数字化支撑，打造了数字化技术能力和养老金管理业务能力相结合，同步向政府机构输出的良好实践案例。

四　养老金管理机构数字化转型面临的难点

（一）数字化转型的顶层设计尚不成熟

数字化转型是一个漫长且循序渐进的过程。不同行业间以及不同类型的机构间，数字化转型重点和路径差异非常大。因此，养老金管理机构同样需要根据自身经营特征制定数字化转型方案。当前来看，养老金管理机构在推进数字化的战略规划方面还存在以下挑战。

一是数字化转型战略未完全体现机构资源和业务特色。当前养老金管理机构的经营范围和业务规模都各不相同，所掌握的资源、可投资资金的差异巨大，因此不同机构之间的数字化转型必然面临不同路径。数字化转型是帮

① 恒大研究院：《解码贝莱德：如何掌管七万亿美元》。

助机构打造差异化竞争优势的重要手段，而机构自身资源禀赋将影响机构数字化转型的着力点，是选择全能化的数字化转型，或是细分领域的领先数字化创新，还是跟随行业进行渐进式的数字化改革，都需要进一步优化和思考。

二是数字化转型战略实施仍存在结构性问题。养老金管理机构大多已经通过数字化的手段提升了业务开展的效率，但这往往是为了解决单个业务部门的应用问题而引进相应的技术，未从公司全局考虑整合和集成式的开发，一定程度上形成了烟囱式的应用布局，各自系统之间相互独立互不连通，涉及诸多功能的重复开发和维护。数字化转型战略需要进一步打破现有的布局，在技术开发和流程再造等方面形成更多思路转变。

三是数字化转型战略需要持续动态修订调整。由于养老保障体系的改革仍在进行中，因此养老金管理机构的主营业务会随着市场形势发生一定变化，数字化转型所聚焦的重点也会随之变化。对于养老金管理机构来说，既需要有针对较为确定的核心业务板块的中长期规划，也需要有可以灵活应对市场变化的短期方案。

（二）数据资产积累和应用还相对薄弱

养老金管理机构正面临内部数据模块化梳理和外部数据大量涌现的关键时期。整体来看，仍然需要解决数据来源、数据标准和数据融合等问题，为数据的有效应用奠定基础。

一是数据来源存在短板。相较于宏观经济数据，养老金数据本身的信息披露还不够透明，职业年金、税延养老保险等业务数据大多需要通过同业交流获取，数据的口径和准确性难以保证。此外，对于开展年金等机构业务的养老保险机构来说，还未能充分从机构层面穿透到个人层面，获取更多有用的个人数据，以提供更多针对性的服务。

二是数据标准尚不统一。目前能够被养老金管理机构广泛采用，并确保各类服务供应商都可以通用的行业统一数据标准尚不存在，这对于养老金行业和机构的标准化系统建设会造成一定阻碍。同时，机构内部数据的格式也存在不统一的现象，实践过程中存在大量内容重复或口径不统一的报表，无法实现及时高效的信息交互。

三是数据融合仍有难度。对外来看，由于渠道分散、标准不一、商业机密保护等原因，各个机构之间数据直接共享的难度大，同业数据不可用的问题突出。对内来看，一方面，由于内部组织架构设计的原因及各个业务流程使用的数据系统不同，数据分散在不同的系统中，无法相互打通并发挥价值，导致形成“系统烟囱”和“数据孤岛”。另一方面，大型金融集团下的养老金管理机构，尽管能够借助集团化经营的优势获取更加全面的业务数据，比如保险、健康、养老综合服务链条下的个人客户数据，但这种跨机构的业务数据仍需要一定时间才能实现充分交互。

四是数据应用程度尚浅。数据资产积累的最终目的是挖掘数据价值，从而为业务开展提供助力。当前来看，养老金管理机构目前还缺乏对数据深度分析并为业务提供解决方案的能力，因此对于数据的利用率和价值提取度不高。

（三）核心业务数字系统开发能力不足

“十四五”规划明确将创新驱动作为发展方向，重点提到“要提升金融科技水平”，早在 2019 年央行发布的《金融科技（FinTech）发展规划（2019～2021 年）》，就对金融机构的科技场景落地、运作效率提高和风控质效把控等重点任务做出明确部署。对于养老金管理机构而言，数字化转型意味着需要做好战略规划、架构设计、数据运营等一系列的关键任务，这其中需要有关键核心数字技术的有力支撑。目前养老金管理机构的技术团队大多承接了以运营类、报表类等低价值开发内容为主的工作。未来如何从成本和效益的角度综合考虑核心关键数字技术的开发应用，是养老金管理机构需要解决的关键问题。

若直接使用第三方的服务商，则无法保障数据的安全性和技术的适用性。养老金行业作为数据密集型行业，更需要加强对于数据和信息的防护，只依靠第三方服务商的系统运行，信息安全性不可控。同时，第三方提供的往往是通用型的解决方案，无法充分适用于受托资产配置等养老金管理领域独有的业务环节。

若完全依靠机构自主研发，则面临极高的成本投入，各自为政的局面也会造成一定的社会资源浪费。为了避免“卡脖子”的情况发生，如何在当前各类底层技术已经成熟的情况下，联合行业力量搭建起通用的基础技术框架，继而推动养老金管理机构自有核心系统的自主研发仍然是未来发展的关键。

五 加快养老金管理机构数字化转型的对策

（一）打造与养老金业务战略一体的数字化战略

麦肯锡经过深入研究后发现①，全球领先资管机构的数字化战略有三大特点：一是以赋能业务为导向，具有明确的价值导向目标；二是与业务战略高度契合，数字化投入重点围绕其核心客户的需求和自身差异化标签能力的建设；三是设计分阶段的清晰路径图并分步骤实施。数字化转型不仅是技术更新，更是涉及经营理念、组织架构、业务运营等方面的全方位变革。成功的数字化转型需要有较清晰、系统的战略规划，并进行有效的实施推动。每一家养老金管理机构都具备自身经营属性和特征，发展程度也各不相同，需要根据机构自身的行业特点和业务发展阶段，寻找到适合企业自身成熟度及发展战略的数字化转型方案，有针对性地分阶段、分步骤推进数字化转型项目开发和落地。

对于养老金管理机构而言，以客户为中心应当既是业务战略也是数字化战略的核心价值导向。围绕这一导向，养老金管理的业务价值链条主要体现在受托运营、投资研究、风险防控和客户服务等方面。与此同时，需要在业务流程和组织架构等方面围绕数字化背景下的客户需求，做好适应性的调

① 麦肯锡：《全球资管行业数字化转型战略蓝图与实践》，https：//www. sohu. com/ a/442735511_407401。

整，从而保证数字化战略的有序实施。

一是业务流程化的改造。以端到端的理念真正将公司业务流程实现联通，以年金管理为例，依次涉及年金客户营销、年金账户开设、受托资产配置、投资管理、运营管理、客户服务等环节，可在厘清业务流程的基础上将客户需求和系统功能充分整合，从而破除各业务部门之间的信息壁垒，实现跨部门的流程互通、功能互通和数据互通，为养老金客户提供更好的服务体验。

二是敏捷型组织的打造。养老金客户在数字化时代往往要求机构有更快的决策和更快的交付。传统的仅靠纵向专业分工的做法已经难以满足数字化发展的需要，养老金管理机构的组织架构需要向以客户需求所形成的项目为单元的形式转变，创造一个更加创新、开放、敏捷的组织，从而减少因分工带来的跨部门沟通与协作的高额成本。

（二）建设养老金数据中心并提升数据服务能力

随着数据战略价值的逐步展现，如何改善数据质量，发挥数据价值促进数字化转型，切实提升公司业务管理能力是养老金管理机构实现数字化转型的首要任务。在建设养老金数据中心的过程中，需要持续关注提升数据治理、数据分析以及数据共享等能力。

一是强化数据治理。数据有效管理的前提，是明确数据标准以保证数据质量。中银保信等行业信息共享平台在数据的标准化规划、统一数据技术标准、明确系统间数据交换标准、制定数据安全标准等方面具有一定的经验和成果。养老金管理机构可以充分依托平台，集中引入存在共性需求的外部数据，并遵循统一的行业规范和技术标准对内部数据进行清洗、整合、计算与存储，从而打造企业级的数据平台。以长江养老为例，公司已在内部建立了数据治理决策、管理、执行三个层次的组织体系，制定了专门的管理办法，搭建了专业数据治理平台，并定期开展数据健康度评估，持续做好问题分发和跟踪解决。

二是提供数据服务。数据分析是价值创造的重要环节，养老金数据中心需要具备支持业务部门开展数据分析的能力，可通过计算引擎、指标中心、数据集市等模块，为养老金管理机构的计划管理、投研绩效、公司绩效等系统提供数据服务，支持不同维度的数据钻取、切片等分析方式，最终通过个性化指标报告、资产分析报表等方式实现最终的数据消费。

（三）深化业务和技术融合形成复合型人才储备

数据是数字化转型的重要基石，发挥人才的主观能动性是数字化转型成功的重要保障。养老金管理机构数字化转型始终围绕着具体的业务场景开展，因此对于人才的综合素质和跨界发展的要求会更高。传统模式下，人员分工较为清晰和单一，未来则需要了解一整套数据分析业务流程。全球领先资管公司的科技数据人才占比普遍超过20%，领先者甚至接近30%。[①] 未来可进一步探索业务和IT的融合模式，加大复合型人才储备，实现技术突破以推动业务进一步发展。

一是从数字化部门角度，重点培养和引进项目经理（Project Manager，PM）、商业分析师（Business Analysts，BA）等复合型人才，使纯IT人员向ITBP（Business Partner，业务合作伙伴）转变。这种模式的核心是将IT人才配置到业务部门，主动参与具体的业务流程，通过实践了解真实的数字化需求，在参与过程中提出量身定做的数字化建设的建议和解决方案。相较于当前通用的问卷数字化需求调研将会更加直接有效。

二是从业务部门角度，持续通过培训提升组织内现有业务人员的数字化能力。比如在营销、受托、投管等领域不再局限于定性的内容分析，而是用数字说话，通过学习相应的数字化工具，充分利用机构所积累的数据形成深度分析，更好地向客户展示历史业绩、预期收益等内容，更好地作为受托人对委托人风险收益特征、投管人的投资风格特征等做出量化评价等；也可提升业务人员的编程能力，在机构已经搭建好的基础数字平台上，根据客户个性化的需求，运用各类模块化的工具快速提供和演示量身定制的方案。

① 麦肯锡：《全球资管行业数字化转型战略蓝图与实践》，https：//www.sohu.com/a/442735511_407401。

（四）加强金融科技的开放合作和自主可控研发

与传统的银行业和保险业相比，养老金管理行业的资管属性更强，轻资产运作的商业模式决定了养老金管理机构难以大规模投入技术资金。因此，在一些非核心的技术领域，需要转变思路进行开放合作。将机构自身的资金更加聚焦在核心技术的自主研发上，在实现效用最大化的基础上加速数字化转型。

一是对外部优秀的 IT 功能模块进行集成。养老金管理机构可以与外部具有财富管理和资产管理经验的金融机构开展战略合作，学习成熟的科技创新案例，并结合自身业务特征加以二次开发和改造，从而快速提升养老金管理机构差异化服务的竞争力。同时，可以与天然具备数字化基因的科技公司合作，在相对标准化的企业人力资源、财务管理、综合管理等模块链接外采系统。

二是有效整合内部 IT 系统资源合理分工。当前养老金管理机构大多依托大型金融集团设立，可以借助已有大量技术投入和技术应用基础的集团优势实现弯道超车。包括可以借助集团内部的科技子公司力量，在更好地保障数据安全的前提下实现“外包 + 自主”相结合的数字化转型模式，由科技子公司集中开展数字化的技术研究，提供通用的基础平台，由养老金管理机构自行开展承载公司核心业务和管理逻辑模块的核心系统研发，比如客户关系管理系统、受托资产管理系统、投资组合管理系统、风险管理系统等，最终实现自主可控。

（五）推动核心业务环节的全流程金融科技应用

数据的积累和科技的发展，最终都是为了实现场景化的应用，比如推动营销收入的增加、投资绩效的提升以及运营成本的降低等。因此，养老金管理机构数字化转型的一大关键，是在端到端的业务全流程中，做好数据、技术和场景的精准匹配（见图 2）。

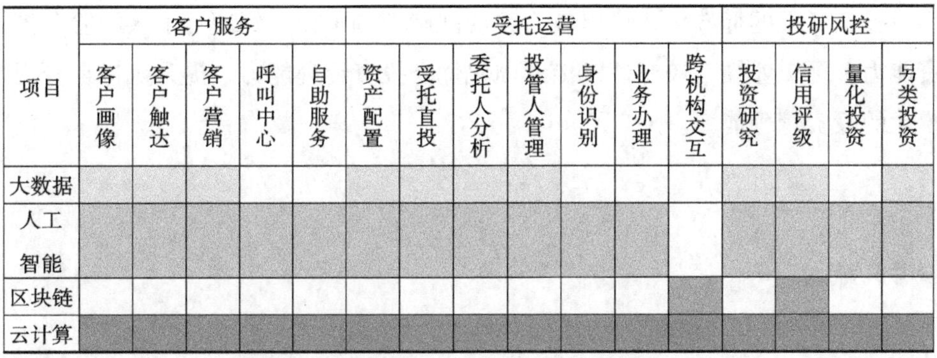

图2　“数据+技术+场景”的数字化应用

注：该图主要展示养老金管理关键业务环节的数据和技术应用的部分场景。

一是提升养老金客户服务能力。精准营销方面，针对单一计划年金客户、集合计划年金客户、政府职业年金客户、第三支柱个人客户等通过人工智能、大数据分析等来实现客户画像和标签的确定，从而为客户提供千人千面的定制化服务。智能客服方面，通过灵活的架构支持和集成技术，实现统一门户、统一客户入口，进一步提升客户的即时触达体验。

二是提升养老金受托运营能力。智能资配方面，通过养老金管理组合大数据平台，运用人工智能模型构建、大数据回测、专家经验相结合的方式，解决委托人对自己的管理目标存在认知偏差，缺少量化工具支撑；受托人对委托人的风险收益特征难以量化；不同委托人资产配置需求多样化，传统方式无法精准匹配；投管人的风格较难量化和精准识别等问题。智能运营方面，面对万亿级的资产，通过应用自然语言处理、机器人流程自动化等新技术，取代人力完成烦琐的数据清理工作，比如数百个产品的交易清算、估值核算、分红派息和注册登记等，推动养老金受托运营流程的自动化，提升运营效率。

三是提升养老金投研风控能力。智能投研方面，融合大数据、人工智能、自然语言处理和知识图谱等多种技术，全面采集海量数据，实现资讯自动精准分类，并可视化展现各类投资热点，帮助研究人员全面、准确、快捷地获取资讯信息、甄别投资机会和识别风险事件。智慧投资方面，通过多维度对投资经理的标签化，可以较为客观准确地刻画投资经理的个人经验、投资能力和历史业绩，较好地沉淀和固化优秀投资经理能力，提升机构自身规模化的投资管理能力。

参考文献

北京国信数字化转型技术研究院：《数字化转型参考架构》，清华大学出版社，2020。

陈文辉：《金融产业数字化转型的几点思考》，《中国金融》2020 年第 22 期。

吕铁、徐梦周：《传统产业数字化转型的趋向与路径》，《人民论坛·学术前沿》2019 年第 18 期。

麦肯锡：《全球资管行业数字化转型战略蓝图与实践》，https：//www. sohu. com/a/442735511_ 407401。

任泽平、曹志楠、梁珣：《解码贝莱德：如何掌管七万亿美元》，新浪财经，https：//baijiahao. baidu. com/s？id = 1664082021369222437&wfr = spider&for = pc。

苏罡：《加快科技赋能步伐　助力养老金管理高质量发展》，中国保险资产管理，https：//www. sohu. com/a/429323533_ 756396。

B.10

上市公司建立企业年金的现状、挑战与应对

丁诗聪　袁绪超*

摘　要：企业年金是我国养老第二支柱的构成主体，企业年金市场的发展长期面临总体规模较小、覆盖水平偏低等问题。对于问题的分析与解决需要深入企业的层面去探讨，本文以上市公司为突破口，从地区、行业、公司性质的角度出发，研究了上市公司的企业年金建立情况的长期演变趋势，从公司规模、股权结构、资本结构、盈利能力、股价波动、薪酬水平、社会责任等七个方面对建立了企业年金的上市公司的特征进行了对比梳理。发现中小企业、非国有企业的企业年金覆盖率较低，不同地区、不同行业的上市公司的企业年金参与度差距较大，建立与未建立企业年金的上市公司的公司特征存在明显差异。根据数据反映出来的问题，我们针对上市公司、中小企业、员工个人三方，从加入门槛、税收优惠、政策激励、账户转移等角度提出相关政策建议。

关键词：企业年金　上市公司　覆盖率　参与度

---

* 丁诗聪、袁绪超，均任职于华安基金管理有限公司，文章内容仅代表作者个人观点，与其任职公司无关。

一 企业年金的发展历程

（一）企业年金的制度沿革

我国企业年金制度始于20世纪90年代初，最早在1991年国务院颁布的《国务院关于企业职工养老保障制度改革的决定》中以补充养老保险的面貌出现，并在原劳动部于1995年发布的《关于建立企业补充养老保险制度的意见》中形成基本政策框架。

2000年国务院颁布的《关于完善城镇社会保障体系的试点方案》中，补充养老保险更名为企业年金，该方案明确了企业年金基金市场化运营的原则。

2004年原劳动和社会保障部发布《企业年金试行办法》，企业年金计划的建立规则正式形成。从诞生到有法可依，我国的企业年金制度走过了十年的历程。

针对企业年金制度十多年运营实践中存在的部分问题，也为与新出台的职业年金制度相契合，劳动和社会保障部于2017年末发布《企业年金办法》（简称36号文），对企业年金制度进行了相应修订和完善，提升了企业年金建立过程中职代会和职工的话语权，下调企业缴费上限及企业与职工合计缴费上限并设置了“高平差”制度，完善了企业年金的中止、恢复与补缴条款等。36号文的实施保障了职工的合法权益，加强了对企业自主权的尊重，提高了企业年金制度的灵活性与公平性。

（二）企业年金市场的规模演变

回顾过往，企业年金市场走出了一条稳健发展的路径。截至2020年底，全国企业年金积累基金规模达22496.83亿元，参与企业数105227家，参与职工人数2717.53万人。基金规模连年上涨，相较2011年已增长了5倍，建立企业年金的企业数量自2011年以来翻番有余。

但是，企业年金发展走势并不稳定。参与企业增幅趋缓，参加企业年金的职工人数增长也相对乏力。虽然近年来参与企业数量的增速逐步回升，但仍凸显企业覆盖率提升难的情况。职工人数增幅走势与企业数量的增幅走势基本保持一致，但大多数年份前者的增幅远低于后者。覆盖人数的增速长期低迷，限制了企业年金在养老保障体系中进一步发挥作用。这与资本市场的波动、企业的缴费热情等因素密切相关（见图 1）。

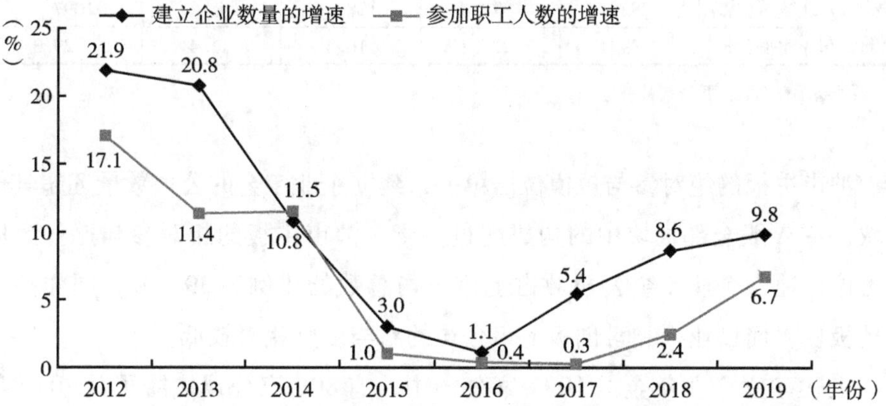

图 1　2012～2019 年企业年金建立企业数与参加职工数的增幅走势对比

资料来源：人社部历年企业年金基金业务数据摘要。

对企业年金市场的进一步探讨需要深入了解企业的参与情况。然而，大部分企业的企业年金相关数据并不公开，调查取样难度较大，而上市公司信息披露相对透明，是观测企业年金市场现状的优质样本。因此，本文从上市公司的企业年金建立与缴费情况的视角，分析企业的参与意愿与参与水平，研究这类企业的共同特征，并为年金进一步扩面提供参考建议。

二　上市公司建立企业年金概况[①]

（一）2019年各板块上市公司建立企业年金的基本情况

截至 2019 年末，中国 A 股上市公司总计 3746 家。其中，1097 家公司

① 由于本文撰写时，2020 年的上市公司年报尚未发布，因此本文的上市公司数据均截至 2019 年末。

建立了企业年金，在全部上市公司中的占比为29.3%。将2019年上市公司的企业年金建立情况按照上市板块进行区分，如表1所示。

表1　2019年各板块上市公司的企业年金建立情况

项目		沪市主板	深市主板	创业板	科创板	合计
上市公司总数(家)		1490	1400	786	70	3746
建立企业年金的公司	数量(家)	582	379	128	8	1097
	比例(%)	39.1	27.1	16.3	11.4	29.3

资料来源：各上市公司年报。

沪市主板的绝对参与规模位居第一，建立企业年金的公司数量远超其他板块，在A股全部板块中的构成超过一半；沪市主板的相对参与比例也居于首位，建立企业年金公司数占上市公司总数的比例为39.1%，同样高于其他板块，而创业板和科创板上市公司的参与度则相对较低。

上述建立企业年金的1097家公司中，有800家公司披露了其2019年企业年金缴费情况，在全部上市公司中的占比为21.4%。这800家公司披露的缴费总规模为630.43亿元，户均缴费规模为7880.36万元/户。①将2019年上市公司的企业年金缴费情况按照上市板块进行区分，如表2所示。

表2　2019年各板块上市公司的企业年金缴费情况

项目		沪市主板	深市主板	创业板	科创板	合计
披露缴费的公司	数量(家)	474	282	39	5	800
	比例(%)	31.8	20.1	5.0	7.1	100
缴费总规模(万元)		5701678.91	584014.66	3774.06	14823.32	6304290.95
户均缴费规模(万元/户)		12028.86	2070.97	96.77	2964.66	7880.36

资料来源：各上市公司年报。

① 本文中上市公司的企业年金建立与缴费情况均来自各家公司的历年年报。根据年报，本文中上市公司的企业年金缴费规模均指公司缴费规模，员工缴费不包括在内。

各板块披露缴费情况与建立企业年金情况相类似，沪市主板的披露比例依然最高。从缴费规模来看，沪市主板上市公司的缴费总规模在 A 股全部板块中的占比高达 90%，户均缴费规模也遥遥领先。

对比之下，科创板上市公司或许是值得开拓的企业年金市场洼地。值得注意的是，科创板建立企业年金的比例低于创业板，但 5 家科创板公司的缴费总规模超过了 39 家创业板公司，且前者是后者的近 4 倍。同样的，科创板上市公司的户均缴费规模也超越了深市主板和创业板。可以发现，科创板上市公司（尤其是头部公司）虽然参与度不高，但缴费积极性和缴费能力非常强劲。

（二）历年上市公司建立企业年金的基本情况

图 2 反映了 2011 ~2019 年上市公司的企业年金参与度稳步提高。

图 2　2011 ~2019 年上市公司的企业年金建立情况

资料来源：各上市公司年报。

建立企业年金的公司数从 2011 年的 359 家增长至 2019 年的 1097 家，年均复合增长率为 15. 0%；其在上市公司总数中的占比也呈稳健提升走势，从 2011 年的 15. 6% 提升至 2019 年的 29. 3%，比例接近翻番。

缴费总规模实现连年增长，而户均缴费规模则有所反复。从缴费规模来看，上市公司的企业年金缴费总规模从 2011 年的 90. 01 亿元增长至 2019 年的630.43亿元，年均复合增长率为27.5%；户均缴费规模从2011年的2769.42万元/户增长至2019年的7880.36万元/户，年均复合增长率为14.0%（见图3）。

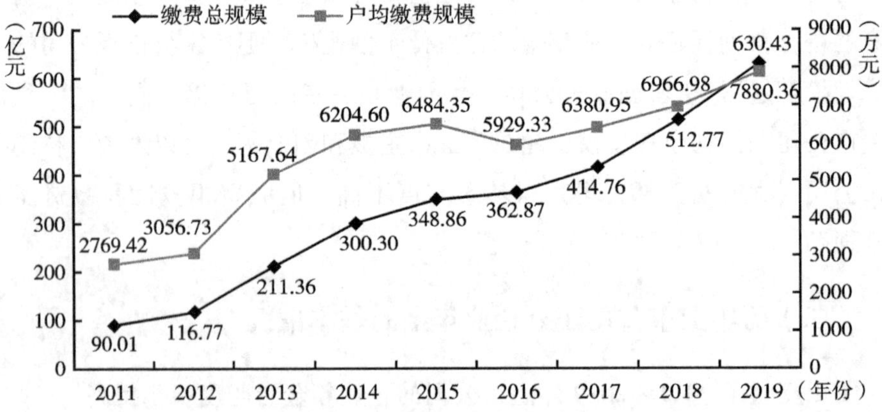

图3　2011～2019年上市公司的企业年金缴费规模情况

资料来源：各上市公司年报。

（三）上市公司与全市场的企业年金建立情况对比

1. 上市公司与全市场的企业年金建立数量对比

为分析上市公司对企业年金市场的贡献度，我们对建立企业年金的上市公司数量与全市场建立企业年金的企业法人数量求比，得到历年数据如图4所示。建立企业年金的上市公司数在企业年金市场中的占比长期在1%上下波动，自2011年起先降后升，近年来稳定在1.1%以上，增速趋缓。2019年其比重为1.14%，已达到历史最高点。以上数据意味着2016年以来上市公司的企业年金建立速度快于全市场。可见，上市公司的企业年金参与度对企业年金市场的重要性与日俱增。

2. 上市公司与全市场的企业年金覆盖率情况对比

截至2019年，建立了企业年金的企业数量在全国企业法人数量中的占比仅为0.34%，覆盖面较低且长期停滞不前，甚至在2015年以后出现严重

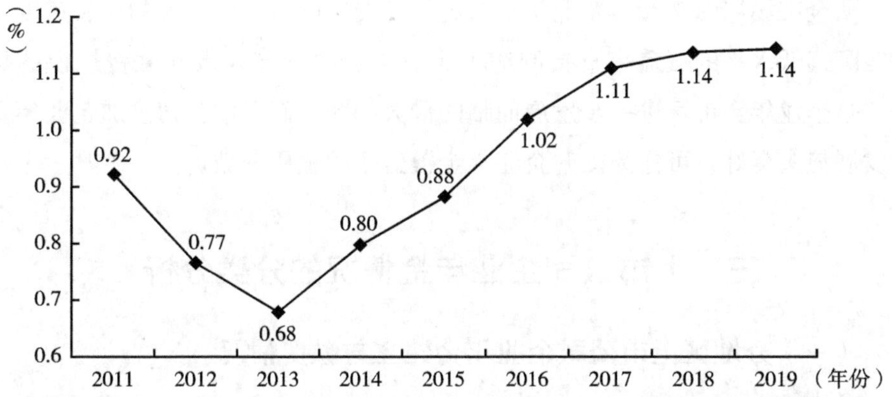

图4　2011～2019年建立企业年金的上市公司数量在建立企业年金的企业法人数量中的占比

资料来源：历年企业年金基金业务数据摘要、各上市公司年报。

下滑。而上市公司的企业年金参与度则相对乐观，其覆盖率从2011年的15.6%上升至2019年的29.3%，远高于全市场且保持逐年稳定增长。尽管建立企业年金的上市公司数量在参与企业年金的企业法人总数中仅占很小一部分，但增长可观，9年来的年均复合增长率为15.0%，比全市场的增速高5个百分点（见表3）。

表3　2011～2019年全市场与上市公司中的企业年金覆盖率

项目	2011年	2012年	2013年	2014年	2015年	2016年	2017年	2018年	2019年
建立企业年金的企业法人数量(个)	44900	54737	66120	73261	75454	76298	80429	87368	95963
建立企业年金的企业法人比例(%)	0.36	0.40	0.43	0.40	0.35	0.29	0.27	0.25	0.34
建立企业年金的上市公司数量(家)	359	419	449	584	665	778	892	994	1097
建立企业年金的上市公司比例(%)	15.6	17.0	18.3	22.7	23.8	25.8	25.8	28.0	29.3

资料来源：历年企业年金基金业务数据摘要、各上市公司年报。

从全市场层面来看，企业年金市场的发展速度与企业法人的增长速度不相匹配，低水平的覆盖率直接制约了企业年金的参与人数和缴费规模的提升，是企业年金市场进一步发展面临的最大问题。而上市公司参加企业年金的发展势头良好，可作为提升企业年金覆盖率的重要突破口。

三　上市公司企业年金情况的分类分析

（一）分地区上市公司企业年金建立与缴费情况

1. 各省份上市公司的企业年金建立与缴费情况

将上市公司的企业年金建立与缴费情况按照省份分类，可以发现，我国内地31个省份均有上市公司建立企业年金并缴费，基本情况如表4所示。

表4　各省份上市公司的企业年金建立与缴费情况

省份	企业年金建立情况			企业年金缴费情况			
	2019年建立企业年金的公司数量（家）	2019年建立企业年金的公司比例（%）	建立企业年金公司数量的年均复合增长率（%）	2019年企业年金缴费总规模（万元）	缴费总规模年均复合增长率（%）	2019年企业年金户均缴费规模（万元/户）	户均缴费规模年均复合增长率（%）
安　徽	32	30.2	14.3	78756.24	16.1	2625.21	2.4
北　京	139	40.9	11.1	3783820.72	31.8	32902.79	18.8
福　建	42	30.7	11.2	51058.57	23.0	1418.29	11.1
甘　肃	10	30.3	22.3	18464.46	9.3	2637.78	-14.3
广　东	160	26.0	17.5	500638.47	14.7	5056.95	2.4
广　西	11	28.9	13.5	11267.20	38.7	1408.40	27.2
贵　州	19	65.5	15.5	47184.52	38.4	3145.63	23.4
海　南	12	38.7	18.9	4503.03	23.0	500.34	7.2
河　北	16	28.1	10.9	29351.01	31.0	2257.77	19.0
河　南	24	30.0	21.7	35789.60	19.9	2105.27	2.9
黑龙江	11	28.9	7.9	22903.50	14.2	2082.14	5.9
湖　北	38	35.8	16.8	69222.50	26.1	2884.27	13.0
湖　南	20	19.0	18.9	37301.28	23.3	2194.19	5.8
吉　林	18	41.9	14.7	11506.40	9.6	958.87	0.5
江　苏	91	21.6	26.4	159289.06	40.1	2844.45	15.6

续表

省份	企业年金建立情况			企业年金缴费情况			
	2019年建立企业年金的公司数量（家）	2019年建立企业年金的公司比例（%）	建立企业年金公司数量的年均复合增长率（%）	2019年企业年金缴费总规模（万元）	缴费总规模年均复合增长率（%）	2019年企业年金户均缴费规模（万元/户）	户均缴费规模年均复合增长率（%）
江　西	14	31.8	21.2	20706.13	20.0	1725.51	0.9
辽　宁	20	27.8	6.6	72708.62	17.3	4847.24	12.8
内蒙古	8	32.0	9.1	42172.62	25.1	5271.58	14.7
宁　夏	7	50.0	17.0	4465.48	67.3	744.25	45.9
青　海	3	25.0	14.7	3716.20	6.4	1858.10	-2.4
山　东	45	21.6	19.3	143014.19	31.9	3575.35	10.9
山　西	18	48.6	10.7	147843.10	22.3	8696.65	11.3
陕　西	28	52.8	11.2	79507.86	18.2	3312.83	7.3
上　海	113	37.5	13.5	587130.49	31.3	7248.52	19.0
四　川	30	24.0	12.1	57134.14	44.5	2380.59	29.5
天　津	22	40.7	11.8	72782.48	23.3	4852.17	15.7
西　藏	4	21.1	—	1453.56	—	484.52	—
新　疆	26	45.6	7.1	76649.91	32.2	3650.00	26.8
云　南	15	41.7	1.8	37795.82	9.1	2699.70	8.1
浙　江	88	19.3	28.3	83234.09	41.5	2312.06	19.0
重　庆	13	24.5	26.4	12919.70	87.0	993.82	35.7

注：因起步较晚，西藏的企业年金情况不纳入增速比较。

资料来源：各上市公司年报。

（1）各省份上市公司的企业年金建立情况

从2019年各省份建立企业年金的上市公司数量来看，广东、北京、上海三地位居前三，年度新建立企业年金公司数均在100家以上。建立企业年金上市公司数最少的两个省份为西藏和青海。

从在上市公司中的占比来看，2019年建立企业年金的公司比例最高的是贵州，其次是陕西和宁夏；比例最低的是浙江和湖南。与绝对数量体现的结果不同，整体经济实力较弱的省份上市公司建立企业年金的比例较高，而部分经济强省如广东、山东、江苏、浙江，排名反而相对靠后。

从长期数据来看，广东、北京、上海建立企业年金的上市公司数量自

2011 年起便始终稳居前三；贵州、陕西、新疆、云南建立企业年金的公司比例长期位居全国前列。九年来建立企业年金公司数增幅最快的省份是浙江、江苏和重庆，年均复合增长率均超过 25%。长期以来，企业年金的市场版图相对稳定，没有发生较大的变化。

（2）各省份上市公司的企业年金缴费情况

2019 年各省份中，北京的上市公司企业年金缴费总规模和户均缴费规模均遥遥领先于其他省份。缴费总规模在 10 亿元以上的还有上海、广东、山西、山东和江苏；户均缴费规模在 5000 万元/户以上的还有山西、上海、内蒙古和广东。可以看出，作为央企聚集地的北京在缴费规模上的优势是其他地区无法比拟的；除经济强省外，资源型省份的头部上市公司同样也是企业年金的缴费大户。

从长期数据来看，自 2011 年以来，缴费总规模和户均缴费规模增幅排名前三的省份均为宁夏[①]、重庆和四川，都是西部省份。而甘肃和青海的缴费则增长乏力，两项指标的增幅均排名最末，值得注意的是，两省也都在西部。

2. 各经济板块上市公司企业年金建立与缴费情况

按照我国经济板块区分，能更为直观地呈现地区经济水平与企业年金发展情况之间的关系。东部、西部、中部和东北四大区域板块的上市公司企业年金建立与缴费情况如表 5 所示。

表 5　各经济板块上市公司的企业年金建立与缴费情况

地区	2019 年建立企业年金的公司数量(家)	2019 年建立企业年金的公司比例(%)	2019 年企业年金缴费总规模(万元)	2019 年企业年金户均缴费规模(万元/户)
东部	728	27.78	5414822.11	2065.94
西部	174	35.22	392731.47	795.00
中部	146	30.54	389618.85	815.10
东北	49	32.03	107118.52	700.12

资料来源：各上市公司年报。

① 宁夏的情况较为特殊，在 2019 年新增缴费大户（宁夏建材），直接导致缴费总规模同比增加 2.4 倍。

从体量上来看，东部地区一骑绝尘，建立企业年金的公司数量在全国的占比达70.0%，而缴费总规模的占比更是高达85.9%，户均缴费规模同样与其他区域拉开相当大的差距。唯一特殊的是，经济发达的东部地区建立企业年金的公司比例在四大板块中居末位，仅为27.78%；而经济水平相对落后的西部地区的建立比例却位列榜首，达35.22%。这与前文中各省份数据体现出的特征类似。

出现这一现象的原因或许是，西部等经济相对落后地区的上市公司整体数量较少且以当地头部企业和国有企业为主，这类公司建立企业年金的意愿相对较高。而经济发达的东部地区整体数量多、构成多元化，民营企业和中小企业占比较高，建立企业年金的意愿较弱，导致企业年金的覆盖率偏低。

为了验证上述假设，我们选择江苏、浙江以及陕西、贵州分别作为东部地区和西部地区的代表，就其上市公司中的国有企业占比和建立了企业年金的上市公司中的国有企业占比进行了比较（见表6）。

表6　四省份上市公司的企业年金建立与国有企业比重

单位：%

地区	上市公司中的国有企业比重	上市公司中建立企业年金的比例	建立了企业年金的上市公司中的国有企业比重
江苏	17.30	21.6	53.85
浙江	12.09	19.3	28.41
陕西	58.49	52.8	71.43
贵州	51.72	65.5	63.16

资料来源：各上市公司年报。

从表6可以看出，上述四省的上市公司中国有企业的比重与建立企业年金的比例呈现非常显著的正相关关系，贵州、陕西两省上市公司中的国有企业比重和建立企业年金比例均远高于江苏和浙江。而对比建立了企业年金的上市公司，贵州、陕西两省的国有企业比重同样高于江苏和浙江。通过四省数据以小见大可以发现，国有企业的多寡的确是影响企业年金覆盖率的重要因素。

3. 企业年金的地区发展不平衡问题突出

从前文的分析来看，企业年金在不同地区之间的发展不平衡问题非常明显。

这种不平衡首先体现在规模体量上，建立企业年金的公司数量和缴费总规模排名靠前的省份均是我国经济体量大、发展水平高的地区，而经济相对落后的省份则排名靠后。从各经济板块的数据来看也是如此，上市公司企业年金市场的规模版图与我国的经济版图高度重合。这一类不平衡是受经济发展水平所限，短期内难以改变。

地区间的不平衡还体现在增长速度上，企业年金体量较大的省份在公司数量和缴费总规模的长期增速排名上表现同样优异。而部分经济较不发达的地区虽然缴费总规模的增速表现亮眼，但公司数量增速严重落后，二者不相匹配，这就意味着这些地区的大部分企业年金缴费长期依靠少数国有企业和头部公司支撑，缺乏可持续发展的基础，覆盖率难以提升。

同一经济板块内部同样存在不平衡，这一特征在西部地区体现得最为明显，两极分化相当严重。以缴费总规模和户均缴费规模来看，排名位居全国前列的重庆和四川，是经济增速较快、发展水平较好、中心城市突出的省份；排名位于中游的新疆、陕西、内蒙古则属于经济水平一般但资源属性较强的省份；同样属于西部省份的甘肃和青海，既无较强的经济体量，又无丰富的资源加持，因此排名居于末位。可见，在欠发达地区，经济发展水平与资源禀赋是影响企业年金市场规模壮大的重要因素。

（二）分行业的上市公司企业年金建立与缴费情况

1. 各行业上市公司的企业年金建立与缴费情况

根据Wind资讯的一级行业分类，A股上市公司被分为材料、电信服务、房地产、工业、公用事业、金融、可选消费、能源、日常消费、信息技术、医疗保健等11个行业。各行业上市公司的企业年金建立与缴费情况如表7所示。

表7 各行业上市公司的企业年金建立与缴费情况

项目	企业年金建立情况			企业年金缴费情况			
	2019年建立企业年金的公司数量（家）	2019年建立企业年金的公司比例（%）	建立企业年金公司数量的年均复合增长率（%）	2019年企业年金缴费总规模（万元）	缴费总规模年均复合增长率（%）	2019年企业年金户均缴费规模（万元/户）	户均缴费规模年均复合增长率（%）
材料	163	28.5	15.1	300934.41	13.5	2663.14	2.8
电信服务	2	40.0	—	298919.94	—	149459.97	—
房地产	51	40.8	10.5	45947.40	26.6	977.60	14.4
工业	305	31.2	16.3	1326083.11	25.9	5973.35	11.5
公用事业	76	69.1	8.4	441441.56	22.9	6131.13	13.1
金融	84	74.3	14.2	2539623.99	30.5	35769.35	9.2
可选消费	156	26.2	17.8	159641.01	19.0	1412.75	5.1
能源	32	42.7	3.7	1029534.46	30.4	36769.09	25.8
日常消费	43	21.0	16.1	63494.48	50.2	2048.21	33.4
信息技术	125	19.3	22.9	56408.11	30.7	867.82	14.2
医疗保健	60	18.7	22.3	42262.48	27.7	1173.96	10.1

注：由于部分年份无上市公司建立企业年金，电信服务行业不纳入增速比较。
资料来源：各上市公司年报。

（1）各行业上市公司的企业年金建立情况

从2019年的情况来看，建立企业年金的公司数量最多的行业是工业，其次是材料、可选消费和信息技术等，数量最少的行业是电信服务。建立企业年金的公司比例最高的行业是金融，紧随其后的是公用事业，比例最低的行业是信息技术和医疗保健。

从历年情况来看，自2011年起，工业、材料、可选消费三个行业中建立企业年金的公司数量均稳居市场前三。9年来（除2013年）建立企业年金的公司比例排名前三的行业均为金融、公用事业和能源。建立企业年金公司数的年均复合增长率最高的行业是信息技术和医疗保健，恰好是建立企业年金比例最低的行业，或与这两个行业仍处于高速成长期有关。

（2）各行业上市公司的企业年金缴费情况

从历年数据来看，自2011年起，缴费总规模位列前三的行业始终是金融、工业和能源；而自2015年起，户均缴费规模位列前三的行业均为电信服务、金融和能源。2019年，缴费总规模排名第一的行业是金融，总规模超过百亿元的行业还有工业和能源；户均缴费规模排名第一的行业是电信服务，户均规模上亿元的行业还有能源和金融；总规模和户均规模最低的行业分别为医疗保健和信息技术。

总体来看，缴费总规模和户均缴费规模的年均复合增长率最高的行业均是日常消费。长期来看，各行业上市公司的企业年金参与度和缴费水平保持相对稳定。

2. 建立企业年金的行业集中度高

从以上数据可以看出，金融和能源行业的上市公司不仅参与度高，缴费实力也非常强劲。公用事业、工业和电信服务等行业也分别在参与比例、缴费总规模和户均缴费规模等分项指标上表现突出。上述行业的一大共性便是国有企业和大型企业聚集，行业进入成熟期。

各行业的缴费规模贡献度能更为直观地展现这一特征。如图 5 所示，2019 年，超过 75% 的企业年金缴费集中在金融、工业、能源三个传统行业。反观日常消费、信息技术、房地产、医疗保健四个行业，缴费贡献度合计尚

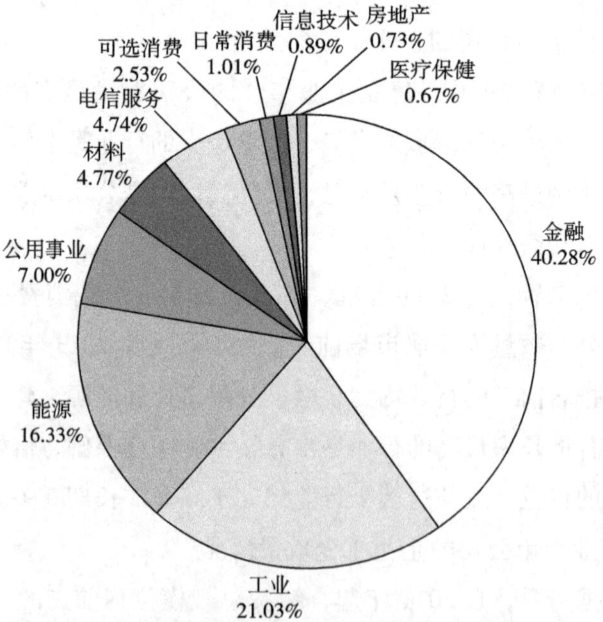

图 5　2019 年各行业上市公司的企业年金缴费贡献度

资料来源：各上市公司年报。

不到4%，除了行业规模的原因外，更重要的在于上述行业的市场集中度较低且新兴子行业较多，很大一部分公司尚在初创期和成长期，这类公司建立企业年金的意愿普遍偏低。

企业年金的参与行业过于集中，难以惠及大量新兴产业和初创型的公司，不符合企业年金作为补充养老金的普惠性要求，也不利于新兴产业的发展壮大和员工福利保障。

（三）国有与非国有上市公司的企业年金建立与缴费情况

1. 国有与非国有上市公司的企业年金建立与缴费情况

（1）企业年金建立情况

本文以公司性质将上市公司分为国有企业[①]与非国有企业。2019 年的上市公司中，国有企业和非国有企业中建立企业年金的公司数量分别为 686 家和 411 家，在两者对应的上市公司中的比例分别为 62.1% 和 15.6%（见图 6）。

从历年情况来看，非国有企业建立企业年金的公司数量的年均复合增长

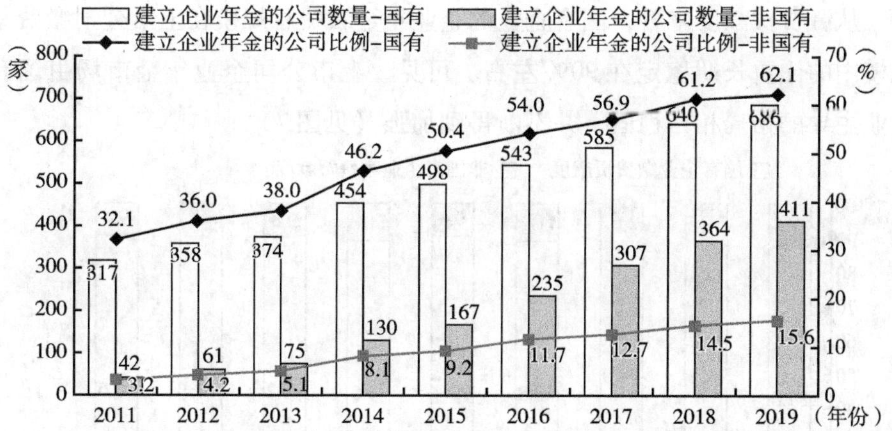

图 6　2011 ~ 2019 年国有与非国有上市公司的企业年金建立情况

资料来源：各上市公司年报。

① 本文将国有企业定义为明确由国资控制的企业，包括央地政府实际控制的企业以及 Wind 企业属性分类中其他/集体/公众企业里前十大股东中国有股东持股比例超过 50% 的企业。

率为33.0%，是国有企业的3倍有余。二者建立企业年金的公司比例均呈稳步提升走势，国有企业的比例从32.1%提高至62.1%，非国有企业的比例从3.2%提高至15.6%，两者差距持续扩大。

（2）企业年金缴费情况

2019年上市公司中，国有企业的缴费总规模为571.38亿元，是非国有企业（59.05亿元）的近10倍；而国有企业的户均缴费规模（8955.73万元/户）则是非国有企业（3645.30万元/户）的2.5倍。

从历史数据来看，2011年以来，国有企业缴费总规模的年均复合增长率为28.1%，略高于非国有企业（23.0%）。相比之下，国有企业的户均缴费规模年均复合增长率（16.1%）则远超非国有企业（1.5%）。这也意味着，国有企业与非国有企业缴费能力的不平衡日益加剧。

2. 非国有上市公司的企业年金参与度极低

如前文所述，建立企业年金的上市公司中，国有企业的参与度远超非国有企业。更为重要的是，两者在各项指标上的差距正在逐年扩大。

从缴费贡献度来看，国有企业的企业年金缴费总规模在上市公司缴费总规模中的比重长期稳定在90%左右。可见，上市公司企业年金市场由国有企业主导的格局相当稳固，并不断得到加强（见图7）。

图7 2011～2019年国有与非国有上市公司的企业年金缴费贡献度

资料来源：各上市公司年报。

受限于参与意愿、缴费能力和缴费可持续性的制约，非国有企业在企业年金市场中的参与度极低。长此以往，会加剧国有企业与非国有企业的员工福利水平差距，背离企业年金制度建立的本意，而脱离了广大非国有企业的企业年金市场也难以保持资金规模的长期稳定增长。因此，提高非国有企业的参与水平是企业年金市场发展必须解决的问题。

四　建立企业年金的上市公司特征分析

为进一步分析建立了企业年金的上市公司的总体特征，本文从公司规模、股权结构、资本结构、盈利能力、股价波动、薪酬水平、社会责任等七个维度入手，对建立与未建立企业年金的上市公司进行比较。

（一）公司规模特征

本文选取公司总市值和员工人数两个指标，对比上市公司的规模特征。

1. 公司总市值的比较

从数据来看，2019 年建立与未建立企业年金的公司的平均总市值分别为 338.96 亿元和 107.85 亿元，前者是后者的 3.14 倍，但两者的差距并非一成不变。

长期来看，建立了企业年金的上市公司的平均总市值始终显著高于未建立企业年金的上市公司，但两者走势相异。前者九年来的年均复合增长率为 -0.7%，后者则为 7.1%。

为更清晰地观察两者的差距变化，我们对建立与未建立企业年金公司的平均总市值进行求比。如图 8 所示，两者之比呈阶梯下行走势，尽管有所反复，但两者差距总体上是逐渐缩小的。

2. 员工人数的比较

2019 年建立企业年金的公司平均员工人数为 11539 人，是未建立企业年金的公司平均员工人数的 2.64 倍，与总市值指标呈现的特征一致（见图 9）。

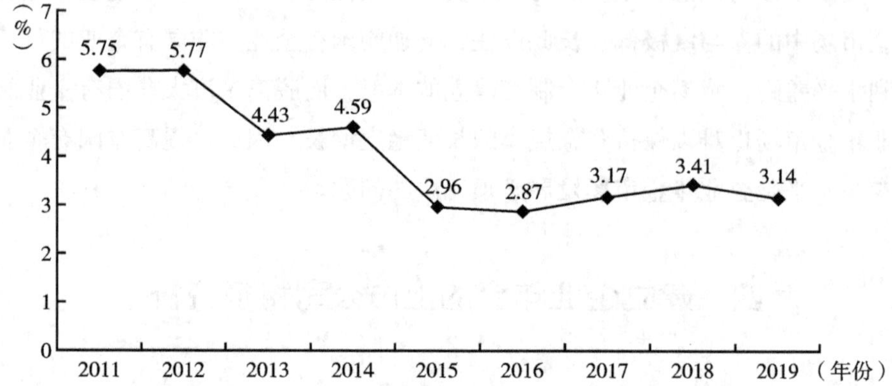

图 8　2011～2019 年建立与未建立企业年金公司的平均总市值之比

资料来源：各上市公司年报，Wind。

与总市值指标一样，两者的长期走势相异，前者的年均复合增长率为 -4.2%，后者则为 0.5%。但建立企业年金的公司的平均员工人数始终显著高于未建立企业年金的公司。

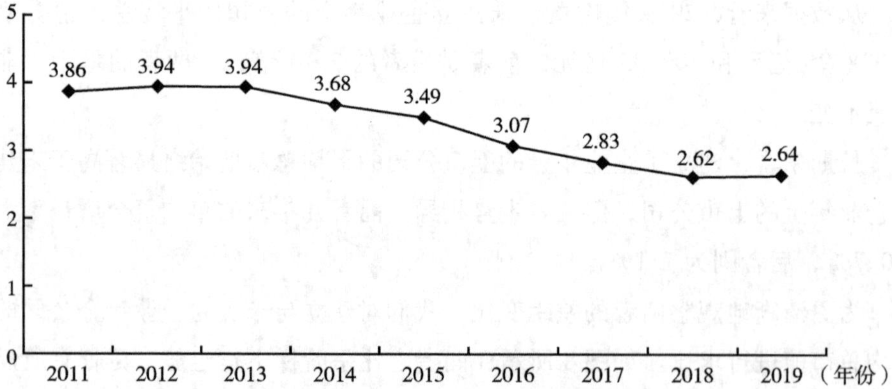

图 9　2011～2019 年建立与未建立企业年金公司的平均员工人数之比

资料来源：各上市公司年报，Wind。

对两者的数据求比后可以看出，自2011年以来，建立与未建立企业年金上市公司的平均员工人数之比呈平滑下降走势，两者的差距逐渐缩小。

通过上述两项指标可以看出，规模更大的上市公司往往更倾向于建立企业年金，但建立了企业年金公司的平均规模在长期中逐步下滑，其与未建立企业年金公司的平均规模在慢慢拉近。

究其原因，我们认为大型企业大多建立企业年金的时点较早、持续缴费时间较长，市场逐步接近饱和，因此近年来企业年金的开拓领域逐渐向中小企业转移。

尽管如此，中小企业在企业年金市场中的参与度依然不及预期。原因在于中小企业中初创型、成长型企业较多，面临的市场竞争较为激烈，导致企业管理人员更加关注短期盈利，员工更加注重到手的短期收入，员工的长期养老储蓄意识与企业的员工福利保障意识较弱。尤其是在当前疫情冲击的大背景下，中小企业面临更为严峻的短期经济压力，无暇顾及企业年金等长期事务。

中小企业的企业年金低覆盖率不仅不利于更广泛的就业人群的养老保障水平提升，还会导致企业年金缴费过于依赖大型企业、国有企业等缴费大户，影响企业年金资金规模的稳定性。

（二）股权结构特征

上市公司的股权结构可以直观地通过持股集中度来体现。本文选取前十大股东持股比例和前十大股东中国有大股东持股比例这两个指标来分别反映上市公司中大股东和国有大股东的持股集中度。此外，本文还对上市公司的个人实际控制情况进行了分析。

1. 大股东持股集中度

2019年，上市公司中，建立了企业年金的公司的前十大股东持股比例均值为61.1%，高出未建立企业年金的公司2.7个百分点（见图10）。

建立与未建立企业年金公司的大股东持股集中度均值的长期走势相似，均呈曲折变化。前者基本稳定在60%左右，后者波动幅度更大，两者差距

图 10　2011～2019 年建立与未建立企业年金公司的大股东持股集中度对比

资料来源：各上市公司年报，Wind。

保持在 1.5～3.5 个百分点。

2. 国有大股东持股集中度

2019 年，国有资本参股的上市公司中，建立了企业年金的公司的前十大股东里国有股东持股比例均值为 42.8%，未建立企业年金的公司则为 17.3%，两者差异显著（见图 11）。

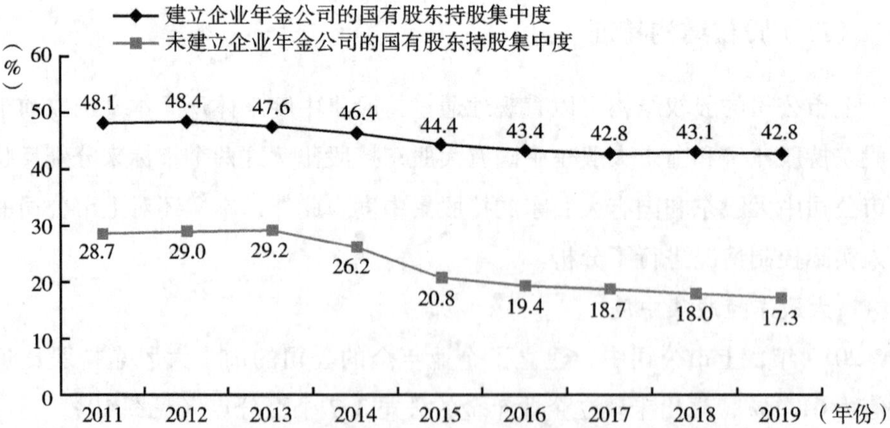

图 11　2011～2019 年建立与未建立企业年金公司的国有大股东持股集中度对比

资料来源：各上市公司年报，Wind。

长期来看，建立与未建立企业年金公司的国有大股东持股集中度均值均呈稳步下降走势，且两者差距逐步扩大。

从以上两个指标的数据可以看出，持股集中度更高的上市公司参与企业年金的热情明显更高，这一特点在国有资本参股的上市公司中更为显著。这一点也很好理解，建立企业年金属于公司重大事项，决策层级较高。股权越集中，决策越快，建立企业年金的阻碍越小；反之，股权越分散，决策需要考虑的方面越多元，建立企业年金的阻碍就越多。

3. 个人股东实际控制情况

2019 年，上市公司中，建立了企业年金的公司中由个人股东实际控制的共有 314 家，在建立企业年金公司中的占比为 28.6%，远低于未建立企业年金的公司（见图 12）。

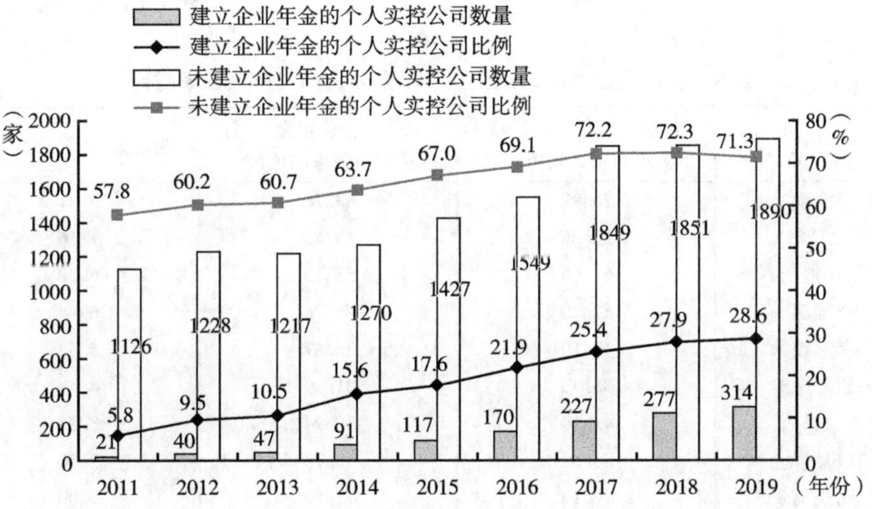

图 12　2011～2019 年建立与未建立企业年金公司的个人股东实控情况对比

资料来源：各上市公司年报，Wind。

从长期来看，建立与未建立企业年金的公司中由个人股东实际控制的公司数量及其占比均稳步提升，但前者的增速明显快于后者，两者的占比差距从 2011 年的 52.0 个百分点下降到 2019 年的 42.7 个百分点。

从现状来看，个人股东实际控制的上市公司不构成企业年金市场的主体，整体参与度较低；但从趋势来看，个人实控的上市公司建立企业年金的积极性正在迅速提升，一定程度上也代表了民营企业在企业年金市场中参与水平的变化走势。

（三）资本结构特征

本文选取资产负债率和长期资本负债率两个指标来评价上市公司的负债水平和长期资本结构特征。

1. 资产负债率①对比

2019 年，上市公司中建立了企业年金的公司的资产负债率均值普遍高于未建立企业年金的公司，前者为49.37%，后者为40.69%，相差8.68 个百分点。整体上，建立了企业年金的公司负债水平更高（见表8）。

表8　各行业建立与未建立企业年金公司的资产负债率对比

行业	建立了企业年金公司的资产负债率均值(%)	未建立企业年金公司的资产负债率均值(%)	两者差值(百分点)
金融	78.92	63.71	15.21
工业	50.66	43.50	7.16
房地产	61.65	55.15	6.50
能源	52.20	45.76	6.44
信息技术	42.10	36.47	5.63
医疗保健	36.43	31.99	4.44
材料	42.19	38.94	3.25
公用事业	56.68	53.78	2.90
可选消费	42.19	42.19	0.00
日常消费	38.79	39.96	-1.17
电信服务	29.17	45.18	-16.01
合计	49.37	40.69	8.68

资料来源：各上市公司年报，Wind。

① 统计中剔除了负值和100 以上的异常值，实际有效值3711 个。

分行业来看，大部分行业中建立企业年金公司的资产负债率均值高于未建立的公司，前者高出后者最多的行业是金融（相差 15.21 个百分点）。仅有电信服务和日常消费两个行业中建立了企业年金的公司的资产负债率均值更低，电信服务是两者差距最大的行业（相差 16.01 个百分点）。

2. 长期资本负债率①

剔除流动性负债影响的长期资本负债率指标能更好地反映一家公司的长期资本结构。与资产负债率数据体现的结果类似，上市公司中建立了企业年金的公司的长期资本负债率均值整体更高，为20.49%，比未建立企业年金的公司高出7.29 个百分点，意味着建立了企业年金的公司长期负债水平更高（见表9）。

表 9　各行业建立与未建立企业年金公司的长期资本负债率对比

行业	建立了企业年金公司的长期资本负债率均值(%)	未建立企业年金公司的长期资本负债率均值(%)	两者差值（百分点）
公用事业	42.51	32.62	9.89
房地产	45.59	36.47	9.12
工业	21.46	13.33	8.13
能源	24.13	18.29	5.85
信息技术	13.42	9.67	3.76
医疗保健	12.27	10.60	1.67
材料	15.42	13.84	1.58
可选消费	13.93	12.40	1.53
日常消费	10.75	11.22	-0.46
金融	33.44	36.47	-3.03
电信服务	13.52	20.55	-7.03
合计	20.49	13.20	7.29

注：由于房地产行业的特殊性，此处采用剔除预收款项后的资产负债率，与其他行业有所不同。
资料来源：各上市公司年报，Wind。

分行业来看，大部分行业中建立了企业年金的公司的长期资本负债率均值高于未建立的公司，前者高出后者最多的行业是公用事业，相差 9.89 个百分点。电信服务、金融和日常消费三个行业中建立了企业年金的公司的资产负债率均值低于未建立的公司，其中差距最大的行业仍然是电信服务。

① 统计中剔除了负值和100 以上的异常值，实际有效值3559 个。

综合以上两个指标可以看出，无论是短期还是长期，建立了企业年金的公司的负债水平都相对更高，但不同的行业反映出的特点有所差异。金融行业最为特殊，建立了企业年金的公司资产负债率更高，但长期资本负债率更低，意味着金融业中建立了企业年金的公司流动负债水平较高。公用事业行业一定程度上也反映出类似的特点。电信服务和日常消费则是仅有的建立企业年金公司的长期和短期负债水平都更低的两个行业。

（四）盈利能力特征

本文选取扣除非经常损益后的加权净资产收益率（ROE）① 作为公司盈利能力的判断指标。2019 年，上市公司中建立了企业年金的公司的 ROE 均值为 8.46%，比未建立企业年金的公司低 0.62 个百分点。总体上，高盈利水平并没有促使上市公司更加倾向于建立企业年金（见表 10）。

表 10　各行业建立与未建立企业年金公司的 ROE 指标对比

行业	建立企业年金公司的 ROE 均值(%)	未建立企业年金公司的 ROE 均值(%)	两者差值（百分点）
能源	8.52	6.76	1.76
医疗保健	11.77	10.05	1.72
金融	9.30	7.99	1.31
日常消费	12.81	12.21	0.60
房地产	9.94	10.08	-0.14
工业	7.69	7.89	-0.21
公用事业	7.29	7.52	-0.23
可选消费	7.44	8.27	-0.84
材料	8.02	8.96	-0.93
信息技术	8.90	9.97	-1.07
电信服务	3.74	5.19	-1.45
总计	8.46	9.08	-0.62

资料来源：各上市公司年报，Wind。

分行业进行横向比较，建立了企业年金公司的 ROE 均值高出未建立企业年金公司的行业仅有 4 个，分别是能源、医疗保健、金融和日常消费，其

① 统计中剔除了负值和 100 以上的异常值，实际有效值 2933 个。

中，两者差距最大的行业是能源。其余 7 个行业中，建立企业年金公司的 ROE 均值比未建立的低，差距最大的行业为电信服务。

结合上述资本结构和盈利能力的分析可以发现，日常消费是唯一的上市公司中建立了企业年金的公司盈利能力更强但负债水平更低的行业。剔除流动负债的影响后，金融行业也具备这一特征。而其余大部分行业中，建立了企业年金的公司往往盈利能力较弱且负债水平偏高。

一般来说，具有较强盈利能力和优良资本结构的上市公司的流动资金普遍较为充裕，更加具备建立企业年金和长期缴费的潜力，上述结果却呈现相反的特征。背后可能的原因是追求较高盈利水平和优质财务数据的公司较为忽视员工养老保障和社会责任建设，但更有可能是当前的企业年金税优政策力度对这类公司及其员工吸引力不大，公司转而选择更具吸引力的薪酬激励机制。

（五）股价波动特征

本文选取股价年涨跌幅作为股价波动水平的判断指标。2019 年，建立了企业年金的公司的股价年涨跌幅均值为 26.1%，比未建立企业年金的公司低 2.5 个百分点（见图 13）。

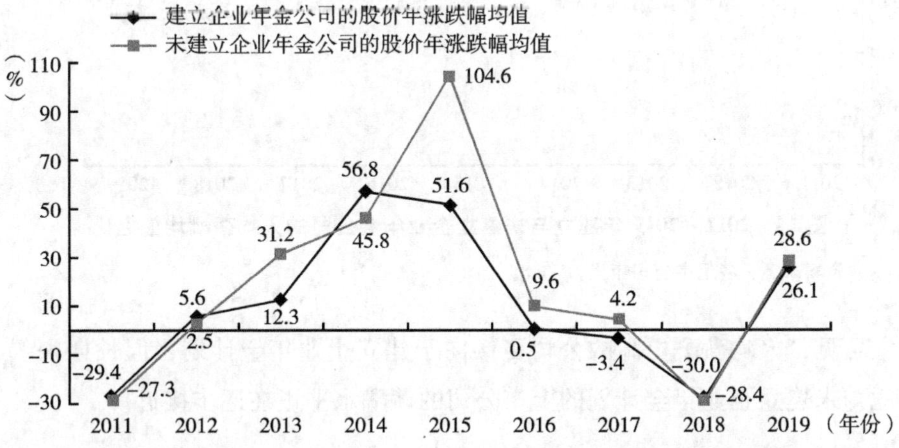

图 13　2011～2019 年建立与未建立企业年金公司的股价波动情况对比

资料来源：各上市公司年报，Wind。

长期来看，大部分年份中，未建立企业年金的公司的股价涨幅要高于建立了企业年金的公司，前者在九年间的整体股价涨幅也高于后者。此外，建立了企业年金的公司的股价波动幅度比未建立的公司更小。

（六）薪酬水平特征

2019 年，上市公司中建立了企业年金的公司的人均薪酬均值为 19.95 万元，而未建立企业年金的上市公司则为 15.43 万元，前者是后者的 1.29 倍。

长期来看，建立与未建立企业年金的公司的人均薪酬均值都呈上升趋势，但后者增速更快。将建立与未建立企业年金公司的人均薪酬均值求比，结果如图 14 所示。长期以来，建立了企业年金的公司的人均薪酬均值始终高于未建立企业年金的公司，但两者之比从 2011 年的 1.94 下降至 2019 年的 1.29，差距日渐缩小。

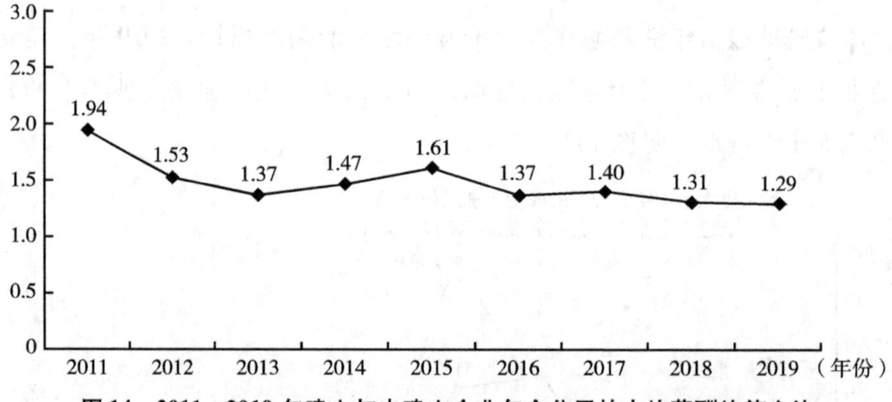

图 14　2011～2019 年建立与未建立企业年金公司的人均薪酬均值之比

资料来源：各上市公司年报，Wind。

可见，人均薪酬更高的公司更倾向于建立企业年金计划，但长期来看，建立与未建立企业年金计划的上市公司的薪酬水平正在逐步接近。

（七）企业社会责任特征

本文使用 ESG 评级反映上市公司的企业社会责任履行情况。根据华证

ESG 评级[①]，上市公司的 ESG 得分被区分为 AAA 至 C 的九档评级。为便于量化比较，我们将九档评级分别赋予 100～20 分的分值，级差为 10 分。

经过计算，2019 年建立与未建立企业年金上市公司的 ESG 得分均值分别为 77.51 分和 69.89 分。

如图 15 所示，2011 年以来，建立与未建立企业年金上市公司的 ESG 平均分走势均呈缓慢下滑路径，但前者始终高于后者，两者的分差基本稳定但已有逐步扩大的迹象。

图 15　2011～2019 年建立与未建立企业年金公司的 ESG 均分

资料来源：各上市公司年报，Wind。

以上数据显示，建立了企业年金计划的公司往往有相对更佳的 ESG 评价且具备长期保持这种优势的能力。虽然是否建立企业年金尚未被纳入 ESG 的评价体系内，但建立企业年金、提升员工养老保障水平本就是企业履行社会责任的体现，建立了企业年金的上市公司在 ESG 方面表现更好也是在意料之中。

（八）建立企业年金的上市公司特征总结对比

根据前文的分析，我们将建立了企业年金的上市公司的基本特征总结如表 11 所示。

---

① 部分上市公司 ESG 评分缺失，有效值共计 3686 个。

表 11　建立与未建立企业年金上市公司的特征汇总

评价类别	评价指标	建立了企业年金的上市公司	未建立企业年金的上市公司
公司规模	总市值	高	低
	员工人数	多	少
股权结构	大股东持股集中度	高	低
	国有大股东持股集中度	高	低
	个人股东实控	少	多
资本结构	负债水平	高	低
盈利能力	净资产收益率	大部分行业更低	大部分行业更高
股价波动	总体涨幅	小	大
	波动幅度	小	大
薪酬水平	人均薪酬	高	低
社会责任	ESG 评分	高	低

总体来看，建立了企业年金的上市公司规模更大，股权结构更集中，人均薪酬更高，更加注重企业社会责任，股价波动更小，但股价涨幅弱于未建立企业年金的上市公司。（金融业以外的）大部分行业中建立了企业年金的公司负债水平过高、盈利能力较弱，意味着许多经营水平出色、财务状况良好的上市公司尚未加入企业年金市场中。

从长期趋势来看，建立与未建立企业年金的上市公司在公司规模、薪酬、个人实控等方面的特征日趋接近，但两者在国有大股东持股集中度、ESG 评价等方面的表现渐行渐远。

（九）新建立企业年金的上市公司的特征

为探索新建立企业年金的上市公司是否有新的特点，我们选取 2019 年新建立企业年金的 169 家上市公司，将其与建立企业年金的全部 1097 家上市公司的基本特征进行对比，汇总如表 12 所示。

表 12　2019 年新建立与全部建立企业年金上市公司的特征对比

项目	2019 年新建立企业年金的上市公司	建立企业年金的全部上市公司
总市值（均值，亿元）	139. 36	338. 96
员工人数（均值，人）	5207	11539
国有企业比重（%）	33. 7	62. 5

续表

项目	2019 年新建立企业年金的上市公司	建立企业年金的全部上市公司
ROE(均值)	8.40	8.46
资产负债率(均值,%)	45.16	49.37
股价年涨跌幅(均值,%)	29.4	26.1
人均薪酬(均值,万元)	15.75	19.95

2019 年新建立企业年金的公司总市值均值、员工人数均值、人均薪酬均值明显小于全部建立企业年金的公司，这就意味着更多中小企业加入企业年金市场中。新建立企业年金的公司中国有企业的占比仅为 1/3，远低于全部建立的公司中国企所占六成的比重，可见民营企业建立企业年金的步伐正在加快。而在 ROE、资产负债率、股价涨跌幅三个指标上，新建立企业年金的上市公司并没有较为突出的差异。

从行业分布来看，尽管工业和材料两个行业依旧占据大头，但新建立企业年金的公司中，信息技术、医疗保健两个行业的比重大幅提升，而金融、能源、公用事业等传统行业的比重明显压缩，说明处于高速发展期的行业仍有较大潜力提高企业年金覆盖率（见图 16）。

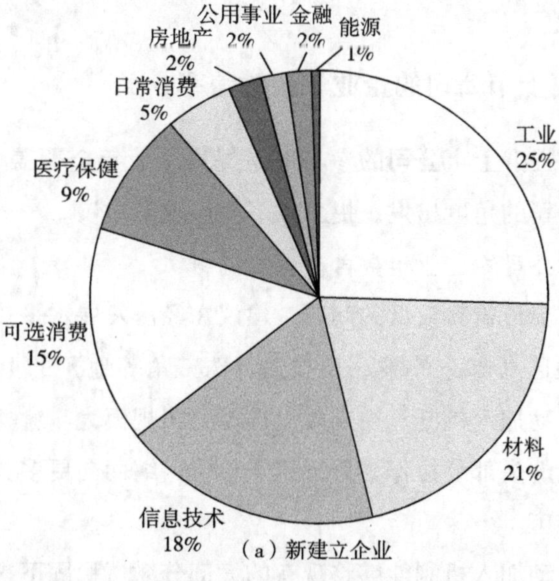

（a）新建立企业

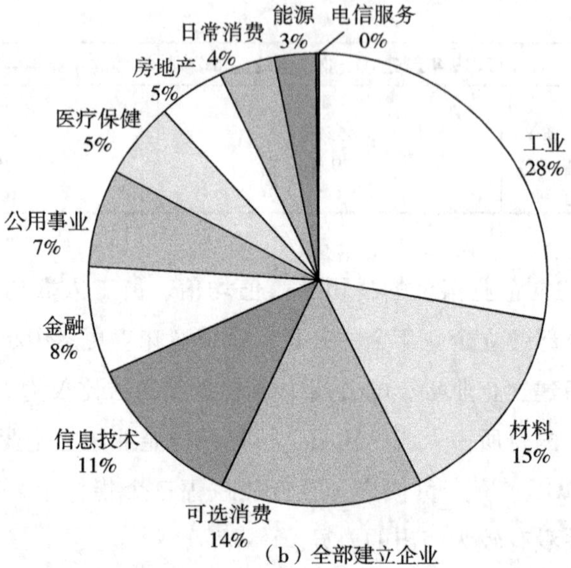

（b）全部建立企业

图 16　2019 年新建立与全部建立企业年金上市公司的行业分布对比

五　推动企业年金持续发展的相关建议

（一）提高上市公司的企业年金覆盖率

如前所述，提升上市公司的参与度是提高企业年金覆盖率的重要抓手，本部分从上市公司的角度出发，提出以下两点政策建议。

1. 试点上市公司的企业年金自动加入机制

针对企业年金覆盖率较低的问题，建议在经济发展水平较好、企业年金参与度较高的地区（如京津冀、长三角、珠三角等地）的上市公司中先行试点企业年金自动加入机制。初期可以选择公司规模大、缴费能力强的国有企业和特定行业的头部公司作为首批试点单位，继而向更多具备持续盈利能力的上市公司推广。

企业年金自动加入机制能够将现有的大部分缴费稳固下来，保障企业年金存量市场的资金规模长期稳定，还能通过国有企业、大型企业的示范效应，引导中小型企业加入企业年金。

2. 将优质上市公司的企业年金建立情况纳入 ESG 考核

在目前的政策和市场条件下，资本结构完善、长期盈利能力强、股东回报水平高的上市公司完全具备建立企业年金并持续缴费的实力。但根据前文的分析，这类优质公司在企业年金市场中的参与水平并不高，部分参与的公司也存在断缴、补缴、信息披露不完备等问题。

对于这些现象，建议相关 ESG 评级机构以信息披露为基准，将高盈利、高回报、低负债的优质上市公司的企业年金建立和缴费情况纳入 ESG 考核，一定程度上将企业年金参与情况与企业的融资能力挂钩，有助于督促这些优质企业履行社会责任、保障员工福利，还能起到示范作用和激励效应，引导更多企业加入企业年金市场。

A 股市场中，科创板、创业板等仍处于企业年金覆盖的薄弱环节，但具备相当大的市场开拓潜力和开发价值，因此以上两点措施可考虑在科创板与创业板先行先试。

（二）引导和支持更多中小企业建立企业年金

中小企业的参与是企业年金市场实现长期稳定发展的关键，本部分就引导与支持中小企业参与企业年金提出以下两点政策建议。

1. 制定针对中小企业的激励政策

建立企业年金并持续缴费是企业保障员工福利、履行社会责任的体现。但对于中小企业来说，长期的企业年金缴费是一笔不小的负担，降低了中小企业建立企业年金的积极性，需要政策层面的支持和引导。

对于积极参与企业年金、践行社会责任的企业，尤其是中小企业，政府不妨制定更多的激励机制和优惠政策。比如，在财政上给予企业年金税前扣除以外的额外税费减免；在融资上鼓励银行等金融机构提供信贷便利；在企业购置、租赁办公用地时提供一定金额的补贴；在企业生产过程中，减免水电等相关费用；在企业扩员纳新、雇员有落户需要时，给予积分落户的加分奖励或增加人才引进落户的名额。

以上激励政策可以在经济欠发达、中小企业参与度较低的个别中西部省份和创新型企业不断涌现、快速发展的信息技术等行业先行试点，改善这些地区和行业的企业年金市场参与结构。

2. 提升中小企业作为委托人的话语权

中小企业参与企业年金的主要途径是加入企业年金集合计划。实际上，单个集合计划往往由上百个企业的企业年金组成，这些企业的风险偏好与收益诉求往往并不一致。中小企业内部通常缺乏管理企业年金的专职人员，导致企业年金管理的专业性不足。而作为委托人，中小企业体量较小、谈判实力较弱，难以对企业年金计划的运营进行有效监督。

针对这一问题，建议允许集合计划的参与者成立跨企业的年金理事会，聘请专业人士作为外部咨询顾问，提升中小企业作为委托人的话语权，加强对企业年金管理人的监督，保障自身权益。

（三）提升员工个人加入企业年金的意愿

员工个人加入意愿的提升是企业年金发展的内生动力，进一步降低加入企业年金的门槛、提供更加优惠的税收机制有助于激励更多员工参加企业年金。

1. 适当减免领取环节的个人所得税

根据现行政策，企业年金在缴费环节暂不征税，但在领取环节，参与者仍需缴纳个人所得税，而征收范围既包括本金也包括投资收益。在我国暂无资本利得税的背景下，这种征收模式实质上加重了参与者的税收负担。

面对发展迟缓的企业年金市场，不妨进一步加大税收优惠的力度。比如，在领取环节仅针对本金征税，对投资收益免税。又比如，在领取环节设置一定比例或金额的免征额，超过这一额度再行征税。

2. 探索便利化的个人年金账户转移机制

现实中，部分已参与企业年金的员工入职未建立企业年金的新单位后，个人账户只能由原单位或受托机构暂时管理，且无法继续缴费。建议探索设立个人（工作）年金账户作为过渡手段，允许员工自主自愿在该账户下继续向企业年金缴费，等到新单位建立企业年金后，再将其并入该单位的企业年金计划中。这样既能解决员工的年金账户接续问题，又能保持企业年金缴费规模的连续性与稳定性。

条件成熟后，可尝试将个人（工作）年金账户向未建立企业年金的科创型企业推广，这类企业中有大量具备缴费能力和缴费意向的高层次高技能人才，限于企业参与意愿不足而无法加入企业年金。个人（工作）年金账户为这批员工提供了参加企业年金的可能，也有助于倒逼其所在企业建立企业年金。

参考文献

王信、鲍哲钰：《面向未来的中国养老体系改革和养老金融发展》，中国金融出版社，2020。

吴素萍、曹滔：《养老金改革的分析框架与路径选择——周小川有关论述汇编》，中国金融出版社，2020。

董克用、姚余栋主编《中国养老金融发展报告（2020）》，社会科学文献出版社，2020。

董克用、姚余栋主编《中国养老金融发展报告（2019）》，社会科学文献出版社，2019。

中国证券投资基金业协会：《个人养老金：理论基础、国际经验与中国探索》，中国金融出版社，2018。

王毅：《关于完善企业年金政策的建议》，2021 年 2 月 20 日，http：//finance.sina. com. cn/jjxw/2021 - 02 - 20/doc - ikftssap7613851. shtml。

B.11

个人养老储备投资的特征、原则与实践

朱海扬　王 璐　李 洁*

摘　要：　随着我国老龄化逐渐加剧，个人养老储备积累与投资的重要性愈发凸显。近年来监管层、市场从业机构等主体从政策引导、产品储备等方面着力推动个人养老储备市场的发展，但目前，个人投资者仍存在投资目标缺失、投资短期化、厌恶波动等问题。本报告从养老资金的长期性、安全性等特征出发，提出针对个人养老储备的投资管理原则。为解决目前个人养老储备投资中的主要问题，优化国内个人投资者在养老储备方面的投资习惯与心智，从监管层、资管机构到各销售平台在政策制定、产品设计、交易习惯、持续营销、投资者教育等方面均进行了多年有效的探索与实践。报告以基金定投为例，从定投模式、定投策略、产品选择等方面介绍了基金定投在个人养老储备投资方面的实践，并基于基金定投实践的启示，提出了对个人养老储备未来发展的相关建议。

关键词：　个人养老储备投资　长期投资目标　养老金安全性　基金定投

* 朱海扬，管理学博士，天弘基金管理有限公司副总经理，中国养老金融 50 人论坛副秘书长，主要研究领域为养老金融与社会保障；王璐，天弘基金管理有限公司养老金财富管理部高级业务经理，主要研究方向为养老保障政策；李洁，天弘基金管理有限公司养老金产品市场部部门负责人，中国养老金融 50 人论坛联席研究员，主要研究领域为养老金融与养老金产品。

一　个人养老储备概述

近年来，中国老龄化程度不断加深，老年人口的庞大数量与未富先老的现状是我国老龄化社会的典型特征。与此同时，我国的出生率与人口自然增长率逐年下滑，进一步加速老龄化进程，传统中国家庭“养儿防老”的模式将难以为继。在“十四五”规划中，已明确提出“实施渐进式延迟法定退休年龄”以应对即将到来的老龄化、少子化危机。对于个人而言，延迟退休意味着居民需要为养老进行更多的储备，个人养老储备的快速发展将是大势所趋。

（一）个人养老储备的含义

目前从制度面及政策面角度，对“个人养老储备”尚无明确定义，更多提及的是第三支柱个人养老金的概念。1994 年，世界银行在《防止老龄危机——保护老年人及促进增长的政策》报告中提出了建立老年人经济安全的三支柱模式，其中第三支柱是自愿参加支柱，通过个人商业投资和理财等方式，使个人在退休后享有更高的生活品质。

我们理解，个人养老储备与第三支柱个人养老金相比，其内涵更为广泛，既包括具有税收优惠激励的第三支柱个人养老金，也包括个人在国家养老金制度之外，以养老为目的进行的财富储备活动。从政策层面，我国也出台了多个涉及个人养老储备的政策，以鼓励和支持个人养老储备的发展。

在我国 1991 年首次提出建立个人养老保险制度后，国家相关部门针对个人养老储备的发展也提出了更多的政策规定（见表 1）。

表 1　国家相关部门针对个人养老储备的相关政策规定

时间	通知规定及主要内容
2000 年	国务院颁布《国务院关于印发完善城镇社会保障体系试点方案的通知》（国发〔2000〕42 号），提到“鼓励个人储蓄型养老保险的发展”
2005 年	《国务院关于完善企业职工基本养老保险制度的决定》（国发〔2005〕38 号）提到“建立多层次养老保险体系”

续表

时间	通知规定及主要内容
2008 年	《天津滨海新区补充养老保险试点实施细则》提出，投保人购买补充养老保险可享受税收优惠
2009 年	《关于推进上海加快发展现代服务业和先进制造业建设国际金融中心和国际航运中心的意见》（国发〔2009〕19 号）中，明确鼓励个人购买商业养老保险，适时开展个人税收递延型养老保险产品试点
2015 年	《养老保障管理业务管理办法》出台
2016 年	《中华人民共和国国民经济和社会发展第十三个五年规划纲要》提到"推出税收递延型养老保险"
2018 年	《养老目标证券投资基金指引（试行）》正式出台
	五部门联合印发《关于开展个人税收递延型商业养老保险试点的通知》，正式开启税延商业养老保险试点
2019 年	中共中央、国务院印发《国家积极应对人口老龄化中长期规划》，从五个方面部署了应对人口老龄化的工作任务，其中第一项就是"夯实应对人口老龄化的社会财富储备"
2021 年	银保监会正式发布《关于开展专属商业养老保险试点的通知》，同年 6 月 1 日起，将由 6 家人身险公司在浙江省（含宁波市）和重庆市开展专属商业养老保险试点

（二）个人养老储备的意义

第一，更具普惠性质，是传统养老金制度的重要补充。目前已建立的第一、二支柱主要面对的是正式职工，第三支柱税延产品试点更多吸引的也是收入相对较高、可被税收优惠政策覆盖的部分人群。个人养老储备则更具备普惠意义、更具灵活性，可覆盖更多灵活就业、新产业、新业态的从业人员。

第二，有助于增强国民养老意识、优化国民养老理念。个人养老储备相关制度与产品的出现可以有效增强国民养老储备的意识，将消费、理财、医疗、教育、养老等几个不同概念进行区分。同时通过在养老型产品端的设计，引导国民建立积累期的长期养老储备意识以及领取期的合理规划意识。

第三，有助于资本市场良性发展，提升直接融资占比。由于养老投资意识与投资者教育的缺失，过去在养老投资方面，个人投资者普遍存在误区：部分保守型投资者过于追求稳定的收益，大量投资于银行保本理财、银行存款等无风险资产，长期收益难以跑赢通胀；部分有一定收益目标意识的投资者则存在为了追求账面的稳定无波动，投入非标、P2P等资产，一旦发生信用违约，投资者将遭受本金无法追回的大额损失。而通过规范的个人养老储备市场，大量的居民储蓄将被转移到正规持牌资管机构发行的、监管严格的产品中，通过权益市场、债券市场等直接融资渠道，助力实体经济，促进资本市场良性发展。

二　个人养老储备投资现状与问题

（一）个人养老储备市场现状

在国家税收优惠与相关支持政策出台前后，各资管行业在个人养老领域均进行了多年的探索与实践。

保险业起步相对较早，早在2008年，天津市提出了地方性的商业养老保险试点。税延型商业养老保险产品经过十年探索，最终于2018年在上海市、福建省与苏州工业园区展开了试点。截至2020年12月，试点地区税延型商业养老保险累计参保人数4.88万人，实现保费收入4.26亿元[①]。除正式纳入税延范围的商业养老保险外，个人养老保障管理产品也是备受关注的一类具备安全稳健特征的养老储备型投资产品，近年来依托互联网理财平台，个人养老保障管理产品市场总体规模实现了从百亿级到万亿级的爆发式增长。资管新规后，产品从早期的封闭式、短期限、成本法估值，逐渐向开放式（定开式）、长期限、净值化转型，为投资者提供了更多样化的选择。

证券投资基金业方面，在个人养老储备产品方面的探索始于2006年，汇丰晋信发行了国内第一只模仿美国TDF（Target Date Fund）的生命周期基金“汇丰晋信2016生命周期开放式证券投资基金”，在产品说明书中较为

① 《中国养老金融业务发展存在短板：第三支柱发展长期处于起步阶段　税延商业保险试点规模有限》，中国保险网，2021年3月31日，http://www.china-insurance.com/hyzx/20210331/54542.html。

清晰地展示了 Glide Path 设计，但并未采用 FOF 形态。2018 年，养老目标基金的正式指引出台，对养老目标基金提出了规范化要求，必须是符合指引各项规定、采用目标日期或目标风险投资策略、具有一定封闭期限的公募 FOF 型产品。截至 2020 年底，养老目标基金市场总规模达 640.69 亿元。

相比保险与基金业，商业银行在个人养老储备产品方面起步较晚。最早冠有“养老”字样的商业银行理财产品——交通银行“得利宝 - 久久添利”出现于 2009 年。随着资管新规、理财新规等政策落地，养老理财产品进入快速发展期，但 2020 年在“统一养老金融产品标准，清理名不副实产品”的监管指导下，全年仅发行 185 只产品，9 月后再无新产品发行。除养老理财外，养老储蓄、养老信托产品等也是银行业参与个人养老储备市场的重要渠道。养老储蓄产品一般采取零存整取的方式，相比于理财产品，储蓄型产品优势在于收益稳定、安全性高，但在产品设计上较为单一，收益上也会受到央行存款利率的限制。养老信托产品目前种类相对较少，认购门槛过高，市场认可度与普及程度一般。

（二）个人养老储备投资存在的问题

随着公众养老储备意识的增强，越来越多的个人投资者意识到个人养老储备的必要性，积极寻求适合自身的养老储备投资产品。但经市场参与机构的多年实践，目前个人养老储备投资市场上仍存在以下几类典型问题。

1. 缺乏明确的投资目标

科学的投资决策，均需要结合资金的需求特性，确定相对长期的投资目标，结合风险承受能力，确定资产配置方案或选择投资产品。但相当一部分的个人投资者，在投资决策前缺乏明确的投资目标。中国养老金融 50 人论坛 2020 年发布的《中国养老金融调查报告》数据显示，63.29% 的调查对象在养老理财或投资中将“确保本金安全第一位，收益多少不重要”作为投资目标，只有 18.23% 的调查对象将目标定位在“追上通货膨胀率，能够保持购买力”。正如调查结果显示，现实中的个人养老储备投资行为往往具有两极分化的特征，一部分投资者倾向于投资风险较低的储蓄类或货币类资产，另一部分投资者具有跑赢通胀的意识，倾向于投资风险等级较高的股票类资产，但由于缺乏明确投资目标，投资决策中往往存在“跟风”“抱团”的现象，与个人实际养老投资需求产生偏差。

2. 投资期限短期化

部分投资者并没有将个人的短期流动性要求、理财、养老等几种不同目标类型资金的投资风格进行区分，在个人养老储备投资上存在明显的短期化投资特征，从而助长了“追涨杀跌”等现象。以养老目标基金为例，该类产品政策规定至少应具有一年及以上的封闭期，在产品名称、投资策略等方面均体现养老资金的长期属性，基金公司与销售渠道也通过各种方法着力号召投资者长期持有。

但从实际情况来看，截至2021年3月31日，市场中已有17只一年期养老目标风险基金达到最短持有期限，允许投资者赎回。剔除规模小于2000万元的发起式一年期养老目标风险基金，基金持有期满认购期客户赎回比例平均为67.94%。可见即使是对于以养老为目的的投资产品，投资者仍未具备长期投资的意识，投资者教育与产品认知教育任重而道远。

3. 对于资产净值波动的恐慌

在刚兑时代，预期收益型理财产品是众多投资者养老投资首选。对稳定收益的偏好，凸显了个人投资者对于波动的厌恶，P2P产品的热潮也正源于此。随着资管新规落地，净值型产品逐渐替代预期收益型产品，但原有预期收益理财投资者的客群定位与路径依赖，导致大部分投资者难以接受理财型产品的业绩波动。即使是部分经历过牛熊市转换的公募基金投资者，对于亏损、净值波动仍存在恐慌，导致出现了时时紧盯净值、一旦经历深套回本后立刻赎回等现象。

4. 投资者陪伴的缺位

当资本市场出现突发事件、产品净值出现巨大波动时，投资者陪伴服务可以在第一时间向客户传递最专业、最个性化的应对建议，有利于投资者长期持有养老投资产品。以美国普信集团（T. Rowe Price）为例，公司十分注重客户的投后陪伴，建立了规模近200人的呼叫中心（Call Center），每天会有近100位接线员同时工作，专门解答客户针对退休计划的各项问题，尤其是资本市场、产品投资等相关问题。在Call Center后方，还有大量的客户接待室，可以为客户提供面对面的咨询服务。相比于部分海外资管机构，国内资管机构与销售渠道在投资者陪伴方面尚处于摸索与起步阶段，限于国情与资本市场现状，目前往往只有高净值客户才能被优质的投后服务覆盖。但随着互联网渠道与智能投顾的普及，国内资管机构有望在投资者陪伴方面实现弯道超车。

三　个人养老储备投资特征与原则

（一）个人养老储备投资的主要特征

因为个人养老储备是由个人自愿缴费积累并自主决定投资的产品，所以个人投资者对投资管理的认知和决策直接影响到今后的养老金储备情况。个人养老储备的两个主要特征分别是投资期限长和安全性要求高，但是在实践中，无论是个人投资者还是养老金投资管理从业者，依然存在对这两个特征的认知还停留在表面的情况，甚至存在一定的认知误区。

1. 能以长期视角进行投资，提升长期回报水平

个人投资者通常认为养老储备是为养老积累的资产，因而不能亏损，所以经常通过银行储蓄存款或者低风险理财等形式为自己积累个人养老储备。他们未曾意识到在如此漫长的投资期限中，过低的长期收益率对自身养老待遇的影响很大，看似安全的投资选择其实蕴藏了更大的养老储备积累不足的风险，这会直接导致投资者无法享受规划中的晚年生活。其实作为投资期限长达几十年的长期资金，养老储备承担波动风险的能力较其他短期投资资金更强，足够长的期限会熨平投资期间的市场波动。

（1）积累期很长时，长期平均收益率对养老待遇的影响显著

假设积累期30年，未来30年工资年均增长率6%，每年初将上一年收入的8%用于养老积累，以2020年城镇单位就业人员平均工资9.7万元为

基数，计算不同长期平均收益率之下 30 年后的积累规模。

从图 1、图 2 中可知，当长期平均收益率是 4% 时，30 年累计投资收益在总积累中的占比是 39.2%；而当长期平均收益率是 7% 时，30 年累计投资收益在总积累中的占比高达 60.5%。也就是说，30 年积累的缴费规模（即投资本金）是 61.35 万元，当年均投资收益率是 4% 的时候，最后积累的养老金总规模是 100.88 万元；而如果年均投资收益率提高到 7% 的时候，最后积累的养老金总规模就变成 155.17 万元。所以养老金最后积累总规模和养老待遇水平的最敏感影响因素之一就是长期平均收益率，当长期平均收益率提高了 3 个百分点，30 年累计的投资收益额就远远超过了累计缴费规模。

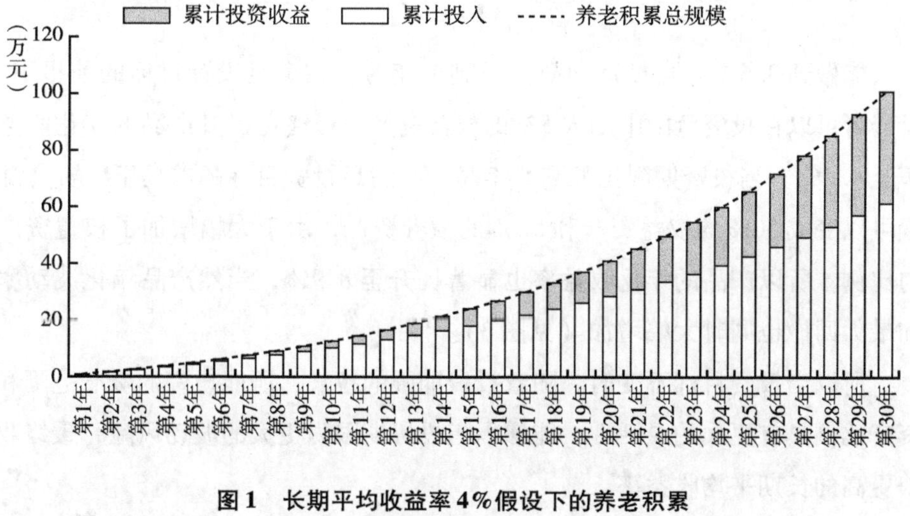

图 1　长期平均收益率 4% 假设下的养老积累

（2）投资期限越长，能够承担的波动越大，长期收益率越高

假设投资者的投资目标是在产品持有到期时亏损概率小于 5%，按照历史数据进行测算，使用的股票指数为中证 500 价格指数，债券指数为中债新综合财富总值指数，信用债指数为中债信用债财富指数，短债指数为中证短债指数，样本区间为 2009 年 1 月到 2020 年 12 月。那么当投资期限是 1 个季度时，为了达到投资目标，仅能投资短债和信用债，最后产品的年化收益

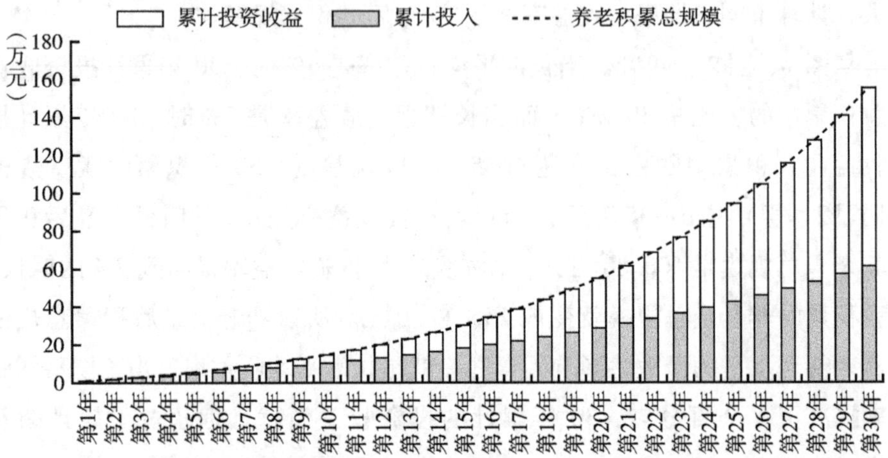

图2　长期平均收益率7%假设下的养老积累

率只能做到3.6%。当投资期限拉长到1年时，在满足投资目标的前提下，投资者可以在投资范围中加入5%的权益资产，最终可提升产品的年化收益率至4.6%。当投资期限拉长到5年时，在满足投资目标的前提下，资产配置可以变成50%的权益资产和50%的债券资产，由于大幅增加了权益资产的比例，所以产品的年化收益率也显著提升至8.9%，当然产品年化波动率和最大回撤也同时大幅增加（见图3）。

所以当投资目标不变时，随着投资期限的拉长，所能投资的资产范围和资产比例具有更大的灵活性，能够承担投资期限内更大的波动风险，最终收获更高的长期平均收益率。

2. 基金安全性的核心是保持长期实际购买力不缩水

（1）长期视角下养老基金的安全标准

长期视角下，养老基金安全的标准是购买力不缩水，而不是短期内净值的波动。

通常理解的保值增值、购买力不缩水是战胜通货膨胀，但其实过去30年如果以此作为保值增值的标准，养老基金会缩水90%。因为CPI本身代表一揽子商品，而从养老金保值增值的角度来看，不光需要考虑一揽子商

期限	1季度	1年	5年
目标	持有到期，亏损概率＜5%		
配置结构	75%短债+25%信用债	5%权益+30%短债+65%信用债	50%权益+50%债券
年化收益	3.6%	4.6%	8.9%
年化波动	0.5%	1.6%	13.8%
最大回撤	–1.4%	–2.2%	–34.9%
收益率（年化）分布	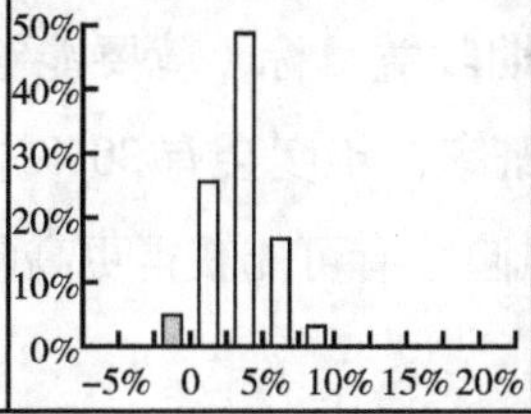	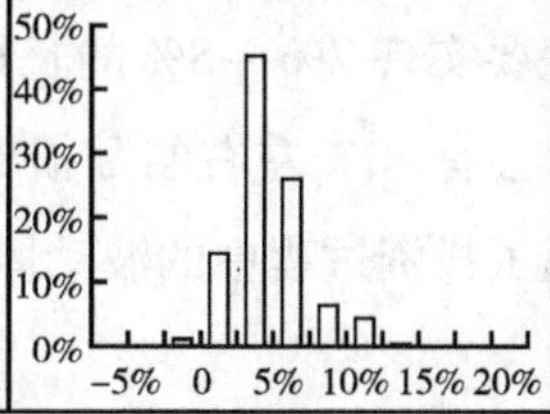	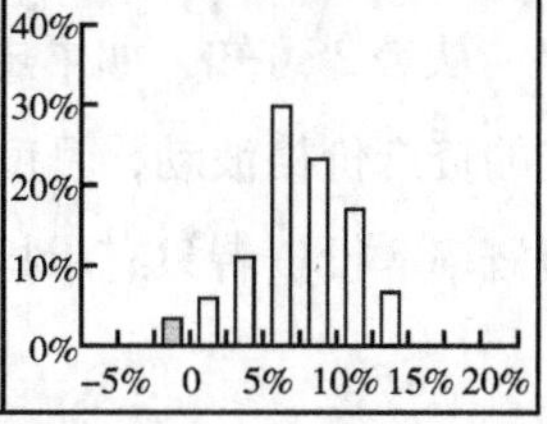

图3　同一投资目标下不同投资期限的收益测算

注：按照历史数据进行测算，使用的股票指数为中证500价格指数，债券指数为中债新综合财富总值指数，信用债指数为中债信用债财富指数，短债指数为中证短债指数，样本区间为2009年1月到2020年12月。

品，还要考虑生活水准提高以后更多的支出。因此更能代表养老金保值增值的长期安全标准是社会平均工资增长率，因为购买力跟社会工资水平相关联。如果用基金积累规模与社会平均工资的比例表示购买力，养老金长期安全的标准就是平均收益率不低于社会平均工资增长率。改革开放以来，我国社会平均工资增长率12.95%，但是近年来已经逐渐下降到10%以下。

习近平总书记在《关于〈中共中央关于制定国民经济和社会发展第十四个五年规划和二〇三五年远景目标的建议〉的说明》中指出："我国经济有希望、有潜力保持长期平稳发展，到'十四五'末达到现行的高收入国家标准、到2035年实现经济总量或人均收入翻一番，是完全有可能的。"要想实现2035年经济总量翻番目标，需要年均4.7%的实际增速，7%～8%的名义增速，因此个人养老储备长期收益目标也要达到7%～8%才是合适的。

（2）短期视角下养老基金的安全标准

养老金在短期内的安全标准即为对短期内波动风险的容忍度，例如年度收益率低于 X（0，－1%，－2%，－3%）的概率小于 5%。

从自上而下的角度来看，长期收益目标决定了波动风险的容忍度，收益与风险成正比。从自下而上的角度来看，对波动风险的容忍度决定了长期收益率。它们是一个硬币的两面，彼此关联，又有不同的表达方式。如果要提高未来的养老金收益率，那么对波动风险的容忍度也需要进一步提高。

从表 2 可知，如果想要实现 7%～8% 的长期收益目标，就要能够承受一定的资产价格波动，月度会有 40% 左右的亏损概率，年度会有 30% 左右的亏损概率。投资者只有承担了投资过程中的波动风险才有可能获得更高收益。

表 2　与不同收益目标相匹配的波动风险

单位：%

预期收益率 / 组合表现	4%	5%	6%	7%	8%	9%	10%
权益比例	1.23	11.69	22.15	32.61	43.08	53.54	64.00
债券比例	98.77	88.31	77.85	67.39	56.92	46.46	36.00
年化收益率（算术平均）	4.21	5.35	6.51	7.61	8.80	9.30	10.16
年化收益率（几何平均）	4.27	5.30	6.17	6.75	7.21	6.60	6.91
年化波动率	2.35	6.07	10.29	14.64	19.17	24.10	26.34
最大回撤	-4.06	-18.76	-34.42	-47.15	-58.98	-69.63	-72.30
夏普比率	1.04	0.59	0.46	0.40	0.37	0.31	0.32
月度表现							
月度：平均收益率	0.33	0.42	0.51	0.59	0.68	0.77	0.86
月度：亏损比例	24.16	32.43	37.20	39.82	40.93	41.56	41.84
月度：亏损 1% 以上比例	1.68	8.52	18.53	24.82	29.59	32.07	34.28
月度：亏损 2% 以上比例	0.22	2.26	8.55	14.89	20.57	23.83	26.64
月度：亏损 5% 以上比例	0.00	0.00	0.99	3.39	5.71	8.33	11.72
月度：VaR(5%)	-0.60	-1.43	-2.67	-3.98	-5.36	-6.95	-8.40
月度：CVaR(5%)	0.99	-2.09	-3.94	-6.20	-8.10	-10.11	-12.45
年度表现							
年度：平均收益率	3.93	5.17	6.47	7.58	8.86	10.18	11.36

续表

预期收益率 组合表现	4%	5%	6%	7%	8%	9%	10%
年度表现							
年度：亏损比例	7.08	8.26	19.20	27.90	30.56	31.74	32.67
年度：亏损 1% 以上比例	1.38	4.00	13.72	25.24	30.36	31.77	32.92
年度：亏损 1.3% 以上比例	0.77	3.39	11.84	24.23	28.98	31.04	32.36
年度：亏损 1.5% 以上比例	0.32	2.86	10.72	23.41	28.33	30.71	31.86
年度：亏损 1.8% 以上比例	0.00	2.50	9.51	22.03	27.68	30.27	31.48
年度：亏损 2% 以上比例	0.00	2.18	8.78	20.94	27.18	29.62	31.12
年度：亏损 3% 以上比例	0.00	1.83	6.48	15.16	23.82	26.94	28.86
年度：亏损 5% 以上比例	0.00	1.50	5.27	10.72	20.05	24.56	27.36
年度：亏损 10% 以上比例	0.00	0.00	2.50	4.77	6.45	10.66	15.90
年度：VaR(5%)	-0.40	-0.73	-4.33	-9.13	-13.60	-17.83	-23.55
年度：CVaR(5%)	-0.86	-2.68	-10.05	-18.87	-26.65	-34.89	-43.79

（3）区分不可逆的损失风险和波动风险

损失风险是不可逆的，一旦发生，时间再长也无法弥补；而波动风险随着时间推移是能够弥补回来的。所以应该严防不可逆的损失风险，而给予波动风险较高的容忍度。

不可逆的损失风险与资产流动性高度关联，很多投资者甚至专业投资机构偏好投资按成本计价的资产，这样账面看起来资产净值没有波动，收益没有回撤。但是这类资产之所以按成本计价是因为市场上没有交易价格，而没有交易价格意味着市场机制不能够充分反映资产质量，以至于资产出现问题的时候根本无法从价格上进行发现；而且没有流动性意味着出现问题之后没有改正错误的机会。所以，从严防不可逆损失风险的角度，对于流动性很差的资产，例如非标、PE、非上市股权等，要严格控制投资比例。出现不可逆损失风险的另一种情况是在资产泡沫期的时候，投资者追逐短期收益，不断加大风险敞口，如果最后资产集中度过高，在泡沫破裂的时候，将会加剧不可逆的损失风险。

波动风险是金融资产价格变动带来的正常范围内的风险，对波动风险的承受能力是金融投资的资源。波动风险对于投资而言，可以理解成一种获取收益的动力。商品生产要成本，获取投资回报也要有成本，这个成本就是承担风险。风险承担能力是一种稀缺资源，养老储备是长期资金，流动性要求不高，理论上有较强的风险承受能力。制定合理的风险政策，兼顾长期安全和短期安全，投资者可以通过承担波动风险提高养老储备长期回报。

（二）个人养老储备投资管理原则

1. 个人养老储备投资要有明确的长期目标

通过明确长期投资目标，可以实现长期收益目标与风险政策的基本匹配。现阶段养老储备投资中所面临的极大问题就是投资者对长期投资目标没有认知和定位，例如有的每年定一个当年目标，有的甚至连当年目标都没有，体现在投资行为上都是长钱短投。长期投资目标设定的时候应该考虑长期投资目标的合理性，换句话说，要以严格意义上养老储备购买力不缩水为投资的“锚”，没有“锚”的投资行为都是随波逐流的。确定了“锚”以后，养老储备的投资目标也就随之确定了。同时要考虑清楚长期收益目标与波动风险的匹配关系，制定合理的风险政策。

2. 长期投资要有明确的可承受风险水平

长期投资要有明确的可承受风险水平或者对风险的容忍度，即确定我们投资的“锚”。在实际投资中，建议以战略资产配置或者对各类资产的平均风险敞口为“锚”。战略资产配置使长期投资目标和风险政策具体化。首先，明确可投资的资产分类，并选择有代表性的市场指数来表示各类资产，测算每类资产波动率和平均收益水平，以此确定各类资产的平均风险敞口。

其次，以“锚”为基准，应对经济和市场的复杂变化，避免随波逐流和短期投机。战略资产配置是建立在各类资产平均收益水平和风险水平基础上的，实际资产配置是针对宏观经济和市场具体状态的，需要围绕战略资产配置制定投资策略，进行动态调整。再次，制定与长期投资目标相联系的中短期投资目标。中短期目标就是战胜基于长期投资目标和战略资产配置得到的组合业绩比较基准。中短期目标在波动过程中收敛到长期目标上，或者说，平均水平回到长期收益目标上。最后，建立逆周期的风险管理机制和客观科学的绩效评估办法。“锚”代表风险水平，如果资产上涨后配置比例大大高于“锚”的要求，此时资产通常已经高估，也许资产还会继续上涨，但是“锚”的作用就是提醒投资者把风险敞口降下来。只有这样，当资产价格到顶部的时候，投资者的风险资产比例才会足够小，资产暴跌才不会对投资者造成大的伤害。当资产价格回落足够多的时候，投资者的风险敞口已经很小了，才有继续加仓的能力。

3. 严控不可逆的损失风险，给予波动风险一定容忍度

如前所述，要识别不可逆损失风险情形，充分考量非流动性资产的风险，控制非流动性资产的配置比例，并穿透到底层资产，掌握底层资产的实际状况。此外，在资产泡沫期要保持审慎，避免过度狂热和资产集中度过高。对于金融资产的短期波动给予一定容忍度，坚持长期投资，才能最终穿越牛熊，享受长期回报。

4. 选择主动投资能力强的管理人

长期收益率的组成可以用以下公式来表示：

$$\begin{aligned}\text{长期收益率} = &\ \text{基准的}\beta\text{回报} + \text{资产配置动态调整的}\alpha\text{回报} + \\ &\ \text{固定收益的}\alpha\text{回报} + \text{权益投资的}\alpha\text{回报} + \text{非流动性溢价}\end{aligned}$$

从养老储备角度来看，长期收益由两部分构成，一是“锚”所代表的回报，即基准的β回报，这个回报是市场给予的，投资者是接受者。其他部分是由产品投资管理人创造出来的超额收益，即资产配置动态调整的α回报、固定收益的α回报以及权益投资的α回报，这个回报水平取决于投资管理人的投资能力。

所以，个人投资者需要精选有专业能力的投资管理人，才能在长期投资中收获更高的回报。专业的投资管理人一方面应该具备资产配置能力，根据投资目标和投资政策动态调整风险敞口；另一方面，应该具备类属资产的主动管理能力，能够适应经济结构转型的新局面，选择好的投资赛道和优质投资标的，力争实现投资策略上的超额收益。

四　个人养老储备投资实践与建议——以基金定投为例

（一）基金定投在个人养老储备投资中的应用

基金定投通常指在固定时间投资固定金额基金的策略，对个人投资者而言，这种规律化的投资形式可以帮助其克服人性的弱点，有控制地实现长期投资，逐渐降低投资成本，达到理想的目标收益率。定投的特点及优势符合个人养老储备投资管理的各项原则，将定投策略运用于个人养老储备投资是当前的一个重要趋势。

1. 定投理念与个人养老储备投资管理原则相契合

一是定投有助于投资者树立长期投资目标。定投计划的开启与定投策略的制定，通常需要个人投资者首先确定远景投资目标，如期望实现的总投资收益、期望在未来某时点达到的某种生活状态，根据投资目标与各类属资产的预期收益率，资管机构与销售平台即可为投资者制定个性化的定投计划，这个过程有利于投资者构建对长期投资目标的认知，在之后的定投过程中也会不断强化，从而修正与最终目标相背离的各种过于保守或激进的投资行为。

二是定投可保证稳定的缴费来源。稳定的缴费端有利于投资管理人进行长期资产配置，实现资产与负债的匹配。部分个人投资者由于缺乏强制性约束，会出现投资短期化、波动恐慌导致频繁调仓等问题。但定投通过纪律化的投资安排，保证了稳定的缴费来源，对于资管机构来说更利于投资的排布与养老储备资产的稳定增长。

三是定投可以平滑长期投资中的波动。对于缺乏投资经验与市场判断决策能力的非专业个人投资者来说，最困扰的问题无非“什么时候买”与“买多少”，常常出现在市场狂热时高点买入，净值剧烈波动下恐慌卖出的现象。但通过定投的方式，分散购买时点，不论市场如何变化，严格执行既定的定投策略，可以在市场低点降低建仓成本，起到平抑市场波动、分散择时风险的作用。

四是定投可规避不可逆损失风险。一方面，定投的模式天然决定了投资者需要强制分散投资时点与投资金额，因此避免了在高点集中买入导致泡沫破裂时不可逆损失风险。另一方面，目前市场上比较普遍的定投标的多以每日开放申赎的公募基金为主。公募基金是目前执行净值化、破刚兑等资管新规要求最完全的资管产品之一，具有严格、透明的信息披露制度，同时管理人也具备较强的类属资产管理能力与资产配置能力，因此公募基金产品可最大限度规避不可逆的损失风险，从而保证个人养老储备资产的长期安全。

2. 定投方式与产品选择

基于定投模式与养老金投资属性的契合，大部分的基金公司直销平台与第三方基金销售平台都打造了专门应用于养老场景的定投服务。

目前绝大多数基金公司与销售平台提供的养老投资场景下的定投服务，还是以普通定投为主，即最传统的定期+定额的投资方式。首先会通过养老金计算器等工具根据投资者自身情况进行养老金规划，如输入出生年份、工作年份以及当前月工资等信息，就可以根据当地工资增长情况以及个人生命周期模拟出个人退休后的养老金，并以每月领取的养老金除以退休前月工资生成养老金替代率的指标，为投资者提供参考。随着三支柱养老金税优政策逐渐明朗，部分平台除了提供养老规划之外还支持税延计算功能，可展示购买未来进入税优政策范围的基金产品所享受的税收递延优惠，进一步激励投资者参与养老定投计划。在定投品种选择上，目前主要有两类产品。

（1）养老目标基金

养老目标基金是监管层针对个人养老需求推出的最具针对性的产品之

一，也是目前市场上较适合养老定投的公募基金产品之一，尤其是目标日期型基金，个人风险偏好不明确的投资者可以直接根据个人退休日期进行产品选择，为投资者提供一站式养老投资解决方案，同时封闭期的设定也有助于投资者养成长期投资的习惯。各基金公司也在积极践行养老目标基金的定投，越来越多的养老目标基金采用了发起式的方式快速成立，再通过产品宣导、投资者教育等方式推动产品的持续营销，号召投资者通过定投实现个人养老储备的积累。

（2）养老基金组合

部分基金公司与销售平台也会通过基金投资组合的形式提供定投方案。为便于投资者选择，一般该类基金组合的命名会参考目标日期基金的方式，直接以年龄阶段命名，如“70后定投组合”“80后定投组合”等，投资者可按照自身阶段进行投资组合的选择。投资者购买基金组合，即为一次性购买一揽子基金产品。

3. 智能定投的应用

随着养老金投资观念的普及以及投资者教育的深入，少部分平台也开始逐渐尝试养老智能定投。所谓智能定投，是在传统定期、定额的方式上结合了一定的调整策略，进一步优化了定投的收益与目标达成率。目前市场上常见的智能基金定投方式主要分为以下两类：第一种是根据投资者的目标预期进行调整；第二种是根据资本市场情况变化加入时机判断，例如根据估值水平、指数涨跌、动量趋势等，对定投策略进行调整。目前市场上最常见的几种智能定投策略如下。

（1）不定金额/择时投资的定投策略

该类定投策略主要分为两类：均线策略与估值策略。

均线策略自主选择参考指数与参考均线，根据T-1日指数收盘价与参考均线两者之间的偏差程度来调整T日的实际扣款率，通过高位少买和低位多买来摊薄投资成本。常用参考指数主要有沪深300、中证500和创业板指，参考均线多用180日均线、250日均线以及500日均线。

估值策略主要适用于指数型基金的智能定投，估值指标主要选取市盈率

PE，与历史整体情况比可以划分高估、正常和低估区间，保守型策略只在低估区间内进行投资，更积极的策略则是将历史情况划分成与投资比例对应的区间，每期根据对应投资比例进行扣款。保守型的估值策略对于单边上行的市场来说并不友好，可能会错失较多的投资机会。

另外，估值策略也可以与均线策略相结合，如理财通平台的智能定投参考的是指数市盈率的500日均线，参考指标保持与市场最新行情同步，同时又通过调整扣款比例在一定程度上控制了投资风险。

（2）止盈策略

止盈策略可以分为目标止盈与移动止盈。目标止盈策略下，一旦定投资产收益率达到投资者设定的目标就会终止定投计划。更为保守的投资者还可以在此基础上设定止盈期，止盈期满也会自动赎回或转换。移动止盈策略增加了降低下跌损失的机制，如果止盈期内达到目标收益率后基金净值继续上涨将会继续持有，而基金净值下降时一旦达到设定的回撤比例将赎回止盈。

（二）基金定投的实践效果分析

1. 定投可穿越市场波动，获取有效中长期回报

定投策略通过投资时点与金额的分散化，长期来看可以有效分散择时风险，尤其在市场泡沫阶段可以有效平抑大幅度回撤风险，从而优化长期投资收益。以下通过模拟定投场景的历史数据回测予以说明。

由于养老目标基金历史业绩较短（第一只养老目标基金成立于2018年），参考性有限，因此选择能够代表一揽子基金的基金指数作为定投标的进行模拟，具体基金指数选取中证指数公司编制的中证偏股型基金指数（930950. CSI），该指数基准日为2007年12月31日。

场景一：假设投资者从指数基准日2018年1月31日开始，每月月底定额定投，定投截止日为2021年5月31日。

场景二：假设投资者从2015年6月11日开始（2015年牛市最高点），每月月底定额定投，定投截止日为2021年5月31日。

在两种场景下中证偏股混合基金指数的定投收益率与对应指数走势对比如图4和图5。

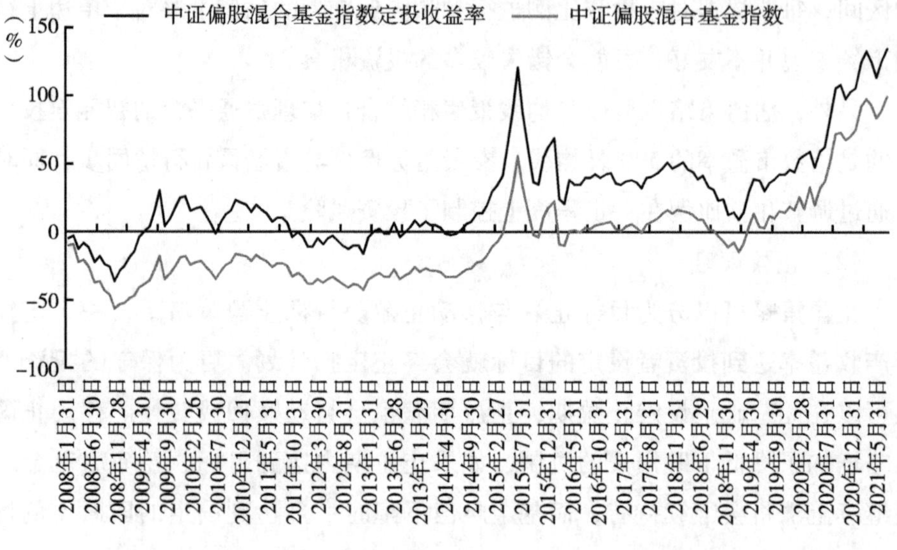

图4　定投区间为2008年1月31日至2021年5月31日的模拟场景（场景一）

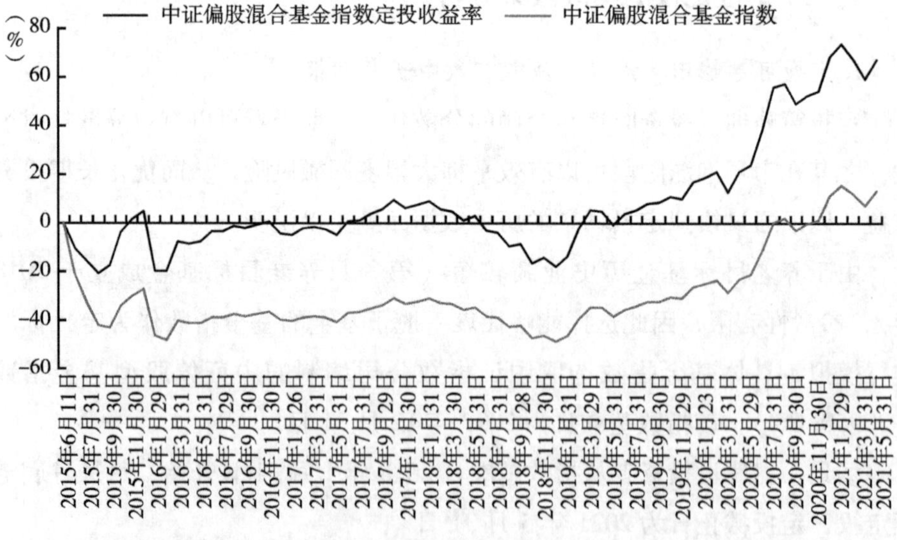

图5　定投区间为2015年6月11日至2021年5月31日的模拟场景（场景二）

场景一测算结果显示，从2008年开始定投中证偏股混合基金指数收益率为132.09%，同期该指数收益率为100.88%；场景二测算结果显示，从2015年牛市最高点开始定投中证偏股混合基金指数收益率为71.43%，同期该指数收益率为18.04%。模拟结果说明，在相对长期的震荡市中，通过定投的方式可以穿越市场波动，获取长期超额投资收益。尤其可以有效避免在极端市场情况下一次性投入造成的大额亏损。假设个人投资者在2015年6月11日进入市场并采取一次性投入的投资方式，年内最大回撤超过40%，但若通过每月定投平滑收益，回撤水平则可回落到20%左右。

2. 智能定投策略的应用可优化普通定投效果

智能定投策略中的不定金额策略旨在在技术层面上判断市场低位和高位，实现定投在市场高位和低位的差异化投资，运用均线或估值策略，更好地把握市场波动，实现“高位少投、低位多投”的目的。根据同花顺爱基金平台对天弘中证500ETF联接基金收益率的测算，参考沪深300指数60日均线、120日均线和250日均线的不定金额，智能定投策略在1~5年总时间期限内都获得了超过普通定投策略的收益（见图6）。

止盈策略是由投资者事先设定目标收益或回撤比率，当定投收益率达到用户设置的目标值或回撤比率过高时，定投计划自动止盈赎回，实现“落袋为安”。此方法很大程度上能够实现目标收益率。根据天天基金对天弘养老2035三年持有期FOF基金、华夏养老2045三年持有期FOF基金收益率的测算，给定时间段内止盈策略都获得了超过普通定投策略的收益（见图7）。

考虑到个人养老储备未来发展的普适性和广泛的覆盖面，糅合对长期性和安全性的考虑，我们对目前较普遍的两种智能定投策略进行对比。

不定金额策略充分考虑了市场波动的风险，在“高位少投、低位多投”效果发挥方面更具优势，但无论是参考历史市盈率或均线价格，都只能采用过去一段较短时间的历史数据，目前可以选择的最长参考历史时间段大多为500个交易日，相比起养老储备长达数十年的长期性定投需求，500日交易数据仍然只具有短线参考意义，与养老储备的长期投资需求在期限上不相匹

参考参数		沪深300
参考指数指的是具有代表性的，可以用来衡量股市大盘走势的指数，系统将默认匹配最优的指数		
参考均线		60日均线
参考均线指的是对应指数过去一段时间收盘价的平均值曲线，系统将默认匹配过往收益最优的均线		
历史收益参考		
时间	普通定投	智能定投
一年	4.33%	4.84%
两年	15.04%	15.48%
三年	21.43%	22.05%
五年	16.54%	17.12%

参考参数		沪深300
参考指数指的是具有代表性的，可以用来衡量股市大盘走势的指数，系统将默认匹配最优的指数		
参考均线		120日均线
参考均线指的是对应指数过去一段时间收盘价的平均值曲线，系统将默认匹配过往收益最优的均线		
历史收益参考		
时间	普通定投	智能定投
一年	4.33%	5.58%
两年	15.04%	15.61%
三年	21.43%	22.76%
五年	16.54%	17.60%

参考参数		沪深300
参考指数指的是具有代表性的，可以用来衡量股市大盘走势的指数，系统将默认匹配最优的指数		
参考均线		250日均线
参考均线指的是对应指数过去一段时间收盘价的平均值曲线，系统将默认匹配过往收益最优的均线		
历史收益参考		
时间	普通定投	智能定投
一年	4.33%	5.43%
两年	15.04%	15.69%
三年	21.43%	23.68%
五年	16.54%	18.03%

图6　不定金额智能定投与普通定投收益对比

资料来源：同花顺爱基金。

配。历史数据并不能完全预示未来，历史的波动范围也无法准确预测未来的风险分布，因此不定金额的智能定投策略也会存在一定程度上的安全性问题。

止盈策略能够在历史极端高位时有效止盈，停止继续申购或实行减投赎回策略，从长期角度上看避免了极高位置的剧烈震荡，在极端情况下进一步增强了养老储备投资的安全性。止盈策略一旦设定可以在较长一段时间内持续使用，并且可以由投资者根据市场情况微调，更符合养老储备长期投资的实际需要。止盈策略的关键点在于盈利目标的设定，目标设定的高低会对一段较长时间的完整定投周期产生影响，其参考值（比如历史年化收益率）可能会失真，同时对市场行情波动的调整反应和规避程度不如不定金额策略。

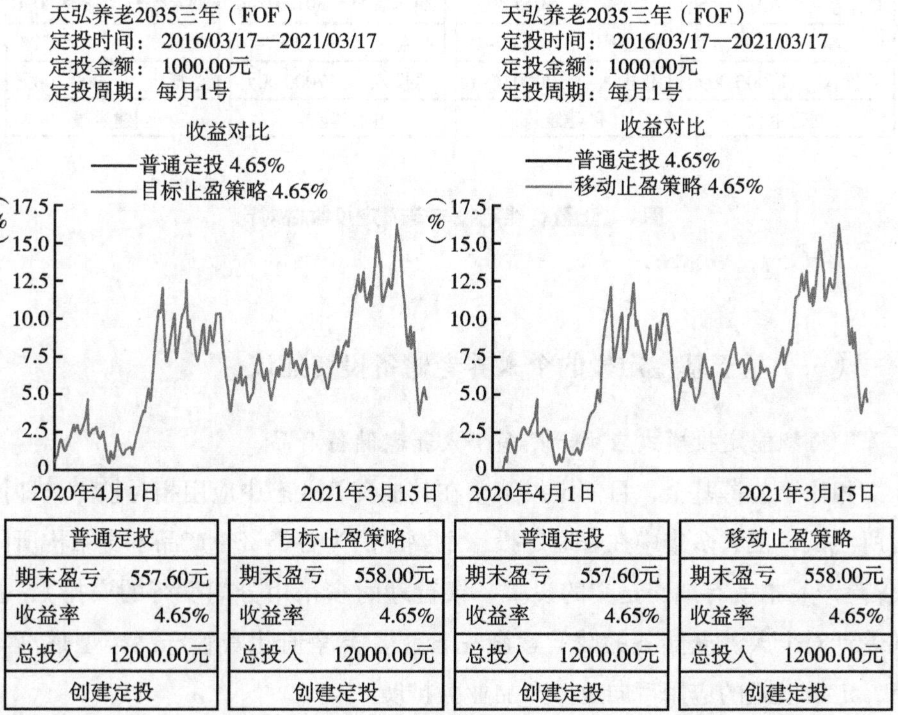

（a）

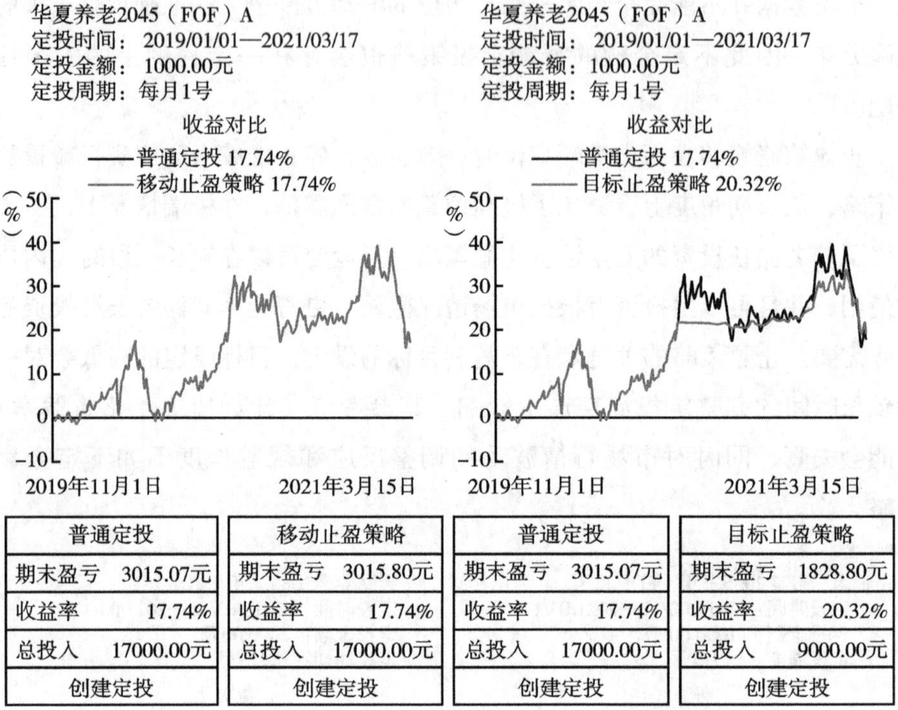

（b）

图 7 止盈智能定投与普通定投收益对比

资料来源：天天基金。

（三）基于基金定投的个人养老储备投资建议

1. 将智能定投模式应用于更多个人养老储备产品

相比于公募基金，目前定投策略在其他资管业态中应用相对较少，即使有所尝试，也大多集中在普通定投。主要原因为各类资管产品本身结构所限（保险产品本就有期交趸交的设置、银行理财多采用分期发行的安排），但随着针对个人养老储备的政策逐渐完善、各类净值化资管产品类型逐渐丰富，定投模式的应用可向更多产品业务扩展。

未来随着个人投资者对于各类养老储备投资产品与定投模式的认可程度加深，将普通定投进一步升级为智能定投，可实现风险程度的进一步降低，同时也将具备优化收益率的可能性。定投策略选择方面，基于上文分析，在智能定投中使用止盈策略，再适当结合“高位少投、低位多投”的调整，或许是未来个人养老储备定投的发展趋势。

2. 创新定投方案设计，优化使用场景

随着养老受关注程度的提升，养老需求呈现“年轻化”，越来越多的年轻人开始关注养老。年轻人尚没有明确的养老目标，对个人未来养老需求感到迷茫，尤其是具体到现在开始每个月需要投资多少资金、预计应达到多高的收益率等问题，没有形成明确的概念。同时，年轻人由于工作繁忙，无暇及时跟踪关注养老储备投资的收益情况，偶尔关注收益率情况发现收益不如预期，从而产生的赎回再投资、切换投资风格与标的等行为，可能在一定程度上导致投资低效率的问题。

针对以上问题，未来养老储备发展过程中应着力解决类似的场景需求，运用定投策略，创新定投方案。

（1）完善养老储备投资投前服务

给予个人投资者充分的投前建议，尽可能解决投资者对养老投资的疑惑，是养老储备服务过程中亟待解决的问题。投前服务包括产品建议、投前测评、收益测算等，给予投资者明确的投资方向和收益预期。投前产品建议包括对不同标的资产的说明解释，特别是针对不同投资者进行个性化、定制化投资标的推荐，针对不同的定投需求设计多样化的定投产品，推荐用户选择合适的产品。投前测评，比如提供养老金计算器等，可以帮助用户计算出每期需要投入的养老资金数额，使投资者对于需要支出的资金有明确的规划。收益测算则可以为投资者提供较明确的收益预期，帮助其更好地进行资金分配和投资计划的设定。

（2）发展养老储备创新产品

发展养老储备创新产品的路径从两方面考虑，一是探索以市场指数为标的的养老定投创新性产品，二是充分迎合定投需求，设计适合定投的养老储备投资产品。

首先，可发掘国内具有成长性和稳定性的指数，兼具长期稳健收益和低风险高安全系数的特性，迎合养老储备的长期投资需求。巴菲特曾多次提到S&P 500在长期配置方面的优势，并建议在长期资产配置时纳入S&P 500指数基金。[①] 各资管业态可结合其主要客户群体风险收益特征及各自资源禀赋，考虑国内沪深300指数等兼具成长性和稳健性的市场指数，在发掘满足养老需求的基础上，设计盯住指数的养老储备投资产品，是养老储备优化需求场景的一个重要突破口。尤其是对于尚未建立完备的主动权益投资体系的资管机构来说，以指数为标的的养老定投产品是其进入个人养老储备投资产品市场比较可行的路径之一。

养老储备定投重点在于寻找适合长期定投的产品，该产品应具备稳健的长期收益，且产品的投资周期足够长，符合养老储备长期性的投资目标。结合养老定投的需要，各资管业态可考虑设计专门用于定投的养老储备投资产品，在投资策略、购买门槛、成立规模、产品费率等方面针对定投特点进行个性化设置，最大化定投模式的优势。推出专门用于定投的养老储备投资产品，可以充分发挥定投（特别是智能定投）在分析市场高低点方面的优势，使投资收益更加稳健，能更好地帮助用户树立长期投资、提前储备的观念，有助于营造更趋完善的养老投资市场环境。

3. 完善养老定投陪伴，提升用户体验

养老储备投资区别于传统投资，更注重长期性、安全性的考虑，这也对资管机构与销售平台提出了长期、及时的投资陪伴要求，提升用户体验，使用户相信长期定投的作用，坚持养老储备定投并分享到投资回报。

（1）市场分析

由于国内金融市场投资者结构以散户为主，市场往往更容易被情绪主导从而出现短期投资行为，因此国内资本市场的波动率远高于海外成熟资本市场。为了使投资者及时了解产品波动原因，需要对市场上最新的重大新闻进行及时解读并传递给投资者。具体到养老定投产品投后服务，可以提供包括每日新闻提示、定期市场报告、盘中异动点评以及热点板块专题解读等全方

① 参见《理解价值投资的最佳读物——巴菲特致股东的信》。

位的市场分析服务，减少用户对市场波动的担忧与焦虑，避免投后频繁自行申赎行为，保持定投纪律性。

（2）定投账户服务

不同于传统的售后服务仅针对单一的资管产品，养老定投的投后服务聚焦于投资者养老账户的整体服务方案，包含以下两步：一是要定期帮助投资者进行账户分析。通过对账户历史业绩的归因分析，检视养老投资计划的执行情况并发现存在的问题，这些问题往往包括投资目标设定偏误、频繁交易导致的业绩损耗、某类资产表现弱于业绩基准以及资产配置不平衡等。二是基于最新的市场变化、账户分析、个人投资偏好（风险偏好）等，提出资产配置调整、定投时机选择、定投金额计算以及产品调仓等建议。

（3）定投智能客服

未来养老定投的智能客服部分应注重“人”与“科技”的有机结合和分工。既发挥人工客服的人性化服务优势，在特殊时点，以及特定情况下对投资者进行心理安抚，帮助投资者克服追涨杀跌、急于求成等人性的弱点，引导投资者进行长期定投。同时充分利用科技的手段提高养老定投产品的覆盖面和服务个体数量，宣传定投优势，尤其是智能定投在维护个人养老储备长期性、安全性方面的功能，使定投观念更深入人心，将潜在用户群转化为实际投资者，扩大客户服务数量和服务范围。

参考文献

熊军：《养老基金投资管理》，经济科学出版社，2014。

《中国养老金融业务发展存在短板：第三支柱发展长期处于起步阶段　税延商业保险试点规模有限》，中国保险网，2021 年 3 月 31 日，http：//www. china－insurance. com/hyzx/20210331/54542. html。

王一峰、董文欣：《理财子公司如何布局养老金融》，光大证券银行理财 2020 年 11 月报，2020 年 12 月 6 日。

B.12
权益基金在个人养老投资中的作用与建议

刘天天 *

摘　要：近年来，我国权益基金规模迅速增长，也实现了较好的投资回报，但目前仍未成为居民养老投资的主要投资工具。个人养老金投资具有投资期限长、收益要求相对较高、定期、小额、连续缴费等特征，权益基金特征与个人养老金投资的属性高度契合，是个人养老金投资的良好工具。同时，长期投资能够降低权益基金的波动性，提升获取正收益的概率，是个人养老金投资权益基金的恰当方式。为了更好地发挥权益基金在个人养老金投资中的作用，在供给端，需要优化基金产品设计；在需求端，可以引入智能投顾，加强养老投资教育；在投资端，继续加强权益基金可投资产的制度建设；在政策端，建议给予个人养老金长期投资权益基金更多支持和激励。

关键词：权益基金　个人养老金　长期投资

一　权益基金发展现状

权益基金，顾名思义是指以权益类资产为主要投资对象的公开募集证券投资基金。证监会将公募基金分为股票基金、混合基金和债券基金等几类，

* 刘天天，中欧基金业务发展部产品经理。

按照这种划分，考虑到基金的实际投资情况，狭义的权益基金在我国公募基金的现有类别中包含股票基金及合同约定的股票投资仓位在60%以上的混合基金（简称“偏股混合基金”），广义的权益基金则包含股票基金及实际股票投资仓位在60%以上的全部混合基金。但由于基金股票投资仓位是实时变动的，因此，从风险收益稳定性和一致性角度来看，本文仅以狭义权益基金进行下文的相关研究。

（一）权益基金尚未成为国民主要投资工具和资本市场主要参与者

从需求端看，按照个人持有公募基金的规模和居民可投资资产两项指标进行简单推算可以得出，截至2020年12月31日，公募基金在家庭金融资产中的占比约为6%，权益基金规模占比仅为3%左右。与之形成鲜明对比的是美国公募基金占其居民财富的比重达到24%，其中权益基金的占比达到13%，因此，我国权益基金发展与美国仍有较大差距，未来上升空间很大。

从供给端看，若考量权益基金所持有的股票市值（假定平均股票仓位为85%）占A股市场总市值和流通市值的比重，截至2020年末，权益基金持有的股票规模占A股市场总市值和流通市场的比例分别仅为6.15%和7.62%，占比仍然过低，在A股中难以充分发挥定价作用。对比美国同期，其权益基金占美国股市总市值的比重已超过20%，是美国股市中长期资金的重要来源和市场稳定器。

从我国资本市场发展和资产管理行业实践来看，权益基金市场认可度低的原因主要有如下几点。

1. A股市场波动大，权益基金持有体验不佳

与成熟市场相比，A股市场的波动性明显更大。截至2020年末，过去10年，主板沪深300指数的年化波动率达到22%以上，是美国同期标普500指数年化波动率的1.3倍以上；创业板指数年化波动率更是达到30%以上，是美国同期纳斯达克指数年化波动率的近1.6倍。波动性太大会给投资者的

心态和行为造成负面影响，不利于投资者创造超额收益。投资者容易频繁短期操作，由此导致投资权益类基金的盈利体验不佳，自然也阻碍了投资者投资权益基金的热情（见图1）。

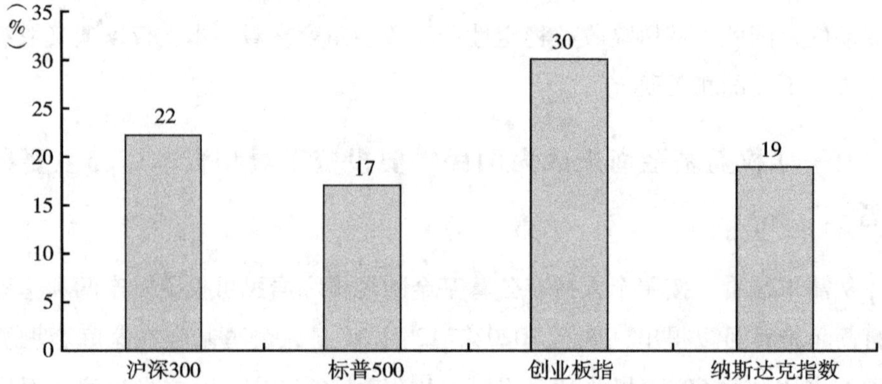

图1　中美股票市场主要指数过去10年年化波动率

注：数据截至2020年12月31日。
资料来源：Wind，中欧基金整理。

2. 销售渠道的考核导向，导致客户持有短期化

从产品角度看，权益基金投资者的盈利体验不佳是购买意愿不强的另一个原因。据统计，自2003年至2020年的18年间，权益基金的平均累计收益超过1000%，但投资者的累计收益仅为203%；基金平均年化收益为14.58%，投资者年化收益则仅6.35%。

盈利体验差的最主要问题出现在“短”字上，即投资者申赎基金的换手率居高不下。导致基金投资者持有期短，一方面固然有投资者自身理念不成熟、缺乏专业知识等原因，但更多是源自基金销售渠道的短期导向。从总行的考核指标制定到客户经理的自身利益，渠道都以规模和收入为导向，通过让客户重复申购基金来获取申购费激励，以提升自己的业绩乃至收入，但这显然损害了投资者的盈利体验。

3. “刚性兑付”的高息资管产品盛行，扭曲资产合理定价

过去我国资产管理行业长期处于“一行三会”的分业监管模式，不同

监管部门监管口径的差异以及监管“真空地带”的存在使“监管套利”盛行。大量机构通过产品嵌套、资金池等手段，向客户提供了众多所谓“刚性兑付”和“保证收益”的高息资管产品，这类产品的存在加剧了国内投资者的风险厌恶倾向并扭曲了其合理的收益预期，对权益类公募基金的发展产生了显著的消极影响。这种状况直到“资管新规”要求打破“刚兑”后才开始慢慢改善。

（二）近年来权益基金规模呈现加速增长态势

20年多来，权益基金在曲折中不断摸索前行：既经历过2006～2007年投资收益和营销扩张双轮驱动、份额迅速增长的黄金时代，也经历过2011～2013年的持续收缩时期。但是自2014年以来，权益基金规模呈现加速增长态势，截至2020年末，权益基金数量为3211只，资产管理规模约5.8万亿元。其间的规模增长率约18%，而2014年之前尚不足5%（见图2）。

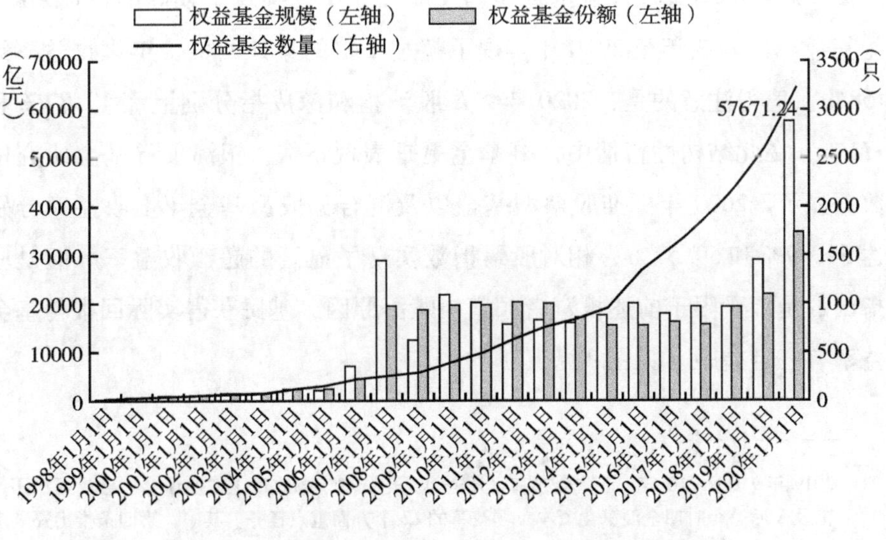

图2　国内权益基金规模、份额及产品数量历年情况

注：数据截至2020年12月31日。

资料来源：Wind资讯，中欧基金整理。

2019年以来国家更是鼓励大力发展权益基金：2019年7月，证监会主席易会满指出“让权益类基金成为资本市场重要的长期专业投资者”；同年9月，证监会提出“资本市场深改12条”[①]，再次强调“推动公募机构大力发展权益类基金”；2020年10月，国务院印发了《关于进一步提高上市公司质量的意见》，强调“大力发展权益类基金”“探索建立对机构投资者的长周期考核机制，吸引更多中长期资金入市”。在政策的全面推动下，单就2020年一年，公募基金便出现爆发式增长，全年新发基金规模超3.1万亿元，其中权益基金超2万亿元，占比超过60%。随着资本市场重要性提升，以及国民财富管理需求的不断增长，权益基金在未来必然会有更大发展，同时也将成为上市公司长期、稳定的直接融资渠道。

（三）权益基金长期实现显著的投资回报

除了规模的增长，权益基金在其发展过程中也实现了较好的投资回报，权益基金[②]在2003年至2020年实现了超过十倍的累计回报，年化收益率约14.58%。值得注意的是，2020年，A股沪指和深成指分别上涨13.87%和38.73%，在此结构性行情中公募基金更是表现不俗：银河证券基金研究中心数据显示，2020年标准股票型基金以及混合偏股型基金年度收益率分别高达54.99%和59.57%，相对股票指数实现了显著的超额收益率。但是应该指出的是，受限于前述投资者频繁申赎等原因，基民获得实际回报与基金收益率有一定差距（见图3）。

① 2019年9月9~10日，证监会在京召开全面深化资本市场改革工作座谈会。会议提出了当前及今后一个时期全面深化资本市场改革的12个方面重点任务。其中，第四条指出要“狠抓中介机构能力建设。加快建设高质量投资银行，完善差异化监管举措，支持优质券商创新提质，鼓励中小券商特色化精品化发展。推动公募机构大力发展权益类基金。压实中介机构责任，推进行业文化建设。”

② 2003~2007年以中证股票基金指数为代表，2008~2020年以中证偏股基金指数为代表，下同。

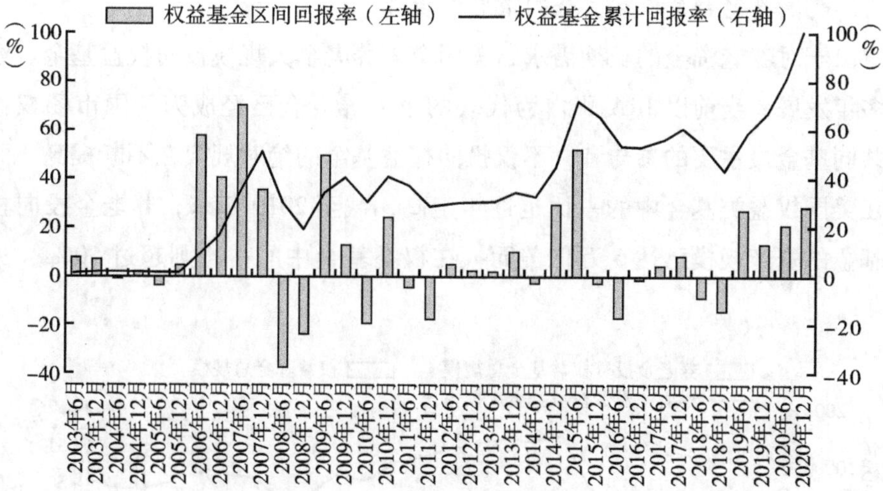

图3　国内权益基金业绩情况

注：数据截至2020年12月31日。

资料来源：Wind资讯，中欧基金整理。

二　权益基金是海外私人养老金发展成败的胜负手

海外成熟市场的个人养老金已经历过多轮市场周期，在如何运用权益基金的问题上拥有丰富的经验和教训。其中，美国和德国养老金制度建立较早，但在权益投资的使用上差异较大：美国在养老金投资中通过充分运用权益基金促使养老金规模保持良性增长，德国在养老金投资中几乎不使用权益基金而导致养老金规模增长缓慢，长寿风险显著增加。两个国家均有很好的代表性，本文将以这两个国家为典型案例展开介绍。

（一）美国私人养老金投资权益基金的情况

美国个人养老金非常重视对权益基金的运用并大规模投向权益基金，推动了养老金资产长期稳定的规模增长。

1. 美国养老金是权益基金的重要参与者

出于对养老资金的长期需求，美国个人养老金大规模投向权益基金。经过多年发展，当前以 IRA 账户为代表的个人养老金已经成为美国市场权益类共同基金最主要的参与者，不仅投向权益基金的绝对规模在不断提高，而且在美国权益类基金中的占比也逐年走高，截至 2019 年末，养老金投向权益基金的资产规模已达 6 万亿美元，在权益基金中的占比则超过 50%（见图 4）。

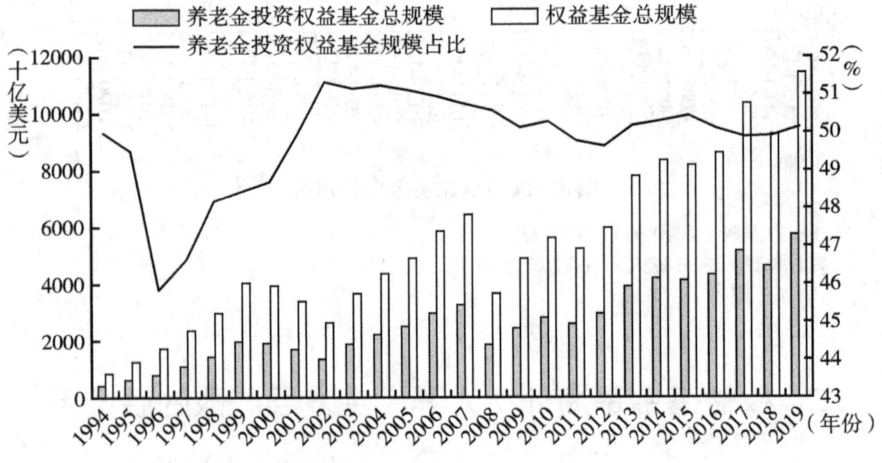

图 4　美国养老金投向权益基金总规模及占比

注：数据截至 2019 年 12 月 31 日。

资料来源：ICI，中欧基金整理。

从新增资金流向的维度来看，除了 2008 年等少数极端年份外，以 IRA 和 401（k）为代表的养老金基本上可以保证每年向权益基金提供相对稳定的缴费，并在大多数年份保证了资金持续流入权益类，是权益基金规模实现持续增长最主要的因素。而在剔除养老金的体量后，其他渠道资金向权益基金历年的流入流出则具有较大的不稳定性。

2. 权益基金为养老金长期收益提供了有效支撑

从长期来看，养老金与权益基金的互动对于个人账户所有者和资本市场来说是一个“双赢”的局面：IRA 等养老金账户资金的长期性、规模性和规范性推动了资本市场的稳定健康发展；功能完善和制度健全的资本市场则为养老金创造长期收益提供了适宜的环境。据统计，2015 年至 2020 年末，尽管 401（k）等 DC 养老金计划的缴费净流入为负①，但是凭借投资收益，即使在没有资金净流入的情况下，DC 养老金投资权益基金的规模依然增长了 53%。

（二）德国个人养老金投资权益基金的情况

与美国相反，德国的养老金体系总体更注重安全性，相比于公募基金，更偏好于配置保单等银行储蓄计划。因此，德国的权益基金在其养老金体系，特别是个人养老金中并未扮演重要角色。

以其最具代表性的个人养老金——里斯特养老金为例，其从 2002 年初开始推行，截至 2020 年末，里斯特养老金中仅有 20% 的养老金合约为基金，整体组合中权益资产的比重非常低。

1. 过度保守的投资安排导致里斯特养老金收益率过低

里斯特养老金收益率过低，保障力度不足：2001 年刚引入里斯特计划时，保证收益率为 3.25%；2007 年该计划的保证收益率下降为 2.25%；其后保证收益率更是分别于 2012 年、2015 年和 2017 年再次下调为 1.75%、1.25% 和 0.90%，而在 2021 年，这一保证收益率更是下滑至 0.25%。

2. 收益率低导致里斯特计划对国民的吸引力减弱

自 2013 年开始，里斯特养老金的覆盖人数就没有再出现实质性增长，自 2018 年以来里斯特养老金的覆盖人数更是出现连续 3 年下滑。里斯特养老金改革并没有解决德国政府养老财政补贴过重的问题，德国政府也从 2019 年初再次开启新一轮养老金改革，其中有很大呼声向美国学习建立并大力推广缴费确定型的个人养老金计划。

由此可见，随着老龄化进程的加快以及医疗技术和生活水平的提高，养

① 2015～2020 年，401（k）计划的缴费额和领取额之差为负值。

老金的保值增值问题变得越来越重要。过度保守的投资不利于应对越来越突出的长寿风险。

三　权益基金特征与个人养老金投资的属性高度契合

（一）个人养老金投资的属性

1. 投资期限长

长期性是个人养老金投资的首要特征。从投资者的职业生涯起步开始计算，养老金投资期限至少可达40年，甚至会超过60年。长期性一方面会放大养老金投资的复利效应，另一方面则会提高其对投资波动的容忍度。因此，养老金投资具备通过适度提高波动以换取更高收益的条件。但长期性也是一把“双刃剑”：过长的投资期限将使投资管理人很难找到与其期限匹配的资产；此外长期性还要求管理人必须进行扎实的基本面研究并挑选出具有长期价值的投资标的。

2. 收益要求相对较高

个人养老金投资属于补充养老范畴，其主要目的并非解决投资者的温饱问题，而是立足于实现退休后“美好生活”的目标。因此，个人养老金投资势必应当满足一定的收益率。

从人力资本和金融资本间的转化特征来看，投资者必须依靠退休前积累的养老资产来应对退休后的日常开支、通货膨胀、医疗和其他应急支出。因此，在人口平均寿命不断增长的大趋势下，如果个人养老金在投资过程中过于注重安全性，则极容易导致投资收益积累不足的问题，可能使个人暴露长寿风险。因此在个人养老金投资的过程中，需要同时考虑收益率的因素。

3. 定期、小额、连续缴费

通常情况下，个人养老金的缴费往往来自投资者定期的工资收入，具有每期定时、少量缴费、分批买入投资产品的属性。这种属性使养老金投资与定投具有天然的相似性，也就意味着对养老投资来说，投资时点的选择并不重要，买在高点或者买在低点对于投资者来说都仅仅是一小笔资金，对养老金投资不会产生实质性影响。大类资产的长期收益率才是决定个人养老金投资结果的最关键要素。

（二）权益基金是个人养老金投资的良好工具

个人养老金的前述属性决定了权益基金是其投资过程中不可或缺的品种，具体原因如下。

1. 固定收益类资产无法完全满足养老金的投资需求

虽然在日常投资过程中，债券、现金管理工具、非标等固定收益类资产能够提供稳定收益，但是从养老金投资维度来看其缺陷是非常明显的。

从大类资产的长期表现来看，固定收益类资产主要受久期、信用和杠杆三要素影响。对养老金投资来说，其投资期限通常会达到40年以上。因此，几乎无法找到与其期限匹配或超越其期限的固定收益类资产——通过拉长期限放大固收投资收益的手段失效，个人养老金在固定收益投资方面将长期面临“长钱短投”的问题。

如果希望提高固收投资的回报率，使之与养老金收益要求匹配，只能选择加大杠杆或降低所投资产的信用评级。但如此一来无疑增加了整个养老金投资的债务风险，甚至可能引发金融危机。退一步而言，即使短期内因为市场的错误定价等，能找到相对收益率较高的中短期固定收益类资产，如房地产信托等，这类资产的规模有限且不可持续，无法向个人养老金提供足够容量以及足够长时间的供给。

2. 权益类资产是能长期取得高收益的唯一资产类别

与固收资产不同，权益类资产则天然地满足养老金投资的收益要求并兼备长期投资的属性。虽然权益类资产短期内可能会出现一定的波动，但当拉长投资期限后可以看到，权益投资的波动性显著减弱，而相对固定收益类投资的是收益率依然能维持较高水平，这一规律从中美股票和债券投资中均得到了验证（见图5和表1）。

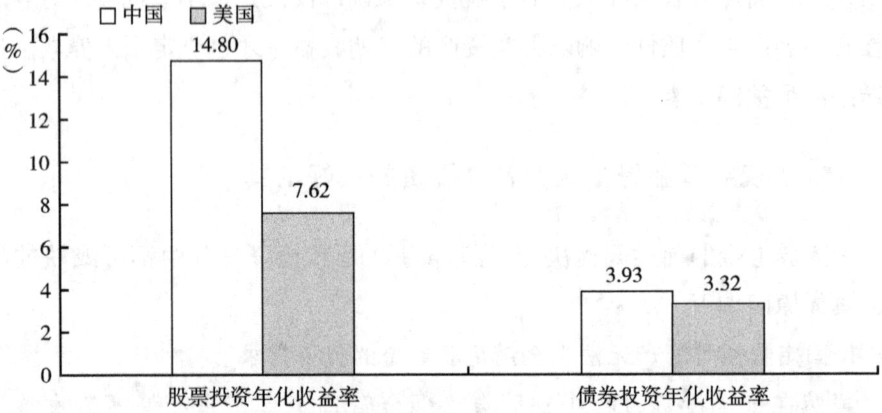

图5 中美股票和债券投资长期收益率情况

注：中国股票投资收益率以Wind全A指数收益率替代，债券投资收益率以中债综合总财富指数收益率替代，美国股票投资收益率以标普500指数收益率替代，债券投资收益率以巴克莱美国债券综合指数替代（美国债券投资收益率统计起始日期为2011年6月3日）。数据截至2020年12月31日。

资料来源：Wind，中欧基金整理。

表1 中美权益投资长期收益率及波动率情况

单位：%

项目	中国权益投资		美国权益投资	
	滚动持有1年	滚动持有10年	滚动持有1年	滚动持有10年
平均年化收益率	22.79	7.45	2.10	15.43
平均年化波动率	61.20	4.53	22.55	1.35
正收益概率	61.25	100.00	63.62	100.00

注：中国权益投资收益率以Wind全A指数收益率替代，美国权益投资收益率以标普500指数收益率替代。

资料来源：Wind，中欧基金整理，数据截至2020年12月31日。

此外，权益投资一方面自身并无期限限制之说，另一方面其能从企业的成长中获益：只要企业能不断成长发展，权益投资就可以持续获得回报。这一特征无疑与养老资金投资的长期性有很高的契合度。

3. 权益基金是个人养老金投资权益类资产的最合适工具

对个人养老金来说，虽然权益投资是主要的方向，但若直接以买股票的形式投向权益市场也不合适。一是个人养老金虽然总量巨大，但若分摊到个体，其每期的缴费往往数量较少，即使足够直接购买股票等权益资产，也无法做到分散投资，个人投资者将被迫承担大量的非系统性风险。二是养老金的权益投资更注重挖掘长期价值，需要深度基本面研究和严格的投资纪律性。而个人投资者在专业度和执行力方面和机构投资者相比都存在巨大的差距。因此，权益类资产直投效果往往较差，人们需要一款专业的养老金权益投资工具。适合个人养老金投资的权益工具需要同时满足小额、分散、专业等条件，即意味着权益基金将成为个人养老金投资权益资产的最优解。

4. 长期投资是个人养老金投资权益基金的恰当方式

一是权益基金的波动性能够随着持有期限的延长而降低。仅测算不同时点长期投资的结果，可以发现长期投资能在很大程度上缓释权益基金的短期波动。同样以中证股票基金指数回报率为例，若将持有期延长到 3 年、5 年和 10 年，则持有期年化收益率的波动情况显著下降至 21%、13% 和 5% 左右。这种情况也就意味着，随着持有期限的延长，权益基金的回报率也会具有非常高的稳定性，投资者的不确定性会大大降低（见图 6）。

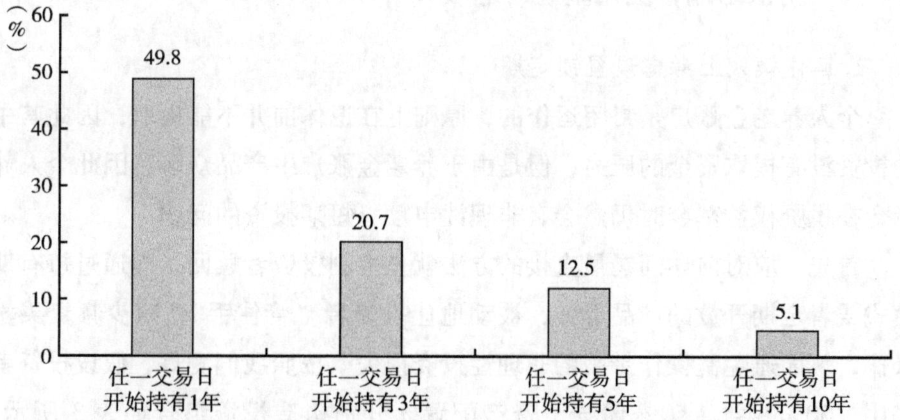

图 6　中证股票基金指数持有期年化收益率的波动率

注：数据截至 2020 年 12 月 31 日。

资料来源：Wind 资讯，中欧基金整理。

二是权益投资获取正收益的概率也随着持有期限的延长而提高。用相同的方法统计在任何时点持有中证偏股基金指数1年、3年、5年、10年所获得的收益率中负收益的概率，也可以看出投资者在任一时点投资股票型基金指数，持有10年，都不会出现亏损；持有5年，则有约88%的概率盈利；持有3年或1年的话亏损比例则会提高到3成以上（见表2）。

表2　投资中证偏股基金指数在不同持有期下正收益概率

单位：%

项目	任一交易日起持有1年	任一交易日起持有3年	任一交易日起持有5年	任一交易日起持有10年
正收益概率	66.7	67.3	88.2	100.0

注：数据截至2020年12月31日。
资料来源：Wind资讯，中欧基金整理。

四　发挥权益基金在个人养老金投资中作用的建议

（一）供给端，优化基金产品设计

1. 运作模式上考虑设置锁定期

个人养老金账户是封闭运作的，原则上在退休前并不能提取，因此其中的投资没有提取资金的压力，但是由于养老金账户中产品众多，因此个人养老金在投资权益基金时仍然会有非理性申赎、短期投资的问题。

首先，应对前述问题最直接的方法就是控制投资者赎回，即通过持有期模式或者定期开放的产品形式，被动地让投资者“管住手”，减少频繁买卖操作，从而避免乱操作带来的非理性投资损失。按照我们测算，假设投资者采用“50%权益+50%债券”资产配置，分别构造投资组合如表3所示，可以看到不论哪种组合，只要投资者持有满三年，大概率都可以实现正收益目标。

表3　组合持有期收益情况

单位：%

每份份额持有期限3年	指数组合	市场基金平均水平组合	中欧旗下组合
平均年化收益率	7.34	8.52	14.60
正收益概率	89.00	93.00	100.00
超过6%收益概率	54.51	65.04	88.19

资料来源：Wind，中欧基金整理。

当然上述两类基金锁定期设置还存在一些细微的不同，定开基金只在规定时间内开放申购、赎回业务，投资者只能在开放期内进行交易，其他时间不能交易，一般开放期为5~20个工作日。持有期基金则是指在持有至约定期限后可随时赎回的基金，其特点为可随时申购、定投，持有期内不可赎回，过了持有期可随时赎回。持有期一般在1~5年不等。

两类模式各有利弊。从投资端来看，定期开放模式无疑更受欢迎，其能够实现期间基金运作规模稳定，可以运用更多的杠杆投资优势，从而有助于提升整体组合的业绩。但是从销售和推广端来说，持有期模式的优势无疑更大：定开模式难以选择发行时点，一旦募集结束份额难以再次扩大，这就导致权益基金好卖的时候，基金不好投资，定开基金一旦成立在高点位就会使整个封闭期的运作举步维艰，而在市场低位基金投资容易创造超额收益的时点，基金又难以募集到合适的运作规模；而持有期模式则可以规避这一弊端，投资者每天可以申购，可以通过定投平滑投资者的进入成本，无所谓市场进入时点选择。另外，投资者每笔份额保证了最低持有期，即保证了盈利体验，在销售端无疑是更受市场欢迎的选择。

此外，个人养老金虽然没有流动性需求，可接受较长的投资锁定期，且锁定期越长的基金盈利体验越好，但由于个人投资者是个人养老金的投资决策主体，因此过长的锁定期天然会使个人投资者产生抵触心理，因此要在盈利体验和锁定期限间综合考量，即保证盈利体验也兼顾投资者的接受度。从目前来看，基金份额锁定期设在3~5年可以看作销售和盈利体验博弈的均衡点。

2. 通过基金名称或业绩比较基准设置明确风格标签

基金风格飘移目前是我国个人养老金在大比例投资权益基金前需要解决的重要问题之一。图 7 是对基金年报披露持仓个股进行 Barra 分析并从中抽取动量和成长两个因子后展示的结果，可以很明显地看出，2018 年末业绩前 10% 的权益基金其整体风险收益特征是呈现偏低动量低成长性的；而到了 2020 年中，仅仅 1 年半时间，同一组基金的持仓风格发生了显著偏移，其中动量因子和成长因子的显著性大大增加。

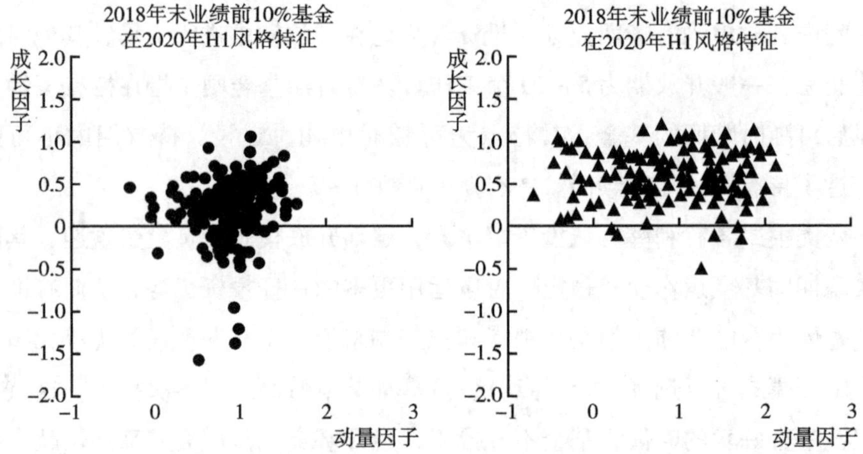

图 7　从 2018 年到 2020 年同一组公募基金风格漂移情况

资料来源：Wind 资讯，中欧基金整理。

虽然说风格漂移的出发点可能都是源自更好地为投资者创造超额收益，但由于每个基金经理有自己擅长管理的领域，有自己的能力圈，因此风格漂移的结果一方面可能会损害基金创造超额收益的能力，更重要的是让投资者感到困惑，影响了投资者的投资积极性。

避免出现基金风格漂移，一方面需要让基金经理在投资上保持组合风险收益特征一致，另一方面也可以通过合适的产品设计让投资者更清楚基金的风格特征。

（1）在基金名称中明确基金的投资风格，如特定风格的基金要在基金名称中列明诸如“价值”“成长”“大盘”等字眼，尽量减少命名中使用“鑫”“福”等抽象的、缺乏实际意义的词汇。此外监管机构对于基金持仓风格和名称不一致的情况，如“互联网”主题基金重仓大盘蓝筹股等，也应当让基金管理人进行合理性说明。

（2）在基金设置业绩比较基准时进行风格区隔，如以重点投资中小盘个股的基金就不合适以“沪深300”指数作为其业绩基准，这样可以确保业绩比较基准对于基金的风格能够起到更加清晰的指示作用，方便投资者辨认。

（二）在需求端，引入智能投顾，加强养老投资教育，促进个人养老金更有效投资权益基金

1. 引入智能投顾，帮助个人养老金更有效地投向权益基金

个人养老金投资权益基金，除了基金本身需要改变产品、投资等要素使其更具备吸引力之外，还需要引入专业机构去解决资产配置的问题，即在个人养老金账户中引入买方投资顾问，由个人养老金按照保有规模收取的方式向其支付一定的费用，这将使投资顾问与个人养老金的长期利益保持一致，能够有效地践行个人养老金的长期大类资产配置。

从投资顾问业务与个人养老金投资的匹配程度来看，由于线下投资顾问模式存在人员储备不足、业务成本过高、专业能力欠缺等弊端，本文认为未来智能投顾模式在个人养老金业务中具有更好的发展空间。

一是智能投顾的成本可控，具有很强的规模经济效应，其依托计算机和互联网技术，通过量化手段为投资人提供与之风险收益特征相匹配的投资建议。只要其量化算法的内核确定后，对现有模型进行衍生、复制、修正的成本都非常低，且可以同时服务大量客户的多样化需求，服务的边际成本会随着投顾业务体量的增加而显著下降，规模经济效应显著。正是这种特征使智能投顾可以同步实现不对投资者新增收费并向大量投资者提供有效投资建议这两个目标。在这种情况下，理财顾问公司除了在初期需要投入一套系统购买和开发的费用外，后期持续费用投入非常低，只要理财顾问服务可以做大规模，那么盈利并非难事。因此理财顾问服务是可以持

续发展的。

二是智能投顾系统通常需要花费大量的人力财力，通常银行、基金公司和三方理财大机构才有能力完成开发构建，实际上这些机构在市场中通常也具有良好的声誉，不存在投资者的信任问题，可以较好地解决在拓展智能投顾业务初期赢得投资者的信任，获客成本相对较低。

三是当前智能投顾服务已和互联网、移动端等新兴的渠道模式实现了无缝对接，无须铺设线下实体店铺，可以节约巨额的渠道开拓成本。而且智能投顾系统的客户体验也较好，具有“一键下单”等功能方便投资者使用，投资者可以实时查询自身的资产组合情况并进行及时调整，最大限度地改善投资者参与权益基金的便捷度，也可以节约一定的投资者教育成本。

2. 推进养老投资教育，引导个人养老更好地运用权益基金

个人养老金投资还应当注重宣传教育环节，确保在宣传引导上始终坚持正确的指向，既要让投资者真正理解养老投资的重要性，明确诸如为何要养老投资、如何养老投资、何时开始养老投资等问题，也要让投资者理解长期投资、理性投资、分散投资等基金的正确投资方式，只有这样才能正确运用权益基金服务个人养老金投资。具体来说，主要应当做好如下几方面的事情。

首先，应当坚持“风险和收益并重”的原则，在宣传个人养老金投资时，既不能一味强调个人养老金需要收益，引起“养老焦虑”，更不能一味宣传风险，强调养老金投资的“安全性”，为了短期内的稳健而加大更多潜在的长寿风险。其次，应当加大对虚假宣传的打击力度，严惩恶意宣传，以净化宣传环节的风气。再次，监管机构和行业自律组织也可以在行业的投资者教育方面发挥引领作用，一方面，其可以组织制定投资者教育的标准，统一生产适合普通投资者的书面和互联网投教内容；另一方面，其也可以组织行业力量开展持续投教工作，通过互联网、电视、纸媒体和现场报告，扩大投资者教育的范围，提高频率，共同把投资者的基础教育工作做好。最后，监管机构和行业自律组织也应当重视对财经媒体从业者的基础知识教育活

动，财经媒体从业者只有具备了扎实的基础知识和正确的投资理念，才能正本清源，不会被资产管理行业的乱象所蒙蔽，才能清楚了解应当宣传什么，以及如何宣传。

（三）在投资端，继续加强权益基金可投资产的制度建设

基础市场的优劣是权益基金创造业绩最根本的来源。因此进一步加强基础市场的制度建设将间接有助于权益基金服务个人养老金。

1. 引入中长期资金，切实推进长期投资

虽然经过多年发展，国内资本市场逐渐成熟，但仍有较显著的散户化特征，投资者持有资产周期较短：从兴业证券的统计数据来看，自2006年以来，A股市场平均日换手率超过1.6%，换算成年化数值后则超过400%；而美国权益基金过去33年（1984~2016年）平均年化换手率仅为57%，仅为我国A股市场的1/7。换手率过高进而引发了A股市场的较大波动，影响投资者盈利体验，特别是当投资者在相对高点进入市场时，面对剧烈的波动，极易遭受重大亏损。在这种情况下，A股市场亟待从如下几方面强化其长期导向。

首先，可以制定政策赋予长期投资更多优惠，如减免长期持股情形下由股价增值而产生的所得税等，鼓励资本市场通过长期投资切实服务实体经济并分享经济增长的红利。其次，应当着力引入多样化的长期资金和机构资金，例如提高养老金、社保基金、保险资金投资A股的比例；继续加大力度引入海外机构基金等，提高中长期机构资金在市场中的占比，改变A股市场散户化、短期化的特征，当A股市场形成以前述中长期机构资金为主的格局时，利用信息不对称的短线交易将再无盈利空间，市场自然将转向低换手、低波动的长期投资模式。最后，建议监管机构加强对短期投资交易行为的管理，加大对短期违法投机行为的惩处力度，增加短线交易的违规成本。

2. 改善上市公司治理

我国基础市场中上市公司的治理也需要进一步改善。目前上市公司中鱼龙混杂，既存在真正优秀的企业，也有泡沫严重、估值虚高的垃圾股。这些

垃圾股既无法实现社会财富的真正增长，也无法让养老金投资践行长期价值投资的理念。当然，近年来，股市的环境在监管机构的大力整治下确有显著改善，但偶有“漏网之鱼”还是造成了恶劣的社会影响。针对此问题，本文认为应当从两方面加以进一步改善。

首先，保持新股发行速度并引导代表中国经济发展的优秀企业在中国A股上市，通过市场手段实现投资标的的优胜劣汰，防止基础资产的泡沫化。其次，监管机构需要严格执法，加大对劣质上市公司的处罚力度，并注重处罚的社会效应，达到罚一劝百的功效。

3.进一步拓宽权益基金的投资范围

投资宽度决定了投资有效前沿的高度，受政策以及资本市场环境限制，权益基金目前可投资的资产品种有限，各家基金公司在资产配置、投资策略上差异不大。优质投资资源的缺乏导致基金集中投资现象较为显著，“羊群效应”凸显，一旦资本市场震荡，将会对基金流动性产生极大影响。REITs仅处于试点阶段，期货、期权、掉期等衍生品工具应用非常有限且市场缺乏做空机制，海外投资也仅能通过港股通和QDII机制实现，这些都将大大限制基金的风险管理能力。从养老金长期配置的角度来看，当前权益基金在海外市场和另类资产方面的投资力度还存在较大不足，应当放宽权益基金在这些领域的投资限制。

首先，随着REITs试点刚刚落地，一方面建议在条件合适时允许公募基金少量投资REITs实现进一步分散组合风险，另一方面则建议将养老设施也纳入基础设施REITs的试点范围，通过养老设施资产证券化既能解决其投资资金供给不足的问题，也能给投资者提供一类新的中等收益中等风险的资产类别。其次，随着股指期货市场恢复正常运行以及股票期权市场的发展完善，建议逐渐放宽权益基金投资股指期货和股票期权的比例，特别是建议允许基金中基金投资股指期货，使这些基金产品能够更好通过股指期货和期权应对市场波动风险。建议进一步鼓励开放港股和海外市场投资，提高公募基金在海外投资方面的便利度，从而有助于权益基金在不放大风险的前提下通过全球化配置为个人养老金提供更加充足的超额收益。

（四）在政策端，给予个人养老金长期投资权益基金更多支持和激励

此外，监管部门还可以出台相应的政策，引导基金行业和投资者以长期投资的策略管理个人养老金。从基金产品设置方面，监管部门可以对持有期较长的基金进行优惠政策倾斜，有针对性地对长持有期基金产品释放更多政策红利，鼓励基金管理人发行此类产品，例如，加快长持有期基金审批速度，降低此类长持有期基金的成立门槛，以及豁免发起式长持有期基金在三年后对应日的自动清盘条款等。同时，监管部门也可以鼓励行业针对个人养老金投资产品进行创新，推出更多有利于投资者长期持有的权益基金产品，诸如基金赎回时允许设置按月/按季度/按年定期赎回、基金认购时即允许投资者绑定定投等。

同时，对于个人养老金产品的短期投资行为，监管部门不仅应对产品本身包括产品投资策略、范围和风险进行严格审核，还应对产品的实际销售进行严格监管，包括个人养老金产品命名、销售宣传，以免误导投资者。

参考文献

中国证券投资基金业协会：《个人养老金：理论基础、国际经验与中国探索》，中国金融出版社，2018。

熊军：《养老基金投资管理》，经济科学出版社，2014。

B.13

智能投顾在养老金投资中的运用与监管

——国际经验与境内前景

李志淦　陈　昊*

摘　要： 随着金融与科技的结合，智能投顾在21世纪逐步在各经济体萌发。智能投顾最开始运用的领域即为养老金投资，目前运用最广泛的领域也是养老金投资。为了便利智能投顾在养老金投资中的运用，境外智能投顾往往与养老金第二、三支柱进行内嵌和连接。随着证监会2019年推出基金投顾试点，我国投顾模式也由“卖方投顾”向“买方投顾”转变，为智能投顾运用提供了机会。然而当前我国智能投顾运用尚处起步阶段，由于多层次养老保障体系尚待完善，智能投顾与养老金的结合仍有待探索。参照境外经验，未来引导智能投顾助力养老金投资可围绕以下要点。一是将智能投顾服务内嵌入个人养老金账户，并结合未来 QDIA 制度落地。二是维持低准入门槛和收费标准，着力尾端客户。三是丰富智能投顾提供的投资策略，提高客户画像准确性。四是拓展对接资管产品种类，发挥各类产品特长。五是扩大试点机构范围，加快推动银行等金融机构试点。六是加强对智能投顾算法的管理，防范算法趋同性。七是增强客户适当性管理和信息披露，奠定行稳致远的基础。

* 李志淦，兴业银行养老金融中心副总经理，中国养老金融 50 人论坛联席研究员，研究领域为养老金融；陈昊，兴业经济研究咨询公司高级分析师，中国养老金融 50 人论坛联席研究员，研究领域为养老金融与监管政策。

关键词： 养老金 个人养老金投资 智能投顾

2021年两会通过的《中华人民共和国国民经济和社会发展第十四个五年规划和2035年远景目标纲要》（简称《纲要》），明确了“发展多层次、多支柱养老保险体系，提高企业年金覆盖率，规范发展第三支柱养老保险”的要求。同时，在深化金融供给侧结构性改革方面，《纲要》指出：“稳妥发展金融科技，加快金融机构数字化转型。”参考国际经验，智能投顾最开始运用的领域即为养老金投资，其目前运用最广泛的领域也是养老金投资。在此背景下，近年来，境外快速发展的智能投顾技术或将在我国养老金市场大发展的过程中迎来发展窗口期。为此，本文对境内外智能投顾在养老金业务中的运用情况进行了回顾，并对未来智能投顾的发展前景进行展望。

一 养老金投资中运用智能投顾的国际经验

随着科技的进步和互联网技术的拓展，智能投顾技术在21世纪逐步在各个国家或地区萌发和发展。作为资管业务最重要的资金来源，养老金投资业务中也出现了大量对于智能投顾的运用。

（一）智能投顾的定义和发展历史

1. 智能投顾的定义

在国际上，智能投顾已经经历了十余年的发展，不同国际监管组织、各国监管机构之间对于智能投顾的定义已基本趋于统一。

国际清算银行下属的金融稳定研究院（Financial Stability Institute，FSI）在2020年1月发布的《应对金融科技的政策：国际对比概览》[①]中指出：“智能投顾（Robo-advice），又被称为自动化数字投顾（Automated Digital

① “Policy Responses to Fintech：A Cross-country Overview”，Financial Stability Institute，January 2020，https：//www. bis. org/fsi/publ/insights23. pdf.

Advice），指的是以技术或自动化的方式（不依赖或仅有限依赖人工介入），通过基于算法的工具（Algorithm-based tools），向客户自动提供投资产品的金融建议，并指引用户开展投资的过程。”

澳大利亚证券和投资委员会（Australian Securities & Investments Commission，ASIC）在2016年8月公开发布了《第255号监管指引：对零售客户提供金融产品数字投顾》①，其中指出：“数字投顾（Digital Advice），又被称为智能投顾（Robo-Advice）或自动化投顾（Automated Advice），指的是在没有人工投顾介入的情况下，运用算法和技术（Algorithms and Technology）等，自动化地提供金融产品投资建议的过程。既包含了对特定投资组合的投资建议，也包括了对整体财务计划的建议。”

新加坡金管局（Monetary Authority of Singapore）在2018年10月发布了《提供数字投顾服务的指引》②，其中明确：“数字投顾服务（Digital Advisory Services）指的是在有限人工或无人工干预的情况下，通过面向客户的（Client-facing）、基于算法的（Algorithmic-based）自动化工具，向客户提供投资产品投资建议的过程。”

除了上述国际监管组织和各国监管机构，不少其他经济体的监管机构也就智能投顾发布了相应的监管规则或研究报告。总体而言，在定义上，智能投顾涵盖了两个必不可少的要素。一是运用了自动化或算法技术，从而使人工介入最小化。智能投顾之所以区别于传统的投顾服务，最重要的差异就在于使用了自动化或算法等新技术，由此使人工投顾甚至可以完全不介入整个客户画像和投资建议提供的流程。二是向客户提供具体的金融产品或投资组

① “Regulatory Guide 255：Providing Digital Finance Product Advice to Retail Clients”，Australian Securities & Investments Commission，August 2016，https：//download. asic. gov. au/media/3994496/rg255 - published - 30 - august - 2016. pdf.

② “Guidelines on Provision of Digital Advisory Services”，Monetary Authority of Singapore，October 2018，https：//www. mas. gov. sg/ ~ /media/MAS/Regulations% 20and% 20Financial% 20Stability/Regulations% 20Guidance% 20and% 20Licensing/Financial% 20Advisers/Guidelines/Guidelines% 20on% 20Provision% 20of% 20Digital% 20Advisory% 20Services% 20% 20CMGG02. pdf.

合的建议。通过自动化或算法等技术的运用，当前的智能投顾技术已经从早期较为笼统的投资建议细化为可以直接落地、可操作的具体投资建议。从而实现了从了解客户、客户画像到产品选择、推荐直至产品申赎全链条服务的自动化。

若按照智能投顾的自动化程度，以及是否帮助客户直接进行资产配置，还可以在智能投顾的定义之下将其细分为三个层次。第一层是全自动服务的智能投顾，对于这一层次的智能投顾，客户在填写问卷并明确投资偏好之后，智能投顾体系将完全接手客户资产的配置和调整，客户不需要后续自行进行投资选择。第二层是部分自动服务的智能投顾，此类智能投顾会根据客户的问卷和投资偏好，生成符合客户的具体投资建议，包含了具体的金融产品和配置比例，但是客户每笔资产的配置和调整还需要客户的自行操作或确认。第三层是客户自主投资的智能投顾，此类的智能投顾仅根据客户填写的问卷生成对客户的总体投资建议，或者向客户提供不同资产类别的配置比例，而具体的资产选择、投资和调整工作将完全由客户自主开展。

2. 智能投顾的发展阶段

根据全球金融市场研究院（Global Financial Markets Institute）的回溯，最早的自动化投顾可能出现在 20 世纪末，其目的在于为投资者的养老金规划提供在线咨询和建议。而较为成熟的智能投顾服务在 2008 年出现在美国，当时，由于 2007 年全球金融危机的影响，复杂的、隐藏收费的结构性金融产品已经难以赢得普通金融消费者的信任，因此，部分机构开始尝试用智能投顾的方式，对客户进行画像，并向其提供简单易懂的投顾建议。2013 年以后，智能投顾开始了快速发展。

从智能投顾机构的发展历程来看，其发展可以分为三个阶段。一是独立智能投顾平台阶段。在 2014 年之前，智能投顾平台主要由一些创业公司独立开发，作为独立的第三方根据客户的特征向其提供投资建议和不同公司的金融产品。二是智能投顾平台与资管公司开展合作。从 2014 年开始，以富达（Fidelity）为代表的资管公司和以嘉信（Schwab）为代表的银行控股公司开始与第三方的智能投顾平台开展合作，即为自己的客户提供智能投顾服务，也向智能投顾平台输出自己的资管产品供其向客户提供。三是金融机构内嵌智能投顾平台。从2015年开始，先锋（Vanguard）、嘉信等金融机构开始直接收购或自主研发智能投顾平台，将智能投顾平台内嵌入自身的财富管理体系，使智能投顾的运用成为美国资管行业的大趋势。

相较于北美地区，欧洲等其他经济体智能投顾的出现和运用时间较晚。CAPCO咨询公司在《混合投顾模式：欧洲视角》① 报告中指出，直到2011年，英国首批智能投顾平台Nutmeg才正式设立，而美国的第三方智能投顾平台Betterment在2008年就已设立。此后，欧洲等发达经济体智能投顾也经历了类似美国的发展历程。

从智能投顾平台能够为客户所提供的服务来看，德勤在2016年曾发布《财富管理行业的智能投顾：德国智能投顾全景观察》② 报告，其中将德国智能投顾为客户提供的服务分为四个阶段。第一阶段，智能投顾通过线上的问卷形式了解客户的特征，所能提供的投顾服务仅限于对金融产品或投资组合提供建议，而其所建议的产品主要为ETF产品、上市交易的债券和股票。第二阶段，智能投顾除了第一阶段所能提供的服务，还能向客户提供更为精细化的资产管理，并且根据客户的动态要求和市场的实时变化对投资组合进行调整和再平衡。资产组合配置的视角更倾向于FOF模式，并且是基于风险（Risk-based）的组合配置。第三阶段，除了之前阶段所能够提供的服务，该阶段智能投顾还可以基于算法研判市场的情况，对客户的投资组合进行简单的自动调仓，并且会和客户提前明确相应的投资规则。第四阶段，除了之前阶段所能提供的服务，该阶段的智能投顾将落地完全自动化的投资，并且完全自动的进行大类资产的转移配置，此外还将使用机器学习算法（Self-learning algorithms）以提高投资收益和效率（见表1）。

---

① "The Hybrid Advice Model: A European View", CAPCO, November 2018, https://www.capco.com/Intelligence/Capco－Intelligence/The－Hybrid－Advice－Model－A－European－View.

② "Robo-Advisory in Wealth Management: A look at the German Robo-Advisor Landscape", Deloitte, October 2016, https://www2.deloitte.com/content/dam/Deloitte/de/Documents/financial－services/Robo_ No_ 2.pdf.

表1　德勤对智能投顾的演进四阶段划分

演进阶段	所能提供的服务
第一阶段	在线的问卷调查,对金融产品和投资组合的投资建议,主要投资建议集中于ETF产品、公开上市债券和股票
第二阶段	在上一阶段智能投顾所能提供的服务基础上,还能提供:更精细化的资金管理,根据客户的动态要求和市场的实时变化对投资组合进行调整和再平衡。以FOF的视角进行投资组合管理,并且按照基于风险的原则进行投资组合配置
第三阶段	在上一阶段智能投顾所能提供的服务基础上,还能提供:基于算法对客户的投资组合进行动态的调整,和客户提前明确相应的投资规则
第四阶段	在上一阶段智能投顾所能提供的服务基础上,还能提供:完全自动化的投资,完全自动地进行大类资产的转移配置

资料来源：德勤。

（二）智能投顾在养老金投资中的应用

1. 智能投顾在养老金投资中的应用优势

从国际经验来看，智能投顾最开始运用的领域即为养老金投资，其目前运用最为广泛的领域也是养老金投资。金融引擎公司（Financial Engines）网站宣称，其在1996年即引入全球首个在线数字投顾平台，其目的就在服务客户的养老金投资需求。

养老金投资天然与投顾服务具有契合性。从投顾的落地难易度来看，若客户的投资目的越为清晰和单一，那么投顾的有效性将越强，也能更好地为客户带来良好的投资体验。居民的理财投资需求既包括养老储备、代际传承、后代教育等明确的目的，也包括各类其他中短期不能明确目的的财务管理需求。在这其中，养老储备由于目的明确，且各国政府也往往通过税收优惠等政策给予支持，因此是最容易明确投资目的并与其他资产相区分的资产。而且不同于人工投顾，智能投顾一旦明确一个投资目标后短期内难以发生改变，这一特性也与养老金长期限投资的特点相符合。在此背景下，养老金投顾自然而然地成为首先运用智能投顾的领域。

在养老金领域引入智能投顾有独特优势。经济合作与发展组织（OECD）曾在2017年发布报告《养老金智能投顾》[①]，其中指出，在养老金领域引入智能投顾将产生两大好处，一是降低养老金投顾服务的成本，并提高养老金投顾的普惠性。在此之前，由于投顾服务具有一定专业性，因此投顾服务仅能由少量专业人员承担，并且只能向部分高净值客户提供。随着自动化技术在投顾中的运用，更多的客户将可以享受到投顾服务，从而提升投顾服务的普惠性。二是提高投顾服务的客观性、连续性和透明度。虽然此前从事投顾服务的专业人员都在一定程度上具备专业能力、获取了专业资格并受到严格的监管，但是由于多种原因，其所提供的投顾服务客观性和连续性可能有时会出现问题。而智能投顾由于依赖计算机和算法的特性，其将具有更好的客观性和连续性。而且智能投顾实现了全流程数字化，能够更好地保存和追溯数据，也有利于提升投顾服务的透明度。

2. 美国智能投顾在养老金投资中的应用

根据金融稳定理事会（FSB）2017年在《金融科技对金融稳定的影响》[②] 中的总结，智能投顾在养老金中运用最深入和广泛的区域是美国，与之相比，欧洲地区的智能投顾还处于相对早期的发展阶段。虽然英国等也开始在个人储蓄账户（Individual Savings Accounts）等养老金账户中运用智能投顾，但是美国在养老金投资中对于智能投顾的运用经验更为成熟，因此下文将主要以美国为例，详解智能投顾在养老金投资中的运用。

当前，美国市场上较为常见和著名的智能投顾平台都和美国的养老金第三支柱、第二支柱的各类账户进行了连通。从总体来看，典型的智能投顾平台分为三类，分别是基金公司设立的智能投顾平台、综合化金融集团设立的智能投顾平台以及独立的第三方智能投顾平台。

---

① "Robo-Advice for Pensions", OECD, December 2017, https://www.oecd.org/pensions/Robo-Advice-for-Pensions-2017.pdf.

② "Financial Stability Implications from FinTech", FSB, June 2017, https://www.fsb.org/wp-content/uploads/R270617.pdf.

先锋基金（Vanguard）旗下的先锋数字智能投顾（Vanguard Digital Advisor）是较为典型的基金公司设立的智能投顾平台。该平台所能适用的账户类型包括以下三类。一是普通的个人投资账户，该类账户不享受税收优惠政策。二是美国第三支柱各类 IRA 账户，包括传统 IRA 账户、罗斯 IRA 账户等，该类账户享受税收递延等优惠政策。三是部分特定类别的养老金第二支柱 401（k）账户，对于在先锋基金设立 401（k）账户的客户而言，若满足相应的条件，其可以选择使用智能投顾平台。在这之中，各类 IRA 账户是客户使用智能投顾平台的主要来源。根据先锋基金的要求，客户使用智能投顾需要满足账户资金大于等于 3000 美元的限制，同时先锋基金的智能投顾平台将会每年收取 0.15% 的投顾费用。除了常规的投顾和资产配置服务，先锋基金的智能投顾平台还能自动对投资组合进行再平衡（Rebalancing），同时还可以根据客户的税收情况做出最优的税收筹划投资策略。不过，先锋基金的投资选择较少，由于其是基金公司自建的智能投顾平台，因此该平台仅能为客户提供有限的先锋基金 ETF 等产品。

嘉信集团（Charles Schwab）旗下的嘉信智能组合（Schwab Intelligent Portfolios）则是较为典型的综合化金融集团所设立的智能投顾平台。该平台所能适用的账户类型包括三类：一是普通的个人投资账户，二是第三支柱各类 IRA 账户，三是信托账户。值得注意的是，嘉信集团并未向 401（k）等其他养老金账户提供智能投顾服务。这一原则在嘉信集团设计嘉信智能组合之初便已确定，在嘉信智能组合的信息披露文件[①]中，就已经明确该产品主要面向个人、生前信托和 IRA 账户；企业、有限合伙企业等也可以成为嘉信智能组合服务的客户，但是其投资体验可能无法与 IRA 账户和个人客户相当；政府机构和其他根据《1974 年雇员退休收入保障法案》所创设的退休金账户则无法使用嘉信智能组合。若个人将其 401（k）等其他养老金账户的资金转移（rollover）到 IRA 账户中，则其也可以使用嘉信智能组合。

---

① "Schwab Intelligent Portfolios and Schwab Intelligent Portfolios Premium", Charles Schwab, March 2013, https://www.schwab.com/public/file/CMS-BDL100049.

考虑到嘉信也同时提供 401（k）等养老金账户的投资管理服务，虽然嘉信并未公开明确嘉信智能组合未向其他养老金账户开放的原因，不过或可猜测其原因在于该智能投顾主要服务于个人投资者的特性。为了保证服务质量和客户体验，因此嘉信尚未将该服务拓展到第二支柱等其他养老金账户中。

由于综合金融平台的特点，嘉信集团下属的信托公司也可以与智能投顾平台相连接，从而根据信托客户的需求为其提供智能投顾服务。嘉信集团对所提供的智能投顾服务进行了差异化的分层，对于基本账户（Basic Tier）而言，其账户资金仅需要达到 5000 美元以上即可享受基本智能投顾服务，该类账户均免收账户管理费及智能投顾服务费；对于高级账户（Premium Tier）而言，其账户资金需要达到 25000 美元以上，该类账户需要每月缴纳 30 美元的智能投顾服务费，同时在开立时要一次性缴纳 300 美元的账户费。这两类账户的最大差异在于，基本账户只能通过网络平台接受自动化的智能投顾，而高级账户则在自动化的智能投顾之上，还在客户需求的时候可以随时提供人工的咨询和投顾服务。从可投资资产的角度来看，嘉信集团作为综合化金融集团可以提供比先锋基金更丰富的投资品种。嘉信集团将所提供的 53 种 ETF 产品分为 20 种资产（Assets Class）类别提供给不同需求的客户群体，在这 20 种资产类别之上，嘉信集团还分了四大类——全球、美国本土、收取债券收益和市政债，以供客户挑选。除此之外，嘉信集团还充分发挥了混业经营的优势，向有需求的客户提供有保障的现金管理服务，将客户在智能投顾平台上尚未决定配置目的和配置标的的资金存入受存款保险保障的银行存款账户。

Betterment 则是一家较为典型的独立第三方智能投顾平台。该平台所能适用的账户类型主要为两类：一是普通的个人投资账户，二是美国第三支柱各类 IRA 账户。类似于嘉信集团，其所提供的智能投顾服务也分为两层：一是数字账户（Digital Tier），该类账户不设有账户开立金额下限，不过会按照账户年均资产的 0.25% 收取投顾费用；二是高级账户（Premium Tier），需要客户在账户内至少保有 100000 美元的资产，其所收取的投顾费也将上升到年均资产的 0.4%。类似嘉信集团，这两类账户的最大区别就在于是否有人工投顾的介入和建议。从可投资资产的角度来看，除了涵盖 14 种资产类别的 ETF 产品外，Betterment 还能提供多种现金管理类、债权类、社会责任类以及 Smart Beta 基金。

二 智能投顾在我国的发展历程与现状

在此前较长时间，我国的投顾模式局限于传统的“卖方投顾”，使资管产品销售机构难以充分考虑金融消费者的需求。近年来，我国开始逐步试点“买方投顾”，不少试点机构也逐步开始以此为契机依托“买方投顾”平台提供智能投顾服务。

（一）从“卖方投顾”到“买方投顾”

在过去很长一段时间内，我国的投顾业务模式局限于“卖方投顾”，不仅难以更好地贴合投资者的需求，甚至还产生了一定的乱象。

在“卖方投顾”模式[①]下，虽然投顾销售资管产品的对象是各类投资者，其所获取销售提成的来源却是各类资管产品的创设机构，由此造成了投顾行业的激励不相容。为了更多地获取盈利，部分投顾从业人员并非以客户的实际需求为导向，而是以资管产品的提成为导向，陷入为产品卖方服务而非为买方服务的怪圈。

这种激励不相容的情况使此前我国投顾行业出现了一些乱象，不仅不能服务于高质量发展的新格局，难以为居民提供有效的财富增值渠道，还可能损害金融消费者权益，不利于金融体系防范风险。虽然监管部门对投顾业务出台了一系列监管规则，但是各类违反监管规则的情况层出不穷，不仅有销售产品时未能向客户充分披露产品风险、“传销式”营销等情况，甚至还出现了部分涉嫌违法的行为。例如，2018 年 11 月，法院披露的某银行代销股

① 卖方投顾业务指基金销售机构的投资顾问接受客户委托，按照约定，向客户提供产品投资建议服务，辅助客户作出投资决策的业务模式。在“卖方投顾”模式下，投顾的盈利来源于产品代销收入，收入水平和代销规模挂钩。

票基金与客户发生纠纷的案件①中，就出现了银行为了卖出资管产品，而不顾客户风险评级为保守投资、不希望本金损失的基本情况，向其销售了评级为中高风险的股票型基金，进而造成客户损失。事实上，在金融市场发展的过程中，部分发达经济体也面临过"卖方投顾"的乱象。不过在引入"买方投顾"模式后，结合监管部门监管力度的加大，不少乱象都得到了缓解，并且推动投顾行业重新回归服务金融投资者的本源。

随着近年来我国监管部门的政策导向，2019 年开始我国境内开始出现了"买方投顾"的试点。在"买方投顾"模式②下，投顾从业人员可以更为客观地为金融投资者提供投资建议，并较为中立地按照客户需求为其推荐投资产品。与我国相比，发达经济体开始落地智能投顾之前，其投顾行业的模式已经完成了由"卖方投顾"转变为"买方投顾"的过程。由于我国"买方投顾"模式的试点较晚，因此我国不少"买方投顾"试点机构将其与智能投顾相结合，以期能普惠地向广大投资者提供有效的投资顾问服务。

随着 2019 年证监会出台《关于做好公开募集证券投资基金投资顾问业务试点工作的通知》（证监会机构部函〔2019〕2515 号，简称《通知》），目前我国境内已经陆续有三批金融机构获得批准。其中既包括商业银行、证券公司、基金销售机构等资管产品销售机构，也涵盖了部分基金公司（见表 2）。

表 2　公募基金投顾获批机构

时间	机构
2019 年 10 月	基金公司：华夏基金、嘉实基金、南方基金、易方达基金、中欧基金
2019 年 12 月	基金销售机构：蚂蚁基金、腾安基金、盈米基金

① 中国裁判文书网，2018 年 11 月，https：//wenshu. court. gov. cn/website/wenshu/181107ANFZ0BXSK4/index. html？ docId = be2212db3c09470a907ea99b0011f474。

② 买方投顾业务，是指投资顾问站在客户立场为客户提供理财咨询、理财规划、产品诊断和投资建议的理财模式。其所收取费用的来源来自金融产品的投资者，一般根据投资者所委托投资的资产总额一定百分比进行收取。

续表

时间	机构
2020 年 2 月	证券公司：银河证券、中金公司、中信建投证券、国泰君安证券、申万宏源证券、华泰证券、国联证券 商业银行：工商银行、招商银行、平安银行
2021 年 7 月	证券公司：光大证券、平安证券、中银证券、山西证券、东兴证券、南京证券、中泰证券、华安证券、国金证券、东方财富证券 基金公司：华泰柏瑞基金、景顺长城基金、民生加银基金、富国基金、申万菱信基金、万家基金、建信基金

资料来源：根据新闻报道整理。

（二）监管部门对智能投顾的政策导向

1. 证监会开展“买方投顾”试点所孕育的机会

证监会 2019 年发布的《通知》将投顾的展业方式分为两类。一类是顾问型投顾，即“可以接受客户委托，按照协议约定向其提供基金投资组合策略建议，并直接或者间接获取经济利益”的投顾业务。该类投顾业务的展业范畴仅限于向客户提供策略建议，而不能代客进行投资操作。另一类是管理型投顾，即“根据与客户协议约定的投资组合策略，可以代客户作出具体基金投资品种、数量和买卖时机的决策，并代客户执行基金产品申购、赎回、转换等交易申请”的投顾业务。由于该类投顾业务直接代客进行了投资操作，因此监管部门对其的监管要求更为严格。

一是设置投资集中度和标的要求，避免集中度风险和复杂产品的风险。对于所有的投顾策略，“所有客户持有单只基金的份额总和不得超过该基金总份额的 20%，指数型基金的份额总和不得超过该基金总份额的 30%”。这一限制主要是为了防止特定投顾策略在某个资管产品中投资占比过大，进而造成该投顾策略调仓时出现大规模赎回或申购，甚至导致该资管产品出现流动性风险的情况。对于管理型投顾，《通知》还进一步要求，投顾所服务的单个客户所持有单只基金市值将不得高于客户账户资产净值的 20%。提供投顾服务的一大目的就在于帮助投资者分散化投资，从而规避非系统性风险。若投顾仅简单地将大量客户资产投资于特定的资管产品，那么将背离这一初衷。除此之外，《通知》还禁止投顾向客户建议结构复杂的基金等资管产品。

二是设置严格的信息披露要求，防范潜在的消费者保护问题。一方面，对于投顾服务的收费项目和方式，《通知》要求，投顾机构“应当向客户充分揭示收费项目和方式，与客户书面约定基金投顾服务费的收取标准和方式”。另一方面，对于管理型投顾的投资内容和净值等信息，《通知》明确，“应当按照与客户约定的频率、方式和范围，披露账户收益、持仓、交易记录等信息，每日向客户披露前一日的账户资产净值情况，以不低于每季的频率向客户发送账户持仓、交易记录等信息”。

三是明确管理费用的上限，使投资者获得更多的投资收益。从境外的经验来看，投顾业务从人工向智能拓展的主要目的就在于普惠性地向更多的尾部客户提供投顾服务，因此智能投顾的服务费率往往都较低，甚至部分机构将最基本的智能投顾服务设置为免费。为了保持投顾服务的普惠性，同时更好地帮助投资者获得更多的投资收益，证监会也对投顾服务的费率设置了相应的上限。《通知》要求：“基金投资顾问服务费年化标准不得高于客户账户资产净值的5%。”

四是细化了各类合规展业的原则，防范化解潜在的风险。为了防范侵害金融消费者权益的行为，《通知》还进一步明确了投顾业务的准入标准和合规展业要求。例如，设置了从业人员必须取得基金从业资格的要求，明确投顾机构和人员不得泄露客户资料等信息，要求投顾机构展业过程中公平对待客户，要求投顾业务各个环节进行留痕。

2. 金融科技方面的监管要求

值得注意的是，近年来，随着金融科技在多方面运用的拓展，监管部门也在逐步重视科技手段在金融领域运用可能产生的潜在风险。作为投顾业务与金融科技的结合，当前监管部门对大型金融科技公司的监管关注点也值得智能投顾平台参考。

一是客户个人信息保护。对于智能投顾平台而言，在客户开立账户期间可以获得客户相应的个人信息，而为了向客户提供契合其需求的投资策略，智能投顾平台还会进一步收集其投资偏好、资产情况、投资目的等更为详细的信息，因此智能投顾平台天然拥有大量的金融消费者个人信息。近年来，监管部门逐步提升了对于个人信息保护的要求，中国人民银行也将《个人金融信息（数据）保护试行办法》列为2020年规章制定工作计划的重要内容。从现行法规的角度来看，当前《消费者权益保护法》第二十九条规定："经营者收集、使用消费者个人信息，应当遵循合法、正当、必要的原则。"所谓合法和正当，即收集和使用信息应当符合法律规定，并且事先明确告知金融消费者，同时获得消费者的同意。所谓"必要"，即"信息最少化"原则，智能投顾平台应将其所获得的客户信息限制在其所必须的范围，避免收集与展业无关的客户其他信息。

二是算法的可靠性和趋同度。在此之前，算法交易在欧美金融市场已广为流行，甚至在部分特定产品市场中已占到市场交易量的50%以上。境外监管部门对于算法交易的主要关注点就在于算法的可靠性、透明度和趋同性问题。一方面是避免算法中存在违法的内容，防范化解潜在风险；另一方面，也是为了避免不同公司的交易算法趋同，进而导致市场震荡时加大波动的情况。类似于算法交易，智能投顾在运用过程中，也高度依赖算法等技术，如果不同智能投顾平台的算法趋同，也可能导致资管产品甚至金融市场的流动性风险。

三是业务连续性问题。不同于传统的金融服务，绝大多数智能投顾平台并无人工的介入，虽然这一现象可以显著降低服务成本、拓展受众范围，但是也意味着对于计算机系统更明显的依赖，相应系统的业务连续性要求也有所提高。此前，随着移动支付在我国的普及，不少居民都将其作为首选的支付渠道。然而，当出现移动支付系统发生大范围故障时，也将使客户无法进行正常支付。

除此之外，市场垄断和不公平竞争等问题也是当前监管对于金融科技的关注焦点。不过，考虑到当前智能投顾在我国刚刚起步，相关问题暂未出现，因此暂不需纳入考量。

虽然当前监管部门对于金融科技的监管重点尚未拓展到智能投顾上，但是从审慎经营和合规经营的角度，智能投顾平台也应未雨绸缪，高标准防范潜在的风险和隐患（见表3）。

表 3　部分发达经济体对智能投顾的监管要求

国家/地区	对牌照发放的审批	投资者信息保护、适当性要求等	算法的运用	对于投资者的信息披露要求
澳大利亚	√	√	√	√
加拿大	√	√		
英国	√	√	√	√
中国香港	√	√	√	√
荷兰	√	√	√	√
新加坡	√	√	√	√
瑞典	√	√	√	√
美国		√		√

资料来源：BIS。

（三）“买方投顾”试点中对于智能投顾的实践

总体来看，目前，我国在“买方投顾”中践行智能投顾的形式主要分为两种类型。一是在线提供投资建议，供客户自主选择。该类投顾类似于前文所述的国际上第二层次智能投顾，在这一模式下智能投顾平台首先要求客户填写问卷，了解客户的投资目标及风险承受能力，由此完成对客户的画像，并据此向客户提供投资策略和投资组合，最后是否投资的决定以及投资的多寡和配比由客户自行决定。部分机构可能会略过这一步骤，结合客户之前在该机构的投资情况和此前填写的投资者适当性问卷来为客户提供投资选择。二是直接根据客户特性生成投资组合，并代理客户进行投资和调仓。该类投顾类似于前文所述的第三层次投顾，当前被较多试点“买方投顾”的机构所适用。其与第一种模式的主要区别在于，了解投资者风险承受能力和投资需求等特征后，其会给定相应的投资策略和规则，在投资者明示接受的前提下，投资者完全将资产委托给投资顾问管理，具体的投资操作和申赎流程不再需要投资者参与，从而提升投资者的投资便利度。除此之外，也有部分投顾平台会向投资者展现所有可供选择的投资组合，以供投资者自行选取投资。该模式类似于上文所述的国际上第一层次的智能投顾模式。

从投资门槛来看，当前试点“买方投顾”的机构大多将最低投资门槛设置在1000元以下，以期更好地吸引长尾客户参与投顾服务。从国际上的经验来看，智能投顾的一大优势就在于能将投顾服务由少量高净值客户拓展到更多普通客户。因此，适当地降低投资门槛也是智能投顾大范围适用之后的必然情况。值得注意的是，已有部分国内试点机构采用了类似上文嘉信和Betterment的差异化多层次智能投顾服务。具体差异化的内容既包括人工投顾的服务，也涵盖了差异化的费率、投资策略的定制化程度等（见表4）。

表4　我国目前“买方投顾”模式下使用智能投顾的门槛

投资门槛	1000元以下	1000～10000元	100000元以上
适用机构	南方基金、易方达基金、华夏基金、嘉实基金（部分产品）、中欧基金、蚂蚁基金、腾安基金、盈米基金、银河证券、中金公司、国泰君安证券、申万宏源证券（部分产品）、华泰证券（部分产品）	嘉实基金（嘉贝智投）、中信建投证券、申万宏源证券（部分产品）、华泰证券（部分产品）、国联证券	南方基金（司南定制）

资料来源：根据公开资料整理。

从所能提供的投资策略来看，目前国内的智能投顾平台所能提供的投资策略还较为有限。大体而言，各类平台的智能投顾系统将策略分为风险、中低风险、中高风险三类。对于低风险的投资策略，绝大多数智能投顾平台只提供货币型的投资产品，少部分的智能投顾还可以提供固收类（以债券为主）投资产品，对于中低风险的投资策略，绝大多数智能投顾平台所能提供的投资产品为股债混合型产品，少部分还能提供固收+和量化对冲产品。对于中高风险的产品，绝大多数智能投顾平台也仅能提供有限的权益投资产品。

三　智能投顾在我国养老金领域的应用与前景

（一）当前我国养老金投资中智能投顾的探索

目前，我国多层次养老金体系尚待完善，由于多方面因素，目前仅有个人补充的养老性质投资有开展使用智能投顾的可能，也有部分机构尝试向这方面资金提供智能投顾的服务。

从正式获得“买方投顾”试点的机构来看，截至2021年3月底，已有至少3家机构（华夏基金、中欧基金、腾安基金）推出了针对特定场景和投资目的需求的策略组合，其所包含的投资目的包括教育和养老两种主要大类。从场景需求为养老目的的实践来看，3家机构都以不同的年龄段为标准来匹配客户的投资组合，在这其中，对于较为年轻的投资者，3家机构都更偏向在其养老目标的投资组合中配置更多的权益基金，随着年龄的增加，投资组合中债券基金和货币基金的比例将有所提升。例如，华夏基金旗下的华夏财富“查理智投”中的养老智投系列分为“60后”“70后”“80后”“90后”4种类别。对于匹配“60后”的投资组合，其中权益基金的配置比例为66%，债券基金比例为29%，货币基金的比例为5%；而匹配“90后”的投资组合，其中权益基金的配置比例为89%，债券基金比例为8%，货币基金的比例为3%。而从费用结构来看，查理智投主要收取的费用为客户账户资产净值0.5%（年化）的投资顾问服务费，收取方式为每日计提、每月结算。除此之外，为了方便客户测算，为了满足养老需求的投资金额，腾安基金等还提供了帮助客户测算每月需投资金额的服务。除了这些明确将养老作为投资目标的智能投顾平台，还有一些其他试点智能投顾的机构可以通过延长投资期限目标、设定与自身养老资金所能承受的风险等方式，实际将投资的目标设置为养老金投顾。对于明确以养老为目的的投资策略组合而言，相较于其他一般的组合，其整体所配置的股权性质资产占比会更低，其所配置的资产也集中于较为传统的股债混合型基金，以此来提升相应资产的安全性。

对于尚未正式获得“买方投顾”试点的机构而言，事实上当前也有不少机构为了达到更好服务客户、增强客户黏性、满足客户等多种目的，开始着力为客户提供以养老为目的的投资顾问服务。例如，部分互联网企业的投资平台，以客户的养老目标需求为导向，在其在线投资平台上根据客户的需求提供多样化的养老目标基金等具有养老性质的FOF型产品。又如，有部分银行等金融机构通过其 App 等平台，根据客户的需求，以点击推荐和广告推介等方式向客户提供能够满足其养老投资期限需求和风险偏好的理财、信托、基金等多样化产品组合，供客户选择投资。例如，有的银行会通过客户在银行留存的投资记录和风险评级变化情况来判断客户的风险偏好和投资取向，以此为客户提供不同类别资产的配置比例，推荐固定的投资组合，并匹配具体对应该投资组合的基金产品。虽然这些机构的投顾模式尚局限于“卖方投顾”，但是其为满足客户需求的养老金投资建议也具有一定的智能投顾性质。不过受制于“卖方投顾”模式，从合规销售资管产品的角度考虑，这些机构难以直接代理客户进行申购、赎回等一系列操作，也无法帮助客户对投资组合进行动态再平衡，因此相较于真正意义上依托于“买方投顾”模式的养老金智能投顾，仍具有较大的提升空间。

综上所述，虽然在“买方投顾”和“卖方投顾”模式下，养老金投资的智能投顾已经在我国开始初步试水，但是总体而言，目前，我国养老金智能投顾的实践还较为初步，处于探索阶段。不仅客户的画像和匹配客户需求方面尚需进一步完善细节，而且所能提供的资产种类和投资策略等方面也有进一步提高的空间。

（二）我国养老金投资中运用智能投顾的前景

参照境外经验，随着我国经济的发展以及居民财富的积累，居民金融资产的配置将进一步由银行存款转向养老金，随着居民资产配置中养老金资产占比的提升，智能投顾在养老金投资中的运用也将具有更为广阔的空间。

2019 年底，我国居民人均金融资产约为 23.21 万元，大体和美国 1981 年左右相当。从美国的经验来看，在金融资产累计和增加的过程中，居民对于存款的配置比例有较大的下滑，同时居民增加了对于养老金和资管产品的配置。根据美联储定期公开的《资金流量表》（Flow of Funds Account）的数据，1975 年至 2010 年，美国居民部门金融资产配置于养老金和共同基金的比重分别由1.06%和12.75%上升到12.75%和27.12%，若将共同基金中来自各类IRA账户等养老金第三支柱的资金还原入养老金资产，则2010年时，美国居民部门金融资产配置于养老金中的比重将由12.75%上升到26.63%，配置于共同基金的比重则由27.12%调整至13.24%。由此可见，在美国居民金融资产增长的过程中，随着居民投资存款的比例下降，实际上居民真正大幅增配的资产是养老金（见图1）。

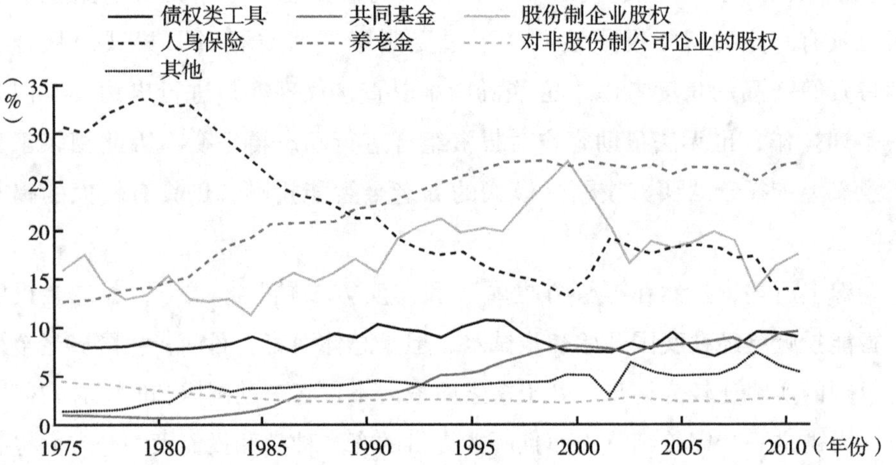

图1　美国家庭部门金融资产配置情况（除存款外）

资料来源：美联储。

从老龄化进程和我国多层次养老金体系的建设来看，我国居民的养老金投资总额未来也将具有较大的发展空间。

以65岁以上人口占比来看，我国的老龄化率已从1990年的5.6%上升到2020年的13.5%。由于我国人均寿命的不断延长和少子化趋势，老龄化还将不断加剧。根据联合国2019年的预测[①]，在基线情形下，我国境内的老龄化率将在2035年达到26.07%。考虑到联合国相关预测采用的是较为老旧的数据，例如，使用的2019年我国老龄化率为11.47%，总和生育率

① 联合国官网，https://population.un.org/wpp/Graphs/Probabilistic/PopPerc/65plus/156。

为 1.7；而现实中，根据第七次人口普查的数据，我国 2020 年以上两个数据分别为 13.5% 和 1.3。因此，我国的老龄化率进程还将大大快于联合国的预测。面对如此大量的老龄人口，即使是考虑了延迟退休政策的落地和国有资产的有序划转，我国基本养老保险的给付压力仍然巨大。而相较于其他发达经济体，我国养老金的第二支柱和第三支柱总规模仍有较大的发展空间。从 2020 年的数据来看，截至第三季度末，我国养老金第二支柱（企业年金和职业年金）的总规模约为 3.1 万亿元，与 2019 年 GDP 的比值约为 3%；我国养老金第三支柱的总规模约为 3 亿元，与 GDP 的比值极低，保留整数后为 0%。而排除疫情对 GDP 的严重负面影响，截至 2019 年末美国养老金第二支柱和第三支柱积累规模与 GDP 的比值分别为 89% 和 47%。

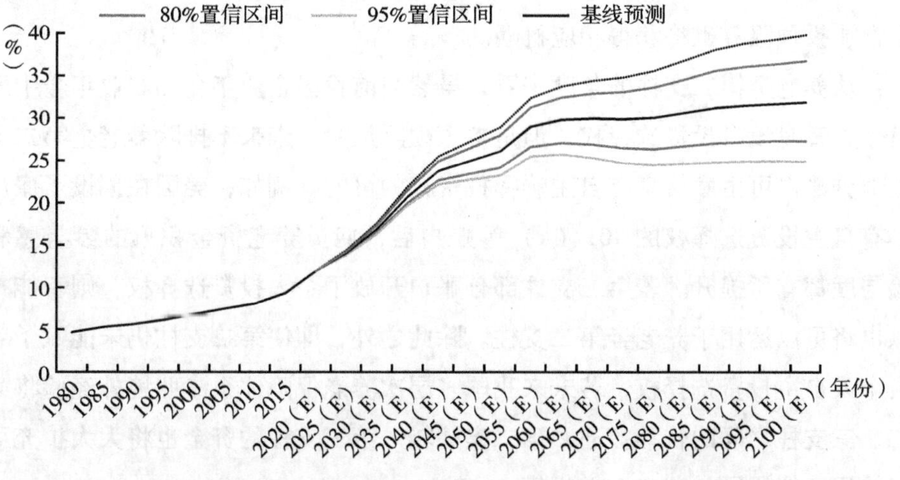

图 2　我国境内老龄化率（65 岁以上人口占比）趋势

资料来源：联合国。

近期，随着养老金第三支柱体系的完善和政策的出台，智能投顾也将迎来相应的发力支点和发展机遇期。

2021 年两会通过的《中华人民共和国国民经济和社会发展第十四个五年规划和 2035 年远景目标纲要》明确："发展多层次、多支柱养老保险体系，提高企业年金覆盖率，规范发展第三支柱养老保险。"而"规范发展第三支柱养老保险”也在2021年首次写入政府工作报告，要求2021年9月底前出台相关政策，年内持续推进。养老金第三支柱政策落地将为智能投顾提供一个可以充分发挥潜能的市场。第一，养老金第三支柱由于提供了相应的税收优惠支持，与传统的金融产品相比更具吸引力。第二，由于个人所得税税收优惠政策，养老金第三支柱主要的惠及人群为缴纳个人所得税的中高收入人群，该客群对于智能投顾等新技术接受程度更高。第三，养老金第三支柱封闭管理的资金账户体系，以及长达数十年的持续缴费期，能够为智能投顾提供绝佳的运用场景。第四，经过监管部门筛选后的税优金融产品及其发行机构，在长期市场表现与业绩回报方面会有更好的表现。因此，第三支柱养老保险将是智能投顾普及推广的一个重要支点。

与此同时，随着居民对于老年生活期望的提高，在第三支柱之外的养老金智能投顾服务也将获得相应机遇。

从养老金第二支柱的角度来看，虽然当前我国企业年金和职业年金中雇员个人暂时没有投资选择权，但是参照国际经验，未来不排除养老金第二支柱部分账户可由雇员享有自主选择投资权的可能。例如，美国在创设了雇员具有自主投资选择权的401（k）等账户后，雇员养老资金积累的参与感和参与度都有所提升。若第二支柱部分账户开放了个人投资选择权，则智能投顾也将可以运用于养老金第二支柱。除此之外，即使第二支柱仍未能赋予雇员个人自主投资选择权，若未来我国多层次养老保障体系参照境外经验将第二、三支柱之间的转移打通，第二支柱转入第三支柱的资金也将大大扩充可以使用智能投顾的养老金总规模。

从个人自愿积累的养老财富来看，由于我国第三支柱税延优惠数额有限，在个人自愿投资积累的养老财富领域，智能投顾也有良好的发展空间。此前，2018年4月财政部等发布的《关于开展个人税收递延型商业养老保险试点的通知》（财税〔2018〕22号）指出，个人缴费税前扣除的标准为“按照当月工资薪金、连续性劳务报酬收入的6%和1000元孰低办法确定”。由此可知，当前试点的我国第三支柱税延优惠限额最多为12000元/年，对于大中城市的中高收入人群而言，这一限额较低，难以满足其积累养老财富储备的需求。因此，若未来养老金第三支柱税优限额未发生大额提升，中高收入人群必将在政策体系之外自行开展养老财富的积累和投资，而这部分个人自愿积累的养老财富也将成为智能投顾运用的良好平台。从境外的经验来看，美国金融机构也将个人自愿开展养老财富投资的资产作为智能投顾实践的重要平台。

从更长远的角度来看，智能投顾将从单纯的养老金投资技术平台逐步延展并形成全体系的养老金投资管理综合生态。智能投顾在养老金领域的推广与实践，势必推动金融监管部门加速完善监管制度。由于养老金的投融资体系和投融资产品横跨多个部门和多类产品，亟须不同监管部门之间协同合作，若要充分发挥智能投顾在养老金投资领域的作用，则需要进一步推动当前监管体系由行业监管向行为监管转变。而随着监管政策不断明晰，更多的参与者将带来更大的市场规模，进而助推养老金智能投顾在更大范围内普及，形成相应的正循环。在产品供给上，将会有越来越多的金融产品被纳入养老金智能投顾体系，为不同诉求的投资者提供更加多元化的选择；在服务体系上，参与机构的范围将愈加广泛，从投资、销售到账户管理等各类专业机构将逐步参与到养老金智能投顾，构成多元化的市场主体；在技术支持上，大数据、信息技术的运用与迭代，也能加快智能投顾基础设施建设。而随着智能投顾在养老金领域实践的完善，智能投顾未来还有潜力进一步在“大财富”框架内构建更广阔的综合生态。

四　引导智能投顾助力个人养老金投资的建议

当前，受益于我国监管机构对于“买方投顾”模式的试点推进，智能投顾在我国开始逐步落地。不过由于多方面因素，我国的智能投顾发展仍面临一定的制约，有较大的提升空间。如上文所述，在美国等境外发达经济体中，智能投顾平台对接养老金第三支柱已经形成了较为成熟的经验，未来我国在智能投顾服务个人养老金投资的业务模式方面，也可以借鉴境外的成熟经验。

一是将智能投顾服务内嵌入个人养老金账户，并且考虑结合合格默认投资制度的落地。从境外的经验来看，无论是由综合化金融集团建立的智能投顾平台，还是基金公司和独立第三方所提供的智能投顾服务，都将智能投顾嵌入养老金第三支柱 IRA 账户中，甚至还有部分公司更进一步，在居民享有一定投资自主权的 401（k）等账户中也内嵌智能投顾服务平台。以 IRA 账户为例，对于选择在该机构开立 IRA 账户的客户而言，为了达到推广智能投顾和吸引客户的目的，金融机构往往还设置了使用初期免费等推广措施。值得注意的是，近年来，发达经济体开始大范围落地合格默认投资选择（QDIA）制度。不少智能投顾平台将智能投顾与 QDIA 制度进行有机结合，投资者只需在开立账户之初回答相应的问卷，明确投资规则，那么智能投顾平台便可以在投资者修改投资偏好之前，将其投资策略和所投资的资管产品设置为默认投资选项，从而极大地便利了投资者对养老金账户资产的投资。而在未来，随着我国多层次养老金体系的完善，智能投顾服务还可以进一步由第三支柱向第二支柱企业年金进行拓展，进而将智能投顾运用于更广泛的多层次养老金体系中。

二是继续低准入门槛和低收费标准的思路，着力挖掘尾端客户。世界各国对于养老金账户都赋予了或多或少的税收优惠支持政策，以期鼓励个人积累养老财富。然而，由于每月税收优惠的金额有限，养老金账户的投资往往成为细水长流的定投。在此背景下，如果要积累足够的数额以享受专门的投顾服务难度颇大，而且对于绝大多数人群而言，其每月能够积累的养老金资金也十分有限。因此，为了更好地对接养老金第三支柱账户，境外发达经济体为这些养老金账户定制了相应的低门槛投顾产品。例如，前文所述的 Betterment 智能投顾平台就不对投资者设置准入门槛，从而吸引了大量的尾端客户，和金融机构的投顾平台形成了差异化的竞争，并且更好地实现了金融服务的普惠性。当前，我国智能投顾在试点推广期大多采取了较低的收费标准和准入门槛，未来即使试点范围推广、受惠人群增多，也应该继续维持较低的收费标准，并在此基础上适当拓展差异化的收费服务，以落实智能投顾的普惠性。

三是丰富智能投顾所能提供的投资策略，并完善客户画像，细化客户需求匹配。当前，我国落地试点的智能投顾平台所能提供的投资策略较为有限，大多数仅根据投资者的风险承受能力匹配单一的投资策略和有限的投资品种。与此同时，从客户的画像过程来看，我国当前除了少数机构通过系统留存的客户历史数据进行客户画像外，其他机构则通过有限的问题进行客户画像。从境外的经验来看，为了更好地了解、匹配和满足客户需求，绝大多数智能投顾平台都在客户画像和匹配丰富的投资策略方面投入大量的精力。例如，Betterment 在设立账户时除了了解客户投资期限、风险承受能力等投资目的外，还需要详细了解客户的雇佣状态、婚姻情况、年收入和预估年可投资金额、是否存在利益冲突等一系列情况。对于不同投资目的的客户，还会设立更为精细化的问卷调查来了解其投资的偏好，在此之后才会向客户提供几类投资策略供其选择。而 Vanguard 等智能投顾平台为了更好地进行客户画像、了解客户特性，甚至还会进行电话询问。未来，若我国智能投顾平台能够更好地进行客户画像，则可以更好地对用户进行分层，并对其进行差异化的投资策略匹配，从而实现更为个性化的客户资产配置。

四是拓展对接资管产品种类，充分发挥各类资管产品的特长。当前我国依托于“买方投顾”的智能投顾服务仅能投资基金。然而，从当前我国资管市场的总体格局来看，截至 2020 年 9 月末，总额为 118.64 万亿元的资管市场中，公募基金仅仅占到资管产品总规模的 15% 左右，即使加上私募基金和基金子公司专户业务，其总规模也不足 35%。相较于其他金融机构等，由于企业文化沿革和历史投资经验，银行理财在固收和债权类资产的投资方面有着较为突出的比较优势和优良传统，并且在稳健收益方面占优。而与银行理财相比，基金行业则对于权益投资有着更长的历史、更为丰富的经验。除此之外，信托行业则由于破产隔离等《信托法》所赋予的优势也具有相应的比较优势，保险资管则在超长期限投资和精算等方面具有更丰厚的经验。未来，如果能将智能投顾平台可以对接的资管产品由基金拓展到银行理财、保险资管、信托等更为多样化的资管产品领域，将可以更好地博采各类资管产品的优势，服务于金融投资者。

五是进一步扩大试点机构范围，打破机构监管的藩篱，加快推动银行等其他金融机构开展试点。从销售端来看，此前，由于多方面因素，虽然银行已被纳入“买方投顾”的试点范畴，但是银行试点“买方投顾”和智能投顾尚未实际落地。银行是我国金融消费者接触最广泛和紧密的金融机构，拥有最大的客群、最丰富的产品、最强的销售渠道以及客户最为信赖和依赖的品牌。以银行为切入点，落地和拓展银行试点智能投顾的范畴、推广智能投顾在养老金投资领域的应用，不仅能最快地触达最广泛的客群，而且也可以助推居民养老金积累和投资的意识。当前，随着我国金融市场的改革与发展，为了在利率市场化改革深入推进之后，确保银行等金融机构长期健康发展，亟须多样化银行收入来源，提高银行中间收入等非息收入占比。从这个角度来看，加快推动银行试点智能投顾不仅符合广大金融消费者的需求，也有利于我国金融体系长期健康发展。而对于银行之外的其他金融机构而言，其在销售不同产品、面对不同金融消费者时也有着相应的特长。按照2020年4月中共中央、国务院出台的《关于构建更加完善的要素市场化配置体制机制的意见》中“增加有效金融服务供给”“放宽金融服务业市场准入”的要求，也应该打破机构监管的藩篱，加快推动多种类型金融机构开展相关试点，推动市场化的竞争。

六是加强对智能投顾算法的管理，防范各平台智能投顾算法的趋同性。智能投顾作为一种新技术，不仅应该看到其在养老金投资领域运用的潜在优势，也应该防范其可能的风险。从境外的经验来看，在运用算法的新技术方面，算法的趋同性可能造成市场异常波动时振幅加剧、流动性变差，甚至助推危机的演进。前文所提及的OECD《养老金智能投顾》报告中就曾指出，若智能投顾所运用的算法推荐了类似的投资策略甚至投资标的，那么其潜在的顺周期性可能会在市场波动时对金融稳定产生负面影响。从历史经验来看，算法交易确实曾对金融稳定产生过一定的影响。2010年5月6日，美国股市曾发生“闪崩”事件，美国证券交易委员会（SEC）和商品交易委员会（CFTC）事后发布联合报告[①]指出虽然闪崩的初始“导火索”可能并非算法交易，但是当市场快速波动时，算法交易的交易行为加剧了市场的波动和流动性危机。因此，从这一角度来看，未来我国监管部门可以关注智能投顾平台投资策略底层算法是否具有趋同性。

七是增强对客户的适当性管理和信息披露，奠定智能投顾行稳致远的基础。近年来，随着“刚性兑付”的打破，金融消费者权益保护成为金融监管部门关注的重要课题之一。对于智能投顾平台而言，则应该牢牢把握防范风险的原则，做好客户的适当性管理，并且对客户充分披露相关信息，以期实现“卖者尽责，买者自负”理念的落地。由于智能投顾往往依托“买方投顾”平台进行运营，因此相关平台所承担的职责不仅局限于销售全流程的管理，还承担了根据协议代理客户买卖资管产品，并进行调仓、组合动态再平衡等的职责，这也对智能投顾的信息披露提出了更高的要求。从国际经验来看，各国监管机构也对智能投顾的信息披露等提出了明确的要求。除了应当事前向客户提供各投资策略所对应的具体投资产品和持仓比例之外，还应当提前明确调仓的触发机制和调仓所采用的方法。上文所提及的澳大利亚、新加坡等国家或地区的监管部门在针对智能投顾的监管要求中也明确提出了“应当使用清晰、简单、易于理解的方式向客户提供充分的信息，帮助客户做出正确的决定”的要求。具体应当披露的信息除了上述内容外，还包括所使用算法的信息、潜在利益冲突、相关风险的可能等。

参考文献

“The Rise of Robo-Advice：Changing the Concept of Wealth Management”，Accenture，

① “Findings regarding the market events of May 6，2010：Report of the staffs of the CFTC and SEC to the Joint Advisory Committee on Emerging Regulatory Issues”，CFTC and SEC，September 2010，https：//www. sec. gov/news/studies/2010/marketevents - report. pdf.

May 2016, https: //www. accenture. com/t20160509t220506_ _ w_ _ /us – en/_ acnmedia/ pdf – 17/accenture – wealth – management – rise – of – robo – advice. pdf.

"Regulatory Guide 255: Providing Digital Financial Product Advice to Retail Clients", Australian Securities & Investments Commission, August 2016, https: //download. asic. gov. au/ media/3994496/rg255 – published – 30 – august – 2016. pdf.

"The Hybrid Advice Model: A European View", CAPCP, November 2018, https: // www. capco. com/Intelligence/Capco – Intelligence/The – Hybrid – Advice – Model – A – European – View.

"Findings Regarding the Market Events of May 6, 2010: Report of the Staffs of the CFTC and SEC to the Joint Advisory Committee on Emerging Regulatory Issues", CFTC and SEC, September 2010, https: //www. sec. gov/news/studies/2010/marketevents – report. pdf.

"Robo – Advisory in Wealth Management: Same Name, Different Game – A Look at the German Robo – Advisor Landscape", Deloitte, October 2016, https: //www2. deloitte. com/ content/dam/Deloitte/de/Documents/financial – services/Robo_ No_ 2. pdf.

"Financial Stability Implications from FinTech: Supervisory and Regulatory Issues that Merit Authorities Attention", FSB, June 2017, https: //www. fsb. org/wp – content/ uploads/R270617. pdf.

"Policy Responses to Fintech: A Cross – country Overview", Financial Stability Institute, January 2020, https: //www. bis. org/fsi/publ/insights23. pdf.

"Guidelines on Provision of Digital Advisory Services", Monetary Authority of Singapore, October 2018, https: //www. mas. gov. sg/ ~/media/MAS/Regulations% 20and% 20Financial% 20Stability/Regulations% 20Guidance% 20and% 20Licensing/Financial% 20Advisers/Guidelines/ Guidelines%20on%20Provision%20of%20Digital%20Advisory%20Services%20%20CMGG02. pdf.

"Robo – Advice for Pensions", OECD, December 2017, https: //www. oecd. org/ pensions/Robo – Advice – for – Pensions – 2017. pdf.

Van der Ree, M., "Embracing Robo – Advisory Looks Promising for the Longevity of Financial Advisors", March 2019, https: //www. gfmi. com/wp – content/uploads/2019/03/ 2019 – Embracing – Robo – Advisory. pdf.

借鉴篇

Experience Reports

B.14

海外私人养老金：框架完善与精细管理协同推进

李 文 李宏纲*

摘 要： 为更好地推进中国私人养老金市场发展，本文试图借鉴海外发达国家成熟市场的经验，分析研究近几年海外私人养老金政策与监管、投资管理以及制度的变化，如推出新的个人养老金账户或计划、实施自动加入机制、降低养老金运行成本、提高投资收益率等，或者在投资方面从限量监管转向审慎监管的模式、把ESG相关内容纳入私人养老金信息披露的范围内、逐渐将生命周期投资策略引入默认选择权等。在此基础上，结合我国实际情况，从制度建设和投资运营两方面

* 李文，管理学博士，高级经济师，汇添富基金管理股份有限公司党委书记、董事长，中国证券投资基金业协会副会长，中国养老金融50人论坛核心成员，主要研究领域为养老金金融、公募基金、金融监管；李宏纲，统计学博士，汇添富基金管理股份有限公司资产配置中心资深产品专家，中国养老金融50人论坛联席研究员，研究领域为养老金金融、基金研究、产品创新。本人仅代表个人观点，与供职单位无关。

提出对策建议推动我国私人养老金市场发展与完善。

关键词: 私人养老金 政策监管 投资管理 国际经验

一 海外私人养老金发展概况

（一）海外养老金的三支柱体系

1994 年世界银行提出养老金的三支柱体系，包括第一支柱公共养老金、第二支柱职业养老金和第三支柱个人养老金。养老金三支柱的模式已经成为较为主流的模式，不同国家根据各国国情建立各自的养老金三支柱体系（见表1）。

表 1 不同国家的养老金三支柱建立情况

国家	第一支柱	第二支柱	第三支柱
美国	联邦公共养老金计划	雇主养老金计划[401(k)、403b 计划]	个人退休储蓄账户
加拿大	政府强制性养老金计划	雇主注册养老储蓄计划(RPP)	注册养老金储蓄计划及免税储蓄账户
澳大利亚	基本养老金	超级年金	自愿型超级年金
英国	国家基本养老金	职业养老金	个人储蓄计划、Stakeholder 养老金、个人自助投资养老金(SIPPs)
法国	公共养老基金	企业年金	个人基金
德国	法定养老保险	企业补充养老保险	私人养老保险

续表

国家	第一支柱	第二支柱	第三支柱
日本	国民年金	厚生年金和共济年金	NISA、IDeCo
荷兰	国家养老金	行业养老金	个人储蓄计划
智利	强制个人缴费计划	个人账户养老金	自愿性补充养老金
意大利	社会养老金、残疾养老金、退伍老兵养老金	契约型职业养老金和开放式职业养老金	自愿性商业养老保险计划和私人养老保险计划（PIPs）
比利时	国家养老金	职业养老金	养老金储蓄基金
波兰	公共养老金	雇员资本养老金制度（PPKs）、强制性补充养老保险	自愿性补充养老金
土耳其	公共养老金	职业养老金	自动加入养老金制度
韩国	国民养老金、特殊职业养老金、零支柱基本养老金	退休养老金计划	个人养老金计划

资料来源：光大证券、兴业证券研究院、世界银行。

评价养老金体系能否提供充足、可负担、可持续且稳健的待遇水平，通常用养老金替代率来衡量，养老金替代率水平能反映不同时期退休老人较为真实的养老保障程度。养老金替代率，是指劳动者退休时的养老金领取水平与退休前工资收入水平之间的比率，它是衡量劳动者退休前后生活保障水平差异的基本指标之一。根据经合组织数据，不同国家的养老金替代率水平差别较大。在有数据统计的10个经合组织国家中，平均养老金替代率水平达到58.31%，略超过国际劳工组织建议的养老金替代率的最低标准55%，但仍低于建议的可以维持退休后基本生活水平的养老金替代率水平（60%～70%）。其中平均公共养老金替代率为30.55%；平均私人养老金替代率为27.76%，私人养老金替代率接近平均养老金替代率水平的一半，说明各国积极发展私人养老金，有效地补充公共养老金待遇水平。

在有数据统计的国家中，美国的养老金替代率水平较高，养老金替代率为70.3%，公共养老金替代率（39.4%）略高于私人养老金替代率（30.9%）。大多数国家的公共养老金替代率较高，私人养老金替代率水平相对较低，只有以色列、爱尔兰、英国、墨西哥私人养老金替代率高于公共养老金（见图1）。

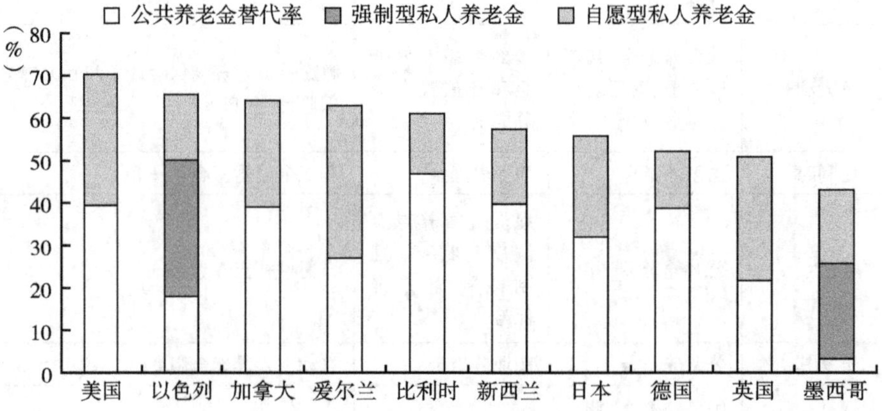

图1　2019年海外主要国家的养老金替代率水平

资料来源：OECD Statistics，汇添富基金。

（二）海外私人养老金的发展变化

1. 私人养老金规模

从全球的私人养老金分布来看，养老金资产规模具有一定的区域集中性。截至2019年，全球养老金资产规模为50.71万亿美元，其中经合组织国家（OECD）规模为48.92万亿美元。美国的私人养老金规模最大，总资产规模达到18.39万亿美元，其次是澳大利亚和荷兰，私人养老金总资产规模分别达到1.81万亿美元和1.77万亿美元。

对比2009~2019年，OECD国家私人养老金资产规模整体增长了22.61万亿美元，平均增长率为200.41%。除了西班牙、波兰和芬兰，其余国家均取得了正增长，其中，美国这十年私人养老金资产规模增长量最大，达到

16.02万亿美元，增长率达到98.94%。在所有的OECD国家中，希腊的资产规模在这十年的增长速度最快，达到了2573.83%（见图2）。

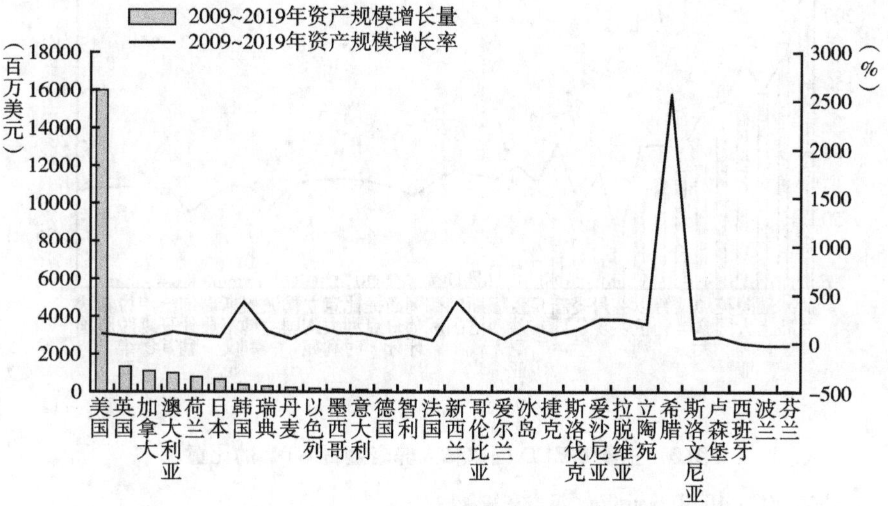

图2　主要OECD国家私人养老金2009~2019年增长情况

资料来源：OECD Statistics，汇添富基金。

2. 私人养老金与GDP的关系

在衡量与比较不同国家私人养老金的相对规模方面，私人养老金的资产规模占GDP的比重是反映一个国家私人养老金发展程度的重要指标。从全球私人养老金规模占GDP的比重来看，2019年私人养老金比例超过100%的国家有荷兰、冰岛、瑞士、澳大利亚和英国，其中荷兰的私人养老金规模占GDP的比重最大，为194.4%。

对比2009~2019年，私人养老金占GDP的比重增速较快的国家养老金占GDP的比例也较大。增速最快的前三个国家依次为荷兰、冰岛、澳大利亚，这三个国家2019年私人养老金占GDP的比重也位居OECD国家前列。这十年OECD国家的私人养老金占GDP的比重平均为39.5%，增速平均为11.1%，除了芬兰、爱尔兰、葡萄牙、瑞典、匈牙利和波兰外，其余国家这十年的增速均为正（见图3）。

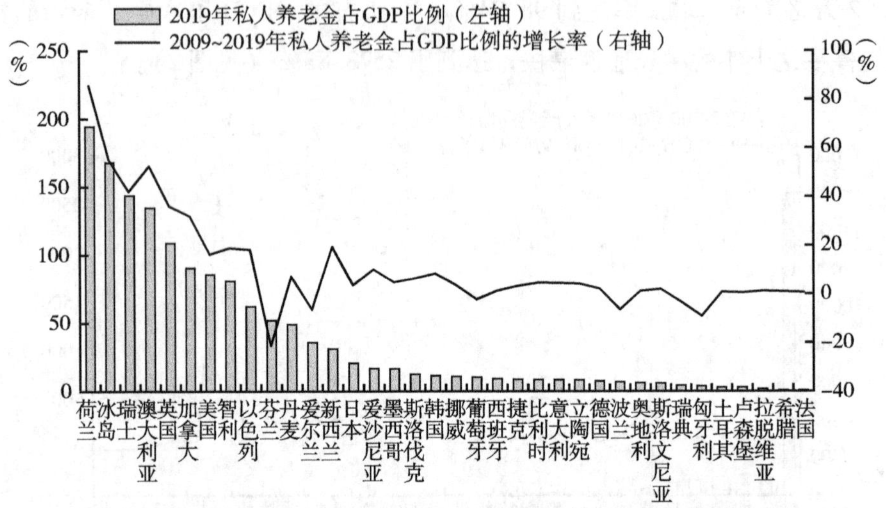

图3　主要 OECD 国家私人养老金占 GDP 的比重

资料来源：OECD Statistics，汇添富基金。

二　海外私人养老金投资管理的变化

（一）海外私人养老金的监管

1. 投资监管概况

在 37 个 OECD 国家和 47 个非 OECD 国家中，除 11 个国家①没有对各主要资产类别的投资比例进行限制外，各国普遍对养老基金的大类资产投资比例有限制。19 个 OECD 国家和 37 个非 OECD 国家对权益类资产设置了投资上限，大多数国家限制直接投资房地产、私募投资基金或贷款；25 个国家禁止直接投资房地产。在 84 个国家中，只有印度完全禁止海外投资，但大

① 数据来源："Annual Survey of Investment Regulation of Pension Funds and Other Pension Providers 2020"，Organization for Economic Co－operation and Development，http：//www. oecd. org/。11 个国家分别是澳大利亚、奥地利、比利时、加拿大、荷兰、新西兰、挪威、英国、美国、根西和马拉维。

部分都对海外投资有所限制。

在权益类资产中，对未上市股权的投资限制通常比上市股权更加严格。比如德国的“Pensionskassen”对上市股权的投资上限是35%，而对未上市的则是15%（见表2）。

表2　OECD国家养老金权益类投资限制的情况

权益类投资限制	国家
20%～30%	法国、立陶宛
50%～60%	冰岛、墨西哥、瑞士
65%～75%	拉脱维亚、哥伦比亚、捷克、希腊、韩国、芬兰
80%	智利、斯洛伐克
100%	澳大利亚、奥地利、比利时、加拿大、爱沙尼亚、爱尔兰、以色列、日本、卢森堡、新西兰、挪威、波兰、葡萄牙、土耳其、英国、美国
35%，未上市权益15%	德国
100%，未上市权益5%	匈牙利、斯洛文尼亚
100%，未上市权益10%	瑞典
100%，未上市权益30%	意大利、西班牙
无限制	丹麦、荷兰

资料来源：“Annual Survey of Investment Regulation of Pension Funds and Other Pension Providers 2020”，Organization for Economic Co－operation and Development，http：//www. oecd. org/。

2. 投资监管的变化

2010～2019年，海外国家在投资监管方面的总体变化趋势是放宽投资限制和从限量监管转为审慎监管。

（1）放宽投资限制

在放宽海外投资限制方面，秘鲁极具代表性。秘鲁把整体养老金的海外投资上限从2010年的22%逐步提高到2019年的50%，而秘鲁私人养老金的海外投资占比也从2009年的21%上升到了2019年的44.9%。秘鲁不断放宽海外投资的限制，主要是因为秘鲁本国的优质资产较少，只能投资他国资产以获取较好的回报。

一些国家为了提高私人养老金的业绩，间接或者直接取消了对权益类资产的投资限制。如2019年爱沙尼亚将私人养老金权益类资产的投资上限从

75%提高到100%，这相当于取消了投资上限；而私人养老金的权益类资产占比也从2018年的34.2%增长到2019年的40%。2013年波兰取消了对权益类资产的投资上限，且设置了投资下限；权益类资产占比从2011年的30.7%上升到2015年的82.3%。

（2）投资监管模式：由限量监管转为审慎监管

在投资监管模式上，不少国家从以往的限量监管逐步转为审慎监管，即不明确规定投资范围和比例，仅规定投资管理的目标和原则，养老金管理人可以基于审慎的原则自主选择投资范围、工具、比例。如2016年比利时取消了对各类资产的投资限制，转为审慎监管的模式。虽然取消了数量方面的限制，但2016年之后比利时权益类资产占比没有明显的变化。

（二）海外私人养老金的投资收益

1. 投资收益率的情况

2019年，OECD国家私人养老金的实际收益率平均为8.0%，而非OECD国家（地区）则为4.4%；以2019年末资产规模加权收益率则更高，OECD国家为9.7%，而非OECD国家（地区）为6.0%。2019年，几乎所有国家的私人养老金都取得了正的收益。实际收益率最高的是爱尔兰和荷兰，分别为18.5%和13.7%。另有13个国家取得了两位数的实际收益率，如比利时、瑞士和美国。

仅有5个国家（捷克、波兰、安哥拉、尼日利亚和赞比亚）没有实现正的实际收益，原因也不尽相同。实际收益率是名义收益率和通货膨胀率之差，实际收益率较低的原因通常是名义收益率较低或通货膨胀率较高。对捷克来说，极度保守的投资策略（权益类资产占比仅为1%）导致其名义收益率只有1.7%，低于通货膨胀率3.2%；不同于捷克，波兰私人养老金对国内权益类资产的投资比例很高，但华沙证券交易所覆盖的所有上市公司的WIG指数2019年只上涨了0.25%。而对安哥拉、尼日利亚和赞比亚来说，超过10%的通货膨胀率是实际收益率为负的主要原因（见图4）。

2. 2009～2019年投资收益变化

比较2009～2019年的名义投资收益，主要OECD国家均取得了正的

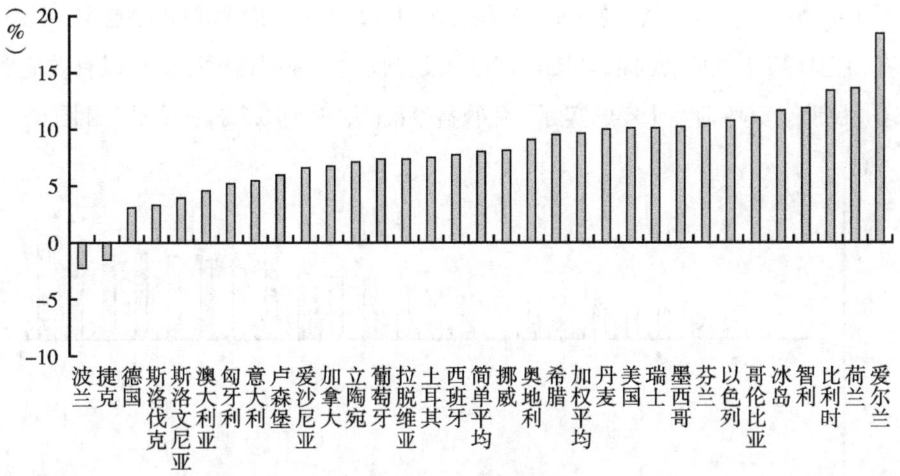

（a）OECD国家

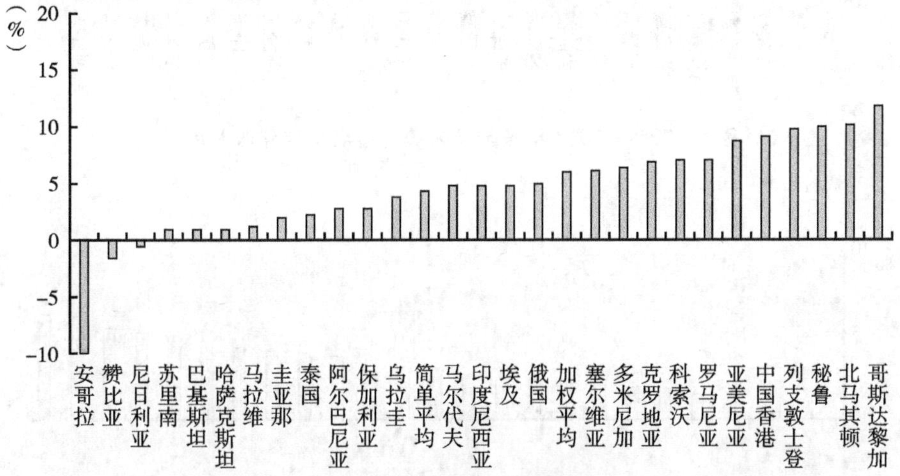

（b）非OECD国家（地区）

图4　2019年各国私人养老金实际收益率

资料来源：OECD。

投资收益，平均年化名义收益率为5.2%，其中土耳其十年的名义年化收益率最高，达到9.0%，私人养老金收益率的变化主要来源于权益市场的变化，主要市场的指数在2009～2019年有较大涨幅，如MSCI全球指数近十年上涨了148.26%、MSCI发达市场上涨了48.44%、美国标普500指数上涨了236.84%、德国DAX指数上涨了130.28%、英国富时100指数上涨了19.35%[①]。而比较主要OECD国家2009~2019年的实际投资收益率，除了捷克和土耳其外，其余国家均取得了正的投资收益，证明通过投资可以有效地抵御通货膨胀。其中荷兰十年的实际年化收益率最高，达到6.2%（见图5和图6）。

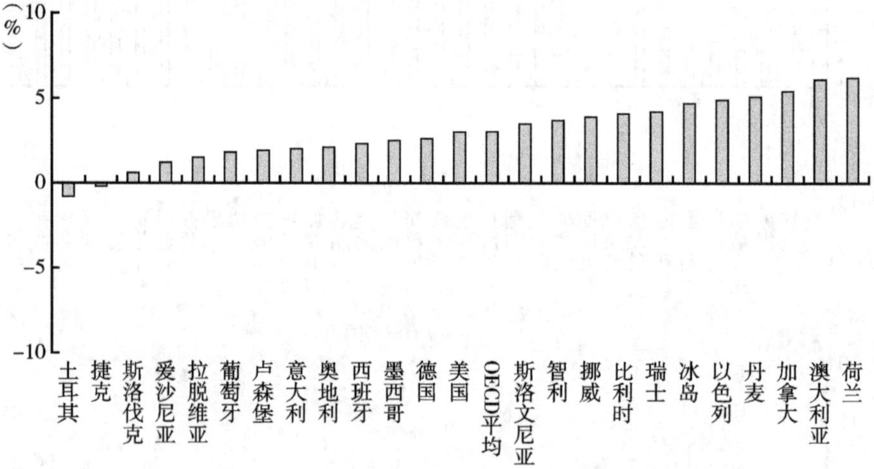

图5　2009~2019年各国私人养老金名义年化收益率

资料来源：OECD。

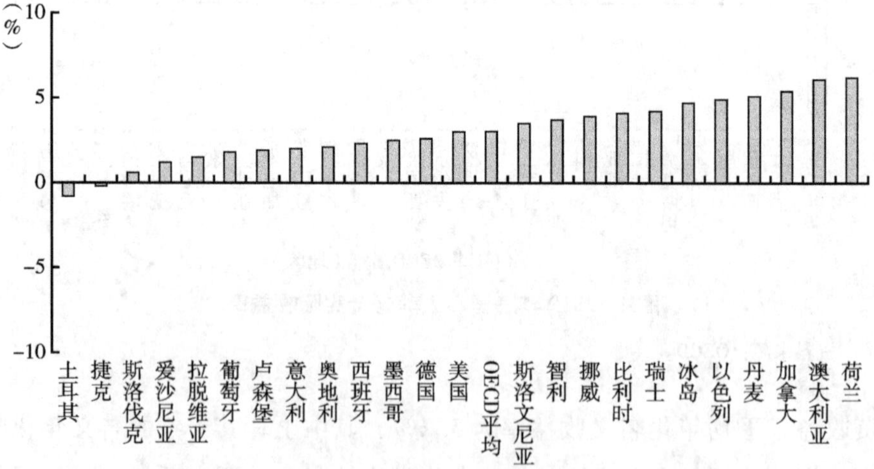

图6　2009~2019年各国私人养老金实际年化收益率

资料来源：OECD。

① 资料来源：Wind。

（三）海外私人养老金的资产配置

1. 资产配置概况

（1）资产配置：整体偏向债券和股票等资产

从2019年主要OECD国家的私人养老金配置来看，债券和股票的比例比较大，主要国家的债券和股票资产配置总和的平均比例为54%，接近70%的国家股票和债券配置比例的总和超过50%，对于现金和存款配置，大部分国家的配置比例在10%以下。其他投资包括贷款、土地及建筑、共同基金、非分配性的保险合约（Unallocated Insurance Contract）、对冲基金、私募股权投资和结构化产品等（见图7）。

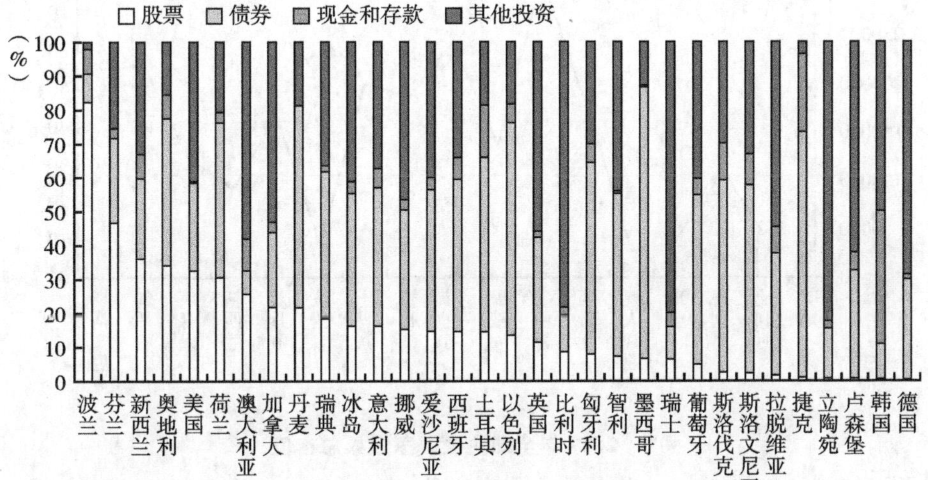

图7　2019年私人养老金资产配置情况

资料来源：OECD Statistics，汇添富基金。

（2）股票投资

在股票投资方面，波兰股票配置比例最大，达到了82.4%，奥地利、芬兰、荷兰、新西兰和美国的股票配置比例均为30%以上，但德国、韩国等股票配置比例还不到1%。

（3）债券投资

国内股票市场规模较小的国家一般更倾向于债券类的投资。墨西哥的债券配置比例最大，达到了80%，其股票市场总市值仅有4136亿美元，占全球股票市场总市值的比例还不到1%，匈牙利、以色列、斯洛伐克、斯洛文尼亚的债券配置比例也超过了50%，这些国家的股票市场总市值总和都不到5000亿美元，其中斯洛文尼亚的股票市场总市值还不到100亿美元。澳大利亚和瑞士的债券配置比例不超过10%，但股票市场总市值分别达到1.49万亿美元和1.83万亿美元，均位居全球前十（见图8）。

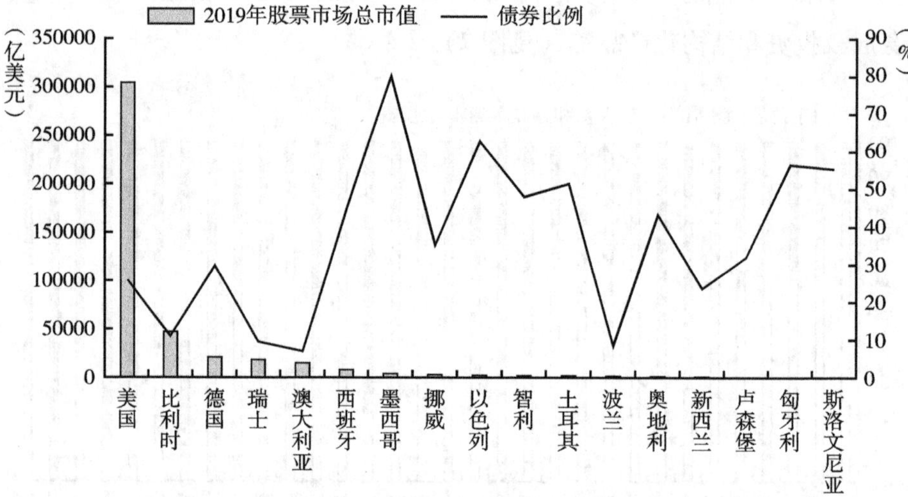

图8　2019年全球主要国家股票总市值

注：数据截至2019年12月31日。

资料来源：Wind，汇添富基金。

（4）共同基金投资

在其他类投资中，一些国家的共同基金投资占到了较大的比例。例如比利时在2019年将养老金资产中的74.9%投资于共同基金，立陶宛将养老金资产中的82.4%投资于共同基金，而共同基金又可以进一步划分为权益类、债券类和现金与存款类，为了更好地确定每一个国家所属的投资类型，我们将共同基金的资产与非共同基金的资产进行同类合并，得到了不同国家分别在权益类资产、债券类资产、现金和存款类资产以及其他投资的对应比例，结果如图 9 所示。

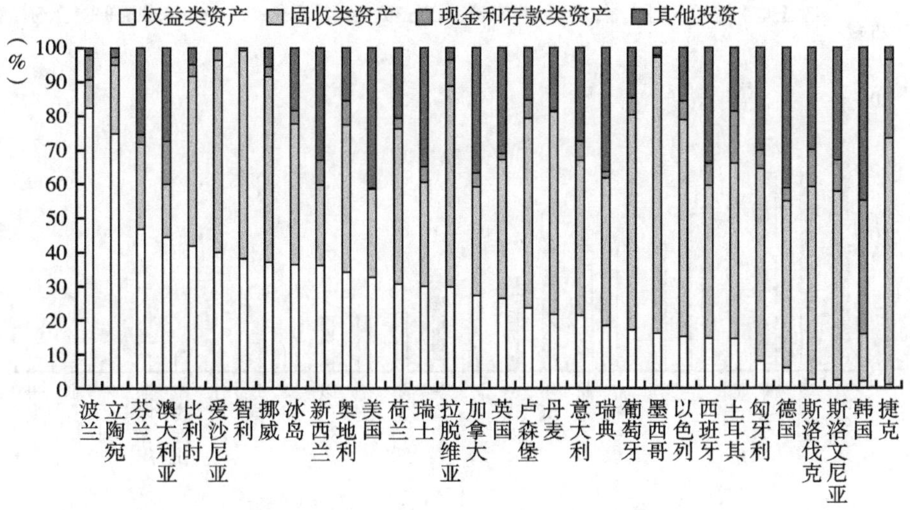

图 9　2019 年私人养老金的资产配置情况

资料来源：OECD Statistics，汇添富基金。

根据汇总数据，2019 年主要 OECD 国家权益类资产和固收类资产的平均配置比例和为 72.45%，相比于股票和债券总和的平均配置比例的 54% 上升了约 18 个百分点。在权益类资产配置中，排名第一的是波兰，配置比例达到了 82.38%，在固收类资产配置中，排名第一的是墨西哥，配置比例达到了 81.06%，在现金和存款配置方面，排名第一的是韩国，配置比例达到了 39.19%。

（5）另类投资

在其他类投资中，私人养老金也会选择投资土地和建筑、对冲基金、私募股权、未分配保险合约（Unallocated Insurance Contract）或结构化产品等另类投资，其中土地和建筑是主要投资标的，有 21 个国家投资土地和建筑，平均投资比例达到 3.1%。以荷兰 APG 为例，APG 看好澳大利亚和亚洲的房地产市场，于 1998 年开始投资澳大利亚房地产市场，并于 2003 年开始投资亚洲其他国家的上市房地产公司的股票以及房地产信托，2019年荷兰的土地和建筑的投资比例达到9.1%，位居主要OECD国家前三（见图10）。

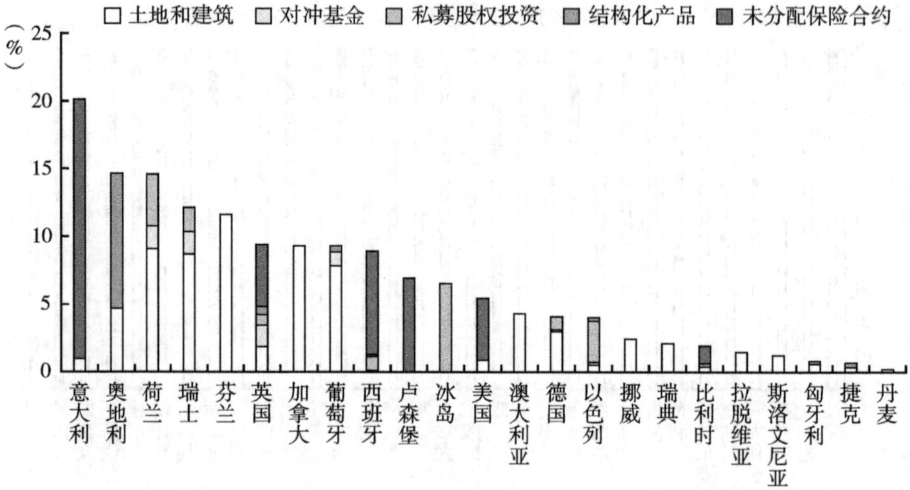

图10　2019年私人养老金的另类资产配置情况

资料来源：OECD Statistics，汇添富基金。

2. 资产配置的变化

（1）增加权益类配比，减少债券类配比

2009～2019年全球主要OECD国家的私人养老金配置中，股票配置比例有所上升，债券以及现金和存款的配置比例均有下降。股票平均配置比例为16.2%，提升3.9个百分点；债券平均配置比例为37.9%，降低5.5个百分点；现金和存款的平均配置比例为6.4%，降低4.6个百分点。大部分国家在这十年的私人养老金配置中，股票配置比例有所提高，减少了债券和现金存款的配置比例，说明这十年的私人养老金配置的风险偏好有所增加，而高风险资产如股票在投资组合中的比例越高，潜在回报就越高，但是回报的波动性就越大（见图11）。

进一步考虑权益类和债券类共同基金，32个OECD国家的权益类资产平均增长8.23个百分点，固收类资产平均降低4.80个百分点，现金和存款类平均降低4.73个百分点。主要原因有两点。首先，监管规定提升了权益

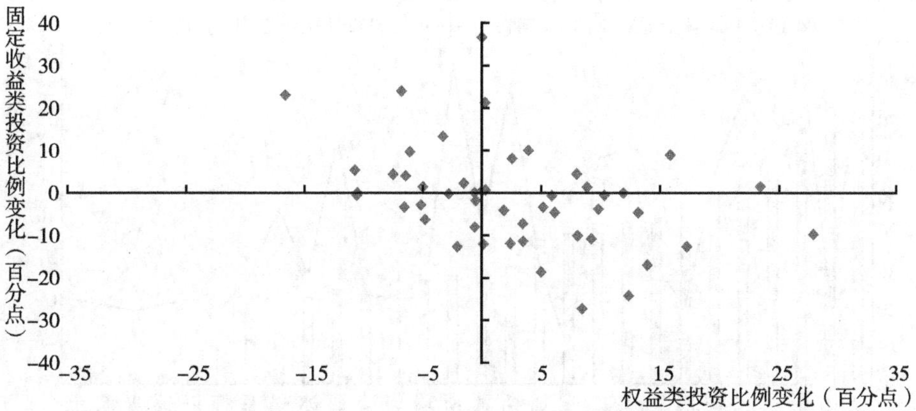

图 11　2009～2019 年海外私人养老金权益类和固定收益类资产投资比例的变化

资料来源："Pension Markets in Focus 2020", Organization for Economic Co－operation and Development, http：//www. oecd. org/。

类比例。爱沙尼亚权益类资产占比上升了 8.0 个百分点，主要是因为爱沙尼亚将权益类资产的投资上限从 75% 上调至 100%。其次，低利率环境也是权益类配比增加的原因之一。在全球低利率环境下，固定收益工具的收益率持续低迷且不断下降，养老金投资的风险提升，增加权益类配置比例。

（2）增加共同基金在养老金资产中的配比

2009～2019 年私人养老金投资中共同基金的资产规模占比增加较为明显，在投资共同基金的 28 个国家中，有 20 个国家共同基金资产规模占比实现了正增长。其中立陶宛共同基金的占比在 2019 年最大，达到了 82.36%。从共同基金占养老金的配置比例来看，大多国家在这十年的共同基金配置比例也有了较为明显的增加，斯洛伐克、瑞士和立陶宛增加较为明显，分别增加了 27.99 个、27.77 个和 25.96 个百分点（见图 12）。

共同基金和养老资金相互促进，共同基金成为养老金的主要投资工具之一。例如 2019 年美国的共同基金投资分别占据了 58% 的 DC 计划和 43% 的 IRA 资产，两大计划投资于共同基金的资产达到 9.9 万亿美元，同时，2019 年有 65% 的共同基金投资者持有 IRA，有 84% 的共同基金投资者持有 DC 计划。

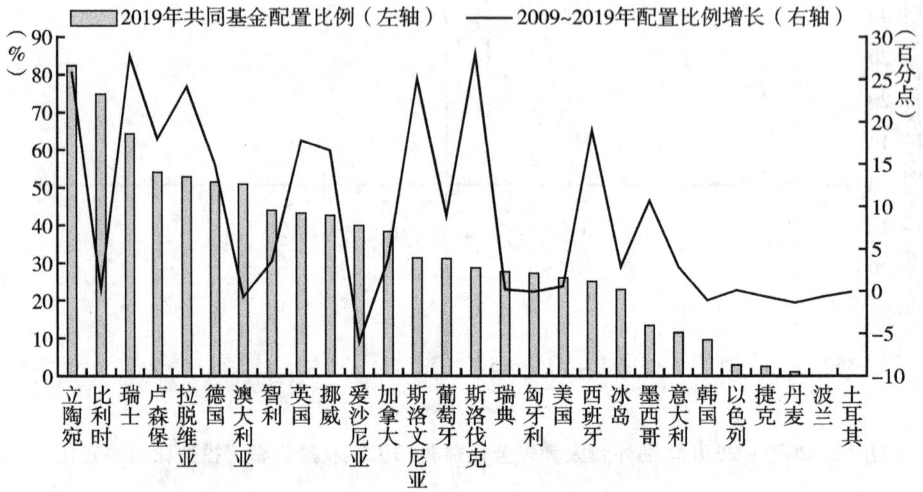

图 12　2009～2019 年的共同基金配置比例对比

资料来源：OECD Statistics，汇添富基金。

（3）增加私募股权投资配比，减少对冲基金配比

另类资产中私募股权投资的比例有所上升。2019 年另类资产的配比无明显变化，其中土地和建筑的配置比例降低 0.2 个百分点，对冲基金的平均配置比例从 0.5% 降低到 0.2%，私募股权投资的平均配置比例从 0.9% 上升到 2.3%。

私募股权投资的高投资收益可能是近年来增加私募股权投资的原因之一。整体来看，私募股权投资的年化回报率高于股票市场平均收益率。根据美国公开市场数据，多数私募股权基金的年化回报在 15% 左右，高于股票市场的平均收益率。同时，私募股权投资基金的波动性低于以标普 500 指数为代表的公开市场股票，由于其突出的收益表现，该类投资日渐受到管理人青睐。相比而言，在全球经济持续向好的背景下，对冲基金追求绝对收益，但收益低于股票和私募股权投资基金，因此部分机构选择退出对冲基金，例如美国的加利福尼亚公共雇员养老金（CalPERS）在 2014 年选择退出全部 40 亿美元对冲基金投资。

（4）资产配置中投资于海外的比例有所提升

源自一些国家开始取消资本管制和相对宽松的外资投资环境，海外投资

的比例增加。对比2009年和2019年的海外投资比例，拉脱维亚、斯洛文尼亚、葡萄牙、立陶宛等国家这十年明显提高了海外投资的比例。提高海外投资的比例，有一个可能的原因是部分国家逐步取消资本管制，放宽对海外投资的限制，消除阻碍多元化资产配置的外国投资壁垒。例如冰岛2016年取消资本管制，2017年全部取消资本管制，冰岛的海外投资金额从2017年的305.24亿美元上升到379.62亿美元，增长率为24.37%。此外，较多国家逐渐放开海外投资比例的最高限额，增加海外投资比例。例如，比利时在2018年的私人养老金海外投资比例同比增加24.86个百分点（见图13）。

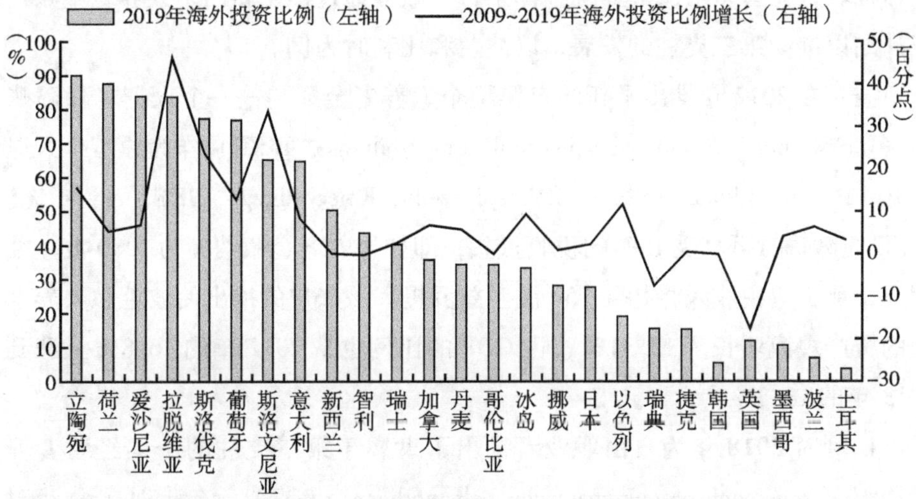

图13　2009～2019年主要国家的海外投资比例的对比

资料来源：OECD Statistics，汇添富基金。

三　海外私人养老金的演变

（一）制度方面

在全球人口老龄化日益严重的大背景下，除了可持续性受到挑战外，各国养老金体系还存在覆盖面不足、居民参与意愿不高等问题。近年来海外不同国家为解决这些问题，开始积极推进养老金制度的改革，如推出新的个人养老金账户或计划，完善养老金体系；实施自动加入机制，扩大第二支柱覆盖人群；根据国情调整私人养老金的缴费率；降低养老金运行成本，提高投资收益率，提升居民投资私人养老金的意愿；推进职业养老金的 DB 计划逐渐向 DC 计划转变。

1. 推动第三支柱发展，完善养老金体系

自世界银行提出“三支柱养老保障体系”以来，第三支柱的发展程度便成为衡量一国养老金体系的重要参考因素之一。各国为了提高所有居民的退休福利，完善多层次的养老金体系，一般会通过推出新的个人养老金账户或计划以推动第三支柱的发展，以波兰和比利时为例。

波兰在 2012 年推出了新的自愿型个人养老金账户——个人养老保障账户（Indywidualne Konto Zabezpieczenia Emerytalnego，IKZE）作为原有个人退休账户（Indywidualne Konto Zabezpieczenia Emerytalnego，IKE）的补充。IKZE 在缴费时可享受 15% 的税收抵扣，即如果养老金缴纳额为 1000 波兰兹罗提，那么应税收入将扣除 150 波兰兹罗提。该账户的推出使波兰私人养老金的资产规模增长了 15.31%，占 GDP 的比例也从 2012 年的 16.8% 上涨到 2013 年的 18.3%。

比利时 2018 年为自由职业者推出了隶属于第三支柱的个体经营者养老协议（Pensioenovereenkomst voor Zelfstandigen，POZ）。该计划在缴费时可以享受 30% 的个税抵扣优惠，即如果养老金缴纳额为 1000 欧元，那么应税收入将扣除 300 欧元。这个计划的推出使比利时私人养老金的资产规模增长了 3.74%，占 GDP 的比例也从 2018 年的 6.7% 上涨到 2019 年的 8.5%。除此以外，比利时还打算在未来加入泛欧个人养老金产品（Pan-European Personal Pension Product，PEPP）体系，丰富私人养老金的产品选择。作为自愿型个人养老金账户，所有欧盟国家的居民都可以通过 PEPP 来购买欧盟境内养老金管理机构的产品。由于欧盟各成员国税制不同，所以参与者在每个国家都有一个子账户，账户享受的税收优惠依国家而定。

2. 实行自动加入机制，扩大第二支柱覆盖面

为了扩大第二支柱的覆盖面，一些国家对职业养老金计划实施自动加入机制。这种设计符合“助推”的原理，通过改变一些小的因素，使人们能够更方便地做出有利于自己的决策。

自2012年起，英国要求雇主把满足一定条件①的雇员自动加入第二支柱养老金计划中，并给予雇员退出的权利。截至2020年2月，已有1020万雇员和160万雇主自动加入职业养老金计划中②，其中仅有约10%的人选择退出了计划。

针对职业养老金，2017年土耳其推出了自动加入机制，从雇员超过1000人的公司开始实行，逐步推广到所有企业。雇主会把年龄在45岁以下的雇员自动加入第二支柱养老金计划，雇员在加入后有权退出。截至2018年末，已有近500万雇员（占土耳其劳动人口的10%）自动加入了该计划。2018年，立陶宛把年龄在40岁以下的雇员都自动加入第二支柱养老金计划中，并给予他们退出的权利。

2019年，波兰的第二支柱新增了一种DC型职业养老金——员工资本计划（Pracownicze Plany Kapitałowe，PPK）。该计划作为员工养老金计划（Pracownicze Programy Emerytalne，PPE）的补充，旨在完善波兰的养老金储蓄体系。年龄在19~55岁的所有雇员都会自动加入PPK，而55岁以上的雇员则可自愿参加。该计划的推出预计将覆盖1150万工作者。该计划参与者无须缴纳投资收益的资本利得税，但没有个人所得税的抵扣优惠。

截至2019年底，共有6个国家对职业养老金计划采取自动加入机制，并提供退出选择。新西兰在其养老金计划KiwiSaver中实现了近80%的覆盖率。立陶宛自动加入机制的覆盖率也很高，达到了74.2%。而英国的自动加入计划则覆盖了48%的劳动人口。土耳其的覆盖率相对较低，主要因为其处

① 此处的条件指：年龄在22岁和国家养老金领取年龄之间；年收入高于10000英镑；未参与过任何养老金计划。

② DWP，“Automatic Enrolment Evaluation report 2019”，UK Department for Work and Pensions，https：//www.gov.uk/government/publications/automatic-enrolment-evaluation-report-2019.

于自动加入的早期阶段。与土耳其不同，意大利在实行自动加入机制十年后，覆盖率仍不足20%。这是因为意大利将私营部门雇员的遣散费（Trattamento di Fine Rapporto，TFR）自动支付到职业养老金计划时，给予雇员退出的权利；而与DC型职业养老金计划相比，TFR体系的给付较为确定而且在一定条件下可提前全部领取，这使大多数工人都留在TFR体系中（见表3）。

表3　实行自动加入机制国家的情况

国家	自动加入机制实行时间	自动加入机制覆盖率(数据截止时间)
意大利	2007	19.6%(2017)
新西兰	2007	79.3%(2019)
英　国	2012	48.0%(2019)
土耳其	2017	11.1%(2019)
立陶宛	2018	74.2%(2019)
波　兰	2019	—

资料来源：OECD。

3. DB计划向DC的转变

DC已经逐渐取代DB的主导地位，成为大多数国家职业养老金的发展方向。从1999年到2019年，全球DC计划占比从31%上升到50%，提升了近20个百分点。

DB计划向DC计划转变，主要在于职业养老金为雇员和雇主带来的双重收益。从雇员的角度来看，首先，公司的人员流动性在不断增强，DC计划具有更好的可携带性。其次，DC计划的投资范围更广泛，相比主要投资固定收益的DB计划，往往能够获得更好的收益率。从雇主的角度来看，首先，DC计划的操作更加简便，雇主承担的风险更小。其次，很多DB计划由于公司破产或资金问题而资不抵债。因此越来越多的企业在新设立的养老计划中只采用DC计划，DB计划逐渐让位于DC计划。

4. 适应国情，调整缴费率

一些国家为了吸引更多人加入养老金计划或减轻雇主的缴费负担，降低了私人养老金的缴费率。如2019年，法国出台了PACTE法案对私人养老金进行改革。该改革把第二支柱中原有的 DC 计划替换为退休储蓄计划（Plan d'Épargne Retraite，PER）。PER 把雇主缴费率从原计划的 20% 下调为 16%，以此鼓励更多雇主加入新计划。法国下调缴费率的主要原因是与其他 OECD 国家相比，其缴费率过高（见图 14）。

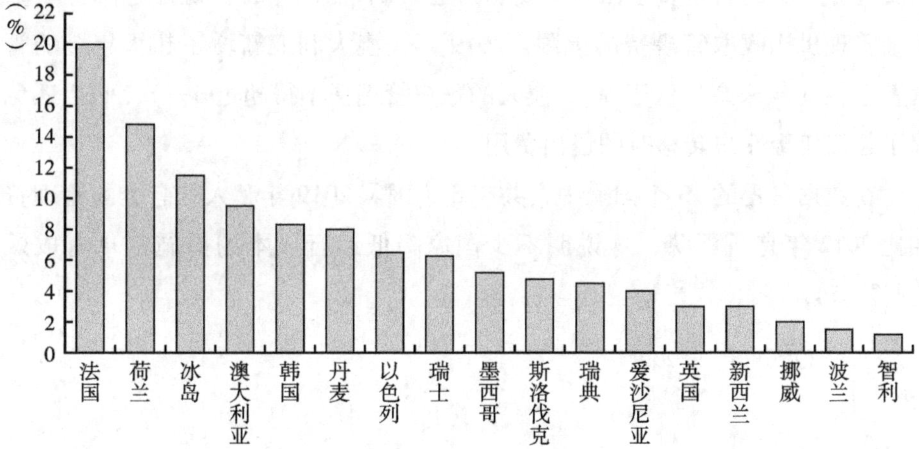

图 14　2018 年海外各国私人养老金的雇主缴费率

资料来源：OECD。

另一些国家则提高了私人养老金的缴费率。如 2018 年冰岛将私有部门雇主对属于第二支柱的强制职业年金缴费率从 8% 上调至 11.5%，主要因为冰岛 2016 年 65 岁及以上人口超过了 14%，步入了中度老龄化社会，养老金支付压力越来越大。某些国家虽然没有调整法定缴费率，但出台了一些举措来鼓励居民多缴费，以新西兰和挪威为例。2019 年，新西兰对新西兰养老储蓄计划（Kiwi Saver）的缴费率进行调整，在 3%、4% 和 8% 之外新增了 6% 与 10% 的选项。由于该计划不采取税收递延的机制，此举是为了鼓励个人增加缴费额，从而提高政府当前的税收收入，缓解财政压力。无独有偶，挪威在 2017 年把隶属于第三支柱的个人养老金储蓄计划（Individual Pension Savings Program）每年缴费额上限从 15000 挪威克朗提高到 40000 挪威克朗，这意味着最多可以减免 9200 挪威克朗的个人所得税。此举旨在用税收优惠鼓励个人增加缴费额。

5. 降低运行成本，提高收益率

管理费是投资养老金的主要成本之一，降低管理费可以提高养老金收益率，提升居民投资私人养老金的意愿。如智利在 2014 年把私人养老金的管理费下限从参与者月收入的 0.77% 下调到 0.47%。2018 年，爱沙尼亚将第二支柱养老金的管理费上限从 2% 下调至 1.2%。同年，西班牙也降低了养老金管理机构收取管理费的上限。2019 年，澳大利亚新增了超级年金的管理费上限（年末余额低于 6000 澳元的账户管理费不得超过 3%），而且还免除了超级年金账户转移时的退出费用。

在数据可得的 13 个国家中，共有 8 个国家 2019 年私人养老金的管理费相比 2012 年有所下降，这说明不少国家降低运行成本的措施都卓有成效（见图 15）。

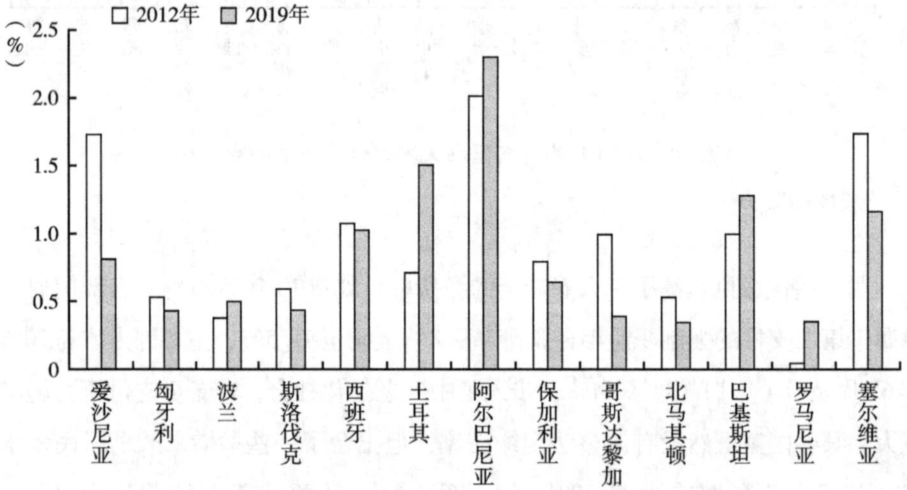

图 15　海外各国 2012 年、2019 年私人养老金管理费变化

资料来源：OECD。

（二）投资运营方面

除了养老金制度方面，海外各国还对私人养老金的投资运营进行了一些改革，如为了提升投资收益，降低监管成本，各国逐渐从限量监管转向审慎监管的模式；把 ESG 相关内容纳入私人养老金信息披露的范围内；逐渐将生命周期投资策略引入默认选择权；在低利率和高不确定性环境下，私募股权投资逐渐成为养老金中的重要配置部分；而随着资本市场开放、资本管制的取消，使海外私人养老金向海外市场的投资比例逐渐加大。

1. 投资监管：限量监管逐渐变为审慎监管

对于私人养老金的投资监管模式，海外各国的长期变化趋势是逐渐从限量监管转为审慎监管。审慎监管基于审慎人规则（Prudent Person Rules，PPR），采用该模式主要为海洋法系的国家，如英国、美国和澳大利亚；而限量监管则基于严格数量限制规则（Quantitative Asset Restrictions，QAR），采用该模式主要为大陆法系的国家，如德国、瑞典和挪威。

不少国家从限量监管逐渐转向审慎监管的模式主要有以下两个原因。

首先，审慎监管的效率要高于限量监管。比较 7 个 OECD 发达国家中，分别采用审慎监管的 4 个国家和采用限量监管的 3 个国家的监管成本，在人均监管参与者和人均监管资产规模上，审慎监管国家大约是限量监管国家的 4 倍左右。这说明实施审慎监管的国家，其平均监管成本要低于实施限量监管的国家。原因在于限量监管在资产类别、投资比例方面有明确的数量限制，需要更多的监管人员以及更多的现场监督，而审慎监管则以非现场监督为主（见表4）。

表4　采用不同投资监管模式的 OECD 发达国家监管成本比较

监管模式	国家	监管人员数(人)	私人养老金参与者(万人)	私人养老金资产规模(亿欧元)	人均监管参与者(万人)	人均监管资产规模(亿欧元)
审慎监管	澳大利亚	127.0	2480.0	2815.0	19.5	22.2
	新西兰	3.0	70.1	51.0	23.4	17.0
	日本	30.0	1411.6	6926.0	47.1	230.9
	英国	260.0	4000.0	10500.0	15.4	40.4
	平均	105.0	1990.4	5073.0	19.0	48.3

续表

监管模式	国家	监管人员数(人)	私人养老金参与者(万人)	私人养老金资产规模(亿欧元)	人均监管参与者(万人)	人均监管资产规模(亿欧元)
限量监管	丹麦	15.0	72.0	322.0	4.8	21.5
	德国	29.0	341.6	687.0	11.8	23.7
	意大利	60.0	190.7	277.0	3.2	4.6
	平均	34.7	201.4	428.7	5.8	12.4

资料来源：OECD，"Supervisory Structures for Private Pension Funds：Survey Analysis"，Organization for Economic Co-operation and Development，http：//www. oecd. org/。

其次，在投资业绩方面，审慎监管在一定程度上优于限量监管。大部分采用审慎监管模式的国家，其私人养老金的投资收益相对较高。本文选取了7个OECD发达国家进行实际收益率比较，其中4个国家实施审慎监管模式，而其余3个国家采用限量监管。以这7个发达国家作为代表，原因在于它们都有较长的养老金发展历史和较为成熟的养老金市场，可以在一定程度上增加可比性。数据表明，实施审慎监管的国家在5年、10年、15年的平均实际收益率上都要高于实施限量监管的国家（见表5）。

表5　采用不同投资监管模式的OECD发达国家业绩比较

单位：%

监管模式	国家	实际收益率		
		5年平均（2014～2019年）	10年平均（2009～2019年）	15年平均（2014～2019年）
审慎监管	澳大利亚	6.0	6.1	4.5
	加拿大	4.6	5.4	5.0
	荷兰	4.7	6.2	4.8
	美国	2.2	3.0	1.0
	平均	4.36	5.18	3.80
限量监管	丹麦	4.0	5.1	4.2
	德国	2.2	2.6	2.5
	瑞士	3.7	4.2	3.4
	平均	3.32	3.97	3.39

资料来源：Pension Markets in Focus 2020。

2. ESG 纳入信息披露范围

除了投资方面，信息披露的监管也是养老金监管的重要部分。近年来，随着 ESG 投资理念的日益成熟，不少国家把 ESG 相关内容纳入私人养老金信息披露的范围内。

2016 年欧盟出台了《职业退休服务机构指令 II》，规定职业退休金计划应参考责任投资原则进行 ESG 和气候相关的信息披露，并要求欧盟各成员国最晚于 2019 年将该法律纳入国内法律中。2019 年英国为回应欧盟的要求，增加了养老金管理人在 ESG 方面的信息披露要求。

2016 年，美国要求加州公务员退休基金在开展委托投资时，要保证受托的管理人已进行或承诺进行包含相关长期可持续投资或 ESG 因素评估的投资过程；管理人还需就纳入相关的 ESG 因素和 ESG 投资活动进行报告。

2020 年，加拿大安大略省市政雇员退休系统（Ontario Municipal Employees Retirement System，OMERS）颁布了《OMERS 责任投资政策》和《OMERS 首要计划投资政策和程序声明》，要求 OMERS 在投资决策中考量 ESG 因素的政策与程序，并定期完成相关信息的披露。

3. 共同基金在养老金中的配置地位逐渐提高

从长期来看，共同基金在私人养老金中的配置地位逐渐提升。美国的共同基金投资比例从 1999 年到 2019 年，占据 DC 计划的比例上升了 16 个百分点，IRA 中共同基金的整体配比相比于 1975 年的 1% 提升了 42 个百分点；加拿大第三支柱中的注册退休储蓄计划（RRSP）中共同基金占比超过 50%，且呈现逐年提升的趋势，免税储蓄账户（TFSA）也以共同基金占比为主，且共同基金占比逐年提高。

共同基金的投资比例增加与目标日期基金的推出密切相关。目标日期基金通常通过基金组合的方式进行投资，这意味着它们主要持有并投资于股票和债券共同基金。例如 1996 年，富达公司发行退休储蓄者的账户管理非常烦琐，绝大多数退休储蓄者在买入产品后不对投资组合进行调整，因此推出第一只目标日期基金，随后大批基金公司纷纷推进，先后推出目标日期基金，目标日期基金资产规模逐年上升。ICI 数据显示，从 2009 年到 2019 年，美国的目标日期基金净流入 5460 亿美元。

此外，共同基金的比例增加也与养老投资的默认选择相关。自美国 2006 年推出《养老金法案》后，目标日期基金占 401（k）计划的资产份额 10 年间增加接近 20%，401（k）中提供目标日期基金的计划从 57% 上升到 68%。2010 年英国设立 NEST 计划，默认基金为目标日期基金，几乎全部投资者将资金投入目标日期基金，而智利、墨西哥等国家也较早就将目标日期基金作为养老金的主要默认基金选项。

4. 私募股权投资逐渐成为养老金中的重要配置部分

在低利率和高不确定性环境下，另类投资可以提供投资多样性、非流动性溢价和通胀对冲，从而提高收益、降低组合波动，其对于长期投资者的重要性更加凸显，尤其是私募股权投资。例如美国劳工部于 2020 年宣布，私募股权投资可被纳入包括 401（k）在内的 DC 计划。劳工部在声明中指出，只要公司认真考虑了费用和风险等问题，就可以通过目标日期基金等产品，向 DC 计划参与人提供私募股权投资机会。澳大利亚于 2006 年设立未来基金，可投资资产范围为上市公司股权、私募股权等，其中股权投资比例超过 50%。

5. 海外投资占比逐渐提升

近年来，较多国家逐步实行资本市场开放，取消资本管制，对于海外投资的限制逐渐放松。海外投资使投资组合更加多样化，在提高潜在回报的同时，也降低了投资风险。主要 OECD 国家的海外投资比例 10 年间呈现稳步上升的趋势，平均投资比例从 2009 年的 33.1% 上升到 2019 年的 43.4%。尤其是对于国内资本市场规模较小、利率较低的国家，如立陶宛、荷兰、爱沙尼亚、拉脱维亚、斯洛伐克，通过投资海外市场，有利于捕捉全球化的投资机会，提升养老金的投资收益（见图 16）。

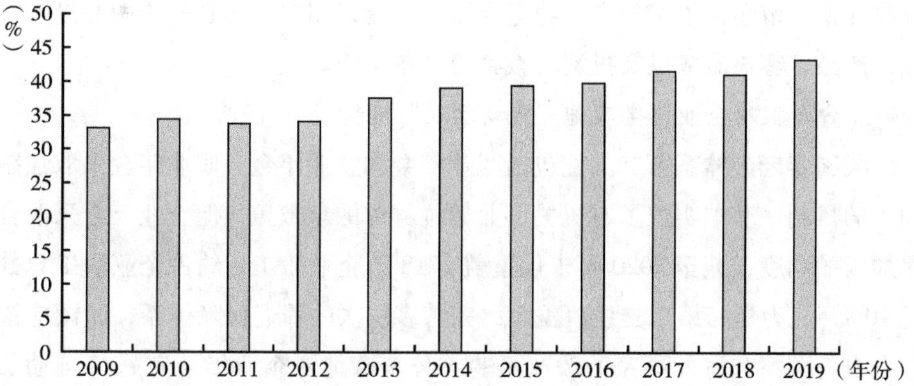

图 16　全球海外投资占比情况

资料来源：OECD，汇添富基金。

四　对我国的借鉴与建议

（一）制度方面的建议

1. 加快第三支柱的试点转常规

目前，我国养老金体系的主要问题是“一柱独大”，即第一支柱占比过高，第二支柱发展不充分，第三支柱仍处于试点阶段。与海外发达国家相比，我国私人养老金占比较低。截止到 2019 年，美国第二、三支柱总资产规模为 32.3 万亿美元，占所有养老金的 92%。反观我国，各类养老金（含全国社保基金）总计 11.6 万亿元，而第二、三支柱仅占 22%。为解决多支柱发展不平衡、不充分的问题，我国应该结合自身国情和海外国家的成熟经验，加快第三支柱的试点转常规。

养老金第三支柱自 2018 年试点以来，虽然遇到了一些困难，但我们也欣喜地看到，政府相关部门和全社会对养老金第三支柱的建设有越来越多共识，养老金第三支柱正渐行渐近，尤其在 2021 年政府工作报告中特别谈到了要规范发展养老金第三支柱，人社部的新闻发布会也提出要建立账户制、税收支持、市场化投资的个人养老金制度。建议相关参与者同步做好投资管理、产品、客户服务以及投资者教育等准备工作。

2. 分步骤对企业年金实施“自动加入”机制

我国养老金体系第二支柱包括职业年金和企业年金。职业年金采取强制加入的机制，基本实现了对机关事业单位群体的全覆盖。但企业年金采取自愿加入的制度，截至2020年末仅覆盖2718万企业职工，约占企业职工总数的10%①。为提高第二支柱覆盖面，完善多层次的养老保障体系，我国应该结合自身国情和海外国家的改革经验，分步骤地对企业年金实施“自动加入”机制。

具体来说，较为可行的做法是先从整体实力较强的大企业开始推行，然后逐步地拓展到中小企业，最终实现所有企业职工的全面覆盖。在设定整体实力的标准时，可以参考企业的经营规模、资金实力、发展程度等因素。除此以外，由于自动加入不是强制加入，应当给予个人选择退出的权利。

3. 将养老目标日期基金纳入企业年金的养老金产品，并逐步设为默认投资选项

目前，我国人社部依照法律法规和审慎监管原则，对养老金产品实施监督管理。现行的养老金产品类型包括股票型、混合型、固定收益型、货币型、商业银行理财产品型、信托产品型和基础设施债权投资计划型养老金产品，尚未把养老目标日期基金纳入企业年金的养老金产品范畴。相比于传统的养老金产品，养老目标日期基金具有如下优势：第一，在长期的投资过程中，养老目标日期基金的资产配置随着日期临近而自动调整，比较契合养老投资者的风险变化特征，提供了养老金投资的一站式方案，减少了计划参与者的额外选择负担；第二，企业年金的投资运作通常并不公开，养老目标日期的投资运作公开透明，通过公开定期报告等信息披露措施，帮助投资者实现深入了解产品特性；第三，私人养老金具有投资期限长、对流动性要求不高、风险承受能力较高的特征，而目标日期基金长期性配置于更多的权益类

① 资料来源：人力资源和社会保障部《2020年度全国企业年金基金业务数据摘要》。

资产而力争获取更高的长期收益，同时在资产配置的过程中综合考虑资产本身的风险收益特征、资产之间的相关性以及社会环境、人口结构和投资者偏好等多方面因素，并反映到下滑曲线的设计中。

从海外的养老金实践来看，美国、英国、智利、墨西哥等养老制度较为健全的国家较早就将目标日期基金作为养老金的默认投资选项。对于我国而言，我国养老目标日期基金刚刚起步，截至2020年末，仅有25家基金公司发行51只养老目标日期基金，我国可以考虑先将养老目标日期基金纳入企业年金的养老金产品之中，待我国养老目标日期基金发展稳定和成熟，再逐步将其纳入默认投资选项，一方面提高养老金的运作效率，另一方面也将推动养老目标日期基金的快速发展。

4. 第三支柱产品多样化，充分满足不同投资者的投资偏好

我国正在探索第三支柱个人养老金制度建设，目前纳入第三支柱试点的产品为税延养老保险产品，根据积累期养老资金的收益类型，分为收益确定型、收益保底型、收益浮动型三类，分别对应A、B、C三类产品。根据实际推出的产品来看，产品风险等级比较低。截至2020年底，在64款税延养老产品中，只有三个产品股票仓位能够超过60%，无法满足不同投资者的投资偏好。

从境外成熟市场的发展历程来看，第三支柱监管多遵循“审慎性原则”，同时在进行投资时赋予个人丰富的选择权，允许其为最大化个人投资利益选择种类丰富的投资工具。以美国为例，美国是采取“负面清单”的制度，根据美国国税局（IRS）官网，除人寿保险、收藏品外，存款、股票、债券、共同基金、ETF等均是个人养老金的可投资标的，且不设具体的总量限制。其中，收藏品指艺术品、工艺地毯、古董、金属（某些种类的黄金除外）、宝石、邮票、硬币（特定品种例外）、酒精饮料等。

在资管新规的背景下，理财客户逐渐出现分化，风险偏好高的投资者可能会选择公募基金，风险偏好低的投资者会选择存款或国债，这为未来第三支柱产品多样化选择奠定了客户基础。从稳起步的角度来讲，建议在第三支柱起步初期选择具有一定存续年限且长期业绩稳定的银行、保险、基金产品纳入备选产品，未来扩大到更多的投资产品类型。

（二）投资方面的建议

1. 由限量监管逐渐向审慎监管过渡，并有机结合

目前，我国对私人养老金实行的投资监管模式是限量监管，明确规定了投资范围和比例。如《企业年金基金管理办法》中第四十八条就规定，企业年金基金不得直接投资于权证、投资股票、股票基金、混合基金、股票型养老金产品（含股票专项型养老金产品）等权益类资产的比例，合计不得高于投资组合委托投资资产净值的40%。

参考海外从限量监管转为审慎监管的实施效果，我国可以由限量监管逐渐向审慎监管过渡。主要基于以下两点考虑：首先，审慎监管可以在一定程度上提升投资业绩，缓解未来养老金的支付压力；其次，我国养老金市场还不成熟，在制度方面也不完善，立即取消投资限制、直接实施审慎监管很可能会导致审慎原则被滥用，将老百姓的养老金暴露在巨大的风险之中。

现阶段比较可行的做法是适度放开投资限制，如适当降低固定收益和现金类的最低投资比例；适当放松权益类资产的投资上限；逐步放宽私人养老金海外投资的限制。除此以外，还可以适度地降低养老金市场准入门槛，有条件地引入更多的投资管理人，加强市场竞争，更好地实现养老金的保值增值。

2. 逐步推进私人养老金管理机构的ESG信息披露

目前，国内除了香港地区外，尚未出台关于养老金管理机构披露ESG信息的政策。管理机构以自愿披露为主，披露比例与英国、美国等强制ESG信披的发达国家相比仍有很大的差距。

而香港对于ESG信息披露的推进并非一步到位。从2013年的鼓励和支持自愿编制ESG报告，到2017年开始提升环境一般披露和关键绩效指标为“不遵守就解释”的半强制要求，再到2019年要求强制披露董事会声明、ESG的汇报原则和汇报范围，并提升社会关键绩效指标至“不遵守就解释”范畴。香港不断完善ESG信息披露的规定，逐步提升了对香港养老金管理

机构 ESG 信披的要求。

具体来说，建议参考海外和香港 ESG 信息披露的发展经验，先鼓励引导养老金管理机构自愿披露 ESG 信息，再逐步过渡到半强制和强制。这是因为养老金管理机构的 ESG 投资尚处于起步阶段，需要时间来完善信息披露的标准和框架。

3. 扩大私人养老金权益投资比例，提高境外资产配置范围

当前我国无风险利率仍相对较高，因此养老金配置中固收类占比较大，权益类资产较少。然而，随着中国人口老龄化的加剧，会拉低宏观经济增速，影响资金使用主体的利息支付能力，从而降低利率水平，固收类资产收益率下降是必然趋势。在给付压力增加的情况下，提高权益类资产比重，从而提高长期收益率是大势所趋。因此，我国在进行养老金资产配置时应考虑适当降低固收类占比，增加权益类比重。

此外，社保基金的投资范围比较广泛，包括境内和境外投资，但根据《2019 年社保基金年度报告》，境外投资占比仅为 9.96%，2021 年 1 月 1 日开始实行的《关于调整年金基金投资范围的通知》规定年金基金财产的新投资范围，限于境内投资和香港市场投资。建议全国社保基金、基本养老金以及职业养老金积极投资海外市场，不但可以分散单一国别的地域风险，同时享受来自全球优质企业价值增长的红利。

4. 增加另类投资配置比例，降低养老金组合风险

海外私人养老金计划投资范围较广，既包括股票、债券、现金和存款、共同基金，也包括私募投资基金和未上市股权，甚至在一些国家包括房地产和贷款等另类投资。另类投资具有投资期限长、规模大、资产确定性高等优势，相对于股票、债券等传统投资领域，另类投资的投资标的非常广泛，与其他资产相关性较低，可以将另类投资作为养老金资产配置的一个组成部分以分散风险。在全球低利率、负利率环境下，建议我国提升私人养老金另类投资比例，将有利于提升投资组合收益，降低组合风险。

参考文献

李文、李宏纲、刘军峰：《2019 年 ESG 投资在养老金投资中的国际借鉴》，载董克用、姚余栋主编《中国养老金融发展报告（2020）》，社会科学文献出版社，2020。

彭维瀚、孙瑜：《英国职业养老金“自动加入”政策与国家职业储蓄养老金计划（NEST）介绍》，《声音》2020 年第 1 期。

路锦非：《严格准入还是审慎监管：中国养老金市场的监管模式选择》，《上海金融》2012 年第 1 期。

胡继晔：《养老金监管的法经济学分析》，《政法论坛》2012 年第 4 期。

人力资源和社会保障部：《2020 年度全国企业年金基金业务数据摘要》，2021 年 3 月。

“Fact Book 2020”, European Fund and Asset Management Association, www. efama. org/.

“Investment Company Fact Book”, Investment Company Institute, https://www. icifactbook. org.

“Annual Survey of Investment Regulation of Pension Funds and Other Pension Providers 2020”, Organization for Economic Co-operation and Development, http://www. oecd. org/.

“Pension at a Glance 2019”, Organization for Economic Co-operation and Development, http://www. oecd. org/.

“Pension Markets in Focus 2020”, Organization for Economic Co-operation and Development, http://www. oecd. org/.

“Pension Markets in Focus 2019”, Organization for Economic Co-operation and Development, http://www. oecd. org/.

B.15

英国私人养老金长寿风险管理及借鉴

陈 亮 李 岩 浦鹏举*

摘 要: 长寿风险是公共和私人养老金计划面临的主要风险之一。我国人口的迅速老龄化、高龄化使长寿风险引发的养老金计划可持续性问题成为政府、企业和个人所面临的一个重大的社会问题。本文对英国私人养老金计划中长寿风险管理的实践经验和创新进行了梳理，分析了我国私人养老金体系中长寿风险管理的现状与问题，并在最后给出了未来构建我国私人养老金长寿风险管理体系的应对建议。

关键词: 养老金 长寿风险 英国

一 养老金长寿风险管理概述

（一）养老金长寿风险的定义

本文所称养老金长寿风险，是指国家公共养老金、私人养老金计划

* 陈亮，英国精算数学博士，英国、爱尔兰正精算师，特许企业风险管理精算师，恒安标准养老保险有限责任公司产品开发高级经理，研究领域为养老金长寿风险管理、英国 CDC 和 HPS 养老金计划；李岩，北美精算师，恒安标准养老保险有限责任公司总精算师，研究领域为资产负债、偿付能力管理；浦鹏举，恒安标准养老保险有限责任公司副总经理，中国养老金融 50 人论坛特邀研究员，长期从事基本养老保险、企业年金和个人养老金等方面的研究和管理工作。本文仅代表个人观点，与供职单位无关。

中[1]，因实际死亡率低于预期，而造成实际终身养老金给付高于预期的风险。长寿风险是各国养老金体系中，政府、雇主和养老金管理机构所面临的最大的风险之一，但因所涉政策和技术上的复杂性，也是最不被了解的风险之一。由于公共养老金和私人养老金在设立目的、融资方式、管理模式、监管政策以及覆盖人群等方面存在巨大差异，本文仅就私人养老金长寿风险管理进行专题介绍与分析。

根据来源不同，养老金长寿风险可以进一步细分为两大类：系统性长寿风险（Systematic Longevity Risk）和特定性长寿风险（Specific Longevity Risk）。

系统性长寿风险，是指由于未来死亡率的精算假设与实际死亡率水平之间存在无法消除的差异而导致的风险。私人养老金的利益相关主体承担着不同程度的系统性长寿风险。

特定性长寿风险，是在计算死亡率最佳精算假设时，由于样本差异引起最佳估计的不确定性所产生的风险。

（二）养老金长寿风险的管理

大部分特定性长寿风险可以通过技术手段加以分散化处理，而系统性长寿风险则无法被分散。因此，系统性长寿风险需要应用科学的风险管理手段进行衡量和管理。根据动态精算控制环理论（Actuarial Control Cycle，ACC），养老金系统性长寿风险管理包含以下几个步骤和要素。①识别长寿风险。识别养老金的利益相关主体是否处在长寿风险的暴露之中。②衡量长寿风险。选择恰当的风险度量和死亡率模型，对养老金利益相关主体所暴露的长寿风险进行衡量。③应对长寿风险。养老金利益相关主体依据自身的风险偏好和资源禀赋，选择合适的风险应对策略，包括自留、转移和对冲等手段。同时，持续监控风险应对效果，及时调整风险应对策略。④考量外部因素。综合考量有关外部因素对长寿风险管理效果的影响。此类因素包括：养老金市场上计划模式的创新、监管部门对长寿风险管理的

---

① 根据国际上通用的定义，本文使用“私人养老金计划”指代第二、三支柱养老金计划。

政策要求、养老金利益主体的诉求以及医疗水平的进步对死亡率水平的影响等。

（三）长寿风险管理对养老金可持续发展的意义

随着我国经济发展水平和人民生活水平的逐步提高，国民人均寿命处在不断提升的趋势中。长寿风险如果管控不好，轻则会造成养老金积累不足，无法按照预定计划和标准支付给退休人员，影响退休人员生活；重则导致养老金体系不可持续，形成一系列金融风险和社会不安定因素。所以，重视和加强养老金长寿风险的管理非常必要。

私人养老金计划通过长寿风险管理，可以有效降低养老储备金被提前消耗殆尽的风险，进而增加养老金积累，延长支付时间，缓解长寿风险的影响。

在国际养老金市场上，英国通过高度发达的资本市场和监管体系、积累数百年的养老金管理经验①和历史悠久且处于国际领先地位的精算技术，形成了世界上最为先进的长寿风险管理体系，以及最成熟的长寿风险转移市场。本文通过介绍和分析英国私人养老金长寿风险的管理经验，对构建我国私人养老金长寿风险管理体系提出建议。

二 英国私人养老金长寿风险管理的现状

（一）英国养老金长寿风险管理中死亡率的衡量技术

在私人养老金长寿风险管理体系中，长寿风险衡量特指通过选择恰当的风险度量指标衡量人口未来死亡率的不确定水平。

死亡率的预测、生命表的开发、未来负债现金流的评估以及投资和风险应对策略是私人养老金长寿风险管理技术方面的关键。私人养老金计划相较于寿险产品，对计划内死亡率的预测和专属生命表的开发有着更高的要求。

---

① 1748 年，爱丁堡诞生了第一个现代私人待遇确定型（DB）养老金计划“苏格兰牧师遗孀”计划。

在待遇确定型（DB）计划中，精算师通过准确预测未来的死亡率，开发出合适的生命表，帮助受托人更好地理解养老金计划中未来债务现金流的特征，合理设置符合未来债务水平的雇主缴费水平，提出更为恰当的负债驱动投资（Liability-Driven Investment）和现金驱动投资（Cash flow Driven Investment）策略。其中，负债驱动策略需要对未来期望流动负债进行经常性的评估，而现金驱动策略通过投资债券的收益来匹配未来债务的期望现金流。在负债驱动策略中，长寿金融衍生品被广泛用来对长寿风险和利率风险造成的未来不确定现金流进行对冲。所有这些，均依赖于精算师对计划内人口的期望寿命有着准确的预测。若是计划精算师不能很好地对未来期望债务进行预测，那么在选择长寿风险对冲工具时就会产生严重的基准风险（Basis Risk），使对冲衍生品和被对冲标的产生严重偏差，进而削弱风险对冲效果，严重的会造成新的长寿风险。

在缴费确定型（DC）计划中，个人需要独自或通过咨询专业人士对个人长寿风险进行管理，依据自身的预期寿命、退休金的领取方式、退休后可能产生的各种支出以及未来通货膨胀水平等，确定积累期的缴费水平和投资策略，确保在积累期累积足够的养老基金，以应对长寿风险带来的财务困难。近些年，英美等国养老金相关行业相继使用个人社会经济因子（Socio-economic Factors）帮助预测人口死亡率，例如通过个人职业、受教育程度、家庭住址和生活习惯等，对每个客户的期望寿命进行独立综合的评估。

所以，在养老金长寿风险管理体系中，人口死亡率预测技术是唯一的长寿风险管理衡量技术。所有近代养老金精算技术的研究，都围绕人口死亡率预测展开。从图1可以看到，在过去的数十年中，全球许多国家的死亡率都明显下降（称作死亡率改善，Mortality Improvement，MI），且下降的速度逐年递增。

基于对过往死亡率数据的研究，国外养老金行业、寿险行业和学术界普遍认为，长期死亡率趋势是一个随机过程，MI是一个随机变量，其不确定性在某种程度上（高龄人口）难以被预测。正是这种高度的不确定性，为私人养老金带来了巨大的长寿风险，造成了未来债务、现金流预测的极大的不确定性，大大降低了对应的风险对冲策略的效果，间接加重了计划的投资

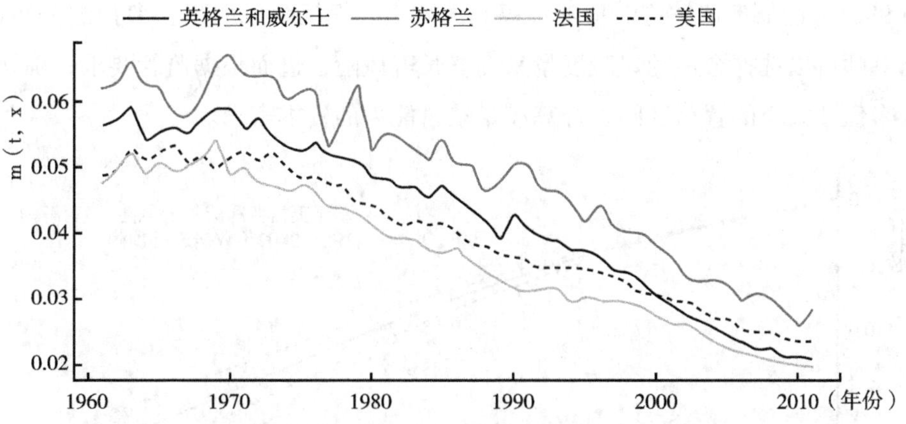

图1　英美法三国70岁男性历史死亡率趋势

资料来源：www. mortality. org；www. humanmortality. de。

风险。从长远来看，尤其是全球经历过新冠肺炎疫情的洗礼之后，人们生活方式的改变、医疗水平的进步和基因技术的发展等将会为人口期望寿命带来更多的不确定性，长寿风险将会变得更大。

为了应对长期死亡率趋势（或 MI）的不确定性，英国从 20 世纪 90 年代开始引入离散死亡率模型（Stochastic Mortality Model）来捕捉死亡率随时间的随机变化趋势。Lee & Carter 和 Cairns 等分别在 1992 年和 2006 年，创立了对养老金长寿风险管理市场产生深远影响的 Lee-Carter 和 Cairns-Blake-Dowd（CBD）两大离散死亡率模型家族。全球金融风暴后，欧洲引入了偿付能力二代（Solvency II），包括英国在内的欧盟各国公共、私人养老金行业和寿险业开始广泛采用离散死亡率模型，并对两大模型家族进行了大量扩充。

离散死亡率模型通过使用时间序列模型，对直接驱动死亡率的趋势进行描述，进而生成未来死亡率趋势的概率分布（见图 2），有效地帮助精算师了解人口未来死亡率改善的不确定性。这一特点，使离散死亡率模型非常适用于计算欧洲偿付能力二代下的风险驱动型偿付能力资本（Solvency Capital Requirement，SCR）需求，即所持有的资本需要保证在接下来的 12 个月内，有99.5%的概率能够应对债务和福利的支出。根据生成的死亡率预测分布，精算师可以选择合适的风险度量来衡量长寿风险，进而根据监管要求，确认未来债务大小的置信区间，计算满足偿付能力的资本需求。

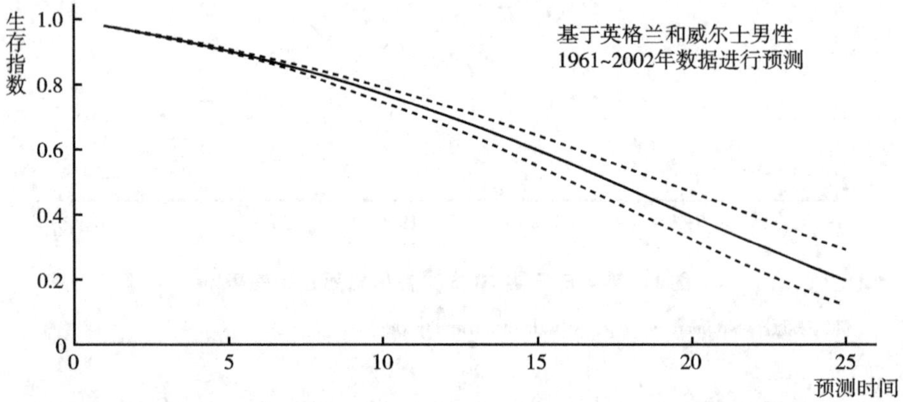

图2　CBD模型预测的英格兰和威尔士男性25年期生存指数预测的概率分布

注：虚线为90%的置信区间。

资料来源：Cairns，A. J.，Blake，D.，& Dowd，K.，"A Two-factor Model for Stochastic Mortality with Parameter Uncertainty：Theory and Calibration"，*Journal of Risk and Insurance* 73（4），2006：687－718。

近几年，得益于计算机计算力的不断提高，精算师们可以运用更加复杂的拟合方法（贝叶斯理论），用各类死亡率模型，对高维度死亡大数据进行拟合分析，充分运用大数据中的大量社会经济因素信息进行诸如小规模人口、多组人口的长寿风险建模，提高死亡率计算的精确性，提高长寿风险的衡量水平。

（二）英国养老金长寿风险管理中风险应对工具和案例

1. 保险型批量年金买(入)断［Insured Bulk Annuity Buy-(in)out］

为了彻底摆脱DB计划中现有的以及未来可能会继续增加的财务负担，一些雇主选择通过支付保费的形式购买批量年金（Bulk Annuity），将计划内部分或全部的养老金债务转移给保（寿）险公司，即去长寿风险化策略。

批量年金包含两种模式，买断（Buy-out）和买入（Buy-in）。英国批量年金市场规模从 2018 年开始进入了爆发式增长。2020 年上半年，交易规模达到 126 亿英镑，2019～2020 年的交易总规模达到了 388 亿英镑（见表 1），在养老金去长寿风险化市场上处于世界领先地位。

表 1　2019 年下半年至 2020 年上半年英国批量年金市场买断和买入交易数量和交易额汇总

单位：笔，百万英镑

公司名称	完成的交易数量			完成的交易额		
	H2 2019	H1 2020	总计	H2 2019	H1 2020	总计
Aviva	35	26	61	2738	3082	5820
Canada Life	3	1	4	49	73	122
Legal & General	16	25	41	4009	3176	7185
PIC	9	6	15	1225	3507	4732
Phoenix	3	3	6	670	1080	1750
Just	12	10	22	720	462	1182
Rothesay Life	6	4	10	15585	765	16350
Scottish Widows	3	1	4	1260	410	1670
总计	87	76	163	26256	12555	38811

资料来源：Hymans Robertson，"Buy-Outs，Buy-ins and Longevity Hedging-Hi 2020"，2020。

从原理上看，批量年金合同为保险合同。在买断合同中，养老金计划通过事先支付固定数额的保费来交换保险公司对养老金计划内未来所有养老金和福利待遇的支付。保险公司在收到计划缴纳的保费之后，会完全肩负起支付养老金的职责并且确保充足的偿付能力，承担计划内的长寿风险、利率风险和通胀风险等，并完全负责计划的管理。批量年金买断的运行机制见图 3。

通过使用批量年金买断，计划内的所有资产和债务转移至保险人，雇主也无须再承担计划后续的融资职责。通过定制保险合同的条款，年金买断可以完全与原先计划内的福利待遇水平相对应。随着负债和融资职责的完全转移，原先的 DB 计划会进入清算流程，所有的会员将会被导入新的保险合同当中。

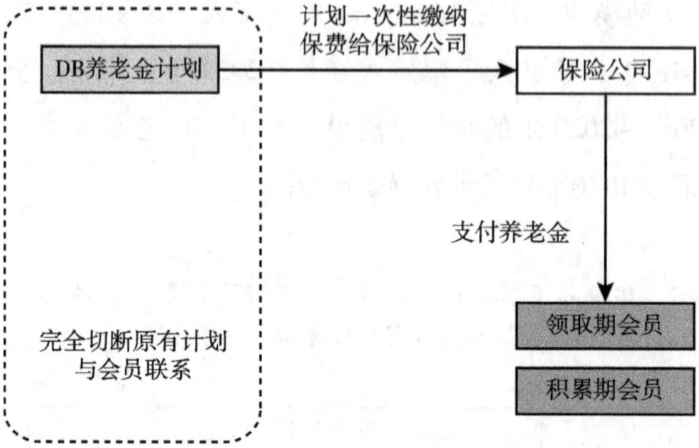

图3　保险型批量年金买断运作机制和现金流特征

在批量年金买入合同中，保险人会向计划支付约定的数额，并通过受托人向计划内退休人员支付退休金。买入与买断最大的不同，在于买入的保单被养老金计划以资产的形式在计划内持有，且最终计划的资产、管理职责和养老金支付职责依旧保存在计划内，未被转移至保险人。批量年金买入的运行机制见图4。

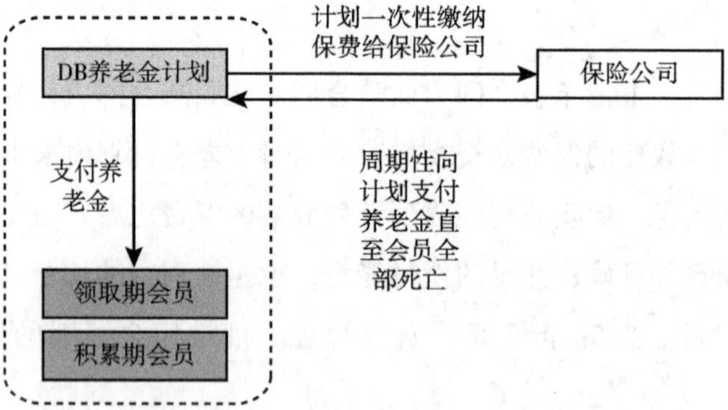

图4　保险型批量年金买入运作机制和现金流特征

2. 长寿风险调期 (Longevity Swap)

2008年之前，养老金计划应对长寿风险的手段非常有限，保险型的风险转移几乎是唯一的手段。2008年，国际养老金市场见证了英国资本市场在长寿风险管理中的创新能力。在那一年的英国，Lucida plc 和 Canada Life 历史性地先后通过 JP Morgan 发行了连接养老金市场和资本市场的首个 10 年期和 40 年期的长寿风险调期（简称 LS），分别涵盖了 1 亿和 5 亿英镑的养老金计划债务。自此，越来越多的调期交易在英国的养老金计划、保险公司、再保险公司和投资银行之间被执行，金融衍生品开始在英国成为常用的长寿风险管理工具之一。2009 年 6 月至 2020 年 6 月，英国总计有包括英国航空（British Airways）、宝马（BMW）、Aviva、英国电信（BT）、汇丰银行（HSBC）在内的 43 家行业头部企业的养老金计划参与了 LS 交易，发行商包括 Rothesay Life，Swiss Re，JP Morgan，Legal and General，Zurich，Aviva，Scottish Widows，Canada Life 等多家金融机构，共涉及 55 宗交易，涵盖价值 910 亿英镑的债务。仅 2020 年上半年，长寿调期交易转移了大约 124 亿英镑的债务①。

那么，LS 是如何运作的呢？发行 LS 的保险公司或者再保险公司负责支付到期的养老金，该现金流受到死亡率波动的影响为浮动现金流。作为交换，养老金计划或者保险公司会支付一系列事先约定且固定的现金流。该现金流的数额根据未来债务现值的最佳估计值确定。在固定现金流的基础上，养老金计划或者保险公司还会按照固定现金流的一定比例向 LS 的发行方支付保费，用以补偿发行方承担的长寿风险。一般该比例会随着时间推移而增加，以反映未来实际死亡率。如果死亡率水平高于预期，LS 的发行方便可获利。LS 的运行机制和现金流特点见图 5。

Lucida plc 在 2008 年发行的第一代长寿调期是一款标准化、指数化的对冲产品。在交易中，Lucida plc 执行了被称作"q-forward"的死亡率远期合同（Mortality Rate Forward Contract），现金流的支付与英格兰和威尔士的 LifeMetrics 长寿指数（Longevity Index）相关联②。q-forward 是所有与长寿和死亡率相关的金融衍生品的基础。精心设计的 q-forward 组合广泛地用于对冲养老金计划的长寿风险。签订 q-forward 合同的两方约定在未

① Hymans Robertson，"Buy-outs，Buy-ins and Longevity Hedging-Hi 2020"，2020.

② JP Morgan，q-Forwards，"Derivatives for Transferring Longevity and Mortality risk"，2007.

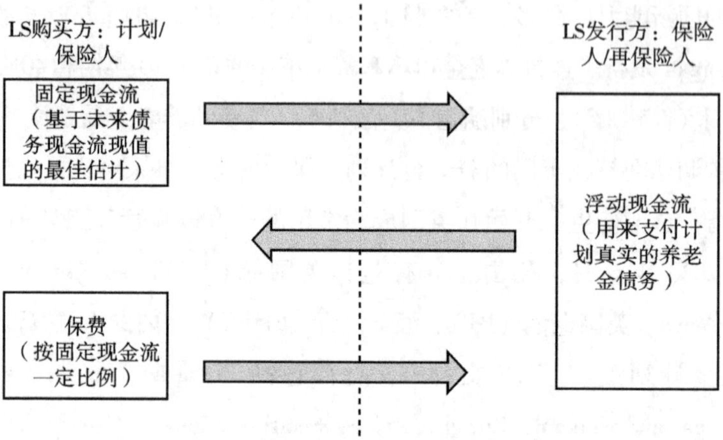

图5　长寿风险调期运行机制和现金流特点

来的某个时间，用价值等于一定比例乘以某个给定人口的实际死亡率（即基准死亡率）的现金流，去交换价值等于一定比例乘以事先约定的固定死亡率的现金流。换句话说，q-forward是一种用事先约定的固定死亡率去置换未来浮动死亡率的零贴息的调期。q-forward的具体运行机制见图6。

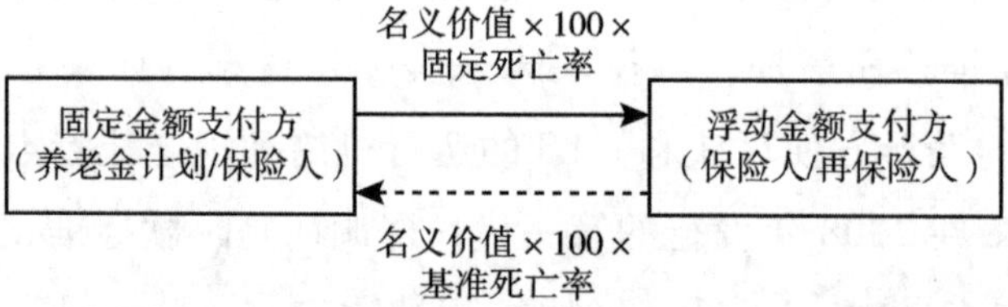

图6　q-forward运行机制和现金流特点

使用标准化的指数型LS对冲长寿风险，通过将长寿风险暴露与基准死亡率挂钩，可以有效降低风险对冲的成本，并且带来更高的流动性。某些DB计划因为体量过大无法通过其他机制来对冲全部长寿风险时，可以使用LS进行风险转移。实践证明，这是现阶段解决延迟型养老金计划长寿风险最有效的手段。

在使用指数型长寿对冲工具管理长寿风险时，我们不应该忽视基准风险（Basis Risk）的存在。这是因为，基准死亡率通常会与养老金计划的实际死亡率产生偏差，使剩余的长寿风险无法被完全对冲。这种情况对于规模更小的养老金计划会更为严重。小规模养老金的死亡率，相较于基准死亡率会有更高的波动性，也因此更难被准确预测。在决定如何对冲长寿风险时，需要综合考虑包括养老金计划规模在内的因素来分析计划面临的长寿风险的规模，评估对冲的效果和相应的费用。

3. 长寿风险债券(Longevity Bond)

21 世纪初，英国资本市场开始了对长期长寿风险债券的可行性理论探索。长寿风险债券是一种不赎回本金的债券，其利息水平依据死亡率指数下降，例如基于债券发行当日 65 岁人口的未来死亡率指数，如果一年以后 1.5% 的基准人口死亡，那么第二年的利息水平为前一年的 98.5%。

2004 年 11 月，首个长寿风险债券出现。欧洲投资银行（European Investment Bank，EIB）发行了 25 年到期价值 5.4 亿英镑的长寿债券，起始利息总计为 5000 万英镑。基准死亡率为英国政府精算部（Government Actuary Department，GAD）提供的 65 岁英格兰和威尔士男士死亡率数据。债券管理人为法国 BNP Paribas 银行，由百慕大的 Partner Re 再保险公司再保。债券的目标投资人为英国的养老金计划（具体运行机制见图 7）。养老金计划作为债券的投资者，若实际的死亡率水平低于预期，那么多出的未来债务就可以由相对缓慢降低的利息进行支付。

2010 年 10 月，为了对冲自身的长寿风险，瑞士再保险发行了价值 5000 万美元的 8 年期长寿短期债券（Insurance-linked Securities Notes，ILSN）。此次发行首次使用多年龄段的死亡率为基准死亡率，包含了英格兰和威尔士男性 75 ~ 85 岁的死亡率，以及美国男性 55 ~ 65 岁未来的死亡率。

4. 英国钢铁公司养老金计划长寿风险管理案例

在养老金计划长寿风险管理实践方面，英国钢铁公司养老金计划（Old British Steel Pension Scheme，OBSPS）通过使用更先进的精算技术、优化的投资策略、计划合并与重组和批量年金买入等工具，成功转移了原计划内大

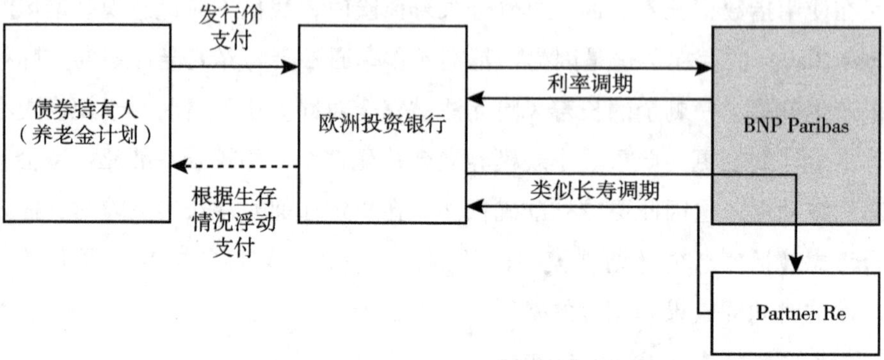

图7　EIB 长寿债券的运行机制和现金流特点

资料来源：Blake, D., Cairns, A., Coughlan, G., Dowd, K., & MacMinn, R., "The New Life Market", *Journal of Risk and Insurance* 80 (3), 2013：501－558。

部分长寿风险，并为最终批量年金买断做好了准备。

在2011年之前，OBSPS一直维持着良好的超过100%的融资水平①，且直到2014年3月之前还在对新成员开放。在公司的支持下，计划受托人一直实行长寿风险驱动型投资组合。然而好景不长，随着钢铁产业的不景气以及DB计划市场的普遍困境，计划的融资水平急转直下。到2016年3月，计划的赤字水平从2014年约9000万英镑增加到10亿英镑以上。尽管计划受托人采取了限制养老金水平增长率和调整长寿精算假设等创新方法，依然无法遏制融资水平从2014年的99%下降至70%。计划受托人曾经花费多年时间，探索将计划养老金支付水平增长率的参照指数，从原先的零售价格指数（Retail Prices Index，PRI）更换至消费者价格指数（Consumer Prices Index，CPI）以大大提高计划的融资水平。然而，该方案最终因OBSPS计划制度最初的设计，导致法院无法允许计划做出如此重大的改变。值得庆幸的是，虽然OBSPS因为体量过大而无法找

① 计划的融资水平通常被定义为计划资产与债务的比例或者两者的差值。根据计划融资目的的不同，融资水平的计算方法也不尽相同。以英国DB市场为例，其养老金监管局（The Pension Regulator，TPR）明确了以下五种计算方法：法定融资目标（Statutory Funding Objective，SFO）、养老金保护基金买断基准（Pension Protection Fund Buy-out Basis）、自偿付能力水平（Self-sufficiency）、保险型买断（Insurance Buy-out）、国际会计准则估值（IAS19 Accounting）。

到合适的保险公司来转移长寿风险，但是母公司塔塔钢铁集团（Tata Steel UK）的持续注资为受托人、集团自身和各类监管部门争取了大量的时间来寻找避免偿付能力不足的解决方案，以确保员工的退休利益不受损害。

计划受托人注意到了由政府融资的养老金保护基金（Pension Protection Fund，PPF）这一英国养老金计划重要的安全屏障，开始与政府展开了积极的交涉。PPF 经过评估，认为 OBSPS 依然拥有足够的资产为员工提供更好的福利待遇。2018 年 3 月，OBSPS 在更换了受托人之后正式进入 PPF 的评估期。根据交涉结果，塔塔集团同意为一个新的计划进行融资。该计划将提供与 OBSPS 相同的初始待遇水平，增长水平则相对较低。同时，各监管机构罕见地同意并签署了 RAA①，允许集团将公司从原有的计划债务中剥离。根据签署的 RAA 条款，塔塔集团为 OBSPS 注资 5.5 亿英镑，同时转让给 OBSPS 33% 的英国塔塔钢铁公司股权。原计划超过 12 万的会员可以选择加入新的计划，或者同 OBSPS 一起进入 PPF 计划。

2020 年 10 月 8 日，OBSPS 与 Pension Insurance Corporation（PIC）寿险公司完成了价值 20 亿英镑的批量年金买入交易。这标志着 OBSPS 进入了脱离 PPF 评估期的快车道。这项买入交易涵盖了原计划内 3 万名员工的债务。OBSPS 计划于 2021 年底完成 PPF + 年金买断。事实上，OBSPS 新任命的受托人通过采用一系列根据计划量身定制的死亡率精算假设以及优化的投资策略，使计划的融资水平在两年内获得了显著的提高，使在 PPF 之外达成保险型年金买断成为可能。

可以看到，在实际操作中，英国的基金管理者在考虑长寿风险应对策略时，会注意以下几点。

第一，为了能够达到全面去长寿风险化的目标，养老金管理机构有针对性地选择保险型批量年金买断（入）、定制化的长寿风险调期（Longevity Swap）和长寿风险债券（Longevity Bond）等。

---

① RAA，即 Regulated Apportionment Arrangements，是在英国养老金法律体系下的，允许财务困难的养老金计划的雇主将自己与计划内债务剥离。通过 RAA 的养老金计划通常会进入 PPF 的评估程序。

第二，针对计划内处于积累期的会员，且未来养老金水平与未来工资水平相关联的，养老金管理者继续投资不同风险水平资产组合。

第三，当养老金计划出现偿付能力困难时，管理者会等到融资水平有所提高之后，再继续去风险化进程。在这种情况下，养老金管理者往往采取更加激进的投资策略，以达到100%的融资水平。

第四，对于计划内还有大量积累期的会员和延迟领取养老金的会员的情况，养老金管理者通常考虑过渡方案（例如计划合并）。因为在这种情况下，极高的长寿风险会大大地推高定制化年金买断和长寿调期的价格。

（三）良好的养老金长寿风险管理监管和学术环境

在动态精算控制环（ACC）理论中，长寿风险的管理需要考量众多外部因素，包括监管政策、学术研究和养老金计划创新等。

1. 监管与政策在养老金长寿风险管理中发挥促进作用

在英国，养老金计划本身受到养老金监管局（TPR）的监管，而养老金计划与保险公司和银行产生的长寿风险转移类交易则受到审慎监管局（Prudential Regulatory Authority，PRA）和金融监管局（Financial Conduct Authority，FCA）的双重监管。近些年，PRA一方面积极简化市场上中小型规模的长寿风险转移（Longevity Risk Transfer，LRT）交易申报制度，另一方面也时刻关注伴随LRT交易所可能产生的第三方违约风险，对大型的LRT交易进行了申报方面的规范[①]。

金融监管在促进养老金LRT市场的健康发展中起着重要的作用。实际上，监管部门关于精算假设的政策，尤其是未来死亡率和折现率假设[②]，在

① PRA 2020年出台的SS18/16号文件（Bank of England Prudential Regulation Authority，Solvency II：Longevity Risk Transfers），对LRT交易中可能出现的交易对手毁约风险进行了警示，并要求参与LRT交易的各方，在按照欧洲偿二代SCR资本要求基础上，持有更多的资本，以应对可能出现的毁约风险。

② 折现率假设反映了对未来投资收益率的预测，用来计算未来现金流在当下的价值。较高的折现率对应了较低的现值。

很大程度上影响着一个国家的养老金计划管理长寿风险的意愿。例如，在除英国以外的很多发达国家，考虑到养老金计划由雇主承担主要的融资责任，监管部门对养老金资产负债评估所使用的精算假设要求会相对较为宽松。许多国家的监管部门允许养老金使用高于寿险公司使用的折现率对未来债务进行折现，在一定程度上“粉饰”了长寿风险的严重程度，降低了养老金计划积极管理长寿风险的意愿，进而阻碍了长寿风险管理的发展。

而英国则追求评估假设一致性。保险公司、再保险公司和养老金计划必须使用相同的折现率来评估负债①。在死亡率假设的使用上也会对未来死亡率改善进行考量。也正因为如此，英国养老金计划的精算评估更加符合审慎评估的原则。英国的养老金计划管理者能较早地发现计划内实际长寿风险的严重程度，并积极采取措施对长寿风险进行管理，极大地促进了养老金长寿风险管理市场的创新与发展。这也是我们将视野放到国际养老金市场上时，英国几乎是唯一我们可以参考的、拥有发达和成熟的长寿风险管理市场的原因之一。

英国长寿风险管理市场繁荣程度明显高于其他发达国家的另一个原因，是欧洲偿付能力二代（Solvency II）的引入。在欧洲偿二代之前，监管政策很少要求养老金计划和寿险公司为长寿风险设立专门的准备金。而欧洲偿二代要求寿险公司和 DB 养老金计划为诸如长寿风险这样无法被完全对冲的系统性风险设置风险边际，成为偿付能力资本需求（SCR）的一部分。SCR 可以使用偿二代设置的标准公式，基于全面的死亡率预测进行计算，或者使用内部模型计算能够保护 99.5% 的最坏情景资本需求。同时，欧洲偿二代还引入了专门针对长寿风险管理的制度，要求保险人、再保险人和养老金计划必须建立包括战略、进程和报告在内的内部长寿风险管理系统，持续不间断地识别、衡量、监控、管理和上报已经和可能出现的长寿风险。也正是欧洲偿二代对长寿风险的应对提出了密集的资本需

① Basel Committee on Banking Supervision, “Longevity Risk Transfer Markets: Market Structure, Growth Drivers and Impediments, and Potential Risks”, 2013.

求，欧洲的养老金从业者更倾向于重视系统内部的长寿风险管理。

2. 行业协会和学术界在长寿风险管理市场中的积极作用

英国 LRT 行业内部也在积极推进 LRT 标准化和制式化的进程。英国寿险与长寿市场协会（Life & Longevity Markets Association，LLMA）[①] 正在积极推进一个标准化的，具有流动性的、指数化的 LRT 市场，包括构建标准条款以及调期定价方法，推动生命表的经常性的升级换代。

在推进长寿风险管理市场的发展中，英国精算师协会（Institute and Faculty of Actuaries，IFoA）前瞻性地引领行业方向，包括开展精算最前沿研究、向政府和行业提供技术支持、培养英国精算师以及建立审慎行为规范等。协会直属的持续死亡率研究所（Continuous Mortality Investigation，CMI）负责对每年英国的死亡率经验进行研究，并基于此研发可被行业广泛使用的生命表和精算工具。CMI 通过分析每年由英国寿险公司和养老金咨询公司等机构提供的死亡率和疾病率数据，对行业内使用的生命表和疾病表进行升级并公开发布。更为重要的是，CMI 每年会基于上一年度英国死亡率和疾病率情况，升级 CMI 死亡率模型和重疾模型，并以学术文章的形式进行发布，广泛地被英国养老金产业界所使用。

IFoA 直属的英国精算研究中心（Actuarial Research Centre，ARC）成立于 2012 年，是 IFoA 遍布全球的精算研究网络，由 CBD 离散死亡率模型家族的创始人 Andrew Cairns 教授担任研究中心主任，其研究机构遍布英国、爱尔兰、荷兰、新加坡、美国和加拿大等国家。ARC 联合精算产业界、学术界以及实操者，内设精算气候指数、长寿（基准）风险、IFS 退休储蓄、估值折现率、养老金和人口老龄化等研究项目，在寿险、财险、养老金、健康险和护理、金融投资、风险管理、长寿风险和重疾风险等领域开展最前沿的精算研究工作，致力于推进全球精算专业领域的发展。

---

① LLMA 是一个由有志于推进 LRT 标准化的投资银行、保险公司和被保险公司组成的非营利性团体。

（四）通过不断创新养老金计划模式来转移长寿风险

在考虑长寿风险管理的众多外部因素时，越来越多的国家和机构认识到，养老金计划的模式选择是长寿风险管理的方向性问题。为转移越来越大的长寿风险，降低系统性风险，与许多发达国家一样，英国的职业养老金（Workplace Pension）模式，正从待遇确定型（Defined Benefit，DB）向缴费确定型（Defined Contribution，DC）模式转变。更重要的是，英国私人养老金计划自身模式也因长寿风险管理的需要得到不断创新，包括DB计划衍生出的超级基金、克拉拉养老金和Citrus养老金，DC计划衍生出的联合缴费确定型（Collective Defined Contribution，CDC）计划。

1. 传统DB型养老金长寿风险应对：DB型衍生基金

截至2019年底，英国拥有总计大约5806个DB养老金计划（包含已经清算的198个计划）[①]，总计约1100万会员。这其中约400万会员分散在会员人数小于1万的计划中，因此英国的DB计划市场上存在大量中小型计划。根据英国养老金监管局（The Pension Regulator，TPR）2016年发布的数据[②]，受限于资金的规模，中小型的DB计划将会因为缺乏规模效应而不得不承受相对于大型DB计划更高昂的运营成本，同时也会对低成本的投资管理服务有更低的议价能力。一般来说，此类DB基金的运行效率和托管人的管理质量更为低下。更为重要的是，中小型计划较少的计划人口规模进一步加重了相似风险特征的聚集，相对少量的人口死亡经验数据限制了基于大样本的传统精算技术和模型的作用，增加了精算师对该计划未来死亡率水平预测的难度和不确定性，相对应地会造成计划投资决策的不合理性，最终加重计划的长寿风险。

因此，英国养老金监管局（TPR）自2017年起对养老金计划合并（Consolidation）的优势和相应的法律法规进行探索，并由英国工作与养老金

① The Pension Regulator，“The Pensions Landscape：Defined Benefit Pensions”，2019.

② The Pension Regulator，“21st Century Trusteeship and Governance”，2016.

部（Department for Work & Pension，DWP）在2018年底发布白皮书[①]，阐明了计划合并在长寿风险、投资风险以及运营风险转移上的作用，鼓励更多的单一DB计划进行合并。英国养老金DB市场基于计划合并的理念，进行了一系列计划模式上的创新，诞生了一大批颇具创造性和代表性的DB计划衍生基金，例如养老金超级基金（The Pension Superfund，TPS）、克拉拉养老金（Clara Pensions）、Citrus集合信托计划（Citrus Master Trust）。此类基金直接将风险转移至资本市场，不与寿险公司签订风险转移合同，因此也被称作非保险型风险转移（Non-insured Risk Transfer）。

（1）DB型超级基金（The Pension Superfund，TPS）

养老金超级基金（TPS）在2018年进入英国DB养老金市场，是DB计划非保险型长寿风险转移市场上计划合并（Consolidation）的两个主要模式之一，另一个则是克拉拉养老金。两者均将原计划中的资产和负债转移至一个由外部投资者融资的新的DB计划。原有单一计划中由雇主承担的、未来充满不确定性的长寿风险和投资风险被转移至资本市场的外部投资者。相较于保险型DB计划买断，TPS提供了费用相对较低的雇主养老金债务剥离方案。

英国养老金监管局（TPR）在2020年6月发布的DB超级基金指导意见[②]中对TPS以及其他类型的非保险型计划合并模式的加入、运营、精算假设和模型的使用、资本需求和监管架构等方面进行了明确（TPS的资产负债结构见图8）。在结构顶层，原先单独的DB计划中的雇主的（后续）融资职责由风险资本缓冲（Risk Capital Buffer）和少量雇主的融资所取代[③]。TPS的风险资本缓冲，是指投资者或者投资者与雇主共同出资，取代雇主独自融资。

TPS采用的是非模块化的资产负债减计方式，即不同的单一计划的

① Department for Work & Pensions，"Consolidation of Defined Benefit Pension Schemes"，2018.

② https：//www. thepensionsregulator. gov. uk/en/document-library/regulatory-guidance/db-superfunds.

③ 风险资本缓冲是金融机构根据《巴塞尔协议Ⅲ》的要求在最低资本需求的基础上所需要持有的资本。

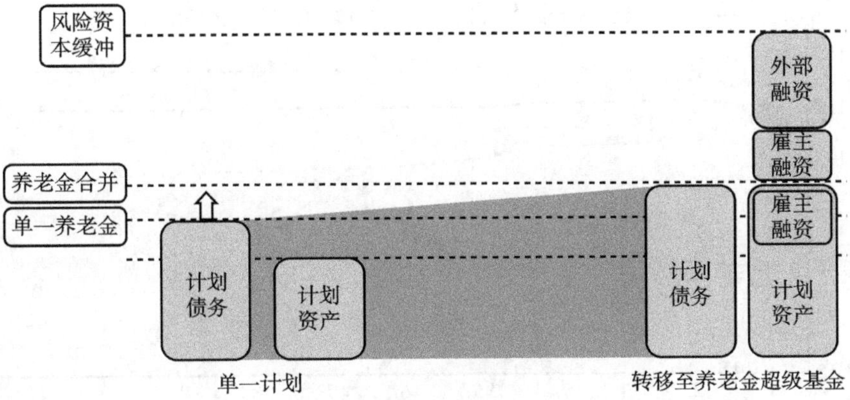

图8　TPS资产负债结构

资产和负债被混合在一起作为一个整体进行减计。在计划的运营方面，TPS的运行完全基于英国现有的职业养老金计划的架构且符合养老金保护基金（PPF）的标准。因此，TPS的管理与单一DB计划的管理的唯一区别在于资本市场的投资者以风险资本缓冲的形式对TPS进行投资，取代了雇主大部分的融资责任。根据监管部门的指导意见，风险资本缓冲的规模为基金资产的15%，其中10%来自外部投资者，剩下的5%来自雇主的缴费。

TPS的一大优势在于，初始风险资本缓冲现金流的注入，可以立即提升每个加入TPS的单一计划的融资水平至115%。融资水平提高后，计划的受托人可以选择风险相对较低的投资策略，降低未来偿付能力的不确定性。根据英国著名养老金精算咨询公司Hymans Robertson基于1000组TPS的情景模拟，单一计划加入TPS十年之后偿付能力高于100%的概率为97.9%，而未加入TPS的单一计划，这个概率只有不到50%[①]（见图9）。

TPS的另一大优势在于溢出100%的融资水平可以用来提高员工的养老金待遇水平。其中，溢出部分的1/3划转给基金的受托人，后者会咨询计划

① Hymans Robertson, "A Closer Look at the Pension SuperFund", 2019.

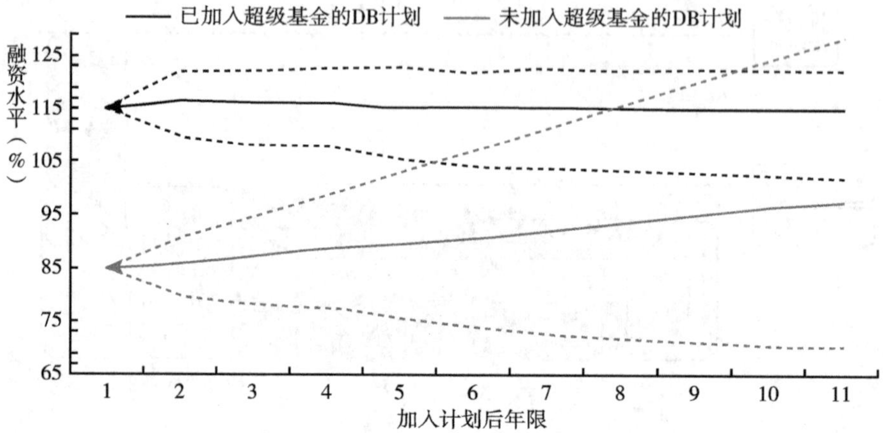

图 9　单一 DB 计划加入超级基金后融资水平与不加入超级基金融资水平预测分布（90%置信区间）对比

资料来源：Hymans Robertson，“A Closer Look at the Pension Superfund”，2019。

的精算师来决定这部分资产的分配方式。溢出部分剩下的 2/3 将作为投资收益分配给风险资本缓冲的投资者。TPS 的其他优势还包括：原先单一计划所有的管理职责转移至 TPS 且管理费用完全确定。这对 DB 计划的雇主极具吸引力①。

（2）DB 型克拉拉养老金（Clara Pension）

克拉拉养老金无疑是近些年计划合并市场上非保险型风险转移策略中备受瞩目的创新。它于 2019 年进入英国 DB 计划合并市场，与 TPS 同为非保险型的风险转移解决方案。在克拉拉养老金中，由第三方投资者提供的额外的风险资本缓冲（约等于整个克拉拉养老金债务的 20%）加上少量的雇主融资，代替了原先完全由雇主承担的融资要求。

克拉拉养老金在运营方式上采用模块化的资产负债减计方式，对受托计划内的每个单一 DB 计划的资产负债进行分开管理（具体管理模式见图 10），然后在单一计划的融资达到一定水平之后转移至保险型长寿风险转移

① 雇主仍然需要承担将单一 DB 计划转移至 TPS 时产生的高昂的运营费用。

市场。因此，克拉拉养老金起到了连接单一 DB 计划和保险型年金买断市场的作用。在拥有与 TPS 类似优势的同时，克拉拉养老金最终将计划内的资产负债转移至保险型去风险化市场，即便未来雇主无法偿还债务也不会触发基金的清算，因此不会降低员工的待遇水平。总结来看，TPS 能够提供更高的福利待遇，克拉拉养老金更倾向于保护会员已有的福利待遇水平。

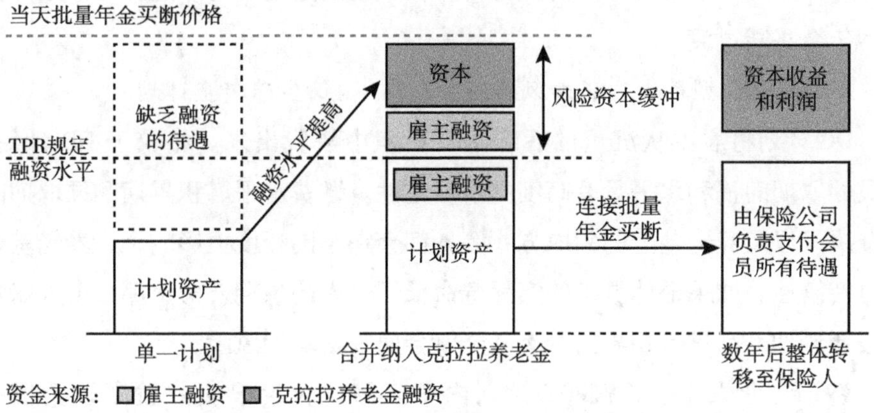

图 10　克拉拉养老金资产架构示意

（3）DB 型 Citrus 集合信托计划（Citrus DB Master Trust）

英国工作与养老金部（DWP）在 2018 年的白皮书中认为，DB 集合型信托计划（简称 DBMT）已经在现行的养老金计划规范下运行，因此其设立和加入无须再经监管部门的审批，也无须出台专门的法律法规进行规范。相对应地，DWP 倾向于由行业主导，邀请著名的 DBMT 机构来共同设立 DBMT 认证标准①。

Citrus 是 DBMT 市场上具有代表性的且非常成熟的集合型 DB 计划。在 Citrus 中，新加入的单一 DB 计划的资产和负债与其他计划分开进行管理，不存在非模块减计方式中可能存在的、不同雇主的计划互补的风险。雇主可以根据自身的情况以及负债的规模，与 Citrus 的受托人一起决定各自的融资

① Department for Work & Pensions，“Consolidation of Defined Benefit Pension Schemes”，2018.

和投资策略。以 Citrus 为代表的 DBMT 与其他形式的合并（TPS 和克拉拉养老金）的主要区别，在于前者并没有完全切断雇主与原先单一计划的债务关系，原有的雇主融资责任并没有被第三方投资者注入的风险资本缓冲所取代。这样的好处，在于雇主无须在加入 DBMT 时提供一次性的注资，而是在后续的运营当中对可能出现的赤字进行融资。雇主通过加入 Citrus DBMT，除了可以享受计划合并带来的优势外，在长期的运营中可以选择将计划向保险型年金买断过渡。

2. 传统 DC 型养老金长寿风险应对：DC 型衍生养老金计划

DC 计划将雇主从沉重的后续融资负担中解脱出来。相较于 DB 计划，雇员领取期的福利水平具有高度的不确定性。缴费水平、积累期和领取期的投资决策以及养老基金的领取方式等，都会在不同程度上影响个人养老基金的可持续性。如果退休员工的实际寿命长于个人的预期寿命，那么个人账户中按照预期寿命进行积累的养老基金就会面临枯竭的风险。

咨询专业人士、提高 DC 计划内个人账户长期投资收益率以及根据预期寿命规划领取方式等，可以在一定程度上缓解养老基金提前枯竭的风险。然而，DC 计划在应对长寿风险、保证计划可持续方面存在先天的劣势。传统 DC 模式内，领取阶段不提供任何的养老金给付保证①，再加上个人投资收益率和预期寿命高度的不确定性，导致 DC 计划受托人和个人无法像管理 DB 计划一样使用大数定律和丰富的长寿风险管理应对工具来部分或完全地转移和对冲计划内长寿风险（购买终身年金除外）。

同时，DC 养老金计划赋予的自由投资选择权是一把双刃剑。一方面，每个会员可以根据自己的风险偏好做出投资决策；另一方面，受限于个人账户的资金规模、个人的投资经验和掌握的投资知识以及技能的不同，个人投

① DC 计划个人可以在退休时选择购买商业终身年金，后者的价格和待遇水平通常不尽如人意。特别是在 2014 年，英国进行了“自由与选择”（Freedom and Choice）的养老金改革，储户可自由选择 DC 计划内基金的领取方式，不必再购买昂贵的终身年金。这之后，每年只有少数退休人员选择购买终身年金。

资者很难做出类似机构的专业投资决策，也无法通过规模效应降低投资成本，同时也很难对冲资本市场的剧烈波动对投资收益的影响。而咨询专业的投资顾问所产生的费用会进一步增加投资成本。

为应对DC计划内长寿风险管理的难题，英国养老金市场对DC模式进行了一项革命性创新。2021年2月11日，英国女王正式签发新的养老金法案（*The Pension Scheme Bill 2020*），确立了联合货币支付型（Collective Money Purchase）① 养老金计划——又称联合保费确定型计划（Collective Defined Contribution，CDC）的合法地位。CDC是与DB、DC计划并列的第三种养老金计划模式，具有里程碑式的意义。这意味着英国的雇主在设立企业养老金时，有了第三种选择。有别于DB计划内雇主承担长寿风险以及DC计划将长寿风险转移至个人，CDC计划内长寿风险由计划内所有会员共同承担。

在CDC计划中，雇主和雇员的缴费水平事先确定，并进入统一账户进行管理，通过建立养老金待遇水平动态调整机制，提供类似DB计划下的终身养老年金，帮助雇员应对长寿风险。计划内会员无须在退休时选择养老金领取方式。

每年末，计划精算师会根据当期的实际死亡率经验和预测，以及投资收益水平等因素，重新评估计划的资产和计划中已累积的、未来需要支付的养老金总额的比率（即“融资水平”）。若融资水平高于100%，则意味着养老金水平存在增长的空间，精算师需要确定当期养老金水平的增长幅度。相反，若融资水平低于100%，则需要对养老金水平向下调整。原则上每年养老金水平调整需要保证计划融资水平被维持在100%。统一账户内，原本用于支付已退休的但去世早于预期的会员养老金的那部分基金，被用于提高并支付计划内存活会员的养老金。

CDC计划对雇主和雇员的最大吸引力，在于雇主可以为雇员提供类似于DB模式下的养老金，且不用像DB模式一样由雇主承担资不抵债的金融

① 在英国法律体系下，DC计划与CDC计划一样，属于货币支付型养老金计划（Money Purchase Plan）。

风险。通过将全部缴费统一管理，可以在计划内部实现规模经济效应，有效降低投资成本。通过由全体会员共同承担投资风险和长寿风险，计划的资金可以采用相对高风险的投资策略，获取长期的、相对较高的投资收益。自2009年起，各类政府机构、咨询公司和寿险公司针对CDC模式的研究结果表明，在相同缴费水平下，受益于相对较高风险的投资策略，以及动态精算调整机制，CDC模式相较于DC模式可以提供更高和更稳定的养老金收入。

表2列举了英国皇家邮政（Royal Mail）拟推出的英国第一个CDC计划的部分内容。皇家邮政的随机精算模型显示，若该计划从1925年设立并运行至今，只有两年需要对养老金水平进行削减。前30年内养老金水平削减的概率仅为2%。因此，尽管CDC计划内养老金水平可能被削减，其概率是相当低的。

综上所述，英国政府、养老金监管部门和市场在应对长寿风险时，注重养老金计划模式的创新，从而在养老金模式选择时，起到充分管控、对冲长寿风险的作用，这是长寿风险管理方向性的措施。

表2　英国皇家邮政CDC计划

计划要素	计划设计	说明
缴费水平	15.2% ×PP(雇员雇主共同承担)	该缴费水平由皇家邮政预算决定
养老金水平	1/80 × ∑PP 67岁领取 遗孀领取过世雇员一半养老金	待遇水平与DB计划类似，但是为预期而非固定。在初始精算预期中，年金水平将每年以当年CPI +1%的幅度增加
养老金水平增长	长期增长率将根据融资水平进行调整 在极少数情况下，增长率可能为负	通过浮动的年金增长率来维持固定的缴费标准。因为长期增长率每年都进行调整，投资收益、死亡人数等影响融资水平的因素将被分散到未来时间点，使得养老金水平保持相对稳定
投资策略	积累期投资高回报资产 领取期逐渐转向低风险投资	该投资策略保证了追求高投资收益和降低养老水平减少的可能性之间的平衡

续表

计划要素	计划设计	说明
退休前推出计划选项	由精算师根据基金融资水平持续计算每人资产份额	方便员工在享受 DC 模式下的养老金转出自由的同时不损害其他员工利益
信息披露	年度待遇报告包含当下养老金和未来养老金调整 年度公告包含调整额度和调整原因	受托人和雇主需要做好投资者教育工作，指引员工理解养老金水平、投资政策和养老金计算方法都是可变的

资料来源：Royal Mail Group and Communication Workers Union，“Anticipated Collective Defied Contribution Pension Design”，2018。

三　对我国私人养老金长寿风险管理的借鉴

（一）加强私人养老金长寿风险管理的顶层设计

1. 建立我国私人养老金长寿风险管理的总体构架

私人养老金长寿风险管理，是一个复杂的、系统性的工程。因此，我国养老金长寿风险管理的总体构架，应当以确保各类养老金能够为广大人民群众服务、让缴费者安度晚年为根本目标，以高质量的生命表为基准，以精确预测死亡率为核心的长寿风险精算为工具，以养老金的模式选择为方向，以市场为主导、政府支持为辅，以审慎发展去风险化对冲金融产品为有效应对手段，以严格、有效的金融监管为长寿风险管理提供可靠的、可持续发展的外部政策环境，以科学的研究和不断的创新为推动长寿风险管理发展的动力。

具体来说，在国家监管部门的规范下、行业实操者的实践经验和学术研究者的理论创新的共同协作下，随着我国政府和养老金产业对长寿风险认识的加深、我国养老金市场对外资的进一步开放，以及对国外先进养老金长寿风险管理技术的不断借鉴和引进，我国多支柱养老金长寿风险管理理念与技术将逐步与国际接轨，日趋科学化、系统化、多样化和标准化，在精算技术和生命表开发的基础上，打通养老金计划、保险市场、资本市场以及学术研究领域，使我国的各支柱养老金管理者有更多的理论基础和金融工具对长寿风险进行科学有效的管理。

2. 强化养老金长寿风险管理的政策引导

在长寿风险的转移和承担方面，监管部门起着政策主导作用，建议重视长寿风险的管理，提高我国养老金精算水平。当务之急是尽快健全长寿风险衡量和转移等相关规定，形成比较完备的政策体系，完善机制建设并指导实际操作，继续鼓励养老金模式和风险转移手段的创新，从宏观层面积极推动长寿风险管理的发展。

对于私人养老金，建议政府出台政策，鼓励养老保险公司和寿险公司创新，开发带有长寿风险管理功能的养老金计划模式、个人养老产品和养老金计划融合产品，并且提供长寿风险管理相关的咨询顾问服务。同时，出台金融政策，有步骤地鼓励资本市场充分参与长寿风险的管理与消化，推动长寿风险证券化的发展。

在个人长寿风险教育方面，专业的养老金管理机构应该在监管部门的指导下合力加强投资者教育工作，普及和提高个人、行业以及学术研究者对长寿风险的全面正确认知，强化全社会对养老储蓄长期性的认识。

（二）加强养老金长寿风险衡量方面的能力建设

从英国的养老金长寿风险管理经验上看，生命表的开发和未来死亡率改善的预测是衡量养老金长寿风险关键和唯一的工具。

1. 我国生命表开发与死亡率预测模型的不足

我国监管部门和精算师协会缺乏类似英国 CMI 的机构，在生命表发布后周期性地对过往行业内死亡率经验进行持续的观测，并发布指导意见。因此我国目前的生命表依旧无法满足私人养老金行业对未来死亡率改善预测的需求。另外，不同地区、公司和养老金计划之间承受的长寿风险特征，因地区贫富差距造成的缴费额度、公司产品种类、客户规模、客户群体死亡率特征和社会经济因素、风险控制水平等因素呈现巨大的不同。使用统一的生命表容易掩盖各地、各公司间长寿风险的差异，极易造成死亡率精算假设与实际经验发生偏离的基准风险。

同时，国内死亡率预测的研究多集中在用已有的死亡率模型对相关数据进行拟合性分析和改良，但是对拟合方法论的研究、多人口死亡率的研究，以及死亡因素驱动模型和社会经济因素死亡率模型的研究涉猎较少。此外，我国死亡率模型的研究大多仍旧处于理论学术研究阶段，未对行业实践操作者产生足够的影响。而且我国的死亡率数据还存在时间序列较短、数据质量不高、相关性较低和数据种类较少等缺陷，大大降低了死亡率模型用于预测未来死亡率的稳健性。

2. 增强对养老金长寿风险本质的认识

要增强养老金长寿风险的观念。养老金长寿风险的本质是精算，其外在表现为相关利益主体的财务风险，以及由此而引发的系统性、社会性风险。从宏观角度看，政府在重视选择我国养老金模式的同时，要更加重视在技术层面化解长寿风险。

中国精算师协会可以效仿英国精算师协会（IFoA），设置养老金方向精算师认证，会同高校、企业联合培养养老金精算人才，充实到政府养老金监管部门和养老金管理机构，提高精算整体水准。加快建设养老金精算网络，学习英国经验，在国家层面设立政府养老金精算中心，引进精算人才，及时预警和把控长寿风险。对养老金机构，则要求必须有注册养老金精算师，方可推出养老产品，并赋予养老金精算师法律责任。

3. 加强死亡率预测与研究，开发养老金专用生命表

针对我国长寿风险衡量技术的现状，可以借鉴英国精算师协会主导的CMI持续死亡率研究机构和精算研究中心（ARC）的工作，在国家社会保障部门、监管部门或精算师协会成立专门的养老金长寿风险研究机构，并鼓励高校等学术机构参加，针对中国养老金覆盖群体的死亡率特点和社会经济因子，开展中国人口高维度死亡经验数据的收集和处理方法的研究。其中死亡经验数据的收集和数据库的搭建可以效仿英国近些年的做法。在具体细分到各省级死亡率经验的同时，进一步根据个人高维度的社会经济因子进行分类。此类高度细分的数据库可以有效地帮助投资顾问和咨询机构充分了解

DC 计划内每个会员和未来第三支柱个人养老金产品客户的期望寿命，进而更加科学地为个人客户制定投资策略建议。

在拥有高质量数据的基础上，建议由上述机构共同探索适用于中国国情、可为养老金产业界和学术界所使用的死亡率改善预测模型（类 CMI 模型）和方法（类 ARC 研究），由监管部门周期性地公布与养老金产业息息相关的权威死亡数据和模型，并发布模型和数据的使用指导意见，以降低各机构在使用统一生命表和模型时的死亡率基准风险。同时，我国精算师协会、高校精算研究机构以及养老金行业实操者应密切关注并积极参与国际上精算长寿风险衡量技术的开发与应用。例如，高校的精算研究机构可与英国精算研究中心（ARC）合作建立亚洲长寿风险研究中心，实现研究资源和成果共享，为我国长寿风险管理提供扎实的数据基础和方法论支持。

（三）借鉴去长寿风险化策略，积极探索产品、投资策略的创新

1. 我国长寿风险应对市场的不足

在私人养老金长寿风险应对方面，受限于我国资本市场的完善性和投资者对长寿风险认知水准，用于对冲和转移长寿风险的 LRT 金融工具相对较少，缺乏保险型年金买断（入）的实际案例，以及针对领取期长寿风险的个人养老金产品。实际上，《企业年金办法》和《机关事业单位职业年金办法》（国办发 18 号）中均提到，领取方式可以是购买商业养老年金产品。在实际中却没有寿险公司愿意提供此类对接领取期的产品。究其原因，一是购买此类对接领取期的产品是个人行为，因此寿险公司管理此类产品的成本较高；二是同一计划内员工拥有相似的风险特征，意味着此类产品会有更加严重的聚合性长寿风险；三是寿险公司缺乏应对此类年金买断型产品死亡率预测和生命表开发经验。

目前，国内各养老金管理机构理论研究和实际操作仅集中在养老资金和保险资金的运用以及对应的风险控制上。对长寿风险通过证券化和资本化的方式获得资本市场的资金支持方面的研究，基本处于空白状态。通过保险型的年金买断（入）和长寿金融衍生品，进行长寿风险转移的策略，在短期

内仍难以实现。

养老金机构和再保险公司对长寿风险的管理能力也非常有限。在这样的大背景下，我国私人养老金长寿风险应对策略依旧以提高投资收益率、自留长寿风险、自然对冲策略为主。其中，发行终身养老年金的保险公司通过自留大部分长寿风险与寿险类产品中的死亡率风险进行自然对冲，以达到降低长寿风险的目的。然而，自然对冲策略假设养老金产品和寿险类产品对应的客户群体具有相似的或者可比较的死亡率特征。而实际操作中，两者对应客户群体死亡率特征的偏差，会影响自然对冲的效果。

2. 通过产品创新和对接资本市场应对长寿风险

针对国内长寿风险应对的现状，政府应尽早领导和开展养老金管理中去长寿风险化策略的研究，鼓励私人养老金行业借鉴国外的投资思路和技巧，探索适合中国国情的长寿风险应对措施。方法上，监管部门可以借鉴英国金融监管局（FCA）和审慎监管局（PRA），发布长寿风险对冲工具使用的指导意见，鼓励和指导资本市场、养老金管理机构和商业寿险公司等长寿风险相关利益方，发行长寿风险债券、调期等死亡率指数类金融衍生品，通过资本市场，承接和消化私人养老金中的长寿风险。同时，可以仿照国外经验，出台保险型批量年金买断（入）的长寿风险转移产品的相关政策，通过商业养老保险公司和寿险公司，逐步将二支柱私人养老金给付类年金化，即将原由企业年金和职业年金计划承担的养老金支付责任，转移至养老保险公司，规定职工退休时将个人账户积累的基金全部或部分用于购买商业养老金公司提供的个人养老金产品。

在管理私人养老金中蕴含的长寿风险时，需要针对不同的长寿风险承担主体，研究相应的去长寿风险化策略。养老金管理机构作为企业年金的管理者、个人客户长寿风险管理者，一方面需要探索创新型混合养老金计划，系统性地管理长寿风险，另一方面可以借鉴英国 CDC 模式下聚合管理长寿风险和投资风险的特点，充分利用资本市场对冲长寿风险的经验，设计拥有长寿风险对冲属性的个人养老金产品。此类产品可以是具备类似 CDC 模式动态精算调整机制的类年金全生命周期式个人养老金产品，在应对个人客户长寿风险的同时，通过对接资本市场投资者引入长寿风险资本缓冲（类似克拉拉养老金），进一步把产品发行机构承担的长寿风险转移至资本市场。

养老金管理机构可以借鉴英国经验，开发领取期养老金产品，满足私人养老金计划会员退休后养老金领取和资产增值的需求。在产品模式上，有别于上述类年金产品，可以将客户养老基金分成三份，继续投资于高、中、低三类风险资产。其中，低风险投资用于应对客户早期的养老金领取，中高风险资产用于养老基金的继续增值，提高养老基金的可持续性，应对个人长寿风险。

（四）通过养老金计划创新管理长寿风险的建议

1. 积极探索兼具 DB 与 DC 计划优势的新型单一养老金模式

英国 2021 年立法通过的第三种养老金计划模式 CDC 模式，是一种将 DB 型计划的特点和优势，融入 DC 型计划中的一类全新的养老金计划，在不额外增加融资者的财务负担的前提下，通过计划模式顶层创新，系统地管理长寿风险，具有深远意义。

除此之外，近些年英国市场上许多传统 DC 和 DB 计划完成了向 DC、DB 混合计划（Hybrid Pension Scheme，HPS）的转换。例如 2018 年，英国电信（British Telecom，BT）设立了 HPS，以取代正在运作的 DB 和 DC 计划。在混合计划中，员工的养老金由来自 DB 部分的终生年金和 DC 个人账户基金组成。因此，与传统 DC 计划员工独自承担并管理长寿风险不同，混合计划内的部分长寿风险通过 DB 部分转移至雇主。而根据英国的经验，雇主承担的长寿风险，可以进一步通过更先进的精算技术和风险转移策略来有效管理。

在我国行业内，监管部门可以选择适当规模的企业年金计划，进行 HPS 和 CDC 试点，指派拥有丰富长寿风险管理经验的养老金管理机构作为受托人。在积累了足够的计划运营经验之后，出台企业年金设立 HPS 和 CDC 计划的指导意见和精算技术指引，分批次地引导私营企业乃至国有企业自愿设立 HPS 和 CDC 企业年金，或者向此类年金计划过渡。在计划的具体设计上，可以尝试采用以下几种模式。①融合型计划（Combination Scheme），即计划内会员同时累积 DC 和 DB 的福利待遇，养老金来源于已积累的个人 DC

账户和计划内企业设立的公共账户。②自年金化 DC 计划（Self-annuitizing DC Scheme），即 DC 计划内会员在退休时刻，按照计划内约定年金转换机制，将个人账户内累积基金转换成终身年金并由计划发放。该模式等同于向养老金计划购买终身年金。

我国的许多专家和学者也已经开始了混合计划的理论研究。相信未来 DB 模式的发展，以及结合 DC 和 DB 模式优势的混合养老金计划会成为我国私人养老金市场上长寿风险管理的方向性选择。

2. 积极探索私人养老金计划合并在我国养老金市场运用的可行性

现阶段，虽然我国市场上私人养老金计划以 DC 计划为主，但是 DC 计划无法解决领取期长寿风险的问题已经凸显。随着未来我国企业年金覆盖面的进一步提高，与英国私人养老金市场相似，我国养老金市场上势必将会出现更多的规模较小的养老金计划。英国养老金与终身储蓄部（The Pension and Lifetime Savings，PLSA）的最新研究显示①，未来五年内的英国养老金市场养老金计划合并将成为 DB 和 DC 计划用以应对长寿风险、投资风险以及运营风险的首选。

我国可以参考国际养老金市场上各类养老金计划合并产品，设计符合我国养老金市场特点的超级基金产品，解决小而散的问题，增强抗长寿风险，以及由此带来的系统性风险的能力。在超级基金模式的设计上，可以在英国超级基金的基础上进行一定的创新。例如，可以参考英国混合养老金计划（HPS），设立以 DC 计划为基础的 HPS 超级基金。

参考文献

Blake，D.，Cairns，A.，Coughlan，G.，Dowd，K.，& MacMinn，R.，“The New

① “The Pension and Lifetime Savings：Facing the Future（IFF），” UK Workplace Pension Schemes Survey，2020.

Life Market", *Journal of Risk and Insurance* 80 (3), 2013: 501 - 558.

Cairns, A. J., Blake, D., & Dowd, K., "A Two-factor Model for Stochastic Mortality with Parameter Uncertainty: Theory and Calibration", *Journal of Risk and Insurance* 73 (4), 2006: 687 - 718.

Chen, L., Cairns, A. J., & Kleinow, T., "Small Population Bias and Sampling Effects in Stochastic Mortality Modelling", *European Actuarial Journal* 7 (1), 2017: 193 - 230.

Coughlan, G. D., Khalaf - Allah, M., Ye, Y., Kumar, S., Cairns, A. J., Blake, D., & Dowd, K., "Longevity Hedging 101: A Framework for Longevity Basis Risk Analysis and Hedge Effectiveness", *North American Actuarial Journal* 15 (2), 2011: 150 - 176.

Lee, R. D., & Carter, L. R., "Modeling and Forecasting US Mortality", *Journal of the American Statistical Association* 87 (419), 1992: 659 - 671.

B.16
马来西亚养老金体系的经验借鉴与启示

Munirah Khairuddin　李 斐*

摘　要：　马来西亚的养老金制度于1951年正式建立，以雇员公积金的成立为标志，在世界养老金体系中也算起步较早、成效显著。但随着经济的发展和人口老龄化进程的加快，雇员公积金的有限覆盖难以满足更多需求。因此，马来西亚开展了一系列养老金体系改革，一方面，扩大对贫困人口的覆盖；另一方面，推出第三支柱自愿型个人退休计划，通过有益的账户设计增强对计划参与人尤其是年轻人的吸引力。在2020年的墨尔本美世全球养老金指数（MMGPI）整体排名中，马来西亚位列第19名，在亚洲仅次于新加坡和中国香港特别行政区。马来西亚的养老金账户功能、监管方式、账户设计的经验对中国养老金体系的改革和完善具有一定的借鉴意义。

关键词：　养老金　马来西亚　雇员公积金　个人退休计划

一　马来西亚养老金制度框架及发展现状

（一）马来西亚老龄化情况

拥有3152.8万人[①]的马来西亚正快马加鞭地冲向老龄社会，而这将是

* Munirah Khairuddin，信安资产管理（马来西亚）有限公司首席执行官；李斐，美国信安金融集团北京代表处代表。本文仅代表个人观点，与供职单位无关。

① 世界卫生组织：《2020年世界卫生统计：针对可持续发展目标监测卫生状况》，2020，第44页。

未来几十年影响马来西亚的最重要的趋势之一。

2020年，马来西亚刚刚跨入老龄化社会。按照联合国教科文组织规定，一个国家或地区65岁及以上的人口占其人口总数的7%或以上，那么该国家或地区就进入了老龄化社会，而占比14%以上就进入了老龄社会。从老龄化社会到老龄社会的进程，法国用了115年，澳大利亚用了73年，美国用了69年，英国用了45年，但根据预测，马来西亚只要24年，这一速度与日本和中国类似（见图1）。而后再过12年，马来西亚就会进入超老龄社会①，也就是老龄人口占比将超过人口总数的20%（见图2）。

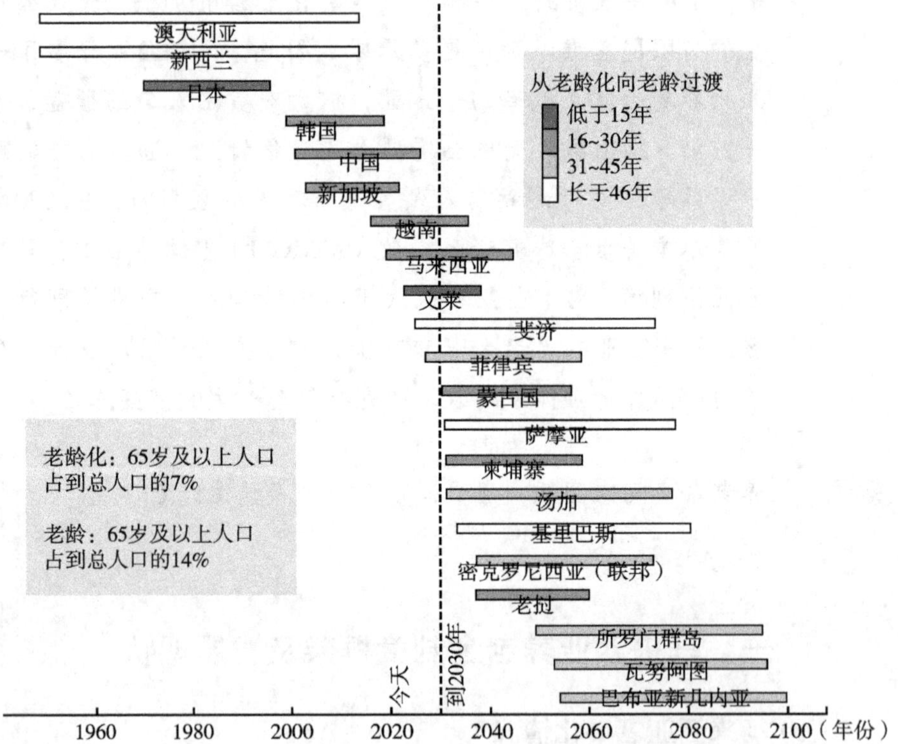

图1　西太平洋区域各国从老龄化社会到老龄社会所需时间

资料来源：世界卫生组织，《2020年世界卫生统计：针对可持续发展目标监测卫生状况》，2020，第38页。

---

① “A Silver Lining: Productive and Inclusive Aging for Malaysia”, Washington, DC: The World Bank, 2020, p. 13。

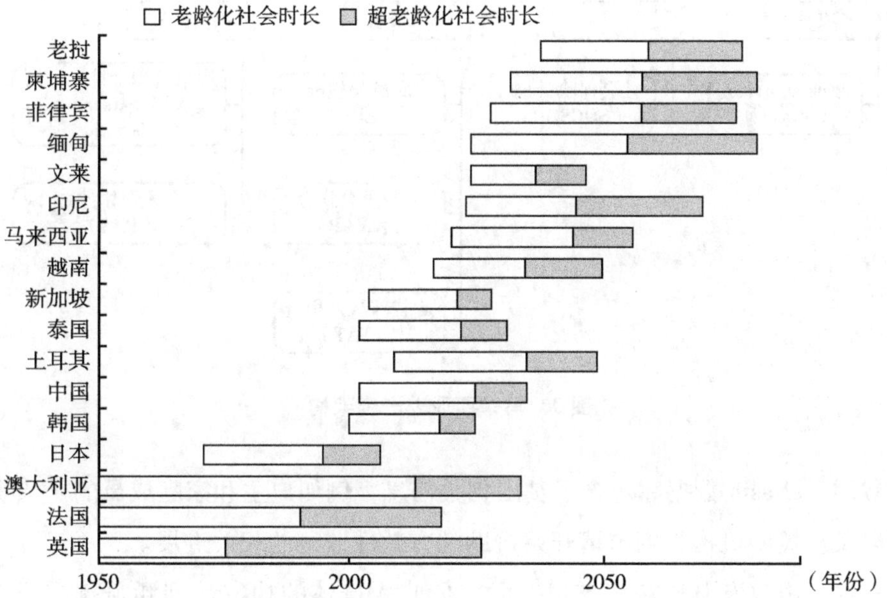

图 2　按国别分类的从老龄化社会向超老龄社会转变的进程

资料来源：《联合国世界人口展望 2019》。

与此相应，每一年马来西亚老龄人口都会净增 13 万~21 万人，60 岁及以上老龄人口抚养比也预计将从 2020 年的 10.4% 陡然拉升到 2040 年的 21.7%，这一增速超过了以往任何时代。根据世界银行的宏观经济预测，马来西亚的总体经济增长预计将从 2019 年的 4.5% 下降到 2050 年的 1.8% 左右，其中近 1/3 的原因正是在于人口增速放缓和劳动年龄人口比率下降。

（二）马来西亚养老金制度基本框架

1957 年，马来西亚从英联邦中独立，但在此之前的 1951 年，就开始逐步建立养老金体系，经过多年的探索，形成了目前的体系结构（见图 3）。

1. 零支柱：政府扶贫计划“爱心援助”（eKasih）

为了帮助人民减轻生活负担，特别是应对生活困难，2007 年 10 月马来西亚政府开发了一个数据库系统 eKasih，希望以此维持贫困人口的基本生存需求，并通过多种资助进一步帮助他们回归到生活轨道上来，从国家层面消

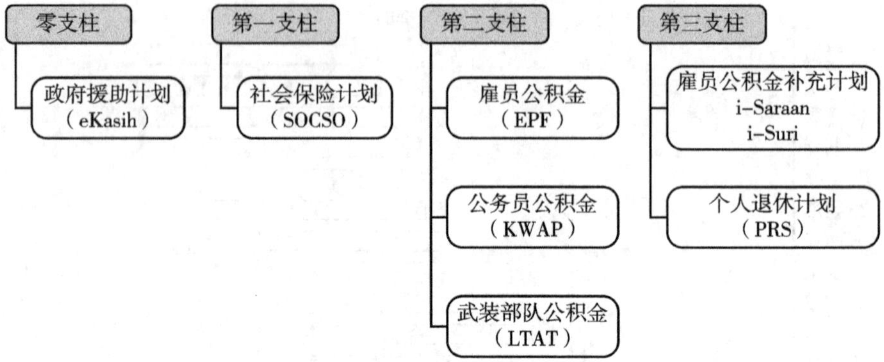

图3　马来西亚养老金架构

除贫困。eKasih 数据库包含了贫困相关信息，例如户主和家庭成员的个人资料以及从援助机构收到申请开始援助到有效性监测的相关进展。

这一由政府财政转移支付、面向低收入群体的扶贫计划涵盖范围很广泛，从儿童援助、老年协助、女性贫困到残障补贴都在其中。每种援助类型都设有一定条件，有需求的人可以每月或一次性申请几种类型的援助。其中，针对老年贫困的援助面向的是 60 岁及以上且家庭收入不超过当前贫困线收入[①]的马来西亚公民，每月向其发放 350 林吉特（约合人民币 552 元）[②]。但总的来看，这项福利仍旧不能达到 2208 林吉特（约合人民币 3436 元）的家庭贫困线水平。而且还存在另一个问题，并非所有的潜在目标人群都能被覆盖。

2. 类第一支柱：社会保险计划（SOCSO）

马来西亚尚无覆盖全国的社会保障计划，但为了满足国际劳工组织 1952 年社会保障公约（即第 102 号公约：社会保障最低标准）的目标，以及落实马来西亚 1969 年推行的《雇员社会保障法》和 1971 年推行的《雇员社会保障（一般）条例》，1971 年，马来西亚政府的人力资源部推

① 贫困线收入由经济事务部（MEA）每两年更新，2020 年家庭贫困线收入提高至 2208 林吉特。

② "Pensions at a Glance Asia/Pacific 2018", OECD Publishing, Paris, p. 55.

出了强制型基本社会保险计划（Social Security Organization Scheme，SOCSO）。

这是一种面向私企雇员的强制型社会保险计划，通过“工伤计划”（Employment Injury Scheme）和“伤残计划”（Invalidity Scheme）为残障或失能的雇员及家属提供社会保障和微弱的养老抚恤。其中“工伤计划”覆盖了职业病和通勤中遭遇的交通事故；“伤残计划”则为雇员提供24小时防护，覆盖工作时间之外的意外伤亡。适用养老抚恤的情形则是当雇员身故，其家属（直接受益人）可以以领取养老金的形式获得经济补偿，金额为永久伤残津贴或伤残抚恤金的40%，且每月最高限额为500林吉特（约合人民币778元）。

近年来，SOCSO也在不断自我完善，2017年推出《自雇社会保障法》（第789号法案）后，马来西亚开始将自雇者纳入保险范围内，2018年《就业保险制度法》（第800号法案）出台后，又增加了就业保险和就业服务，从而为失业者提供保障。从前，SOCSO只为马来西亚籍职员和永久居民提供保障，自2019年1月1日起，雇主也要为其外籍雇员（不包括家政人员）注册“工伤计划”并缴费。SOCSO由雇主缴费，缴费率统一为雇员月工资的1.25%。

总之，SOCSO的范围更像我们五险一金中的工伤险和失业险，兼顾一部分微弱的遗属养老抚恤，而马来西亚更多养老保障则依赖于以下三大计划：雇员公积金、公务员公积金和武装部队公积金。

3. 第二支柱：三大计划——雇员公积金、公务员公积金和武装部队公积金

雇员公积金、公务员公积金和武装部队公积金是马来西亚第二支柱下的三个计划，三者的职能如表1所示。

（1）雇员公积金（EPF）

雇员公积金（Employee's Provident Fund，EPF；又称 Kumpulan Wang Simpanan Pekerja，KWSP）在世界公积金体系中起步较早，自1951年成立，迄今已有70年历史，是马来西亚最重要的养老金计划。它是面向私企雇员、

表1　马来西亚三大养老金计划职能范畴

<table>
<tr><th rowspan="2">面向群体</th><th>政策制定</th><th>会员缴费收取</th><th>投资政策与准则</th><th>投资管理</th><th>会员管理</th><th>待遇支付</th></tr>
<tr><td>制定养老金/公积金政策</td><td>收集管理个人会员的缴费</td><td>制定投资政策并监控绩效</td><td>执行投资管理</td><td>管理会员账户</td><td>财务管理及待遇支付</td></tr>
<tr><td>·私企雇员
·非享受养老金公务员</td><td colspan="6">雇员公积金(EPF)
提供政策意见</td></tr>
<tr><td>享受养老金的公务员</td><td>财政部
·衡量财政影响
·批准EPU政策
·制定和审查政策
公共服务部
制定和审查政策</td><td colspan="5">公务员退休积金(KWAP)　联邦政府指定机构</td></tr>
<tr><td rowspan="2">军队</td><td rowspan="2">国防部
制定和审查政策</td><td colspan="3" rowspan="2">武装部队积金(LTAT)
·从武装部队人员和联邦政府收集缴费
·计算武装部队积金退至公务员退休积金(KWAP)</td><td>退伍军人事务（国防部）
·联络退休人员
·福利计算</td><td rowspan="2">·提款支付
·将退款转移到KWAP</td></tr>
<tr><td>·联络活跃会员
·会员账户余额管理</td></tr>
</table>

部分公务员（未参加由公务员公积金提供的DB计划）和自雇人员的强制缴费确定型计划，由雇员公积金管理局运营，旨在帮助马来西亚劳动者为退休而储蓄。

截至2019年末，EPF覆盖了马来西亚1459万工作人口[①]，达到总人口3152.8万人的46.28%，其中活跃的计划参与人为760万，年同比增长了24.6%。不同年龄人群占比如图4所示。

作为强制性储蓄计划，EPF的缴费比例达到雇员工资的23%，其中雇主缴

① https：//www.kwsp.gov.my/-/appendix-epf-2019-performance.

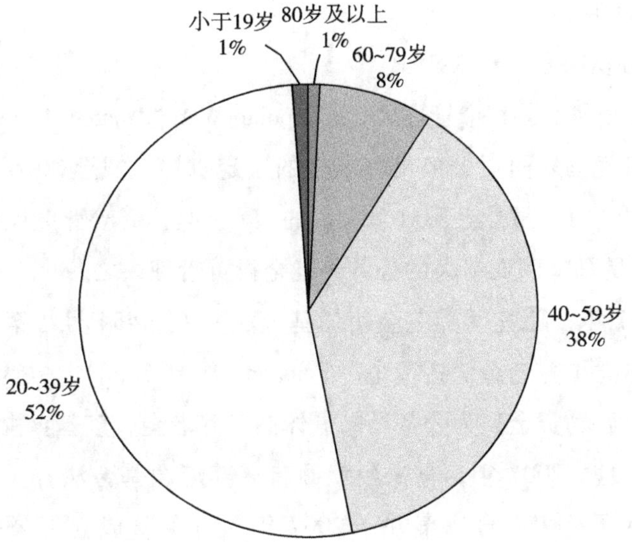

图4　不同年龄人群在 EPF 中的占比

纳12%，雇员缴纳11%，这比33个OECD国家的平均有效缴费率18.4%[①]都高。仅2019年，雇员和雇主向EPF的年度缴费就达759.3亿林吉特（约合人民币1198亿元），年度领取共计448亿林吉特。

早在1999年，EPF积累的资产就已相当于当时马来西亚国内生产总值的55%，这使其一跃成为世界上最大的退休储蓄计划之一。历经20载，截止到2020年末，其资产管理规模达9980亿林吉特[②]（约合人民币16140亿元[③]），年同比增加7.57%[④]，占GDP[⑤]比例70.45%（受疫情影响有所下

① OECD, *Pensions at a Glance* 2019: *OECD and G20 Indicators*, OECD Publishing, Paris, 2019, p. 196.

② "Malaysian Pension Fund EPF Assets Grow to Value of $252 Billion in 2020", Reuters, https://www.reuters.com/article/malaysia-epf-idUSL1N2KX04N.

③ 人民币1元对0.61833林吉特，2020年12月31日中国外汇交易中心受权公布人民币汇率中间价，https://news.smm.cn/news/101360342。

④ EPF《2019年年度报告》。

⑤ 14166亿林吉特，参见《2020年马来西亚经济数据》，马来西亚国家统计局，2021年5月11日，https://www.dosm.gov.my/v1/index.php?r=column/cthemeByCat&cat=153&bul_id=cnBscXhyMENra2JzUVhWRTZ4NU44QT09&menu_id=TE5CRUZCblh4ZTZMODZIbmk2aWRRQT09。

滑，2019 年为 97.3%）。

（2）公务员公积金（KWAP）

马来西亚公务员公积金管理局（Kumpulan Wang Amanah Pencen，KWAP）是目前负责管理马来西亚公务员养老金的法定机构。截至 2018 年底，其覆盖人口超过 170 万，虽然还不到总人口的 6%，但其资产管理规模达 1365.1 亿林吉特①，是马来西亚最大的公共养老金投资管理人之一。

早在 1991 年，随着《养老金信托基金法》（第 454 号法案）颁布，马来西亚政府成立了养老金信托基金（Pensions Trust Fund），并为其提供了 5 亿林吉特作为启动资金，为公务员的退休储备养老金，该基金由养老金信托基金理事会管理。2007 年，马来西亚颁布《养老金基金法》（第 662 号法案）后，取代了第 454 号法案并于 2007 年 3 月 1 日成立了公务员公积金（KWAP）（又称 Retirement Fund，即退休基金），随后，KWAP 合并了曾经的养老金信托基金，接管了其所有权力、职能、活动、资产和负债。

KWAP 覆盖的成员包括所有法定机构、地方当局和指定机构（例如高校）中享有养老金资格的雇员②。聘用以上雇员的机构需每月为该雇员向 KWAP 缴费，金额为这些雇员基本月工资的 17.5%③。此外，联邦政府每月也向 KWAP 缴纳联邦政府雇员年度预算薪酬总额的 5%。由于这些机构的资金来源为税收，因此为雇员的缴费也可视为来源于税收。截至 2021 年 3 月，共有 472 家机构参与这一计划，其中法定机构 197 家、地方当局 150 家、指定机构 125 家。KWAP 提供的仍是待遇确定型计划，替代率约为雇员最终薪酬的 20% ~60%。

公务员的薪酬和养老金占了很多政府预算。例如 2018 年，马来西亚政府预算为 3145 亿林吉特，其中仅 547 亿林吉特用于发展，2598 亿林吉特都用于运营开支，而单养老金一项就达 257.6 亿林吉特④，占了约全部开支的

① KWAP《2018 年年度报告》。

② 一位雇员是否享有养老金资格由马来西亚公共服务部（Public Services Department）确认。

③ 《1980 年法定和地方当局退休金法》（第 239 号法案）第 8（1）节。

④ Alifah Zainuddin & Mark Rao，“Pension Scheme for Civil Servants Being Studied”，September 6th，2019，the Malaysia Reserve.

10%。随着时间推移，薪酬上涨，政府的财政压力日益增大，因此2019年，马来西亚公共服务部也打算对养老金计划做出修正，例如不再聘用终身公务员，而是改为合同制，从而减轻为公务员支付养老金的负担，但是这一政策尚在讨论中。

（3）武装部队公积金（LTAT）

马来西亚武装部队公积金管理局（Lembaga Tabung Angkatan Tentera，LTAT）是根据《武装部队积金法》于1972年8月成立的政府机构，由国防部监督，负责管理马来西亚武装部队部分成员的养老金，并提供缴费确定型计划。计划参与人每月须向LTAT缴纳工资的10%，而雇主则缴纳15%。对于自愿参与人，每月最低缴费金额为25林吉特，最高为2000林吉特。截至2019年底，武装部队公积金管理局的管理资产总规模仅94.8亿林吉特①，在马来西亚与政府有关的投资机构中规模最小。

4. 第三支柱：个人退休计划（PRS）和EPF补充计划（i-Saraan和i-Suri）

尽管马来西亚的第二支柱尤其是雇员公积金运作比较成功，但从提供替代收入角度而言，仅有第二支柱还是不足的。2010年马来西亚政府推出了经济转型执行方案（ETP），其中，推动个人养老金发展、构建多支柱养老金体系也是该方案的目标之一。

（1）个人退休计划（PRS）

尽管雇员公积金（EPF）在努力扩大覆盖范围，但依旧有相当比例的人群没有享受到充足的社会保障。个人退休计划（Private Retirement Scheme，PRS）于2012年启动，作为面向全体人群的自愿性缴费确定型计划，PRS由私企运营，旨在为投资者提供新的养老储蓄投资途径，弥补EPF提供的养老金与所需替代收入之间的差距，而且外籍人士也可以参与这一计划。

启动之初，马来西亚证券委员会批准了8家PRS公司，分别是Affin

① “LTAT Undergoing First Phase of Transformation”, Malay Mail, 18 May 2020, https://www.malaymail.com/news/money/2020/05/18/ltat-undergoing-first-phase-of-transformation-journey/1867355.

Hwang AM、AIA、AmInvest、Kenanga Investors、Manulife Investment Management、Principal Asset Management、Public Mutua 和 RHB AM，均为具有影响力的基金管理公司或保险公司。截至 2021 年第一季度，8 家公司提供了 57 只 PRS 产品，总资产净值（NAV）约为 50 亿林吉特。PRS 覆盖人口已从 2013 年底的 6.5 万人增加到 2021 年的 50 万人，其中一半以上的投资者是“80 后”和“90 后”，不过距离 ETP 的“2021 年覆盖 270 万人”这一目标还有相当一段距离。

为了鼓励人们积极参与，增加第三支柱个人养老储蓄，PRS 采取了税收激励、开展投资者教育和促销活动等一系列鼓励措施，例如 PRS 青年激励计划使其 30 岁及以下的成员，也就是“90 后”的占比上升到近 40%。此外 PRS 也有在线平台，数字化也让账户的跟踪管理更加便捷。

（2）EPF 补充计划：i-Saraan 和 i-Suri

近年来马来西亚零工经济日益盛行，根据世界银行测算，自雇人士占马来西亚劳动力的 25% 以上。2018 年，雇员公积金局为了扩大社会保障覆盖面，推出了两个自愿性缴费计划，分别是面向非正式雇员的 i-Saraan 和面向家庭主妇的 i-Suri。

未满 55 岁的马来西亚籍自雇者可自愿向自己的 i-Saraan 账户缴费，缴费没有最低限额，但一年最高不超过 6 万林吉特。参与这个计划也可享有 EPF 的派息、身故抚恤金（2500 林吉特）、从第 2 账户领取金额、每年最高 6000 林吉特税收减免等权益。此外，政府还会为计划参与人补贴其缴费额的 15%，但一年最多 250 林吉特。

未满 60 岁的马来西亚籍家庭主妇或是家务总管可自愿申请 i-Suri 账户并缴费，缴费没有时间要求，但设有缴费限额，最低为每月 5 林吉特或每年 60 林吉特，最高为每年 6 万林吉特。计划参与人也可享有 EPF 的派息、身故抚恤金（2500 林吉特）权益，此外每年政府也会依据 eKasih 的数据为满足条件的人员补贴 480 林吉特。这一账户也可由丈夫为法定妻子申请。

截至 2019 年底，i-Saraan 的注册用户新增 22.11%，超过 12 万人，缴费金额达到1.44亿林吉特；i-Suri的注册用户数量以28.78%的速度增长，超过8万人，缴费额达到740万林吉特。

总体而言，马来西亚各项养老金计划还是根据不同人群特征设置，相对独立，并不是标准完善的三支柱养老金制度。

二　马来西亚养老金的制度设计

（一）第二支柱雇员公积金（EPF）制度设计

EPF采用个人账户制，雇员和雇主向EPF的缴费金额记在个人公积金账户上，计划参与人退休后可从个人账户领取积累的储蓄资金。

1. 伊斯兰教账户与传统账户并行

伊斯兰教是马来西亚的国教，因此与一般国家养老金体系不同，EPF体系中设有两个个人账户，分别是伊斯兰教账户（Shariah）和传统账户(Conventional)。

根据伊斯兰教义，货币只是计价工具，不允许以钱生钱，因此借贷不得收取利息，此外还有私人不得占有公共资源、禁止垄断、禁止投机哄抬物价、禁止投资于不符合教义的项目等要求。伊斯兰教账户遵循这些原则，能够确保不投资于传统银行和保险投资中经常出现的生息、对赌和风险不确定的交易，能够为穆斯林成员提供符合教义的退休储蓄，这样当他们朝圣及消费时就无须对资金来源的正当性有所担忧。此外计划参与人身故后，账户中的资金也是以清真资金作为遗产分配给继承人。

EPF计划的默认账户是传统账户，但每个计划参与人都可自愿选择将传统账户转换为伊斯兰教账户，但转换后，无法再转回传统账户。伊斯兰教账户依照伊斯兰教相关法律法规，仅投资于符合伊斯兰教义的资产；而传统账户则不受相关限制，不过两类账户均不得投资于制造和推广酒精、赌博、成人娱乐和军事武器等行业。传统账户的股息基于常规投资，承诺最低股息率不低于2.5%，而通常伊斯兰教账户股息率低于传统账户，例如2020年，普通账户股息率为5.2%，伊斯兰教账户则为4.9%。

延伸阅读：EPF伊斯兰账户的运营机制

1. EPF伊斯兰教法下的治理结构

EPF伊斯兰教法下的治理结构见图5。

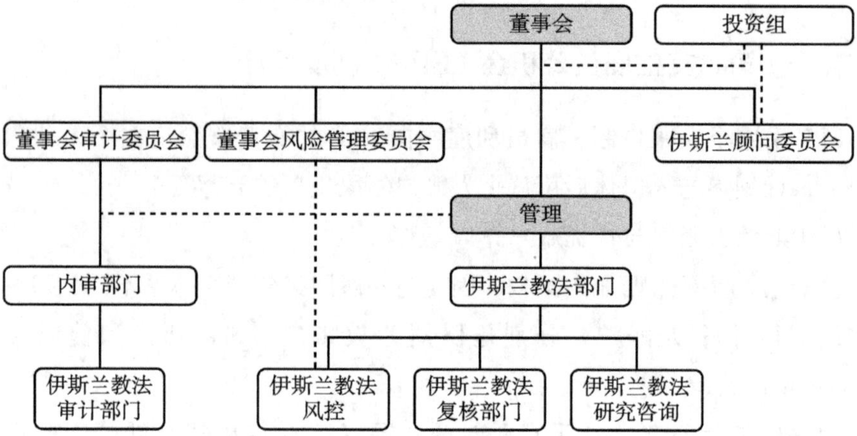

图5　EPF伊斯兰教法下治理结构

资料来源：EPF年报。

2. 伊斯兰顾问委员会成员的任命要求

董事会任命了至少3名具有伊斯兰教法资格，或在伊斯兰教法、银行、金融、法律或其他相关学科方面具有知识或经验的人员，作为伊斯兰顾问委员会（SAC）成员。

董事会还规定，顾问委员会成员必须至少具有五年的伊斯兰金融经验，其2/3的成员必须至少具有伊斯兰教法学位，其中包括伊斯兰商法、伊斯兰教义或伊斯兰法学。每次任期两年，可以连任。

3. 伊斯兰教法账户的投资管理

EPF伊斯兰教法投资组合模型如下：①EPF伊斯兰教法账户和传统账户

并存于单一基金下，由董事会管理；②EPF 教法账户根据伊斯兰原则投资其账户中的信贷；③除 EPF 的公司治理外，伊斯兰教义账户还受伊斯兰顾问委员会不时确定的运营投资相关的治理框架和政策的约束；④EPF 伊斯兰教法账户的操作流程和 IT 系统要满足 SAC 规定的伊斯兰教法。

4. 最新动态

2021 年 2 月底，EPF 又推出全球首只伊斯兰教法私募股权基金，拨款 6 亿美元，分配于 3 个独立管理账户，由贝莱德、汉柏巍和合众集团三家私募基金管理人进行管理。投资期为 2021 ~ 2025 年，基金期限为 2021 ~ 2031 年。

2. 分设子账户

伊斯兰教账户和传统账户之下，还各自分设第 1 账户和第 2 账户，随着退休日期的临近，两个账户最终会合并。

（1）第 1 账户

第 1 账户是为了满足退休需求而设的主账户，计划参与人 55 岁之前，其 70% 的缴费会存入第 1 账户。当计划参与人或年满 55 岁、或丧失工作能力、或移民时，才能领取其中的积蓄（以上情况可全额领取）。此外参与人也可以通过继续缴费或每年领取累积缴费的股息来延迟领取积蓄。

此外 EPF 第 1 账户设有最低储蓄要求（见表 2），2008 年 1 月 31 日之前，当账户余额高于最低储蓄要求，计划参与人可以通过参与人投资计划，将第 1 账户中的部分超额储蓄转移出来，并选择指定的基金管理机构进行投资，以提高收益。但领取的投资金额不再获得 EPF 的保证最低回报和年度红利分配。参与人每 3 个月可以对投资金额进行一次调整。2008 年 2 月 1 日后情况有所调整，超出最低储蓄金额的余额中，只有 20% 可以投资于经批准的投资机构的产品。目前，已有 43 家基金管理公司获准向希望增加积蓄的 EFP 计划参与人提供服务。

表 2　第 1 账户不同年龄最低储蓄要求

单位：岁，林吉特

年龄	最低储蓄金额	年龄	最低储蓄金额	年龄	最低储蓄金额	年龄	最低储蓄金额
18	2000	28	27000	38	74000	48	154000
19	4000	29	31000	39	80000	49	164000
20	6000	30	35000	40	86000	50	175000
21	8000	31	39000	41	93000	51	187000
22	10000	32	43000	42	101000	52	199000
23	13000	33	47000	43	108000	53	212000
24	15000	34	52000	44	116000	54	226000
25	18000	35	57000	45	125000	55	240000
26	21000	36	62000	46	134000		
27	24000	37	68000	47	144000		

注：自 2019 年 1 月 1 日起执行。

资料来源：https：//www. kwsp. gov. my/ – /epf – sets – new – target – of – rm240 – 000 – for – basic-savings.

（2）第 2 账户

第 2 账户可以用于更广泛的目的，计划参与人将每月缴费的 30% 存入其中，可根据医疗、住房、教育或是 50 岁之后的其他需求，申请部分或全额领取该账户中的资金，类似我国的医保、公积金账户。第 2 账户累积缴费的领取必须符合某些资格要求，例如规定该参与人必须年满 50 岁，不能超过各类情况下的领取上限。领取的频率取决于预期的目的，例如每学期或每学年取回用于教育的积蓄，每年可以有一次机会减少缴费来偿还住房贷款等，具体将在领取章节详细介绍。

（3）账户 55 和账户 EMAS

当计划参与人年满 55 岁时，其账户将变为账户 55 和账户 EMAS。账户 55 合并了第 1 账户和第 2 账户的资金，计划参与人可随时从中领取全部或部分积蓄。而账户 EMAS 则是计划参与人 55 岁后继续工作，后续缴费的账户。

根据马来西亚2013年生效的《最低退休年龄法》，一般而言，雇员最早退休年龄为60岁。当计划参与人年满60岁时，账户55和账户EMAS合并，此后所有积蓄可被全部取出以保障计划参与人养老所需。

3. 雇员公积金（EPF）缴费要求

EPF本身属于强制缴费型养老计划，因此雇员和雇主都必须向EPF缴费，并且满足最低缴费金额。在此基础上，雇员和雇主也可以自愿提高缴费金额。缴费均为税前缴费。

（1）强制缴费

根据雇员公积金法，雇员和雇主应以雇员工资为基础，向EPF各自缴纳一定比例的金额。但不同身份的雇员，其雇主的缴费比例不同（见表3），马来西亚籍公民、永久居民的雇主缴费比例远高于非马来西亚籍公民（1998年8月后注册的）。不同年龄阶段的雇员，缴费比例也不同，60岁以下的合计缴费比例可超过20%，远高于60岁及以上最高仅11%的缴费比例。另外，月薪越高的雇员，雇主缴费比例越低。

表3　雇员及雇主向EPF缴费比例或金额

雇员身份	月薪	第一阶段（60岁以下）		第二阶段（60岁及以上）	
		雇员	雇主	雇员	雇主
马来西亚人	≤5000林吉特	9%	13%	0	4%
	>5000林吉特		12%		
永久居民 外籍人士(1998年8月1日前注册)	≤5000林吉特		13%	5.5%	6.5%
	>5000林吉特		12%		6%
外籍人士(1998年8月1日起注册)	不限		5林吉特		5林吉特

资料来源：EPF官网。

（2）自愿缴费

家政服务员（包括佣人、厨师、园丁、清洁工、保姆、司机等）和外籍人士可自愿向EPF账户缴费。此外，对于一般雇员，EPF仅规定最低缴费金额，但雇员和雇主可以申请提高缴费金额。雇主自愿为雇员多缴费时，雇员无须增加个人缴费（见表4及表5）。

表 4　雇主在最低缴费率基础上自愿为雇员增加 5%缴费

项目	月薪（林吉特）	员工缴费（林吉特）	雇主缴费			总缴费（林吉特）
			缴费率(%)	自愿超额(%)	雇主缴费(林吉特)	
		A *	(i)	(ii)	(i)+(ii)=B	A+B
不满 60 岁 月薪 <5000 林吉特	1000	92	13	5	18% ×1000 =180	272
不满 60 岁 月薪 >5000 林吉特	6250	567	12	5	17% ×6250 = 1062.50	1629.50 取整为 1630
年满 60 岁 月薪 <5000 林吉特	1000	0	4	5	9% ×1000 =90	90
年满 60 岁 月薪 >5000 林吉特	6250	0	4	5	9% ×6250 = 562.50	562.50 取整为 563

注：＊对于薪酬不足 2 万林吉特的雇员，雇主和雇员的具体缴费需要根据 1991 年《雇员公积金法》缴款率（附表三）来计算，而不是根据确切百分比计算，并且以一个林吉特为单位，不足一个单位的进行四舍五入处理。对于薪酬超过 2 万林吉特的雇员，缴费依据百分比计算。

表 5　雇员在最低缴费率基础上自愿增加 5%缴费

项目	月薪（林吉特）	雇员缴费			雇主缴费（林吉特）	总缴费（林吉特）
		缴费率（%）	自愿超额（%）	雇员缴费（林吉特）		
		(i)	(ii)	(i)+(ii)=A	B	A+B
不满 60 岁 月薪 <5000 林吉特	1000	9	5	14% ×1000 =140	13% ×1000 =130	270
不满 60 岁 月薪 >5000 林吉特	6250	9	5	14% ×6250 =875	12% ×6250 =756	1631
年满 60 岁 月薪 <5000 林吉特	1000	0	5	5% ×1000 =50	4% ×1000 =40	90
年满 60 岁 月薪 >5000 林吉特	6250	0	5	5% ×6250 =312.5	4% ×6250 =252	564.50 =565 （四舍五入）

资料来源：https：//www. kwsp. gov. my/employer/contribution/all - about - your - responsibility # Voluntary Contribution。

此外，家庭成员间可以相互为个人养老账户缴费，如父母给孩子、孩子给父母、丈夫给妻子、妻子给丈夫，但要求账户持有人年龄小于 55 岁，每年上限 6 万林吉特。

（3）缴费率历史变化

由于外部市场、经济形势等变化因素，EPF 的雇主与雇员的缴费率历史上曾经历过多次调整（见图6）：1952～1975 年，雇主和雇员的缴费率均为5%，后来逐步提高，2004 年 6 月起总缴费率保持在 23%，其中雇员负担 11%，雇主负担 12%。随后几年，由于美国次贷危机带来的全球经济下滑，马来西亚本国经济也受到了一定影响，于是 EPF 决定，从 2009 年 1 月起雇员的缴费率由 11% 下降到 8%，这样他们有更多的可支配收入，有利于整个经济的发展。该新缴费率的有效期为两年。雇员如果愿意，可以选择继续按照 11% 的缴费率来缴费，与此同时雇主的缴费率不变。EPF 的历史上，曾几次降低雇员缴费率作为经济刺激方案的一部分，根据外部经济形势的变化，降低缴费率以增加成员的可支配收入，拉动国内消费以促进经济发展。其中 2020 年 4 月调低缴费率则主要是为应对新冠肺炎疫情带来的冲击。

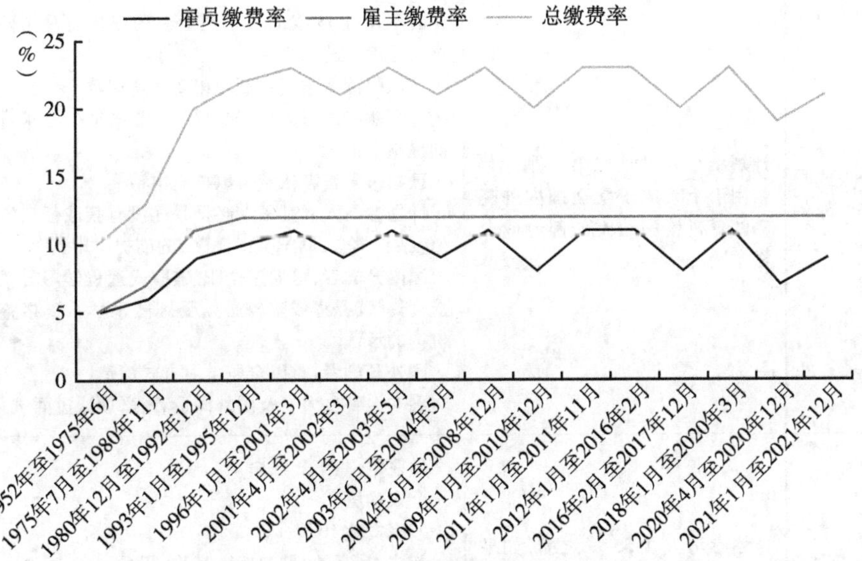

图 6　EPF 成立以来缴费率水平变化

4. 雇员公积金（EPF）领取要求

与大多数国家不同，马来西亚 EPF 的领取并不以退休为唯一判断条件，成员可以根据自己的具体情况进行各种用途的支取。这主要包括退休领取、住房领取、医疗领取、教育领取、投资领取、残障和身故领取、移民领取等，另外对于残障或身故的计划参与人，政府还会给予家属相关津贴。

具体来看，EPF 中积蓄的领取可分为部分领取和全额领取两种。

（1）部分领取

部分领取主要是计划参与人在 55 岁之前为满足置业、教育、健康、宗教朝圣等需求，或是 50 ~ 55 岁为满足养老需求而从第 2 账户中领取积蓄，以及为增加投资收益从第 1 账户中领取超额积蓄（见表 6）。

表 6　EPF 部分领取情形

申请理由	发生情形	特定条件和规则
年满 50 岁	当计划参与人年满 50 岁时，可领取第 2 账户部分或全部存款为退休做准备	年龄在 50 ~ 55 岁仅限领取一次第 2 账户最低储蓄金额不低于 500 林吉特
个人或子女教育	计划参与人可领取第 2 账户存款用于个人或子女在国内外高等教育机构深造时的部分或全额学费	年龄不超过 55 岁的马来西亚公民或持有马来西亚永久居留权的人士 ·领取限额为学费数额或第 2 账户存款 ·计划参与人可为自身或子女，根据每个学年或学期提出申请 ·已缴付学费者依然可以提出申请 ·计划参与人或其子女必须是在没有获取任何资助（包括奖学金、助学金或津贴）的前提下申请 ·国内升学者，可通过全职、兼职或远程学习方式深造，所就读课程或院校必须受到国家学术资格鉴定机构的承认 ·国外升学者，需以全职学习方式深造 ·到本地私立大专及国外深造者，必须通过面试
购置首套房	计划参与人在 55 岁之前，如果第 2 账户有余额，可以申请领取，用于以个人或者合伙的方式购买房产	·领取账户：第 2 账户 ·个人购房 ·家庭贷款 100% ·与丈夫/妻子/最亲近家庭共同购买 ·全款购买 ·如银行贷款购房，可从第 2 账户领取房屋全款的 10%。例如房屋价格是 15 万林吉特，则可领取 1.5 万林吉特。如第 2 账户不足 1.5 万林吉特，则可将第 2 账户的存款全额领取

续表

申请理由	发生情形	特定条件和规则
建造房屋	计划参与人在55岁之前可从第2账户提取资金来建造新房子	·领取账户:第2账户 ·参与人或配偶正在购买土地并建造房屋或是在自有土地上建造房屋 ·从未进行过住房提款或曾领取但已经处置了相关财产
减少房屋月供	计划参与人在55岁之前可领取存款支付月供或帮助配偶还清债务	领取账户:第2账户
一次性缴清或降低房屋贷款	计划参与人可领取存款用作一次性缴清或降低房屋贷款	·领取账户:第2账户 ·购买或建造的第一套或第二套住宅
灵活住房	计划参与人在55岁之前可将账户部分储蓄转到灵活住房领取账户*,从而提高从金融机构获得住房贷款的额度	领取账户:第2账户
个人或子女医疗	计划参与人在55岁之前可领取存款以缴付自身或家庭成员的医疗费	领取账户:第2账户;领取额度:医疗实际费用或第2账户全部存款,即使雇主已负责部分医药费用,雇员还是可以领取账户存款支付剩余费用,疾病名单参考EPF官网
账户金额超100万林吉特灵活领取计划	当账户金额超过100万林吉特,计划参与人可领取余额自行管理或投资。这是因为这些储蓄已经足够满足退休生活的基本需要	领取限额:第2账户,不超5万林吉特,否则余额将取自第1账户
投资领取	当第1账户的储蓄金额超过最低要求时,计划参与人可以领取超额部分投资其他基金,以增加投资灵活性、获得更高回报	领取账户:第1账户;领取金额:根据投资者的年龄计算;投资对象:受EPF承认机构的投资信托基金
朝圣	55岁以下计划赴麦加朝圣穆斯林成员可以用以补充朝圣基金中的费用差额	领取账户:第2账户;领取金额:上限为3000林吉特

注：*此账户中的积蓄不能用于住房、教育、健康和50岁领取等用途。

资料来源：EPF官网。

（2）全额领取

全额领取情况，包括计划参与人年满55岁或60岁后的退休领取，或因失能、身故或者移民等情况领取账户中的积蓄（见表7）。

表7　EPF全额领取情形

申请理由	发生情形	特定条件和规则
年满55岁或60岁	当计划参与人年满55岁时，可随时领取全部或部分存款为退休做准备；年满60岁的计划参与人可领取全部或部分存款	领取账户：55账户
具备领取养老金资格的公务员和选择性退休人员	计划参与人为符合条件的公务员	由公共服务部认定
失能领取	若计划参与人因残障或精神问题（须出示医生证明书）而失去工作能力，可领取全部存款。提出申请时该计划参与人必须是在无工作状态	领取金额：全部 失去工作能力的计划参与人可向EPF申请5000林吉特的一次性援助金 若该计划参与人继续工作，则必须将领取的款项归还于EPF
移民领取	当马来西亚籍的计划参与人放弃马来西亚公民权时，可申请领取	一次性领取全部EPF账户积蓄
身故领取	计划参与人可以在公积金管理局确认指定受益人，计划参与人身故后，指定受益人可全额领取计划参与人的EPF储蓄；若未指定受益人，则由法定近亲亲属默认继承，但领取手续较为复杂。同时若计划参与人去世时未满60岁，遗属可以获得2500林吉特的身故赔偿	

资料来源：EPF官网。

在领取情形中，满足最低储蓄后可领取超额部分增加投资收益是比较独特的设计，能够在一定程度上提升计划参与人的收益情况。从近两年的数据来看，52%～56%的领取金额是用于50岁后的退休生活，随后最高比例的领取用途在于灵活投资以增加收益（见图7）。

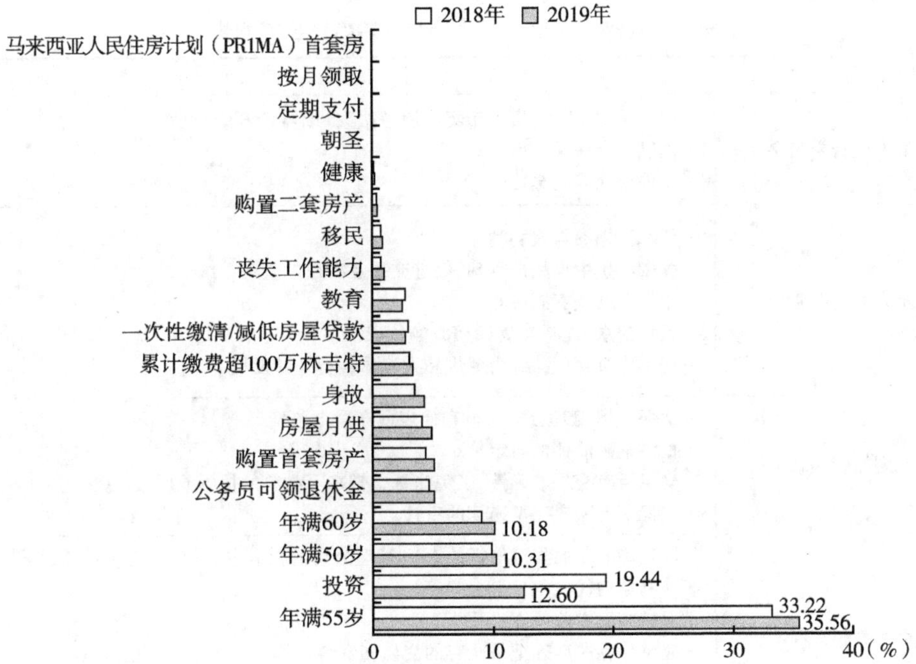

图 7　2018 年、2019 年 EPF 账户领取情况（按金额）

新冠肺炎疫情之后，雇员公积金管理局于 2020 年 4 月推出了为期一年的临时提取方案，允许 55 岁以下的计划参与人每月从第 2 账户中提取不超过 500 林吉特的养老储蓄，希望能一定程度上帮助人们克服经济上的困难。截至 2021 年 2 月底，共有 516 万计划参与人在新方案下提取了共计 181 亿林吉特养老储蓄。

（二）第三支柱个人退休计划（PRS）制度设计

1. 个人退休计划制度中各方角色及职责

PRS 监管框架是根据 2007 年颁布的《资本市场和服务法案》（CMSA）建立的，由马来西亚证券监督委员会进行监督管理。2012 年马来西亚证监会又批准成立了个人退休计划管理局（PPA）作为 PRS 的中央管理机构。此外，行业中所有关键方的角色和职责都有适当的区分，具体如表 8 所示。

表 8　马来西亚个人退休计划（PRS）各方职责

相关方	职责
证券监督委员会	·授权于 2007 年《资本市场和服务法案》以监管 PRS 行业 ·提供一个法规环境 ·发展个人养老金行业
个人养老金管理局	·保障计划参与人的利益 ·提供终生中央账户管理、促进交易及有效的管理 ·作为一站式资源中心 ·教育公众，提高公众对 PRS 的认识 ·提供中央管理并致力促进私人退休金行业的发展
计划托管人	·确保 PRS 管理公司人员和代表遵守法令条规 ·提供准确的评估与定价 ·确保所有交易准确性，以免为基金带来不必要的损失或风险 ·确保所有账户完整谨慎的审计
PRS 产品管理公司	·以正确的目的与诚信行使 PRS 管理公司的权利，以计划参与人的整体最佳利益为优先 ·保持高度专业操守 ·完整保存并准确记录所有的交易和资料 ·未经信托机构批准下，不得进行任何有利益上冲突或可从中获益的投资 ·提供中期财务报告、年度报告和账目报表
PRS 分销商和顾问	·PRS 分销商是遵循 2007 年《资本市场和服务法案》注册的公司并获授权处理 PRS 事务 ·PRS 顾问是 PRS 分销商的代表，需在马来西亚投资管理联盟（FIMM）注册 ·机构型顾问是银行，可获权代销多家 PRS 管理公司产品 ·企业型顾问是理财公司，可获权代销多家 PRS 管理公司产品，同时也可以代表计划参与人处理事务 ·PRS 顾问必须掌握 PRS 行业的基本知识，且具备诚信及高水平专业操守

2. 个人退休计划（PRS）账户设计

（1）分设子账户

和 EPF 一样，PRS 也要求计划参与人将投资分别存放于两个子账户，但不叫第 1 账户和第 2 账户，而叫 A 账户和 B 账户。尽管名字不同，但功能相似，账户 A 存放 70% 的资金，且一般情况下退休前不能领取；账户 B 存放其余的 30% 资金，计划参与人可在退休前领取，但不同于 EPF 的是还须支付领取金额的 8% 作为惩罚性税款。

（2）账户内产品转换

马来西亚还没有设计第二支柱账户与第三支柱账户之间的转换，因此按照目前法律规定，计划参与人不能将 EPF 账户中的累积缴费领取出来转入 PRS 账户。但是在 PRS 账户内部，计划参与人是可以自由转换养老基金公司或是养老基金产品的，比如目前所投资的个人养老基金产品既可以换成同一家养老基金管理公司发行的其他个人养老基金产品，也可以转投到另一家养老基金管理公司发行的其他个人养老基金产品。

转换养老基金产品时，A 账户和 B 账户也继续按照 7∶3 的比例进行分配，70% 单位将从承让基金的 A 账户中领取出来，分配至受让基金的 A 账户；30% 单位从承让基金的 B 账户中领取出来，分配至受让基金的 B 账户。如果 B 账户中的单位不足而无法按照 7∶3 的比例转让，则承让养老基金管理公司可被允许从承让基金的 A 账户中赎回剩余的单位以便完成更换管理公司的请求，并将此笔款项转为购买受让基金的单位至其 A 账户中。

产品转换的次数和所涉及的费用根据计划的不同另有规定。而更换养老基金管理公司必须从参与 PRS 计划首次缴费日算起满一年之后才可以，并且每个年度仅可进行一次，涉及费用同样因公司而异。

（3）个人退休计划（PRS）税优方案

参与 PRS 计划同样可以享受税收优惠。自 2012 年启动起至 2025 年，计划参与人可享有每年最高 3000 林吉特（约合人民币约 4741 元）的免税额度，最多可为计划参与人节省 900 林吉特。鉴于 PRS 是自愿性计划，如果一位雇员主动参加了 PRS 计划，并不能强制雇主为自己匹配缴费。但是如果雇主主动为雇员的 PRS 计划缴费也有好处，一方面作为福利帮雇员储蓄更多养老金，以此提高企业吸引人才的竞争力；另一方面还可以节省税费，因为为雇员 PRS 计划缴费的雇主能够获得免税，免税额高达雇员月工资的 19%，而这个数字高于 EPF 要求雇主为雇员缴纳月工资 12% 的缴费。当然这类减免只适用于实体公司。与 EPF 一样，除了税优之外 PRS 投资产生的收益也是免税的。

（4）个人退休计划（PRS）缴费要求

PRS 的好处之一是自由，对于缴费的时间和频率没有限制，不同的 PRS

管理公司缴费要求不同，一般初始缴费最低为100林吉特，但是没有上限。计划参与人首次为PRS缴费时，有一个6天的冷静期，从PRS管理公司受理申请当天算起的6天内，参与人可随时要求退回资金。账户中的所有资金都可以由个人自由投资，从而可以达到EPF没有达到的收益水平。参与PRS还涉及一些费用的收取，如表9所示。

表9　PRS账户费用

PRS管理局	开设账户费	一次性收费10林吉特
	年费	每家公司每年收取8林吉特（开设账户当年及无缴费的年度可免除）
	管理费	养老基金每年净资产的0.04%（从产品中收取）
	转换费	每笔交易收取25林吉特（目前暂时减免，恢复日另行通知）
	退休前领取收费	每笔交易收取25林吉特（目前暂时减免，恢复日另行通知）
PRS管理公司	销售费	因公司而异，最高不超过3%
	管理费	因公司及产品而异，1%～1.8%不等
	赎回费	因公司而异，0～3%不等
	其他费用	因公司而异

（5）个人退休计划（PRS）领取要求

在以下情况中，计划参与人可以部分或全额领取账户余额，如表10所示。

表10　PRS计划参与人领取账户余额情形

类别	领取情形	账户	领取程度	8%惩罚性税款
退休后	年满55岁	A&B	部分或全额领取	无
退休前	一般用途	B	部分或全额领取	有
	用于房屋或医疗	B	部分或全额领取	无
	移民	A&B	全额领取	无
其他	身故或永久失能、重疾、精神障碍	A&B	全额领取	无

但是在以下情况下则无法领取。①冷静期；②更换其他 PRS 管理公司的计划所涉及的赎回费；③披露文件的补充或变更。计划投资人投资 PRS 产品后，若 PRS 管理公司向证监会提交注册补充或更换的披露文件，该公司必须在披露文件注册后立即通知计划参与人。此时计划参与人将拥有 14 天时间来决定是否继续投资。因为有些变更会影响计划参与人的投资，例如基金的最低余额要求、投资策略、配置策略有所改变。但还有一些变更并不会影响，例如披露文件仅涉及增添新基金、变更不会直接影响投入的资金、由雇主为计划参与人缴费以及计划参与人选择预设选项，此时计划参与人就无法领取。

（6）个人退休计划（PRS）产品设计

为了使计划参与人的操作更加简便，PRS 管理公司以年龄作为划分标准，设置了默认选项，在投资金额基础上，为计划参与人提供成长型、稳健型和保守型三种风险回报投资产品，如表 11 所示。

表 11　PRS 默认产品类别及特征

默认基金	年龄	资产配置
成长型	<45 岁	专注于增长型投资组合。 目标： · 专注于稳定增长型投资组合； · 主要投资于高预期增长的资产； · 承担适当的投资风险以获取回报； · 寻求高于通胀的回报（扣除基金所有费用支出后）； · 能承受大幅的投资波动。 其中： ➤权益投资比例最高为 70%
稳健型	45～54 岁	专注于增长投资和当期收入投资组合。 目标： · 持续增长投资组合； · 风险与回报平衡的投资方法； · 仅在适当时冒险，而不承担高市场风险； · 能承受中等的投资波动。 其中： ➤权益投资比例最高为 60%

续表

默认基金	年龄	资产配置
保守型	≥55 岁	专注于固定收益的投资组合以备日后所需。 目标： · 专注于保本； · 投资于创收的资产； · 承担不会损害投资利益的风险； · 能承受最低的投资波动 其中： ➢基金资产净值投资于固收和货币工具不低于 80%，其中投资于货币工具不低于 20%，投资于未评级的固收比例不超过 5%； ➢权益投资比例最高为 20%； ➢ 5% 投资于流动性资产以维持流动性； ➢不允许在马来西亚境外投资； ➢必须至少对债券/固定收益工具的投资进行评级； ➢允许用于对冲目的的衍生工具； ➢除基金持有股票外，不允许进行权证投资； ➢不允许投资具有嵌入式衍生产品的产品； ➢不允许投资于以马币计价的外国债券/固收工具

默认产品也设有自动下滑曲线，将随着计划参与人年龄的增长，逐步自动从较高风险的成长型资产配置调整为较低风险的保守型资产配置，PRS 管理公司在启动转换前，也就是在计划参与人迈入 45 岁或 55 岁的前 1 个月发出通知，并在之后的 5 年中完成转换（见图 8）。在此期间，每年同等比例的 PRS 基金余额（以单位形式）将会被赎回并用其购买相对的核心基金。

（7）投资业绩

为增强第三支柱吸引力，马来西亚政府和证监会积极推行相关措施，为 PRS 管理公司和投资者提供了更大的灵活性。例如允许 PRS 基金投资以实物黄金为支撑的交易型开放式指数基金（ETF），以及允许 PRS 保守基金投资国外市场。这些将使投资组合更加多元，从而有望帮助投资者从长期投资中获得更好的回报（见表 12 和表 13）。

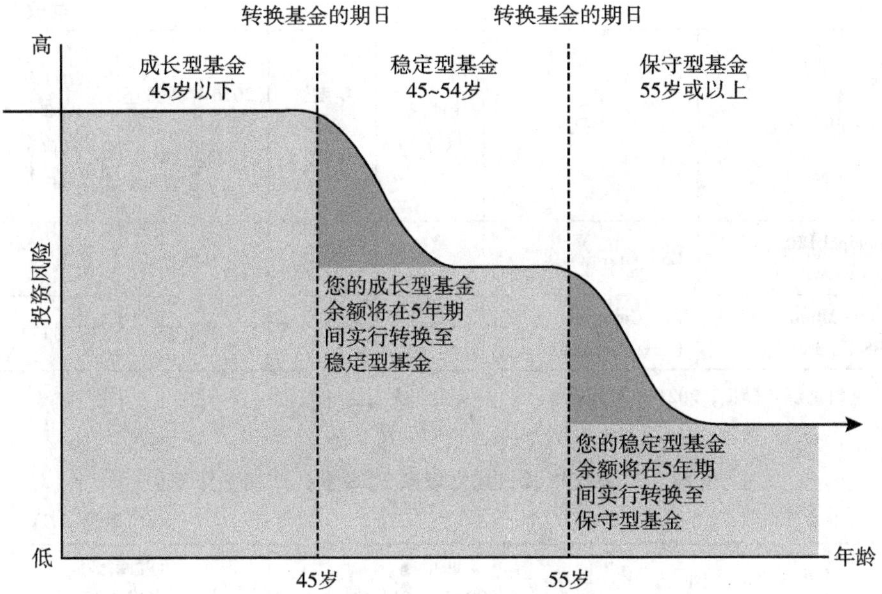

图 8　PRS 默认产品的自动下滑曲线

表 12　2021 年第一季度及五年以来最佳 PRS 产品回报率

PRS 基金	类别	销售费（%）	年度管理费（%）	5 年（2016 年 4 月至 2021 年 3 月）收益率（%）	2021 年 1～3 月收益率（%）
Principal PRS plus Asia Pac jpn Eq A	Non – Core Conventional	3	1. 4	13. 92	5. 89
Principal Islamic PRS Plus Asia Pac Ex jpn Eq A	Non-Core Shariah	3	1. 4	13. 26	5. 56
Pubic Mutual PRS Islamic Strategic Equity	Non-Core Shariah	3	1. 6	11. 58	3. 81
AmPRS-Islamic Equity D	Non-Shariah	3	1. 5	11. 25	-0. 63
Pubic Mutual PRS Strategic Equity	Non-core Conventional	3	1. 6	10. 61	2. 72
Pubic Mutual PRS Islamic Growth	Core Growth Shariah	3	1. 5	9. 98	1. 11

续表

PRS 基金	类别	销售费（%）	年度管理费（%）	5 年（2016 年 4 月至 2021 年 3 月）收益率（%）	2021 年 1～3 月收益率（%）
Principal PRS Plus Growth	Core Gtowth	3	1.4	9.59	3.34
Public Mutual PRS Equity	Non-Core Conventional	3	1.6	9.07	5.17

资料来源：晨星，2021 年 4 月 6 日。

表 13　2020 年以及自成立以来 PRS 默认产品回报率

单位：%

PRS 产品类别	回报率（2020 年 1～12 月）	年度回报率（自成立起）
成长型	31.22	7.92
稳健型	22.05	7.01
保守型	13.8	4.71
非核心基金（传统）	23.36	11.54
非核心基金（伊斯兰教义）	39.31	10.05

资料来源：晨星，截至 2020 年 12 月 31 日。

三　马来西亚养老金的投资管理（以 EPF 为例）

截至 2020 年底，EPF 的管理资产规模达 9980 亿林吉特，投资规模达 9247.5 亿林吉特，其中 37% 投资于伊斯兰教义投资组合，63% 投资于传统投资组合。

（一）马来西亚雇员公积金（EPF）投资情况

1. 投资目标

EPF 在进行投资管理时，主要有两个长期投资目标：①维护并提高会员缴费的资本价值；②在可承受的风险范围内长期保持稳定的收益。为确保实现上述目标，EPF 已确定了两个战略投资目标：①每年至少宣布 2.50% 的名义股息率；②连续三年至少 2% 的实际股息率（通货膨胀调整后）。

2. 资产配置方法

为了确保达到战略投资目标，EPF 的投资受到其战略资产配置（Strategic Asset Allocation，SAA）的指导，以在风险承受能力范围内优化回报。除 SAA 之外，EPF 还遵守战术资产配置（Tactical Asset Allocation，TAA），该策略使投资组合经理可以在投资组合允许的范围内偏离战略资产配置中枢，以利用当前的市场条件。同时，EPF 还对市场的中期观点纳入动态资产分配（Dynamic Asset Allocation，DAA），并每季度审核一次。

当前 EPF 的战略资产配置于 2016 年审核通过，在 2016~2019 年生效以反映当期的市场状况、法规要求的变化、会计政策和投资限制，2020~2022 年将继续沿用这一配置。

（1）大类资产配置

战略资产配置是一个框架，可以在可承受的风险范围内优化 EPF 的长期投资回报。这可以确保达到保有和增加计划参与人积蓄的目标，并符合 EPF 帮助计划参与人实现更美好未来的愿景。

债券和贷款。尽管每年都有许多债券和贷款到期和还款，但由于 EPF 还在不断接受新的缴费，这些资金将会大量认购债券和贷款。当前 SAA 的指导建议将总投资的 51% 配置于这类固定收益工具用以保本。

股票。EPF 投资国内外市场上的上市股票和私募股权，每月收到的净缴费使 EPF 可以在估值具有吸引力时抓住机会投资股票，再加上严格的投资标准，EPF 能够在市场低迷期间继续利用投资。当前 SAA 的指导建议将总投资的 36% 配置于该类权益资产用以增值。

货币市场工具。货币市场工具包括定期存款、商业票据和其他短期性质的工具。为了提升收益，EPF 将货币市场工具的持仓降至最低，但是同时 EPF 还必须保持一定比例的现金余额，以应付计划参与人的提款、行政支出和投资提款。当前 SAA 的指导建议将总投资的 3% 配置于此类资产用于流动性管理。

房地产和基础设施。EPF 的长期和前瞻性战略是不断增加在房地产和基础设施中的敞口。在房地产和基础设施中的大部分投资是通过合资公司和子公司进行的，其中大部分投资收入来自股息收入，该类股息收入高于固定收益的利息收入。当前 SAA 的指导建议将总投资的 10% 配置于此类资产，通过租金支付和资产的资本增值来对冲通货膨胀。

从实际运营来看，截至 2020 年 12 月 31 日，EPF 总投资资产为 9247.5 亿林吉特。其中，46% 投资于固定收益工具、42% 投资于权益类资产、7% 投资于货币市场工具，5% 投资于房地产和基础设施（见图 9），基本上与 SAA 的指导建议相一致。投资收益为 609.8 亿林吉特，达到有史以来的新高。从 2020 年的投资收益贡献来看，权益依旧是收益最主要的来源，占比 47%，达 287.1 亿林吉特。固定收益工具则提供了衡量 2020 年动荡环境中收入稳定性的指标，并且正如预期，由于市场收益率下降，资本收益有所增加，贡献了 254.2 亿林吉特，占 42%。房地产和基础设施类别在 2020 年贡献了 56.6 亿林吉特的投资收益，占比 9%，而货币市场工具在这一年贡献了 11.9 亿林吉特投资收益，占比 2%，满足了 2020 年疫情以来额外的提款需求。

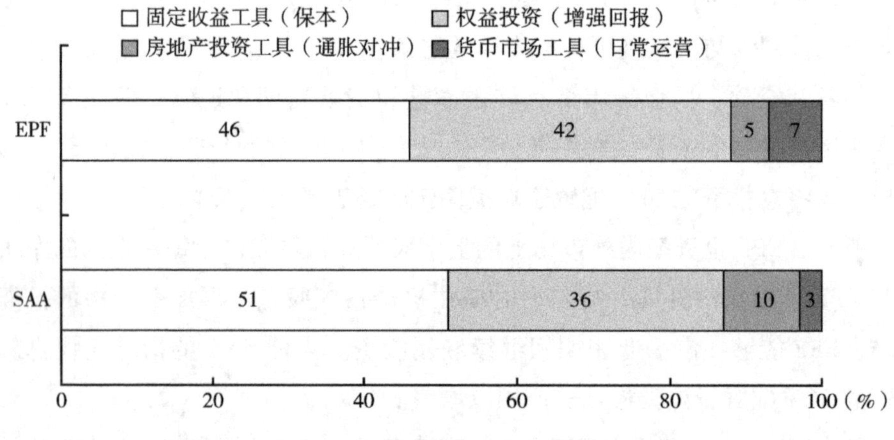

图 9　2020 年 EPF 与 SAA 大类资产配置

资料来源：EPF 官网。

（2）国内与海外市场的投资比例

EPF 经过 70 年发展，全球资产配置不断增长，目前其多元化投资涉及

40 个国家及地区和 28 种货币，从不同市场和资产类别中实现了可观收益，同时分散国内投资风险，有助于整体业绩的提升。

2010 年以来，EPF 海外资产的配置比例不断提升，从 2010 年的 26.90% 提升至 2018 年的 49.63%。截至 2020 年 12 月 31 日，海外资产配置约为 EPF 总资产的 33%。

其中，EPF 的海外权益资产比例明显提升，近 9 年来从 2010 年的 25.30% 提升至 2018 年的 42.52%，主要投资于美国、英国、中国香港、新加坡等市场，占全部海外投资近 60%。2019 年 EPF 的海外权益资产收入占当年总投资收入的 41%，投资收益率达到 7.78%，而同期境内投资收益率为 4.90%。外部基金经理管理着总资金的 14.4%，贡献了收入的 18.3%（见图 10）。

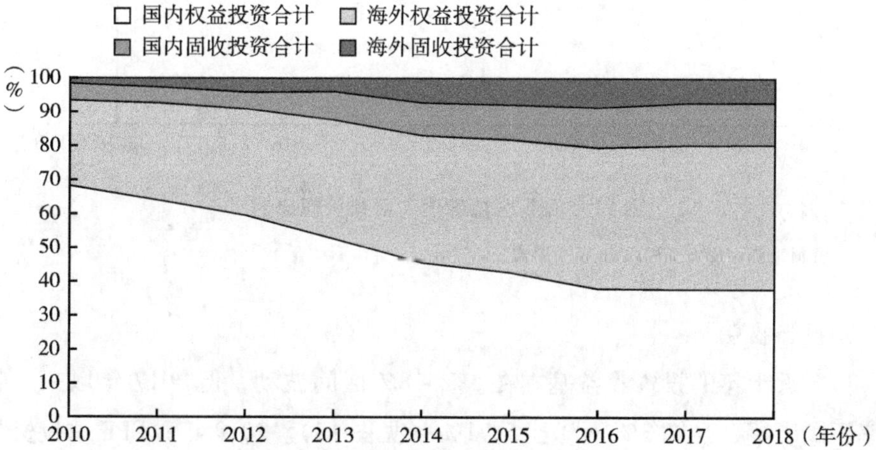

图 10　EPF 海外权益投资不断提升

资料来源：EPF《2019 年年度报告》。

（3）内部管理与委托投资的比例

EPF 将部分权益资产和固收资产委托给外部投资。近十年来，全部资产的委外比例从 24.36% 增加至 2018 年的 27.04%，略有提升。这主要源于 EPF 增加了海外权益资产的投资，而海外资产中委外占比相对较高，拉动了整体权益资产委外比例的不断提升。EPF 权益资产的委外比例基本维持在 20% 上下，自 2010 年的 19.24% 提升至 2018 年的 21.82%（见图 11）。

与此同时，随着 EPF 不断提高内部管理能力，其固收资产的委外比例不断下降，逐渐内部管理化。截至 2018 年固收资产内部管理的比例达到了 48.37%，接近一半。

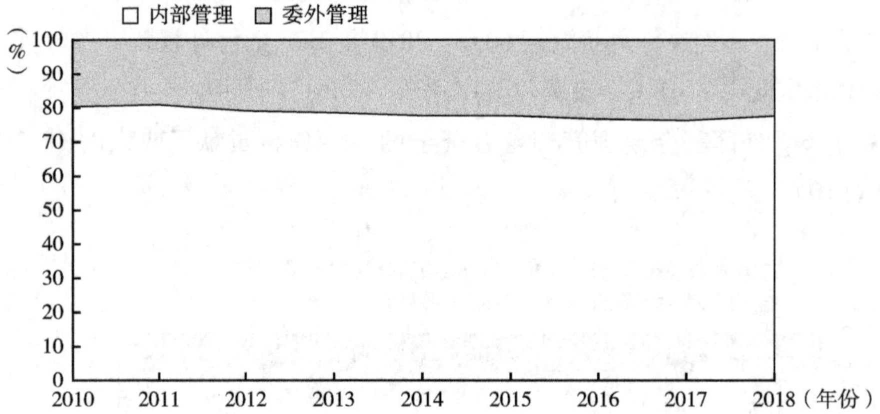

图 11　EPF 内部管理和委外管理比例

资料来源：EPF《2018 年年度报告》。

3. 投资收益

EPF 近十年的投资收益基本在 5% ~8% 区间波动，但 2017 年以来，收益率不断下降，从 7.3% 下降至 5.71%（见图 12）。2019 年，EPF 总投资收入达 509.1 亿林吉特，投资回报率（ROI）为 5.71%。其中 328.2 亿林吉特配置于传统投资组合，占 64.47%，180.9 亿林吉特配置于伊斯兰教义投资组合，占比 35.53%。

（二）马来西亚雇员公积金（EPF）伊斯兰教义下投资情况

2019 年，伊斯兰教义投资规模为 3421.58 亿林吉特，获得的总投资收益为 178.8 亿林吉特，其中 1/4 源于伊斯兰教账户储蓄，其余则源于传统

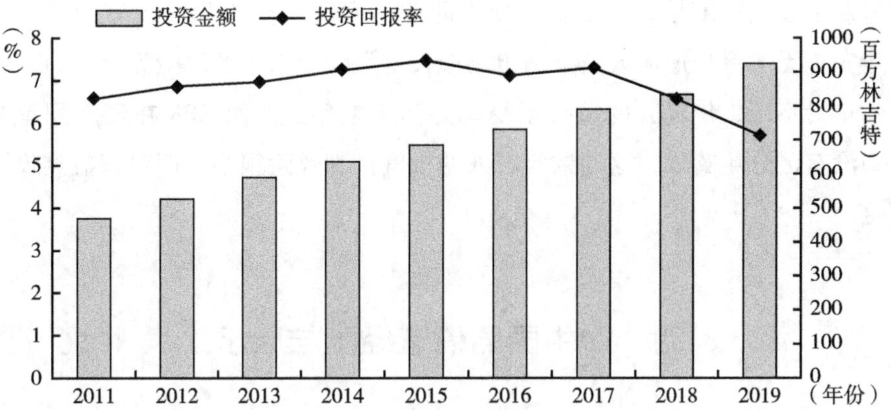

图 12　EPF 近 9 年投资收益率

资料来源：EPF《2019 年年度报告》。

账户。

资产配置方面，伊斯兰教义投资组合中，47% 配置于固定收益工具以保全资本。出于资本增值目的，权益配置为 42%。用于资本保全和流动性管理的货币市场工具占 8%，而用于资本保全和增值目的的房地产和基础设施则占另外 3%。

投资收益方面，由于 2019 年是伊斯兰教法下固定收益工具的好年景，可在动荡的环境中提供一定程度的稳定收入，伊斯兰教法的资本收益收入由于收益率下降而增加。伊斯兰教义在固定收益工具中的投资收益为 21 亿林吉特，占 47%；权益占比则为 45%，达 19.9 亿林吉特；货币市场工具贡献了 2.4 亿林吉特，占比 5%；而房地产和基础设施为伊斯兰教义下投资收益贡献了 1.4 亿林吉特，占 3%。

（三）马来西亚雇员公积金（EPF）投资问题

总体而言，EPF 的投资管理是集中的，同时在投资组合管理方面面临诸多限制，比如对可出售证券的投资不足、投资组合是强制性的、国内股票投资不能超过 25% 等。另外因为人们强烈要求支付更高的固定股息，EPF 还在短期工具上过度投资，面临久期不匹配的问题。再者 EPF 现有的投资和风险安排无法保护退休人员抵消市场或长寿风险。以市场风险为例，EPF 客户的年龄不同，年轻人的风险承受能力高于老年人，而 EPF 在资产配置方面却没有区分年龄段，这导致年轻人的投资计划风险很小，即对权益类投资不足。

四 对中国的借鉴经验与启示

（一）个人养老金账户的转换设计

近年来，我国不断加快第三支柱个人养老金体系的建设，而以个人为中心的账户制度是建设的基石，如何能最大限度地使账户实现广覆盖、多功能、易操作、享优惠，对于吸引计划参与人十分重要。马来西亚养老金账户分别涉及养老、医疗、购房、教育等功能，并且覆盖不同人群，其账户设计的经验或许可以为我们提供一些参考。

1. 合理设计二三支柱间账户转换制度

第三支柱的建设需要漫长的过程，并不能一蹴而就。马来西亚的 PRS 制度建立运营 10 年，目前资产规模和覆盖人数依旧有限（见图 13）。相比之下美国 IRA 制度的建立就迅速很多。这一部分原因就在于 IRA 制度允许计划参与人将其第二支柱 401（k）中的缴费在更换工作等情形下转移至 IRA 账户，而马来西亚 EPF 的缴费并不可以直接转移至 PRS 账户。

我国第二支柱企业年金和职业年金起步较晚，但近年来覆盖人群和积累基金持续增长。截至 2020 年底企业年金积累基金已达 2.2 万亿元，覆盖 2717 万职工①（见图 14）和 10.5 万家企业。未来随着经济的发展，人才流动加快，工作变动逐渐增多，鉴于建立年金制度的单位仅有 10.5 万家，在

① 人社部，《2020 年度全国企业年金基金业务数据摘要》。

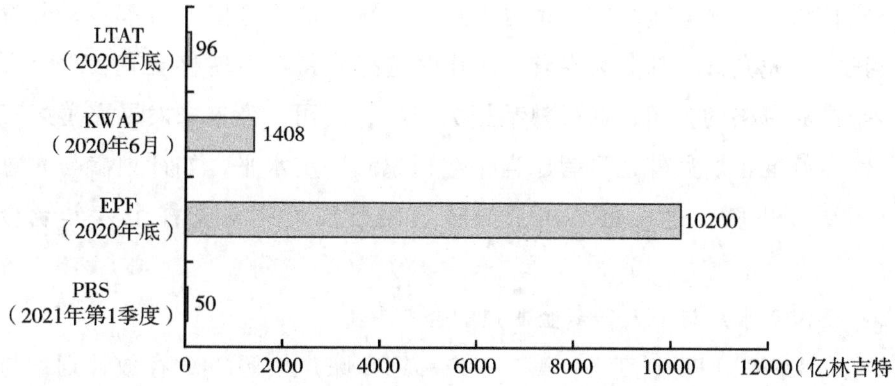

图 13　2020 年前后不同养老金制度资产管理规模

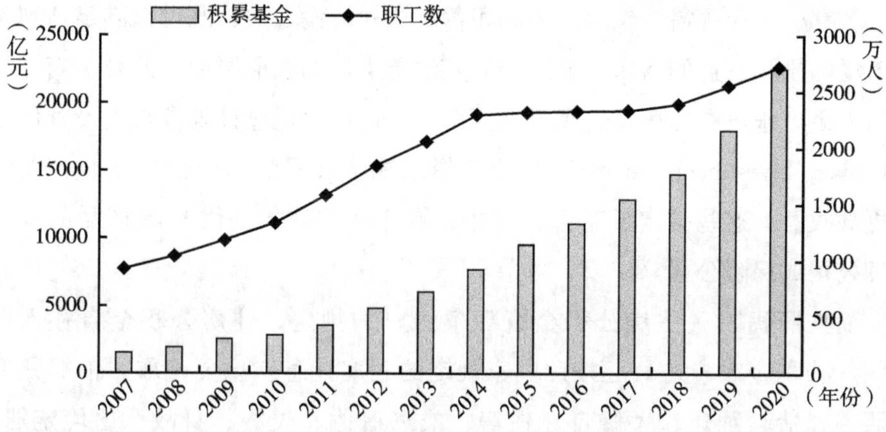

图 14　我国企业年金覆盖人数及积累基金变化

全国 4457.2 万家企业①的占比微乎其微，因此对于在原公司享有年金计划的人而言，换工作后新公司不一定同样设有年金制度可接受其之前的积累缴费。如果第三支柱账户在设计之初考虑这一情况，或许可以为年金转移至第三支柱个人养老金账户留出一些空间，从而加快第三支柱的建设。在

① 根据中国社会科学院城市与竞争力研究中心与企查查大数据研究院发布的《2020 中国企业发展数据年报》，截至 2021 年 2 月，目前我国共有在业/存续的市场主体 1.44 亿家，其中企业 4457.2 万家，个体工商户 9604.6 万家。

第三支柱账户正式运营之前，也可以从年金覆盖的小范围人群起步，分阶段尝试。如先允许一部分人在转换工作时选择先将年金转移至有管理个人养老金产品资格的公司，通过熟悉相关产品、公司，为未来发展完善第三支柱时做好准备。另外也可考虑当年金积累到一定水平，如计划参与人意愿获得更高投资，也可将高出部分转出用于投资第三支柱个人养老金产品。

2. 公积金账户与个人养老金账户的合并参考

在马来西亚 EPF 制度下，第 1 账户和第 2 账户按照 7∶3 存放计划参与人的缴费。其中第 1 账户是为退休做准备的主账户，一般情况下不能领取其中的积蓄。而第 2 账户功能多样，计划参与人可以在一定条件下为满足住房、教育、医疗等需求领取其中的积蓄。这样分设账户，既可以满足计划参与人增加投资收益的需求，又不妨碍其改善生活的领取愿望。此外，当计划参与人第 1 账户中的积蓄达到最低要求时，还可以通过计划参与人投资计划（Members Investment Scheme）投资于指定基金公司的单位信托基金，以获得更高收益。这些指定的基金公司中，有 5 家是获批提供 PRS 产品的基金管理公司或保险公司。

而按照我国《住房公积金管理条例》的规定，住房公积金自存入职工住房公积金账户之日起按照国家规定的利率计息。想要领取，前提是要购买、建造、翻建、大修自住住房，或离退休、失能、身故、出境定居、偿还购房贷款本息以及房租超出家庭工资收入的规定比例。当没有这些情形时，积累基金只能享有一年定期存款基准利率 1.5%。对于相当一部分年轻人而言，这一收益率过于保守。参考马来西亚经验，未来或许可以考虑将公积金账户与第三支柱养老账户联通，将一部分暂时不需要领取的积蓄同步投资于符合条件的个人养老金产品，从而强化资金运作管理，实现保值增值。

（二）个人养老金账户的税收激励参考

2018 年 5 月起实施的个人税收递延型商业养老保险试点成效并不明显。

截至2020年4月底累计实现保费收入3.0亿元，参保人数4.76万人。在总结经验时，税优激励不足、涉税流程烦琐的问题被频频指出。

马来西亚PRS为了鼓励雇主也主动参与到第三支柱中来，加快第三支柱建设，采用的税优激励方式是为自愿为雇员向第三支柱养老金缴费的雇主减免相当于雇员工资19%的税额。加上EPF为雇员缴纳工资12%的缴费也为税前，总计会帮助雇主减免雇员工资31%的税额。这种方式一方面帮助雇主减轻税负，另一方面也增加了雇员福利，有助于企业吸引优秀人才。

（三）扩大养老金账户覆盖范围

我国第二支柱企业年金和职业年金覆盖人数有限，而随着互联网的发展，灵活就业发展也在加快。十三届全国人大四次会议闭幕后，李克强总理在回答中外记者提问时指出中国的灵活就业已经涉及2亿多人，如何给灵活就业人员提供基本的权利保障也是一个重要问题。马来西亚在EPF制度下，为灵活就业人员和家庭主妇开通两类账户，使其在参与养老保障计划的同时能够享有派息和获得税优减免的福利。我国在当前第三支柱尚未完全建立之时，灵活就业人员和居家女性的社会保障或是通过个人投资，或是通过参与第一支柱的基本养老金实现。或许可以参考马来西亚的一个设计，例如丈夫可以为身为家庭主妇的合法妻子申请参与年金投资，这样家庭主妇即便没有企业的匹配缴费，依旧可以获得投资收益（同样适用于工作女性和居家男性的夫妻）。

（四）扩大养老基金投资范围

近30年来中国金融市场与国际金融市场联系日益紧密，尽管当前受益于国内较高的债券收益率，以固收为主的基金产品投资于国内市场具有优势，但随着全球化的发展，未来的不确定性依旧存在。为养老金融产品提升海外投资比例限制，不仅能够为养老金未来的投资捕捉发展机会、提高应变能力和收益能力，同时也是中国资本市场成长为新国际金融中心之路上的有益举措。另外，可以考虑为养老金产品提供更多元的投资标的，如商业地产、基础设施、私募股权等另类资产，既可以有效分散风险，同时能够更好匹配养老金产品的长期投资需求。例如基础设施建设方面，将长周期的养老金作为重要资金来源，既可以使投资者获得相对稳定的长期收益，又可以完善基础设施建设，未来反哺社会发展。

当然金融业的对外开放还要遵循“审慎”原则。在马来西亚个人养老金产品的设计中，有一个做法是根据计划参与人的年龄区间，设计了三类默认投资选项，其中保守型产品仍然对于海外投资以及部分产品类别有所限制。我国在为养老金第三支柱制定投资范围时，或许也可以参照这一方式，在开放过程中逐步推进，小步快走。

综上所述，同为亚洲国家的马来西亚也面临养老金体系“一支独大”的不平衡局面，亟待完善三支柱养老金体系以应对日益加快的老龄化进程。其第二支柱经过多年发展建立了较为成熟的账户模式。而我国人口众多、地区间差异显著，账户设计的考量也必然更加复杂。本文仅根据马来西亚养老金体系的经验与问题提出一些建议，以期能为第三支柱的建设与发展带来一些参考。

参考文献

世界卫生组织：《2020 年世界卫生统计：针对可持续发展目标监测卫生状况》，2020，第 44 页。

Pensions at a Glance 2019：*OECD and G20 Indicators*，OECD Publishing，Paris，2019.

“Malaysian Pension Fund EPF Assets Grow to Value of ＄252 Billion in 2020”，Reuters，February 27，2021，https：//www. reuters. com/article/malaysia – epf – idUSL1N2KX04N.

Alifah Zainuddin & Mark Rao，*Pension Scheme for Vivil Servants Being Studied*，September 6th，2019，the Malaysia Reserve.

“LTAT Undergoing First Phase of Transformation”，Malay Mail，18 May 2020，https：//www. malaymail. com/news/money/2020/05/18/ltat – undergoing – first – phase – of –

transformation - journey/1867355.

人社部：《2020 年度全国企业年金基金业务数据摘要》，2020。

中国社会科学院城市与竞争力研究中心与企查查大数据研究院：《2020 中国企业发展数据年报》，2020。

附　　录

Appendices

B.17

中国养老金融50人论坛人员构成

学术顾问

潘功胜　　中国人民银行副行长，国家外汇管理局局长

胡晓义　　中国社会保险学会会长，人力资源和社会保障部原副部长

王忠民　　全国社会保障基金理事会原副理事长

宋晓梧　　中国经济体制改革研究会原会长、学术委员会主席

核心成员（以姓氏拼音为序）

曹　伟　　建信养老金管理有限责任公司总裁

曹德云　　中国保险资产管理业协会执行副会长兼秘书长

陈东升　　泰康保险集团股份有限公司董事长兼首席执行官

陈锦光　　兴业银行副行长

党俊武　　中国老龄科学研究中心副主任

董登新　　武汉科技大学金融证券研究所所长

董克用　　清华大学社会科学学院教授

窦玉明　中欧基金管理有限公司董事长
冯丽英　建信养老金管理有限责任公司创建人、首任总裁
甘　犁　西南财经大学中国家庭金融调查与研究中心主任
甘为民　平安养老保险股份有限公司党委书记、董事长兼CEO
葛延风　国务院发展研究中心研究员
郭树强　天弘基金管理有限公司总经理
洪　崎　中国民生银行原董事长
胡继晔　中国政法大学商学院教授、博士生导师
黄王慈明　香港投资基金公会行政总裁
纪志宏　中国建设银行副行长
贾　康　华夏新供给经济学研究院院长
金维刚　浙江大学国家制度研究院求是智库研究员，中国劳动和社会保障科学研究院原院长
井贤栋　蚂蚁集团董事长兼首席执行官
李　文　汇添富基金管理股份有限公司董事长
李　珍　中国人民大学公共管理学院教授、博士生导师
林　峰　晨曦股权投资基金管理有限公司董事长
林　羿　中国人民大学兼职教授
吕天贵　中信银行副行长
米　红　浙江大学公共管理学院教授、博士生导师
苏　罡　长江养老保险股份有限公司党委书记、董事长
孙晓霞　中国国债协会会长
唐　宁　宜信公司创始人、CEO
唐霁松　中国社会保险学会副会长
汪　泓　中欧国际工商学院院长
王金晖　北京瑞晖丽泽资本管理有限公司董事长
王晓军　中国人民大学统计学院院长
王永利　中国国际期货有限公司副董事长、总裁

武建力　　全国社会保障基金理事会副理事长

吴玉韶　　全国老龄办党组成员、副主任

熊　军　　天弘基金管理有限公司副总经理兼首席经济学家

徐敬惠　　大家保险集团有限责任公司原总经理

杨燕绥　　清华大学公共管理学院教授

姚余栋　　大成基金副总裁兼首席经济学家

张霄岭　　华安基金管理有限公司总经理

郑　杨　　浦发银行党委书记、董事长

郑秉文　　中国社会科学院世界社保研究中心主任

钟蓉萨　　中国证券投资基金业协会原副会长

周　红　　中国社会保险学会养老保险专委会主任委员

周健男　　光大证券股份有限公司原执行总裁

荣誉成员（以姓氏拼音为序）

杜永茂　　平安集团上海总部党委书记

黄友嘉　　香港强制性公积金计划管理局（强积金局）原主席

蒲宇飞　　国家发改委就业司原司长

杨子强　　中国金融教育发展基金会理事长，中国人民银行原行长助理

国际专家（以姓氏拼音为序）

Harry Smorenberg　　CAFF50 国际峰会联合主席

Hazel Bateman　　新南威尔士大学风险与精算研究学院院长

Keith Ambachtsheer　　多伦多大学罗特曼管理学院金融教授

Larry Zimpleman　　美国信安金融集团前任董事长

Michael Huddart　　宏利前行政副总裁兼大中华区总经理

Ren Yuan Cheng　　美国富达投资高级研究顾问

特邀成员（以姓氏拼音为序）

步艳红　　中邮证券有限责任公司总经理

柴哲彬　　人民日报数字传播公司高级副总裁
程　昊　　兴业银行养老金融中心总经理
贺宁毅　　大家养老保险股份有限公司总经理
郎立研　　三峡建信基金管理公司总经理
李　娜　　全国社会保障基金理事会托管部处长
李连仁　　平安养老保险股份有限公司年金总监
刘大伟　　宜信公司高级副总裁
娄　焱　　汇添富基金管理股份有限公司副总经理
马贱阳　　中国人民银行金融市场司副司长
史健勇　　上海工程技术大学党委副书记
孙　博　　华夏基金管理有限公司养老金管理部总监
谭海鸣　　招商银行研究院副总经理
王赓宇　　华软资本管理集团股份有限公司执行总裁
吴　忠　　上海理工大学副校长
乌丹星　　大爱城控股副总裁兼养老运营公司总经理
席　恒　　西北大学公共管理学院教授、博士生导师
叶　蓬　　太平洋人寿保险公司副总经理、财务负责人
叶向峰　　幸福人寿保险股份有限公司人力资源部总监
张　亮　　中国银行业协会副秘书长
张　兴　　中国劳动和社会保障科学研究院副研究员
张健明　　上海工程技术大学教授
朱　炜　　长江养老保险股份有限公司董事会秘书
朱海扬　　天弘基金管理有限公司副总经理
朱俊生　　五道口金融学院中国保险和养老金研究中心研究总监

特邀研究员（以姓氏拼音为序）

安　华　　内蒙古大学公共管理学院副教授
曹卓君　　和君咨询业务合伙人、和君康养事业部副总经理

陈雪萍	中南民族大学法学院教授
杜邢晔	中国社会科学院国家金融与发展实验室经济增长与金融发展实验中心执行副主任、研究员
郝　勇	上海师范大学社会保障与社会政策研究中心主任
胡宏伟	中国人民大学教授、博导，社会保障研究所所长
胡玉玮	中证金融研究院研究员
贾洪波	北京航空航天大学行政管理系副主任，社会保障研究中心主任
雷晓康	西北大学公共管理学院院长，教授，博士生导师
刘德浩	海南大学政治与公共管理学院教授
娄飞鹏	中国邮政储蓄银行战略发展部研究分析处副处长
李　锐	中南财经政法大学公共管理学院教授、博士生导师
浦鹏举	恒安标准养老保险有限责任公司副总经理兼首席市场官
孙守纪	对外经济贸易大学保险学院副教授、社会保障系主任
熊学萍	华中农业大学经济管理学院教授
宣　华	中国人寿集团金融研究院研究员
闫化海	济安金信副总经理
杨一帆	西南交通大学国际老龄科学研究院副院长、教授
阳义南	湖南大学公共管理学院教授、博士生导师
岳　磊	招商基金养老金业务部资深经理
张　栋	中国农业大学人文与发展学院讲师
张春丽	中国政法大学民商经济法学院副教授

联席研究员

刘　娅	北京瑞晖丽泽资本管理有限公司总经理助理
陆　悦	长江养老保险股份有限公司战略行政部助理副总裁
罗　熔	大家养老保险股份有限公司副总经理
袁绪超	华安基金管理有限公司企业发展部高级经理

李宏纲　　汇添富基金管理股份有限公司资深产品专家
谭　晓　　建信养老金管理有限责任公司战略研究部总经理
刘东昂　　建信养老金管理有限责任公司养老产业部经理
靳胜利　　上海晨曦股权投资基金管理有限公司副总裁
阮晓俊　　上海晨曦股权投资基金管理有限公司副总裁
胡俊英　　泰达宏利基金管理有限公司资产配置部高级研究员
陈珏婷　　天弘基金管理有限公司养老金财富管理部机构合作业务负责人
李　洁　　天弘基金管理有限公司养老金产品市场部部门负责人
徐贝妮　　天弘基金管理有限公司养老金产品市场部市场企划经理
徐晓晖　　天弘基金管理有限公司养老金产品市场部高级产品经理
李志淦　　兴业银行养老金融中心副总经理
张学成　　兴业银行养老金融中心业务经理
林世洪　　兴业银行养老金融中心业务经理
张　岚　　兴业银行产品经理
陈　昊　　兴业经济研究咨询公司高级分析师

青年研究员（以姓氏拼音为序）

施文凯　　中国财政科学研究院助理研究员
孙静漪　　中邮理财有限责任公司资深研究员
唐　奎　　平安银行医疗健康事业部创新金融部原总助
曾海军　　中国人寿养老险江苏省分公司综合文秘
张　园　　三峡大学副教授
赵祖成　　北京师范大学一带一路学院讲师
朱小玉　　中国财政科学研究院助理研究员

B.18
后　记

随着我国人口老龄化程度不断加深，养老金融发展日益受到社会各界的广泛关注。然而，目前我国养老金融发展无论是理论上还是实践上都处于初级阶段，与广大国民多元化的养老需求还有较大的差距。在此背景下，中国养老金融 50 人论坛于 2015 年 12 月 9 日正式成立，论坛致力于成为养老金融领域的高端专业智库，旨在为政策制定提供智力支持，为行业发展搭建交流平台，向媒体大众传播专业知识。论坛成立近六年来，共举办了 13 次大型峰会、23 次闭门研讨会、33 次专题讲座等，开展 20 余项课题研究，还与多家机构共同举办了多次学术研讨，受到了社会各界的广泛关注和大力支持，成果丰富，影响深远。

为更好地传播论坛学术思想，我们推出了养老金融论坛系列成果，包括《中国养老金融发展报告》、《中国养老金融调查报告》、《养老金融评论》《养老金融月度资讯》以及《养老金融要报》。其中，《中国养老金融发展报告》是论坛的年度公开出版物，主要关注养老金融行业年度发展情况和趋势展望，以及论坛年度重要课题的研究成果；《中国养老金融调查报告》是论坛连续性调查成果，旨在了解国民养老金融偏好与诉求，为相关政策制定提供决策依据，为科学研究提供高质量微观数据，为养老金融产品开发提供数据支持；《养老金融评论》《养老金融月度资讯》是论坛的月度刊物，主要刊登论坛学术活动、成员的学术观点以及养老金融的月度动态等；《养老金融要报》是基于论坛重要观点的内参，报送相关政策部门，突出决策参考功能。此外，论坛还推出了抖音号——“养老金融论坛”，这是论坛在新媒体传播渠道方面的最新尝试，旨在通过短视频平台服务大众，推进养老金融教育。

2016 年以来，我们发挥论坛集体智慧，在各方大力协助下出版了《中国养老金融发展报告》（2016～2020），受到业界广泛关注，中央电视台、人民网、光明网、新华网等权威媒体也进行了广泛报道。此外，随着中国在世界经济中的地位和重要性不断提升，中国养老金融行业发展也受到了国外金融机构和媒体界关注。2018 年底，德国施普林格（Springer-Verlag）出版集团与我们合作，共同推出英文版《中国养老金融发展报告（2017）》。

2020 年是全面建成小康社会之年，人民生活水平有了显著提升，养老需求和期待也呈现多元化的发展趋势。伴随着人口老龄化的快速发展、传统家庭养老功能的弱化以及制度化养老金待遇的有限性，通过多元化的渠道储备养老财富成为新时代国民的重要选择，可见，未来我国养老金融市场广阔。同时，在养老金融需求以及国家一系列支持政策的叠加推动下，银行、基金、保险、信托等行业纷纷进行了积极探索，养老金金融、养老服务金融、养老产业金融都得到了一定程度的发展。在回顾总结五年工作经验的基础上，我们继续编撰了《中国养老金融发展报告（2021）》。

本报告由论坛学术顾问担任顾问，由论坛核心成员组成编委会。论坛学术委员会就本次报告的选题进行了多次论证和专题研讨，并于 2021 年 1 月中旬邀请相关领域的业界精英和专家学者组建课题组。本报告共有 16 家机构、25 位专家学者和业界精英共同参与，涵盖高校、银行、基金、保险、第三方财富管理机构等不同领域。受新冠肺炎疫情的影响，学术委员会专家主要通过电话、邮件、微信以及视频会议等形式与课题组成员探讨并明确《中国养老金融发展报告（2021）》的写作框架与内容。写作期间，编委会专家多次就课题组成员的写作主题进行了深入讨论交流，课题组成员在学术委员会专家的指导下数次对相关报告内容进行修订。整体而言，《中国养老金融发展报告（2021）》在行业代表性、前瞻性，内容的深度、广度等方面有了进一步提高。

2021 年的年度报告由多位论坛核心成员领衔，包括论坛秘书长董克用教授，论坛首席经济学家姚余栋博士，建信养老金管理有限责任公司总裁、中国养老金融 50 人论坛核心成员曹伟先生，汇添富基金管理股份有限公司董事长、中国养老金融50人论坛核心成员李文先生，长江养老保险股份有限公司党委书记、董事长，中国养老金融50人论坛核心成员苏罡先生。同时，课题组成员还包括论坛特邀成员、副秘书长，天弘基金管理有限公司副总经理朱海扬先生，论坛特邀成员、副秘书长，华夏基金养老金部总监孙博博士，论坛特邀研究员、副秘书长，中国农业大学人文与发展学院讲师张栋博士，论坛特邀研究员、和君咨询业务合伙人、和君康养事业部副总经理曹卓君女士，论坛联席研究员、兴业银行养老金融中心副总经理李志淦先生，论坛联席研究员、华安基金管理有限公司企业发展部袁绪超先生，联席研究员、泰达宏利基金管理有限公司胡俊英女士，华夏基金养老金业务总监、董事总经理胡兵先生，恒安标准养老保险有限责任公司产品开发高级经理陈亮先生，普益标准研究员夏雨女士，信安资产管理（马来西亚）有限公司首席执行官 Munirah Khairuddin 先生，美国信安金融集团北京代表处市场经理李斐女士，中欧基金业务发展部产品经理刘天天先生。此外，论坛特邀成员、幸福人寿保险股份有限公司人力资源部总监叶向峰先生，特邀研究员、恒安标准养老保险有限责任公司副总经理兼首席市场官浦鹏举先生，论坛联席研究员、汇添富基金管理股份有限公司资产配置中心资深产品专家李宏纲女士，论坛联席研究员、兴业经济研究咨询公司高级分析师陈昊先生，论坛联席研究员、长江养老保险股份有限公司战略行政部经理陆悦女士，论坛联席研究员、天弘基金管理有限公司养老金业务产品负责人李洁女士，和君集团健康养老研究中心咨询师秦婧女士，华安基金管理有限公司丁诗聪先生，天弘基金管理有限公司养老金财富管理部高级业务经理王璐女士，恒安标准养老保险有限责任公司总精算师李岩先生也参与到蓝皮书的写作之中。在此，对他们的辛勤劳动表示衷心感谢。

还应该指出的是，论坛相关学术活动以及多次专题调研为本报告的面世提供了丰富的素材，这些都离不开社会各界的大力支持。感谢中关村华夏新供给经济学研究院对论坛一如既往的支持；感谢浙江、陕西、辽宁、广东、四川、海南、贵州等地区财政厅、人社厅等部门相关负责人对我们多次调研的大力支持。感谢中国银行业协会、中国证券投资基金业协会、中国保险资产管理业协会、中国社会保险学会对论坛多次活动的支持和对本报告的指导。感谢全国社保基金理事会、贵州金融监督管理局、贵州省民政厅在相关课题中给予的支持与指导。感谢建信养老金管理有限责任公司、兴业银行股份有限公司、中信银行股份有限公司、长江养老保险股份有限公司、平安养老保险股份有限公司、大家养老保险股份有限公司、天弘基金管理有限公司、汇添富基金管理股份有限公司、泰达宏利基金管理有限公司、华安基金管理有限公司、上海晨曦股权投资基金管理有限公司等机构对论坛学术活动的大力支持。未来论坛将继续与社会各界携手，继续推动我国养老金融事业发展。

特别感谢社会科学文献出版社，他们在皮书领域具有精深造诣和专业功底，给予我们许多专业中肯的建议，使本年度报告在各方面都有所进步。此外，还要感谢孙博带领张栋、王振振、孙瑜、王旭、于东浩、褚松泽等编辑组成员，在报告撰写过程中做了很多具体工作，为课题组工作顺利开展提供了有力保障。

我们对本报告的目标定位是兼具学术性和实践性，希望既能把握养老金融的理论发展，又能贴近养老金融的业务实践，希望为广大专家学者、政府部门决策人员和业界机构人士提供参考。但是，由于养老金融发展迅速，加之课题组成员专业水平有限，报告难免还存在一些疏漏。我们也将不断总结经验教训和积累经验，力争使以后的年度报告更加系统、完善。同时，我们也诚挚地希望更多养老金融领域的专业机构和资深人士，参与到未来的《中国养老金融发展报告》写作中。我们深信，唯有融合更多的智慧，才能挖掘更为深刻的养老金融思想，从而推动我国养老金融事业健康发展。

中国养老金融50人论坛秘书长　董克用

2021年8月14日

皮书

智库报告的主要形式
同一主题智库报告的聚合

皮书定义

皮书是对中国与世界发展状况和热点问题进行年度监测，以专业的角度、专家的视野和实证研究方法，针对某一领域或区域现状与发展态势展开分析和预测，具备前沿性、原创性、实证性、连续性、时效性等特点的公开出版物，由一系列权威研究报告组成。

皮书作者

皮书系列报告作者以国内外一流研究机构、知名高校等重点智库的研究人员为主，多为相关领域一流专家学者，他们的观点代表了当下学界对中国与世界的现实和未来最高水平的解读与分析。截至 2021 年，皮书研创机构有近千家，报告作者累计超过 7 万人。

皮书荣誉

皮书系列已成为社会科学文献出版社的著名图书品牌和中国社会科学院的知名学术品牌。2016 年皮书系列正式列入“十三五”国家重点出版规划项目；2013~2021 年，重点皮书列入中国社会科学院承担的国家哲学社会科学创新工程项目。

S 基本子库
UB DATABASE

中国社会发展数据库（下设 12 个子库）

整合国内外中国社会发展研究成果，汇聚独家统计数据、深度分析报告，涉及社会、人口、政治、教育、法律等 12 个领域，为了解中国社会发展动态、跟踪社会核心热点、分析社会发展趋势提供一站式资源搜索和数据服务。

中国经济发展数据库（下设 12 个子库）

围绕国内外中国经济发展主题研究报告、学术资讯、基础数据等资料构建，内容涵盖宏观经济、农业经济、工业经济、产业经济等 12 个重点经济领域，为实时掌控经济运行态势、把握经济发展规律、洞察经济形势、进行经济决策提供参考和依据。

中国行业发展数据库（下设 17 个子库）

以中国国民经济行业分类为依据，覆盖金融业、旅游、医疗卫生、交通运输、能源矿产等 100 多个行业，跟踪分析国民经济相关行业市场运行状况和政策导向，汇集行业发展前沿资讯，为投资、从业及各种经济决策提供理论基础和实践指导。

中国区域发展数据库（下设 6 个子库）

对中国特定区域内的经济、社会、文化等领域现状与发展情况进行深度分析和预测，研究层级至县及县以下行政区，涉及省份、区域经济体、城市、农村等不同维度，为地方经济社会宏观态势研究、发展经验研究、案例分析提供数据服务。

中国文化传媒数据库（下设 18 个子库）

汇聚文化传媒领域专家观点、热点资讯，梳理国内外中国文化发展相关学术研究成果、一手统计数据，涵盖文化产业、新闻传播、电影娱乐、文学艺术、群众文化等 18 个重点研究领域。为文化传媒研究提供相关数据、研究报告和综合分析服务。

世界经济与国际关系数据库（下设 6 个子库）

立足“皮书系列”世界经济、国际关系相关学术资源，整合世界经济、国际政治、世界文化与科技、全球性问题、国际组织与国际法、区域研究 6 大领域研究成果，为世界经济与国际关系研究提供全方位数据分析，为决策和形势研判提供参考。